기독교문서선교회 (Christian Literature Center: 약칭 CLC)는 1941년 영국 콜체스터에서 켄 아담스에 의해 시작되었으며 국제 본부는 미국 필라델피아에 있습니다.
국제 CLC는 59개 나라에서 180개의 본부를 두고, 약 650여 명의 선교사들이 이동 도서차량 40대를 이용하여 문서 보급에 힘쓰고 있으며 이메일 주문을 통해 130여 국으로 책을 공급하고 있습니다. 한국 CLC는 청교도적 복음주의 신학과 신앙 서적을 출판하는 문서선교기관으로서, 한 영혼이라도 구원되길 소망하면서 주님이 오시는 그날까지 최선을 다할 것입니다.

간추린 신구약 중간사

간추린 신구약 중간사
The Abridged of Intertestamental Period

2018년 12월 21일 초판 발행
2023년 12월 21일 초판 2쇄 발행

지은이 | 류호성

편집 | 곽진수, 이경옥
디자인 | 서민정, 박인미
펴낸곳 | (사)기독교문서선교회
등록 | 제16-25호(1980.1.18)
주소 | 서울특별시 서초구 방배로 68
전화 | 02-586-8761~3(본사) 031-942-8761(영업부)
팩스 | 02-523-0131(본사) 031-942-8763(영업부)
이메일 | clckor@gmail.com
홈페이지 | www.clcbook.com

ISBN 978-89-341-1907-4 (93230)

이 도서의 국립중앙도서관 출판예정도서목록(CIP)은
서지정보유통지원시스템 홈페이지(http://seoji.nl.go.kr)와 국가자료공동목록시스템
(http://www.nl.go.kr/kolisnet)에서 이용하실 수 있습니다. (CIP제어번호: CIP2018038868)
이 책의 저작권은 저자와 (사)기독교문서선교회가 소유합니다.
신저작권법에 의하여 한국 내에서 보호받는 저작물이므로 무단 전재와 무단 복제를 금합니다.

간추린
신구약 중간사

류호성 지음

CLC

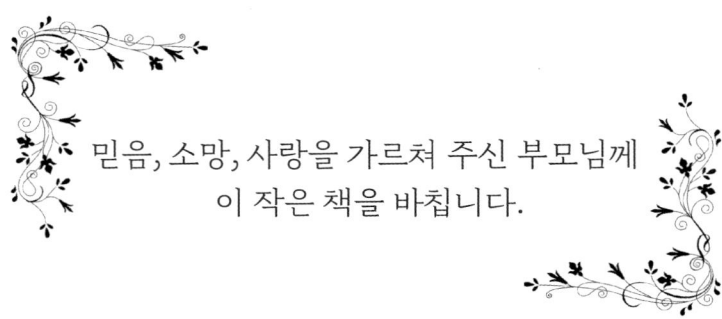

믿음, 소망, 사랑을 가르쳐 주신 부모님께
이 작은 책을 바칩니다.

목차

참고자료 목록 / **6**

그림자료 목록 / **7**

머리말 / **10**

제1장 　페르시아의 유대 통치와 알렉산더 대왕의 등극(BC 539-323년) / **27**

제2장 　초기 헬레니즘과 마카비 혁명(BC 323-160년) / **49**

제3장 　하스몬 왕가 1(BC 160-67년) / **70**

제4장 　하스몬 왕가 2(BC 67-37년) / **89**

제5장 　헤롯 왕의 유대 통치 1(BC 37-20년) / **117**

제6장 　헤롯 왕의 유대 통치 2(BC 20-7년) / **145**

제7장 　헤롯 왕의 유대 통치 3(BC 7-AD 6년) / **172**

제8장 　헤롯 왕국의 분할과 제1차 로마 총독 시대(AD 6-41년) / **201**

제9장 　헤롯 아그립바 1세의 통치 시대(AD 41-44년) / **231**

제10장 　제2차 로마 총독 시대(AD 44-70년) / **250**

제11장 　요세푸스의 자서전 / **277**

제12장 　아피온 반박문 / **311**

참고자료 목록

참고자료 1: 간추린 유대 역사 • 23
참고자료 2: 프톨레마이오스와 셀레우코스 왕조 그리고 대제사장
　　　　　　　명단 • 67
참고자료 3: 마카비 가문의 가계도 • 68
참고자료 4: 마카비 혁명과 하스몬 왕가의 통치자들 • 86
참고자료 5: 로마의 세력가들과 시리아 및 팔레스틴의 통치자들 • 114
참고자료 6: 헤롯 가문의 가계도 • 115
참고자료 7: 로마의 세력가들과 수리아 및 팔레스틴의 통치자들(BC 37-
　　　　　　　AD 70년) • 199
참고자료 8: 유대의 총독 명단 • 229
참고자료 9: 83명의 대제사장의 명단 　• 274

그림자료 목록

▼

▼

그림 1. 아르놀두스 페라큘루스 아레니우스(Arnoldus Peraxylus Arlenius, 1510-1582)가 편집한 헬라어로 기록된 요세푸스 전집 • 23

그림 2. BC 538년 고레스 칙령(대하 36:23; 스 1:2-3)이 기록된 고레스 원통 • 31

그림 3. 헨드릭 골치우스(Hendrick Goltzius, 1558-1617)의 "아파메가 왕관을 빼앗다" • 35

그림 4. 쟌 빅토르(Jan Victors)의 "에스더와 아하수에로의 연회," 1640 작품 • 45

그림 5. 성전에 새겨진 이방인 금지 표시 • 56

그림 6. 다윗의 무덤 내에 있는 하누카 촛대. 중앙에 초를 먼저 꽂고 8일 동안 오른쪽에서부터 왼쪽으로 꽂아나가고, 불을 붙일 때는 왼쪽에서 오른쪽으로 붙여 나간다. • 62

그림 7. 시몬의 초상화 • 79

그림 8. 힐카누스 2세 • 96

그림 9. 폼페이우스 • 98

그림 10. 율리우스 케사르 • 107

그림 11. 장-레옹 제롬(Jean-Leon Gerome) "케사르 앞의 클레오파트라 7세," 1866 작품 • 112

그림 12. 안토니우스 • 113

그림 13. 헤롯 왕 • 124

그림 14. BC 1세기 로마에서 만든 클레오파트라 7세 • 130

그림 15. 가이사, 옥타비아누스 • 134

그림 16. 가이사랴의 수로 • 141

그림 17. 갑바도기아 아켈라우스의 은전 드라크마 • 152

그림 18. 마르쿠스 아그립바 • 153

그림 19. 복원된 가이사랴 원형경기장 • 156

그림 20. 다윗의 묘 입구 • 159

그림 21. 다윗의 가묘 실내 • 160

그림 22. 헤로디움 • 190

그림 23. 헤로디움의 정상 • 191

그림 24. 퀸틸리우스 바루스 • 194

그림 25. 사해 문서가 발견된 동굴 • 209

그림 26. 티베리우스 황제 • 211

그림 27. 틴토레토(Tintoretto), "그리스도의 십자가 처형," 1565년 • 212

그림 28. 헤롯 아그립바 1세 • 220

그림자료 목록　9

그림 29. 헤롯 아그립바 1세의 두상이 새겨진 동전 • 223

그림 30. 가이우스 칼리굴라 • 226

그림 31. 클라우디우스 • 240

그림 32. 아그립바 2세 • 257

그림 33. 안토니아 요새와 망대 • 258

그림 34. 니콜라이 보다레브스키(Nikolai Bodarevsky), "헤롯 아그립바 왕 앞에선 바울," 1875 작품 • 266

그림 35. 1세기 로마 사람이 그린 요세푸스의 초상화 • 273

그림 36. 미켈란젤로(Michelangelo), "십계명을 들고 있는 모세," 1545 작품 • 321

그림 37. 헤로도투스 • 323

그림 38. 코시모 로셀리(Cosimo Rosselli), "홍해를 지나는 모세," 1482 작품 • 330

그림 39. 안니발레 카라치(Annibale Carracci), "헤라와 제우스," 1608년경 작품 • 341

머리말

"400년간 암흑기"라구요?

1. 문제 제기

구약 말라기서는 '하나님께서 마지막 날이 이르기 전에 선지자 엘리야를 보내어 사람들 마음을 하나님께로 돌이키게 할 것'이라고 약속하신다 (말 4:5-6). 그리고 말라기의 예언처럼 엘리야의 심령과 능력으로(눅 1:17) "주의 길"을 준비하기 위해 광야에서 낙타털 옷을 입은 세례 요한이 "회개하라 천국이 가까이 왔느니라"(마 3:2)라고 선포한다.

세례 요한의 등장은 신약 시대의 개막을 알린다. 구약의 끝인 말라기서와 신약의 시작을 알리는 세례 요한의 등장까지 공백기가 무려 400여 년이나 된다. 혹자는 이 시기를 하나님께서 이스라엘 백성에게 아무 말씀도 하지 않으신 "암흑기," 또는 "침묵기"라고 한다. 이런 말을 하는 가장 근본적인 이유는 이 기간을 다룬 역사적 자료가 전혀 없다고 생각하기 때문이다.

과연 하나님께서는 400년 동안 팔레스틴 땅을 외면하고 침묵하셨는가?

전혀 그렇지 않다!

하나님께서는 팔레스틴 땅뿐만 아니라 지상의 어디에서도 자신의 눈을 떼신 적이 한 번도 없으시다!

단언컨대 단 한 번도 없으시다!

그럼 400여 년간 하나님께서 그 땅에서 활동하셨는지 어떻게 알 수 있을까?

그 시기에 관한 역사적 정보를 어디서 얻을 수 있겠는가?

이 문제에 대한 해답은 요세푸스의 문헌에서 찾을 수 있다. 이 문헌은 이 비어 있는 400년을 채울 수 있는 소중한 역사적 정보를 제공한다.

2. 요세푸스는 누구인가?

요세푸스는 예수님께서 십자가형을 당하고 부활하여 승천하신 바로 몇 년 후, 칼리굴라가 로마의 황제로 즉위한 AD 37년에 태어났다. 그의 부계 혈통은 제사장 가문이었고, 모계 혈통은 하스몬 왕가다(『자서전』, 1-5). 그는 매우 암기력이 좋고 공부를 잘하여 14살의 나이에도 대제사장이나 예루살렘의 고위직 인사가 요세푸스에게 자문할 정도였음을 자랑한다(『자서전』, 8-9).

요세푸스는 16살에 유대의 세 종파인 바리새파, 사두개파, 에세네파를 체험하리라 결심하고, 이들을 조사한 후에 세 종파가 요구하는 훈련 과정을 모두 마친다. 하지만 이에 만족하지 않고 유대 광야에서 활동 중인 바누스의 제자가 되어, 그와 함께 3년간 광야에 머문다. 바누스는 나무 잎사귀와 껍질로 만든 옷을 입고, 야생 식물을 먹으며 육체적 순결을 위해 밤낮 찬물로 목욕하던 인물이었다.

요세푸스는 19살이 되자 바리새파의 율법을 따르는 삶을 시작했고(『자서전』, 9-12), 26살에는 벨릭스가 고소하여 네로에게 소환된 친분 있는 제사장을 구출하고자 로마를 방문한다. 여기서 그는 네로 황제의 부인 포파이아와 친분을 맺기도 한다(『자서전』, 13-16).

AD 66-70년에는 유대-로마 전쟁이 있었다. 요세푸스는 29살에 갈릴리 지역을 이끄는 장군으로 임명되어 이 전쟁에 참여한다. 그러나 로마의 장군 베스파시안이 갈릴리에 진군하자마자 패하게 되고, 바로 요타파타(Jotapata) 요새로 피난하여 다시 로마에 대한 항전을 준비한다(『유대전쟁사』 3:142). 하지만 티투스가 이끄는 군단에 패하고 40명의 부하와 동굴에 숨었으나, 한 여자의 밀고로 발각된다(『유대전쟁사』 3:344).

이에 베스파시안은 요세푸스에게 안전을 보장할 테니 투항할 것을 권고한다. 그러나 요세푸스는 자기의 행동에 상응하는 고통을 받을 것으로 생각하여 이를 거부하다가(『유대전쟁사』 3:346), 하나님께서 유대를 로마에 넘겨 줄 것이라는 꿈을 꾸고 투항하기로 결심한다(『유대전쟁사』 3:350-354).

이런 그의 결심에 부하들은 투항하여 노예로 사는 것보다 장군으로 명예롭게 죽음을 맞이하라고 위협한다(『유대전쟁사』 3:355-360). 왜냐하면, 장군은 전쟁에서 부하와 함께 죽는 것이 유대의 율법이었기 때문이다(『유대전쟁사』 3:400). 이에 요세푸스는 기지를 발휘하여 제일 빠른 제비를 뽑은 사람은 다음 숫자를 뽑은 사람의 손에 죽게 하는 방법을 제안하고, 이를 실행에 옮긴다. 결국, 모든 사람이 죽고 마지막에 요세푸스와 다른 한 사람이 남게 된다. 요세푸스는 그를 설득하여 로마에 투항한다(『유대전쟁사』 3:387-391).

베스파시안은 포로로 잡은 요세푸스를 네로 황제에게 보내려 한다. 그러나 요세푸스는 베스파시안과 사적인 면담을 신청하고 그 앞에서 황제 등극에 대해 예언한다.

> 베스파시안 장군님께서는 요세푸스라는 인물을 포로로 잡았다고 생각하십니까? 저는 위대한 하늘의 뜻을 전달하는 자로서 장군님께 왔습니다. … 저를 네로에게 보내실 것입니까? 왜 그러십니까? 장군께서는 네로를 계승하여 즉위할 것으로 생각하십시오. 베스파시안 장군님! 장군

님과 여기에 있는 장군님의 아들[티투스]은 황제가 될 것입니다(『유대전쟁사』 3:399-402).

　요세푸스의 예언대로 베스파시안은 69년 12월 로마 황제에 즉위하여, 아들 티투스에게 팔레스틴 전선을 위임한다. 요세푸스는 티투스와 함께 예루살렘으로 파병된다. 요세푸스는 하나님이 로마 편에 있음을 확신하고, 자신의 동족에게 로마에 항복하라고 권고한다(『유대전쟁사』 5:375-419). 이런 행동은 예루살렘 성전과 동족을 보호하려는 것이었지만, 유대인은 그를 배신자로 생각해서 끝까지 저항했다.
　결국, 예루살렘 성전은 AD 70년 8월 30일경에 불탔으며, 예루살렘은 약 한 달 후인 AD 70년 9월 26일경에 함락되었다(『유대전쟁사』 6:249-250, 435). 한편, AD 71년 티투스와 함께 로마에 온 요세푸스는 플라비우스 가문의 여러 황제에게서 많은 땅과 저택, 세금 면제, 시민권, 황제의 성인 '플라비우스'라는 이름까지 하사받았다. 그리고 정적이 많았으나 철저하게 보호를 받았고(『자서전』 422-425), 이 가문을 비롯한 여러 후견인의 도움으로 저술 활동을 했다(『유대전쟁사』, 『유대고대사』, 『자서전』, 『아피온 반박문』).
　요세푸스는 전쟁포로가 된 후에 세 번 결혼한다. 먼저, 가이사랴에 포로로 있을 때 그곳 토착민 처녀와 결혼했다. 그러나 요세푸스가 베스파시안을 수행하여 알렉산드리아로 떠나야 해서 헤어졌다. 이후 로마에서 결혼하여 세 명의 자녀를 두었으나, 둘은 죽고 한 명은 '힐카누스'라고 이름을 붙였다. 그러나 이 여인의 행실이 좋지 않아 이혼했다. 마지막으로 그레데에 살던 유대 태생 여인과 결혼해서 자녀를 두 명 두었다. 첫째 아들은 '유스투스'이고, 둘째 아들은 '아그립바'다(『자서전』, 415, 426-7).
　요세푸스의 사망 연도는 정확히 알려지지 않았지만, 그의 작품으로 추측해 보자면 적어도 AD 100년 이후에도 살았을 것이다(『유대고대사』 20:267).

3. 요세푸스의 저술

이미 언급한 대로 요세푸스는 『유대전쟁사』, 『유대고대사』, 『자서전』, 『아피온 반박문』까지 4권을 저술했다. 그 내용에 대해 간략히 살펴보자.

1) 『유대전쟁사』

요세푸스가 서문에서 밝힌 대로 유대가 로마와 전쟁을 벌인 것을 직접 목격한 역사적 사실을 기록한 것으로 전부 7권으로 구성되었다. AD 79년 무렵 헬라어 판이 출판되기 전에 요세푸스는 이미 모국어(아람어나 히브리어)로 유대 전쟁의 전말에 대해 기록한 바 있다(『유대전쟁사』 1:3). 그러나 이 본문은 남아 있지 않다.

제1권은 셀류커스 왕가의 안티오코스 4세 에피파네스가 BC 170년경 유대를 점령하고 예루살렘 성전에서 속죄제를 드리지 못하게 한 사건부터 시작하여 헤롯 왕의 죽음으로 끝난다. 여기에는 구약과 신약을 연결하는 마카비 혁명, 하스몬 왕가, 헤롯 가문의 등장과 왕위 다툼으로 인한 분열에 관한 내용이 들어 있다. 신약 시대 직전 역사를 알 수 있는 중요한 정보가 담겨 있다. 제2권은 헤롯 왕의 죽음부터 네로가 유대 정복을 위해 베스파시안을 파견할 때까지의 내용이다. 신약의 예수와 그 제자들의 시대에 관련된 시대 정보를 얻을 수 있다. 특히 유대의 세 분파인 바리새파, 사두개파, 에세네파에 관한 정보를 얻을 수 있다.

3권부터 7권까지는 유대와 로마 사이의 전쟁에 대한 기록으로, 티투스에 의해 예루살렘이 함락되는 과정이 상세히 서술되며, 구레네에서 유대인이 폭동을 일으켰으나 진압된 것으로 끝을 맺는다.

2) 『유대고대사』

'에바브로디도'의 후원으로 AD 93-94년경 헬라 문화권에 유대 민족을 알리고 변호할 목적으로 저술된 것이다. 창조부터 네로 통치 12년까지 장구한 유대 역사(『유대고대사』 20:259)를 살펴본 것으로, 총 20권으로 구성되었다. 요세푸스는 『유대고대사』의 서문에서 이 책의 서술 방향에 대해 분명히 언급한다.

> 나는 이 책을 서술해 나갈 때 우리 성경에 포함된 것만을 시대순에 따라 정확하게 기술할 것이다. 왜냐하면, 이 작업에 착수하면서 기록에 포함된 것 이외에는 어떠한 것도 가감하지 않을 것을 이미 약속한 바 있기 때문이다(『유대고대사』 1:17).

그러나 그는 성경을 지지해 주는 다른 자료들을 가능한 한 인용했으며, 이를 통해서 성경의 이야기를 더욱 풍요롭게 만들었다. 제11권 바사 왕 고레스의 칙령부터 시작하는 이야기는 신약성서 시대를 이해하는 전(前)역사임으로 우리가 중요하게 살펴보아야 한다.

3) 요세푸스의 『자서전』

요세푸스는 『유대고대사』를 마무리하면서 다음과 같이 서술한다.

> 나의 기록이 거짓이라고 증명하거나 혹은 그것이 사실이라고 확증할 사람이 아직 생존해 있으므로 이제 간략하게 내 가족과 나 자신의 행적을 다룬다 할지라도 불쾌한 일은 되지 않을 것이다(『유대고대사』 20:266).

이는 요세푸스가 『자서전』을 『유대고대사』의 후편으로 계획하고 있었음을 밝힌 것이다. 자서전의 내용은 크게 둘로 구분할 수 있다.

첫째, 요세푸스의 혈통과 유소년부터 청년 시기, 전쟁 후 로마에 있는 가운데 플라비우스 가문의 보살핌과 결혼 생활에 대해 간략하게 언급한 것이다(『자서전』, 1-16, 414-430).

둘째, 그 주된 내용이 요세푸스가 로마군에 포위되기 전에 요타파타에서 총사령관으로 재직한 반년간의 방어에 대한 기록이다(『자서전』, 17-413). 요세푸스가 디베랴 주민을 선동하여 로마에 반기를 들게 했으며 『유대전쟁사』가 역사를 왜곡했다는 대적자 '유스투스'의 중상모략을 반박하기 위해 저술한 것이 바로 이 부분이다(『자서전』, 336-344). 요세푸스는 자신의 역사 기록이 진실임을 증명하기 위해 생존해 있는 티투스 황제와 아그립바 왕 2세를 보증인으로 내세운다(『자서전』, 362-367).

4) 『아피온 반박문』

이 책은 변증서라고 볼 수 있다. 원래 이 제목은 요세푸스가 붙인 것이 아니라 그의 작품을 후세에 전한 사람들이 붙인 것이다. 요세푸스는 이 책을 저술한 목적을 "많은 사람이 유대 민족에 대해 비난하는 것에는 귀를 기울이지만, 자신이 저술한 『유대고대사』에 대해서 믿지 않기에" 이를 변증하기 위해서라고 분명히 말한다(『아피온 반박문』 1:2). 이를 위해 세 가지 주제를 설정한다(『아피온 반박문』 1:59).

첫째, 헬라 역사가들이 유대 민족에 대해 한마디도 언급하지 않은 이유에 대해서 말한다(『아피온 반박문』 1:60-68).
둘째, 유대 나라의 고대성에 관한 증거를 외국 문헌에서 찾아 제시한다(『아피온 반박문』 1:69-218).
셋째, 헬라인 '아피온'이 유대 민족을 비난하는 내용의 부당성을 예증한다(『아피온 반박문』 1:219-2:144).

요세푸스는 '아피온'이 유대 민족의 고대성, 출애굽, 성전 제의, 할례, 율법과 모세 등에 대해 가진 잘못된 생각에 대해 조목조목 반박한다. 요세푸스는 율법은 "가장 진실한 경건을 가르쳐 주는" 것이기에, 자기 민족은 어느 민족과 달리 이 율법을 활용해 왔으며 또한 이 율법을 최초로 제정한 민족이라고 하면서 글을 마무리한다(『아피온 반박문』 2:295).

4. 요세푸스의 문헌은 왜 기독교인에게 소중한가?

율법을 찬양하며 자신의 저술을 마무리하는 요세푸스의 문헌이 기독교인에게 왜 중요한가?

믿음과 율법을 구분하여 성경을 바라보고자 하는 자에게는 의문이 들지 모른다. 믿음과 율법을 구분한다고 해도, 요세푸스의 문헌은 우리 기독교인에게 정말 중요하다. 그 이유는 먼저 우리의 믿음의 대상인 '예수 그리스도'에 대해 긍정적으로 보도하기 때문이다. 신약성경 외에 1세기 당시 역사적 예수에 대해 보도하는 문헌은 무척 희귀하다. 그런데 요세푸스는 자신이 1세기 말경에 저술한 『유대고대사』에서 우리 주님 예수에 대해 다음과 같이 보도한다.

> 이 즈음에 굳이 그를 사람으로 부른다면, 예수라고 하는 현자 한 사람이 살았다. 예수는 놀라운 일들을 행했으며 그의 진리를 기쁘게 받아들이는 사람들의 선생이 되었다. 그는 많은 유대인과 헬라인들 사이에 명성이 높았다. 그는 바로 메시아였다. 빌라도는 우리 유대인 중 고위층 사람들이 예수를 비난하는 소리를 듣고 그를 십자가에 처형시키도록 명령했으나, 처음부터 그를 따르던 사람들은 예수에 대한 애정을 버리지 않았다. 예수가 죽은 지 3일째 되는 날, 그는 다시 살아나 그들 앞에 나타났다. 이것은 하나님의 선지자들이 이미 예언했던 바, 예수에 대한 많은 불가사의한 일 중 하나였다. 오늘날에도 그를 따르는 그리스도인들이 사라지지 않고 여전히 남아 있다(『유대고대사』 18:63-64).

요세푸스의 기록을 기독교에서 무척 소중히 여겼기에 후에 필사자들이 가필하여 진정성 논란에 휘말렸다. 하지만 오늘날에는 요세푸스의 텍스트 가운데 예수에 대해 중립적이거나, 긍정적인 견해를 취하여 원 텍스트를 재구성하는 시도가 학계의 흐름이다.[1]

또한, 요세푸스는 우리 주님 외에 신약성서에 언급된 다른 두 명에 대해서도 보도한다. 한 사람이 바로 광야에서 메시아를 기다린 세례 요한이다. 요세푸스는『유대고대사』에서 세례 요한에 관해 보도한다.

> 그러나 유대인 중 일부는 헤롯의 군대가 패배한 것이 세례자라고 하는 요한의 죽음에 대한 하나님의 의로운 복수라고 생각했다. 요한은 선한 사람이었으며 [먼저] 유대인들에게 덕을 실천하며 서로에게는 정의를 그리고 하나님에 대해서는 경건을 하도록 하고, [그 다음] 세례를 받도록 권고했음에도 불구하고 헤롯은 그를 처형했다. 요한은 세례가 [하나님]에게 용납되기 위해서는 죄를 용서받기 위한 수단으로 세례를 받는 것이 아니라, 정의로운 행동으로 인해 영혼이 이미 깨끗함을 입은 것처럼 몸의 정화를 위해서 세례를 받아야 한다고 말했다. 다른 무리가 요한의 고상한 설교를 듣고 고취되어 몰려들자 헤롯은 두려워했다. 왜냐하면, 요한의 설교가 구름 떼같이 모여든 많은 사람을 자극하여 소요를 일으킬 가능성이 있다고 생각했기 때문이다([헤롯의 눈에] 그들은 요한의 모든 충고를 따르는 것처럼 보였다). 그래서 헤롯은 요한 때문에 폭동이 일어나 어려운 국면에 빠져 후회하는 것보다는 미리 그를 제거하는 것이 더 낫다고 생각했다. 결국, 요한은 헤롯의 의심 많은 성격 때문에 결박당한 채 앞에서 언급한 요새인 마케루스로 끌려가 거기서 처형당했다. 유대인은 대부분 헤롯의 군대가 패한 것을 하나님이 헤롯에게 복수한 것으로 생각했다(『유대고대사』 18:116-119).[2]

---
[1] 이에 대한 더 자세한 내용은 게르트 타이쎈, 아네테 메르츠,『역사적 예수』(*Der Historische Jesus*), 손성현 역 (서울: 다산글방, 2005), 113-126 참조.
[2] 마태복음서의 세례 요한 보도와 요세푸스의 세례 요한 보도의 신학적인 문제에 대해서는 Ho-Seung Ryu, *Jesus und Johannes der Täufer im Matthäusevangelium* (Frankfurt: Peter Lang, 2006), 23-77참조.

비록 요세푸스가 예수님과 세례 요한 사이를 믿음의 관점에서 서술한 것은 아니지만, 그의 진술을 통해서 헤롯 안티파스가 세례 요한을 처형하도록 명령한 복음서 기자의 보도가 사실임을 알 수 있다(마 14:1-12; 막 6:14-29; 눅 9:7-9).

요세푸스가 신약성서와 관련하여 보도한 또 한 사람은 예수님의 동생 야고보다(막 6:3). 야고보는 AD 62년 대제사장 아나누스가 처형했다. 여기서 중요한 것은 요세푸스가 야고보를 "그리스도라 불리는 예수의 형제"라고 소개한 것이다.

> 하지만 앞에서 언급한 것처럼 대제사장직에 임명된 아들 아나누스는 기질이 거만했고 매우 무례했다. 또한, 이미 언급한 것처럼 그는 다른 유대인보다 더 범죄자를 매우 엄격하게 심판하는 사두개파 일원이었다. 아나누스는 이러한 성격의 소유자였기 때문에 이 권한을 행사할 적절한 기회를 얻었다고 생각했다. 이제 베스도가 죽었고 알비누스는 부임 중에 있다. 따라서 아나누스는 산헤드린 공의회를 소집하여 "그리스도라 불리우는 예수의 형제 야고보"(τὸν ἀδελφὸν Ἰησοῦ τοῦ λεγομένου Χριστοῦ Ἰάκωβος)를 비롯한 여러 형제를 산헤드린 앞에서 세우고 율법 위반자로 고소하여 돌로 쳐 죽이도록 보냈다(『유대고대사』 20:199-200).

위와 같은 보도 때문에 요세푸스의 문헌은 기독교 연구에 무척 중요한 역사 자료가 되었다. 이 때문에 기독교 사가들도 요세푸스 문헌을 소중히 보존해 온 것이다.

요세푸스 문헌이 중요한 이유를 더 들자면 앞서 언급한 구약의 말라기와 신약 시대를 알리는 세례 요한 사이의 400년 공백기를 상당히 생생한 내용으로 메울 수 있기 때문이다. 또한, 예수님의 시대와 제자들에 의해 기독교가 발전하던 당시의 유대 사회에 대한 정보를 제공한다. 특히 예수님 시대에 유대 사회를 통치한 헤롯 가문의 등장과 이 가족사의 비애가 상세하게 보도되어 있다.

5. 요세푸스의 문헌은 역사적 신뢰성이 있는가?

오늘까지 유대인 역사가들은 요세푸스가 로마로 투항한 사실 때문에 그를 배신자로 여겨 그의 작품을 신뢰하지 않았다. 그러나 기독교 역사가들은 바로 앞에 언급한 신약성서의 세 인물을 보도한 것 때문에, 그의 역사 자료를 신뢰하고 소중히 여겨왔다. 오늘날에는 기독교 역사가의 시각이 옳다는 것이 입증되었고, 그것도 성서고고학을 통해 입증되었다.

첫째, 1947년 사해 근처 쿰란 문헌을 통해 '에세네파'의 존재가 입증되며 요세푸스의 문헌은 역사적 가치를 인정받게 되었다. 요세푸스는 『유대전쟁사』 2:119-161에서 에세네파의 생활 습관, 주거지, 공동체 생활, 입회 및 심사 기간, 추방, 영혼 불멸에 대한 믿음, 이들의 예언의 은사 등을 자세히 소개한다. 그러나 신약성경은 바리새파와 사두개파에 대해서만 보도하고, 에세네파에 대해서는 전혀 보도하지 않는다. 그래서 요세푸스의 기록이 의심을 받았다. 그러나 쿰란 문헌의 발견으로 요세푸스의 보도가 사실임이 입증되었다.

둘째, 1967년 이스라엘이 동예루살렘을 점령하고 고고학이 성행하면서부터 요세푸스의 문헌을 토대로 헤롯 왕의 건축 사업이 드러나고[3] 2007년에는 요세푸스의 진술(『유대전쟁사』 1:673)대로 헤로디온에서 헤롯 왕의 무덤이 발굴되면서 그의 역사 보도는 한층 더 훌륭한 고대사 사료로 인정받게 되었다.[4]

---

3 스티븐 메이슨, 『요세푸스와 신약성서』(*Josephus and the New Testament*), 유태엽 역 (서울: 대한기독교서회, 2002), 42.

4 신약의 성서고고학 자료에 대해서는 장흥길, 『그 땅에 역사한 복음』(서울: 한국성서학연구소, 2012)를 참고.

6. 저술 방향[5]

요세푸스의 문헌들은 성서를 읽는 모든 사람의 필독서이다. 그 이유는 신구약성서의 역사적 배경을 제공해 주기 때문이다. 역사적 배경 없이 하나님의 말씀을 읽으면 허공 속에서 울리는 징과 같다. 그러나 그 자료가 너무나 방대하기에 요세푸스의 문헌을 읽는 사람들은 실제로 그리 많지 않다.

이에 나는 소위 400년의 암흑기라고 부르는 시대와 신약성서 시대를 이해하는 데 도움을 주고자 『유대고대사』 11권부터 20권, 『자서전』 그리고 『아피온 반박문』의 내용을 간추리고자 한다. 이것으로 제한하는 것은, 여기서 다루고 있는 내용이 결국은 신구약 중간사에 해당하기 때문이다.

『유대고대사』 11권은 구약의 에스라, 느헤미야 그리고 에스더서를 이해하는 데 도움을 줄 뿐만 아니라, 헬라 시대의 서막을 알리는 알렉산더 대왕의 예루살렘 입성에 관한 것이다. 12권은 마카비 혁명, 13-14권은 하스몬 왕가의 통치와 분열, 15권은 헤롯 왕이 정치적 권력을 잡는 과정, 16-17권은 왕권을 둘러싼 헤롯 왕가의 권력 투쟁, 18-19권은 아그립바 1세의 등극과 헤롯 안티파스의 폐위 그리고 20권은 2차 총독 통치하에서 유대-로마 전쟁(AD 66-70년)으로 이어지는 사회적 상황에 관한 내용이 나타난다.

『자서전』에서는 유대-로마 전쟁 당시의 갈릴리 상황과 전쟁의 전개 과정이 나타난다. 그래서 이 책은 『유대전쟁사』의 축약 판이라 할 수 있다. 그리고 『아피온 반박문』에서는 1세기 당시 유대인들에 대한 주변 민족들의 사회적 편견과 그에 대한 유대인들의 저항들을 살펴볼 수 있다.

요세푸스의 방대한 이야기를 간추리면서 초점을 둔 것은 성서 해석에 도움이 되는 내용이라면 가급적 다루었고 또한 이야기의 내용 전개가 자연스럽게 흘러가게 했다. 이를 토대로 독자의 이해를 돕고자 다음의

---

5 이 책은 한국교회를 위한 성서학 정론지 『성서마당』에 2012년 여름호(102권)부터 2015년 겨울호(116권)까지 연재한 것을 수정 및 보완한 것이다.

내용을 더 첨가했다.

　첫째, 각 장의 첫 페이지에 주요 사건과 등장인물을 정리해 놓았다. 요세푸스의 이야기에는 워낙 인물도 많은데다 이름이 같은 사람도 여럿 등장하기에, 자칫 독자가 내용을 제대로 파악하지 못하고 혼란을 겪을 수 있다. 그래서 이것을 막고자 등장 인물에 대해 짤막하게 설명해 놓았다.
　둘째, 각 장 내용 전체를 축약하여 '핵심 내용'으로 제시했다. 이 책의 전체 내용을 단시간 내에 파악하기를 원하는 독자가 있다면, 먼저 '핵심 내용'부터 읽어 보길 바란다.
　셋째, 내용 파악의 이해를 돕고자 관련 참고자료와 사진 자료를 첨가했다.
　넷째, 성서 해석과 관련된 내용은 각주를 통해 다시 부연 설명했다.
　다섯째, 역사적 사고를 증진하고자 각 장이 끝날 때마다 관련 내용을 갖고 토의할 문제를 제시했다.

　이 책을 읽고 요세푸스에 흥미를 느낀다면 요세푸스 문헌 전체를 읽어 보길 바란다. 우리말로 번역된 된 요세푸스 전집에는 1987년에 김지찬 교수가 번역하여 '생명의 말씀사'에서 4권으로 출판한 것과 1991년에 '도서출판 달산'에서 8권으로 출판한 것이 있다.
　또한, 『유대전쟁사』는 2008년에 박찬웅과 박정수가 공역하여 '나남'에서 출판한 것이 있다.
　이 책을 통해 독자가 성경 이야기에 더 관심을 두고 그 내용을 파악하는 데 조금이라도 도움이 되길 바란다.
　끝으로 이 책을 출간하는데 사진 자료의 도움을 준 홍순화 교수님, 원고를 꼼꼼히 읽어 준 배충수 목사님, 하유정 전도사님, 도표를 만드는 데 도움을 준 정연상 전도사님 그리고 기독교문서선교회(CLC)의 대표 박영호 목사님과 관계자들께 감사드린다. 무엇보다도 부족한 사람을 위해 늘 기도하는 온 가족과 모든 원고를 자세히 읽어 주면서 언제나 힘이 되는 아내 지선영에게 감사의 말을 전한다.

그림 1. 아르놀두스 페라큘루스 아레니우스(Arnoldus Peraxylus Arlenius, 1510-1582)가 편집한 헬라어로 기록된 요세푸스 전집[6]

참고자료 1: 간추린 유대 역사

연대	주요 사건	중요 인물
BC 1000	다윗이 유대 왕으로 즉위.	사울 vs 다윗.
922	유대 왕국의 분열.	남 르호보암 vs 북 여로보암.
722	북 이스라엘 앗시리아에 멸망.	앗시리아 살만에셀 5세 vs 북 이스라엘 호세아.
587	남 유다 바벨론에 멸망.	바벨론 느브갓네살 vs 남 유다 시드기야.
539	**페르시아** 고레스, 유대 귀환 칙령(대하 36:22-23; 스 1:1-3).	페르시아 고레스; 유대 세스바살. * 부림절; 아말렉족(출 17:14; 신 25:19).
515	제2성전 건축.	스룹바벨; 에스라; 느헤미야.
332	**마케도니아** 알렉산더 예루살렘 무혈 입성.	마케도니야 알렉산더 vs 대제사장 야두아.

---

[6] Silvia Rozenberg, David Mevorah, *Herod the Great: The King's Final Journey* (Jerusalem: The Israel Museum, 2013), 37.

323	알렉산더 대왕의 죽음. 마케도니아는 안티고누스. 이집트는 프톨레마이오스. 시리아는 셀레우코스.	
320	유대는 프톨레마이오스 왕가의 통치를 받음. LXX 역(12지파 x 6명 = 72).	프톨레마이오스 2세; 대제사장 오니아스.
200	유대는 셀레우코스 왕가의 통치를 받음.	프톨레마이오스 5세 vs 안티오코스 3세(셀).
167	모데인에서 마카비 혁명.	맛다디아 vs 안티오코스 4세(셀). 대제사장 야손 vs 메넬라오스.
164/162	유다 마카베오가 예루살렘 성전 되찾음; 수전절 기원(요 10:22)/종교적 자유 획득.	유다 마카베오 vs 안티오코스 4세(셀).
152	셀레우코스 왕가의 분열을 이용. 요나단 대제사장으로 등극.	요나단 vs 데메트리오스 1세 vs 알렉산더 발라스; * 쿰란공동체 탄생.
142	시몬이 유대 독립국가 세움.	시몬 vs 데메트리오스 2세 vs 안티오코스 6세.
135-63	**하스몬 왕가.**	* 출신 도시 or 하스몬이란 조상에서 유래.
135-104	이두매인을 유대화시킴.	요한 힐카누스 1세.
104-103	갈릴리의 유대화, 왕 칭호 사용.	아리스토불루스 1세.
103-76	영토 확장, 바리새파와 갈등. 800명의 반란자 십자가 처형.	알렉산더 얀네우스.
76-67	바리새파와 우호적 관계. 대제사장은 큰 아들인 힐카누스 2세.	살로메 알렉산드라.
67-63	동생 아리스토불루스 2세가 대제사장 빼앗음.	힐카누스 2세 vs 아리스토불루스 2세.
63	**로마 폼페이우스가 예루살렘 점령.** 헤롯의 아버지 안티파터 2세 등장.	폼페이우스.
43	말리쿠스에게 안티파터 2세가 살해당함.	안티파터 2세 vs 말리쿠스(힐카누스 2세 측근).
40-37	아리스토불루스 2세의 아들인 안티고누스가 파르티아 세력을 끌어 들여 유대 통치.	안티고누스 vs 힐카누스 2세(귀 자름)와 파사엘(자결); 헤롯 로마로 도망.

40	헤롯이 로마에서 왕으로 등극.	헤롯과 안토니우스.
37-(4)	헤롯이 로마의 도움으로 안티고누스를 물리치고 유대를 통치. 대제사장 아나넬.	1기(37-27년): 정적 살해. 2기(27-13년): 건축. 3기(13-4년): 아들들 왕권 다툼.
31	악티움에서 안토니우스와 옥타비아누스 전쟁. 옥타비아누스의 승리(헤롯 지지).	헤롯과 안토니우스와 클레오파트라 7세 vs 옥타비아누스.
4	헤롯의 죽음. **예수님 탄생.** 유대 왕국은 아켈라오(ethnarch), 안티파스(tetrarch), 빌립이 분할 통치.	아켈라오; 안티파스; 빌립.
4- AD 6	아켈라오 유대와 사마리아 통치 (마 2:22). 폐위 되어 **황제의 관할 지역이 되어 총독 파견.**	아켈라오 vs 옥타비아누스.
AD 6-41	제1차 로마 총독 시기.	코포니우스(6-9년). 마르쿠스 암비불루스(9-12년). 안니우스 루푸스(12-15년). 발레리우스 그라투스(15-26년). **본디오 빌라도(26-36년).** * **예수님 십자가 처형(30년).** 마르켈루스(37년). 마룰루스(37-41년).
4- AD 34	빌립이 갈릴리 호수 북쪽 지역 통치.	
4-AD 39	안티파스가 갈릴리와 페레아 통치. 27년 세례 요한 처형(막 6:14-29). 30년 예수님 재판에 관여. 37년 장인 나바테아 왕과 전쟁 패함. 칼리굴라에게 **왕의 칭호**를 요구하다가 폐위.	헤롯 안티파스와 헤로디아 vs 칼리굴라.
AD 37-44	37년 칼리굴라에 의해 헤롯 아그립바 1세가 유대의 왕으로 빌립 지역 통치. **41년 클라우디우스에 의해 유대 전 지역 통치.** 42년 사도 야고보 처형(행 12:1-2).	아그립바 1세와 칼리굴라(37년 즉위). 클라우디우스(41년 즉위). 사도 야고보(42년).

44-66	클라우디우스가 아그립바 2세를 파견하려 했으나, 17세의 어린 나이로 총독 파견. 제2차 로마 총독 시기.	파두스(44-46년).
		알렉산더(46-48년).
		쿠마누스(48-52년).
		벨릭스(51-60년, 행 23-24장).
		베스도(60-62년, 행 25:1).
		알비누스(62-64년).
		플로루스(64-66년).
44-100	아그립바 2세(행 25:13)가 칼키스의 분봉왕. 48년 클라우디우스에 의해 왕이 됨.	
49	유대인은 로마를 떠나라는 클라우디우스의 칙령(행 18:2). 예루살렘 사도회의(행 15장).	
62	대제사장 아나누스가, 주의 형제 야고보 처형.	야고보 vs 네로.
66	가이사랴 회당에서 헬라인이 회당을 훼손, 헬라인에게 유리하게 판결. 플로루스 총독이 성전 금고 17 달란트 요구, 유대인이 로마에 저항, 전쟁 발발.	
66-70	제1차 유대-로마 전쟁. 티투스 70년 예루살렘 점령.	유대 vs 베스파시안과 그 아들 티투스.
115-117	제2차 유대-로마 전쟁. 키레네(115년), 이집트와 키프로스(116년)에서 유대인 항쟁.	디아스포라 유대인 vs 로마.
132-135	제3차 유대-로마 전쟁. 시몬 바 코흐바 반란, 유대인 추방.	예루살렘 중심 세력 vs 로마.

제1장

페르시아의 유대 통치와 알렉산더 대왕의 등극
(BC 539-323년)

술, 임금, 여자보다 더 강한 것은 무엇인가?
(유대고대사 11권 이야기)

주요 사건

1. 고레스 칙령(BC 538년): 바사의 고레스 왕이 바벨론에 포로로 잡혀 온 유대인에게 귀환을 선포.
2. 스룹바벨 성전 완공(BC 515년): 스룹바벨이 바벨론 포로 1차 귀환 후에 예루살렘 성전을 재건.
3. 바벨론 포로에서 2차(BC 458년): 아르타크세르크세스 치하에서 에스라의 주도로 이루어짐.
4. 바벨론 포로에서 3차 귀환(BC 444년): 아르타크세르크세스 치하에서 느헤미야의 주도로 이루어짐.
5. 예루살렘 성벽 완공(BC 444년): 느헤미야가 폐허된 예루살렘 성벽을 재건.
6. 알렉산더 대왕의 유대 점령(BC 332년): 유대인들은 바사의 통치에서 마게도니야 왕국의 통치를 받게 됨.

바사의 왕들과 그 관련 인물

1. 고레스(Cyrus II, BC 559-530년)[1]: 유대인들에게 바벨론 포로에서 귀환할 것과 성전 재건을 허락.
2. 미드르닷(Mithridates): 고레스 통치 당시의 재무장관.
3. 캄비세스(Cambyses, BC 530-522년): 고레스의 아들로 예루살렘 성전을 재건하지 못하게 명령.
4. 다리오 1세(Darius I, BC 522-486년)[2]: 유대인들에게 성전 재건을 허락.
5. 크세르크세스(Xerxes, BC 486-465년): 다리오 왕의 아들로 에스더서의 아하수에로 왕과 동일 인물. 요세푸스는 크세르크세스와 아르타크세르크세스를 혼돈한 것 같다.
6. 아다이오스(Addaios): 느헤미야 활동 당시 수리아와 버니게 그리고 사마리아의 총독.
7. 아르타크세르크세스(Artaxerxes, BC 465-425년): 성경은 아닥사스다로 언급. 에스라와 느헤미야의 활동을 적극 지원.
8. 하만(Haman): 아말렉 족속으로 유대인들을 몰살하려다가 처형당함.
9. 빅단(Bagathoos)과 데레스(Theodestes): 반역을 계획하다가 모르드개(Mordecai)의 고발로 처형당한 내시.
10. 바고세스(Bagoses): 아르타크세르크세스의 군대 장관으로 대제사장 요한이 동생 예수를 성전에서 살해한 것을 구실 삼아 유대를 7년간 괴롭힘.
11. 다리오 3세(Darius III, BC 338-330년): 바사의 마지막 왕으로 길리기아의 잇수스(BC 333년)와 가우가멜라(BC 331년)의 전투에서 알렉산더(Alexander)에게 패함.

----

[1] 통치자나 제사장과 관련된 연대는 통치 기간과 재임 기간을 뜻한다. 그 외에 일반인 관련 연대는 출생부터 사망까지의 기간을 의미한다.

[2] 여기서 이름 뒤에 1세, 2세, 3세 등등을 붙이는 것은 동일한 이름을 구별하기 위해서다. 숫자가 클수록 후대 사람이라고 생각하면 된다.

유대의 대제사장[3]

1. 예수아(Jesus, BC 515-490년): 바벨론의 포로로 잡혀간 요호사닥의 아들로 스룹바벨과 함께 귀환하여 성전 재건에 힘씀.
2. 요아킴(Joakeimos, BC 490-470년): 예수아의 아들로 대제사장.
3. 엘리아십(Eliasib, BC 470-433년): 요아킴의 아들로 느헤미야와 함께 성벽 재건에 힘쓴 대제사장.
4. 유다스(Jodas, BC 433-410년): 엘리아십의 아들로 대제사장.
5. 요한(Johanan, BC 410-371년): 유다스의 아들로 대제사장
6. 예수(Jesus): 형 요한과 대제사장의 직책을 놓고 싸우다가 죽임을 당함. 이에 그의 친구 바고세스(Bagoses)가 유대를 7년간 괴롭힘.
7. 야두아(Jaddua, BC 371-320년): 대제사장으로 알렉산더 대왕이 예루살렘을 무혈 입성하도록 성전 문을 열어 줌(BC 332년).
8. 오니아스 1세(Onias I, BC 320-280년): 대제사장 야두아의 아들.

유대와 그 관련 인물

1. 스룹바벨(Zerubbabel): 바벨론 포로 1차 귀환(BC 538년)의 유대 지도자로 성전 재건.
2. 학개(Haggai)와 스가랴(Zechariah): 스룹바벨과 함께 성전 재건을 위해 노력한 예언자.
3. 모르드개(Mordecai): 베냐민 지파 사람으로 에스더의 사촌 오빠.
3. 에스더(Esther): 아하수에로의 왕비로 금식을 통해 유대 민족의 몰살을 막음.
4. 에스라(Ezrah): 바벨론 포로 2차 귀환(BC 458년)의 유대 지도자로 제사장 가문의 혼혈을 금지.
5. 느헤미야(Nehemiah): 바벨론 포로 3차 귀환(BC 444년)의 유대 지도자로 예루살렘 성벽 재건.
6. 산발랏(Sanballat): 구다인으로, 대제사장 야두아의 동생 마낫세의 장인.
7. 마낫세(Manasseh): 대제사장 야두아의 동생으로 사마리아의 그리심산에

---

[3] 각 장에 등장하는 대제사장의 명단은 '참고자료 9'(274-275쪽)를 참조.

성전을 짓고, 대제사장이 됨.
8. 니카소(Nicaso): 산발랏의 딸이며 마낫세의 아내.
9. 알렉산더 대왕(Alexander the Great): 마케도냐의 왕으로 BC 332년에 유대를 정복.

1. 핵심 내용

여기서는 구약성경의 에스라, 느헤미야, 에스더와 외경의 에스드라 1서 등 역사 자료를 가지고, 바사 왕 고레스 원년부터 알렉산더 대왕의 죽음까지 217년간의 역사를 다룬다. 많은 내용이 구약성경과 유사하다. 그러나 일부의 자료는 구약성경에 나오지 않는 것으로, 구약성경을 이해하는 데 도움이 된다. 이 시기에 이스라엘에 일어났던 가장 중요한 일은 고레스 왕의 칙령으로 바벨론에 포로로 잡혀간 유대인이 고국으로 돌아와 폐허가 된 예루살렘과 성전을 재건하는 것이었다.

이 시기에 활약한 지도자는 스룹바벨, 학개, 스가랴 그리고 느헤미야다. 바사에서는 아멜렉 족속 하만의 음모로 유대인이 몰살당할 위기에 처했지만, 하나님의 도우심으로 그 위기를 벗어나게 되었다. 이날을 기념하기 위해 부림절을 만들었다. 그리고 사마리아의 그리심산에 성전이 세워지고, 마케도니아의 알렉산더 왕은 대제사장과 유대인의 환호를 받으면서 예루살렘에 무혈 입성한다.

2. 바사 왕 고레스가 포로된 유대 백성의 귀환을 명령하고 예루살렘 성전 재건을 허락하다

유대 백성이 바벨론에 포로로 잡혀온 지 약 70년째 되던 해는 바사의 고레스 왕이 즉위하던 해다(BC 539). 고레스는 유대 백성의 불행을 긍휼히 여겨 그들을 풀어 주기로 결심했다. 그의 행동은 이미 예루살렘이 멸망되기 전에 선지자 예레미야가 "칠십 년 동안 바벨론 왕을 섬길 것"(참고, 렘 25:11; 29:10)이라는 예언을 성취한 것이다. 그래서 그는 "이스라엘 백성이 섬기는 하나님이 예언을 통해 자신을 인간 세계의 왕으로 삼으셨고, 그 하나님을 위해 자신이 예루살렘에 하나님의 성전을 지어 드리고 싶다"는 조서를 아시아 전 지역에 선포했다.

그림 2. BC 538년 고레스 칙령(대하 36:23; 스 1:2-3)이 기록된 고레스 원통

고레스의 약속에 따라 유다, 베냐민 두 지파의 지도자들은 레위인들, 제사장들과 함께 예루살렘으로 떠났다. 그러나 자신의 재산을 두고 떠날 마음이 없어서 바벨론에 남은 자들도 많이 있었다.

고레스는 느부갓네살 왕이 성전을 약탈하여 바벨론으로 빼앗아 온 성전 기물을 유대로 운반케 했다. 또한, 수리아의 총독에게 유대인 중에 원하는 사람은 누구나 고국으로 돌아가 예루살렘을 재건하고 성전을 짓도록 허락했다는 것을 알렸다. 그리고 자신의 재무 장관 미드르닷과 유대 총독 스룹바벨을 보내 성전 기초를 다지게 하고 높이와 너비가 60규빗 되는 성전을 건축하도록 지시하며, 이 경비를 모두 자신이 지불하겠다고 했다. 이때 바벨론 포로에서 예루살렘으로 돌아온 숫자는 52,562명이었다 (참고, 스 1-2).[4]

---

[4] 비교, 스 2:64는 43,360 명이다. 이것은 BC 538년에 일어난 것으로, 소위 1차 바벨론 포로 귀환이다.

3. 캄비세스 왕이 예루살렘 성전 재건을 중지시키다

바벨론에서 돌아온 유대인이 성전의 기초를 파고 건축하는 데 열심을 내고 있었을 때, 주변국, 특히 앗수르의 살만에셀 왕이 메대와 바사에서 데리고 왔던 사마리아의 구다인(the Chutaeans)은[5] 총독들을 구슬려 예루살렘 재건과 성전 건축을 방해했다. 총독들은 구다인에게 뇌물로 매수당해 자신들의 임무에 소홀했다. 한편, 고레스 왕은 온통 다른 전쟁에 신경을 쓰고 있었기 때문에 예루살렘 성전 건축이 진행되지 않고 있음을 알지 못했으며, 공교롭게도 마사게데(Massagetae)에서 전쟁 중에 사망한다.

고레스를 이어 그의 아들 캄비세스가 왕위에 올랐다. 그러자 수리아, 베니게, 암몬, 모압, 사마리아의 총독들은 캄비세스에게 다음과 같이 서신을 보냈다.

> 성전 건축이 끝나면 유대인은 조공을 바치지 않을 것이며, 왕의 명령에 복종하지 않고 대항할 것이다. 선왕들의 책을 살펴보면 유대인이 선왕들의 적이었고 반역자임을 알게 될 것이다. 그리고 예루살렘에 사람들이 거주하게 되고 성벽으로 요새화된다면 코엘레-수리아(Coelesyria)[6]와 베니게(Phoenicia)에 이르는 길목을 차단당하는 결과를 낳게 될 것이다.

이에 캄비세스는 선왕들의 책을 조사하여, 예루살렘이 항상 선왕들에게 적대 행위를 했고 주민도 반역과 난동을 서슴지 않았다는 점 그리고 유대의 왕들도 예전에는 강력한 힘이 있어 코엘레-수리아와 베니게의 조공을 받은 적이 있었다는 사실도 알게 되어, 예루살렘 성전 건축을 중단시킨다.

---

[5] 이들이 바로 좁은 의미의 '사마리아 인'이다(참고, 왕하 17:24-41). 이들이 북 이스라엘의 수도 사마리아에 정착해 사는 가운데 후대에는 유대인과 피가 섞인 경우까지 널리 이 범주에 포함시켜 '사마리아 인'이라고 불렀다.

[6] 팔레스틴과 트랜스요르단를 함께 일컫는 명칭.

그래서 성전 공사는 다리오 재위 2년까지 9년 이상 중단되었다. 캄비세스는 애굽을 전복시키고 돌아온 후 6년의 통치를 끝으로 다메섹에서 세상을 떠났다.

4. 스룹바벨의 지혜로 다리오 왕이 성전 재건을 허락하다

캄비세스가 죽은 후 마기(Magi)가 제국을 1년간 다스렸으나 살해되고, 이어 다리오(Darius) 1세가 왕으로 등극했다. 그는 권좌에 오르기 전에 자신이 왕이 된다면 아직까지 바벨론에 남아 있는 하나님의 모든 기물을 예루살렘 성전으로 보내겠다고 하나님께 서원했다. 그 때에 유대인의 총독이었던 스룹바벨이 예루살렘에서 다리오에게 왔다.[7] 그와 다리오는 오랜 친구 사이였으며, 귀환 후 다른 두 명과 함께 왕의 신변을 보살폈다.

다리오는 재위 원년에 연회를 베풀었다. 연회 후 침실에 들어 잠을 청해도 잠이 오지 않자, 그는 경호인 셋과 대화를 나누었다. 그리고 자신이 묻는 말에 지혜롭게 대답하는 사람에게는 포상으로 화려한 장신구와 왕 다음의 자리를 주고 혈족으로 삼겠다고 약속했다.

첫째 사람에게 "어째서 술이 가장 강한지?," 둘째 사람에게는 "어째서 임금이 가장 강한지?," 셋째 사람에게는 "어째서 여자가 가장 강한지? 그리고 또 어째서 진리가 모든 것 가운데서 가장 강한지?" 같은 질문을 했다.

다리오 왕은 아침이 되자 바사와 메대의 제후와 방백을 불러 모은 후에, 경호인 세 명에게 자신의 질문에 대한 답변을 들었다.

첫 번째 경호인은 술의 힘에 대해 논증했다.

> 술은 노예로 하여금 자유민처럼 담대하게 하며 빈궁한 자의 마음을 부자처럼 풍요롭게 만든다. 술이 들어가면 사람의 영혼을 변하게 하고

---

[7] 이 내용은 구약성서에 나오지 않는다. 요세푸스의 보도는 스룹바벨이 어떻게 다시 성전 건축을 하게 되었는지 알려 준다.

새롭게 할 뿐 아니라 재난에 처한 자들의 슬픔을 잊게 한다. 술은 빚진 자의 마음에 빚에 대한 생각을 없애 주어 세상에서 가장 부유한 사람처럼 느끼게 해 준다. 술이 들어가면 왕이나 장관들도 소용없다. 친구도, 동료도 모르고 칼을 들게 만들며 전혀 상관없는 이방인처럼 느끼게 만든다. 그리고 만취했다가 깨면 자기가 무슨 짓을 했는지 모른다. 그러기에 술이 이 세상에서 가장 강하며 천하무적인 존재다."

두 번째 경호인은 임금의 위대함을 강조했다.

임금은 만물을 지배하는 자다. 임금은 땅과 바다를 자기가 원하는 대로 유효하게 만들며 백성을 다스리고 그들 위에 권세를 행한다. 예를 들어, 임금이 백성에게 위험을 무릅쓰고 전쟁터에 나가라고 명령하면 백성은 아무 소리도 못하고 순종한다. 심지어 임금이 산을 깎아 내리라고 명령하기도 하고 성벽과 망대를 철거하라고 시키기도 한다. 심지어 신하들은 임금이 죽으라면 죽고, 죽이라면 죽여야 한다. 그러기에 임금이 말하거나 명한 것은 무엇이든지 반드시 해야 하며 지체하지 말고 즉시 해야 한다. 그렇기 때문에 왕이 다른 어떤 것보다도 가장 뛰어난 힘을 지니고 있다.

세 번째 경호인 스룹바벨은 여자의 힘과 진리의 위대성에 대해 다음과 같은 지론을 폈다.

여자는 술과 임금보다 훨씬 더 강하다. 임금을 이 세상에 나오게 한 자는 여자다. 포도나무를 심고 포도주를 만드는 자는 인간이나 인간을 낳고 양육시키는 존재는 여자다. 많은 양의 금과 은과 그 밖에 다른 귀중하고 값비싼 것을 얻었다 해도 아름다운 여성을 보게 된다면, 그 미모에 넋을 잃고 입을 딱 벌리고 눈을 떼지 못한다. 그래서 그 여자를 소유하고자 모든 것을 포기하는 희생을 치른다. 우리는 여자 때문에 부모, 조국, 절친한 친구도 버리며 목숨까지도 내놓는다. 나는 언젠가 다리오 왕조차도 그의 첩 아파메(Apame)[8]에게 손바닥으로 뺨을 맞는 것을 보았다. 왕은 그녀가 자신의 왕관을 집어 그녀의 머리 위에 올려놓는 것을 보고도 아무 말도 못했으며, 그녀가 웃으면 자기도 웃고 그녀가 심각해지면 자기도 심각한 표정을 짓고 그녀의 감정 변화에 따라 기분을 맞추려고 애쓰는 것을 보았다.

그림 3. 헨드릭 골치우스(Hendrick Goltzius, 1558-1617)의 "아파메가 왕관을 빼앗다"

바로 이어 스룹바벨은 진리의 위대함에 대해 말했다.

여자보다 왕보다 강한 것이 진리다. 비록 땅이 매우 넓고 하늘이 제 아무리 높고 태양이 빠르다 해도 이 모든 것은 하나님의 뜻에 따라 운행된다. 어떤 불의도 진리를 이기지 못한다. 임금이나 여자나 그 밖에 힘을 지닌 다른 모든 것들은 생명력이 짧지만, 진리는 영원히 살아있다. 그리고 진리는 불의를 떠나게 하며 불의를 부끄럽게 만든다.

---

8 라바세스 테마시우스(Rabases Themasius)의 딸.

이렇게 스룹바벨이 진리에 대해 자신의 견해를 마치자, 그 자리에 있던 모든 이가 스룹바벨이 가장 지혜롭게 말했다고 찬사를 보냈다. 다리오 왕은 약속한 상 이상의 것을 줄 터이니 무엇이든지 요구하라고 했다. 그러자 스룹바벨은 다리오 왕이 왕위에 오르기 전 약속했던 일들을 상기시켜, 예루살렘과 하나님의 성전을 재건하고 느부갓네살이 약탈해 온 기물을 반환하겠다는 맹세를 이행할 것을 청원했다.

다리오 왕은 스룹바벨의 요구를 받아들여 총독들에게 스룹바벨과 그의 동료들이 성전 재건하는 것을 적극적으로 도와주라고 지시했다. 또한, 유대로 돌아가기를 원하는 모든 포로를 석방하고, 유대인의 조세를 면제하는 한편, 조공을 내지 않고도 원하는 땅을 소유할 수 있도록 지시했다.

이뿐만 아니라 이두매와 사마리아와 코엘레-수리아의 주민에게는 유대인에게 빼앗은 촌락을 돌려 주고 성전 건축 비용으로 50달란트를 낼 것을 명령했다. 이러한 일은 고레스가 예루살렘 재건을 위해 계획한 것을 다리오가 실행에 옮긴 것이다.

스룹바벨은 다리오 왕이 성전 재건을 허락했다는 기쁜 소식을 동족에게 전했다. 그들은 선조의 땅으로 돌아가게 해주신 하나님께 감사드리며 7일 동안 잔치를 베풀고 먹고 마시며 즐거워했다. 그 후 지도자를 선출하고, 그 지도자를 따라 처자와 가축을 끌고, 다리오가 보낸 병사의 호위를 받으며, 기쁘게 예루살렘으로 귀환했다. 이때 12세 이상으로 귀환한 유다와 베냐민 지파의 사람들은 총 48,462명이었다.[9] 그리고 수많은 레위 지파 사람들과 노예들도 귀환했다.

---

9 이것이 소위 2차 바벨론 포로 귀환이라고 말할 수 있다. 그러나 학계에서는 이 진술에 대해 부정적인 시각을 갖는 듯하다.

5. 사마리아인(=구다인)의 끈질긴 방해에도 불구하고 성전이 완공되다

바벨론을 떠난 지 7개월이 되는 달에 대제사장 예수아와 총독 스룹바벨은 백성을 예루살렘에 모이게 하고, 성전 제단이 있던 곳에 다시 제단을 세우고 모세 율법에 따라 하나님께 제사를 드렸다. 그들은 7월 초하루부터 제사를 드리고 서원했다. 이와 함께 성전 건축을 시작했다.

유대인이 예루살렘에 도착한 후 제2년 제2월에 들어서자 성전 공사가 다시 시작되었다. 성전은 기대했던 것보다 빨리 완공되었다. 성전이 완공되자 제사장들은 나팔을 들고 섰고, 레위인과 아삽의 아들들은 하나님께 찬송을 드렸다. 백성은 새 성전을 보고 기뻐했지만, 제사장들과 레위인들과 노인층은 옛 성전의 장엄하고 화려한 모습과 현재의 새 성전을 비교해 보고 기대에 부응하지 못한다며 슬퍼했다.

한편, 당시 유다 및 베냐민 지파와 적대 관계에 있던 사마리아인은 스룹바벨과 예수아와 이스라엘 백성의 지도자들을 찾아가, 자기들도 성전 건축에 참여할 수 있게 해달라고 요청했다. 그러나 그들은 고레스 왕부터 다리오 왕까지 성전 건축을 자신들에게만 맡겼기 때문에 불가능하다며 거절했다. 하지만 누구든지 성전에서 예배드리는 것은 괜찮다고 했다.

이 소식을 접한 구다인은 옛날 고레스 왕 때와 이후 캄비세스 왕 때 했던 것처럼 인근 총독들을 찾아가 유대인이 성전 짓는 것을 중단시켜 달라고 요청했다. 그러자 수리아와 베니게의 총독들은 동료들과 함께 예루살렘에 와서 성전이라기보다는 요새처럼 보이는데 이 건물을 누구의 허락으로 건축하느냐고 물었다. 이에 스룹바벨과 예수아는 다리오 왕의 허락으로 건축하는 것이며, 이 사실에 대해서는 다리오 왕에게 서신을 보내어 확인해 보라고 대답했다.

이렇게 답하자 수리아와 베니게의 총독들은 다리오 왕에게 이 사실을 조회해 볼 때까지는 공사를 중단시키지 않기로 하고 서신을 보냈다. 이에 유대인은 혹시라도 다리오 왕이 예루살렘과 성전 재건에 대한 생각이 바뀌지 않을까 걱정하며 두려워했지만, 학개와 스가랴 선지자가 하나님께서 이 일을 결정하셨으니 걱정하지 말고 용기를 내라고 백성을 격려했다.

성전 건축에 참여할 수 없게 된 사마리아인은 다리오 왕에게 편지를 보내, 유대인이 예루살렘을 요새화하고 있으며, 성전이라기보다는 성채라고 하는 편이 나을 것이라고 극렬히 비난했다. 또한, 성전 건축을 중지하라고 명령한 캄비세스의 편지도 다리오 왕에게 보여 주었다. 그는 사마리아인의 편지를 받고 상념에 잠겼던 차에 수리아의 총독에게서 온 편지를 받고 궁중에 관련 자료가 있는지 찾아보라고 지시했다. 결국, 메데의 엑바타나(Ecbatana)에 있는 한 망대 안에서 책 한 권을 발견했다. 거기에는 고레스 왕 원년에 예루살렘 성전을 건축할 것을 명했다는 내용이 들어 있었다(참고, 스 6:1-12).

이에 다리오 왕은 수리아의 총독 신시네스(Sinsines)와 그 동료들에게 지시하여 책에 기록된 고레스의 명령대로 일을 처리하게 했다. 이렇게 하여 성전 건축은 이스라엘 백성의 열정적인 노력으로 7년 만에 완공되었는데, 이때가 다리오 왕 재위 9년 12월 23일이었다(BC 515년). 이를 기념하기 위해서 제사장들과 레위인들은 황소 100마리, 숫양 200마리, 어린 양 400마리 그리고 12지파를 상징하고 그들의 죄를 속죄하는 의미로 숫염소 12마리를 예물로 드렸다. 그리고 문마다 문지기를 두었다.

한편, 사마리아인은 자신들이 바사국 출신이기에 그들과 동맹을 맺고 있는 것처럼 행세하며 또한 자신들의 부를 믿고 유대인을 심히 괴롭혔다. 그들은 거둔 세금에서 일부를 유대인의 제사 비용으로 지불하라는 다리오 왕의 명령을 무시했으며, 주변의 총독들을 자기들 편으로 끌어들여 유대인을 괴롭혔다. 사마리아인은 유대인에게 피해를 줄 수 있는 일이라면 자신들이 직접 나서거나 아니면 남을 시켜서라도 실행케 했다.

그래서 유대인은 스룹바벨 외에 네 명의 사신을 다리오 왕에게 보내, 사마리아인의 악행을 고발했다. 이에 다리오 왕은 사마리아 총독에게 편지를 보내 "세금의 일부를 유대인에게 주어 자신과 바사 제국을 위해 기도가 끊이지 않도록 하라"고 명령했다.

6. 크세르크세스 치하에서 에스라와 느헤미야의 활동

다리오 왕이 죽자 그의 아들 크세르크세스가 왕위에 올랐다. 그도 부친처럼 유대인에게 우호적인 태도를 보였다. 이때 대제사장은 예수아의 아들 요아킴이었다. 하지만 백성의 으뜸가는 제사장은 에스라였는데, 에스라는 모세 율법에 능통한 자이며 크세르크세스 왕과도 친분이 두터웠다. 그는 바벨론에 있던 유대인을 일부 예루살렘으로 데리고 올라가게 해달라고 왕에게 편지를 보냈다.

왕은 서신을 통해 유대인이 예루살렘에 자유롭게 돌아갈 수 있도록 허락하는 한편, 바벨론의 금과 은을 가져가 하나님께 바칠 것도 허락했다. 또한, 왕은 수리아와 베니게의 재무관에게 서신을 보내 에스라가 하는 일을 적극 도우라고 당부했다.

에스라는 이러한 내용을 메대에 있는 동족에게 보냈다. 메대의 유대인은 바사 왕이 하나님을 섬긴다는 사실과 에스라와 관계가 돈독하다는 것에 감명받았으나, 대부분 예루살렘에 돌아가지 않고 그곳에 그냥 남았다. 에스라는 유브라데 강 건너에 유대인을 모이게 하고 3일간 금식을 선포한 후에 예루살렘에 도착할 때까지 지켜달라고 하나님께 기도했다. 기도를 끝낸 후 크세르크세스 왕 재위 7년 1월 12일 유브라데 강을 떠나 그해 5월 예루살렘에 도착했다.[10]

그 후 어떤 이들이 에스라에게 와서 예루살렘의 일반 백성뿐 아니라 레위인과 제사장들까지 율법을 어기고 이방 여자와 혼인하는 등 제사장 가문의 혈통이 더럽혀지고 있다고 고소했다. 이에 에스라는 백성 앞에 서서 이방 여자를 아내로 맞아들인 것은 명백한 죄라고 선포한 후에, 하나님의 용서를 받고 하나님을 기쁘게 해 드리려면 이방 아내를 버려야 한다고 강력히 권고했다. 결국, 이들은 인정을 따르기보다는 하나님의 율법을 더 소중히 여기기로 하고 아내와 그 사이에 낳은 자식을 내쫓았다(참고, 스 9-10장).

---

10 이것은 BC 458년에 일어난 일로, 소위 2차 바벨론 포로 귀환이다.

7월 장막절이 다가오자 거의 모든 백성이 예루살렘으로 올라와서, 에스라에게 모세의 율법을 읽어 달라고 요청했다. 그들은 에스라가 읽어 주는 모세 율법을 들으면서, 자신들이 과거에 저지른 죄를 기억해내고 괴로워했다. 이에 대해 에스라는 백성이 즐거운 마음으로 절기를 지키도록 권면하면서도, 회개하는 마음을 버리지 말라고 했다. 백성은 에스라의 권면을 듣고 8일간 장막절을 지킨 후 하나님께 찬송을 드리고 개혁 조치를 단행한 에스라를 칭송하며 고향으로 돌아갔다. 시간이 흘러 에스라와 당시 대제사장이었던 요아킴이 비슷한 시기에 죽었고, 엘리아십이 대제사장직을 승계했다.

한편, 유대인 포로 중에 크세르크세스 왕의 술을 따라 올리는 일을 맡은 느헤미야가 있었다. 그는 어느 날 수산(Susa) 성내를 걷다가, 유대에서 오는 사람들에게서 예루살렘 성벽이 무너졌다는 소식을 들었다. 그는 성문에 앉아 애통해하다가, 왕에게 성벽 재건과 성전 공사를 허락받는다. 왕은 느헤미야를 귀하게 여기고 공사에 필요한 모든 것을 공급하라는 요지의 문서를 수리아와 베니게와 사마리아 총독인 아다이오스에게 보냈다. 느헤미야는 자원해서 따라가겠다는 많은 동족을 거느리고 크세르크세스 왕 재위 25년에 예루살렘에 도착했다.[11]

그는 온 백성을 예루살렘으로 소집하고 성전과 성벽 건축에 최선을 다할 것을 선언하고 백성에게 일을 분담해 주었다. 이에 유대인(the Jews)은 공사 준비를 시작했다. 유대인이란 명칭은 유다 지파(the tribe of Judah)에서 유래된 것으로, 그들이 처음으로 바벨론에서 예루살렘으로 돌아왔기 때문에 그들과 그들의 땅을 유대(Jews)라고 불렀다.

한편, 암몬, 모압, 사마리아, 코엘레-수리아의 주민은 예루살렘의 공사를 방해하려 했다. 이들의 방해 공작에도 불구하고 느헤미야는 백성에게 무기를 휴대하게 하고 적의 습격에 대비한 상태로 공사를 진행하게 했다.

---

11 이것은 BC 444년에 일어난 일로, 소위 3차 바벨론 포로 귀환이다.

2년 4개월 후에[12] 드디어 예루살렘 성벽 공사가 끝났다. 이때가 크세크르세스 왕 재위 28년 9월이다. 이 공사가 끝나자 느헤미야와 백성은 하나님께 제사를 드리고 8일간 잔치를 베풀었다. 느헤미야는 예루살렘 주민의 수가 적은 것을 보고 레위인과 제사장들에게 현재 거주하고 있는 도시에서 예루살렘으로 거처를 옮기라고 권면했다.

또한, 그들이 예배에만 전념하면서 생활할 수 있도록 백성에게 소득 중 십분의 일을 예루살렘으로 가져오도록 지시했다. 느헤미야는 성벽 재건 외에도 여러 가지 훌륭한 업적을 남기고 세상을 떠났다. 그는 선하고 정의로운 사람이었으며 자기 백성을 위해 수고를 아끼지 않았다(참고, 느 1-6장).

7. 아르타크세르크세스 왕의 치하에 부림절이 생겨나다

크세르크세스 사후에 그의 아들 고레스가 왕위를 이었다. 고레스는 헬라인이 아르타크세르크세스라고 부르는 인물로, 인도에서 에디오피아에 이르기까지 127개 지역을 다스렸다. 그는 재위 3년이 되던 해에 자기의 부를 과시하고 싶은 생각에 180일 동안 성대한 잔치를 베풀었다. 그는 잔치에 참석한 손님들에게 자신의 아름다운 왕비 와스디를 자랑하고 싶어서 잔치에 나올 것을 명령했다.

그러나 왕후는 아내들이 나그네에게 얼굴을 보이는 것을 금지한 페르시아 법을 존중하여 잔치에 나가지 않았다.[13] 이에 왕은 왕후를 힐난하며 와스디를 왕후의 자리에서 내쫓았다.

그리고 그는 재위 7년 12월에 유대 처녀 에스더를 왕후로 맞이했다. 에스더가 왕궁에서 살게 되면서 에스더의 사촌 모르드개도 바벨론에서 수

---

12 느 6:15에는 "오십이 일"이라고 보도한다. 요세푸스의 보도는 성벽 전체 공사가 완전하게 마무리된 기간을 말하고 있을 것이다.
13 이 내용은 성경에 나타나지 않는다. 이 보도를 통해 왕비가 왕의 명령에 따르지 않은 이유를 추측할 수 있다.

산으로 옮겨와 왕궁 근처에 살게 되었다. 그 후 얼마 되지 않아 두 환관 빅단과 데레스가 반역의 음모를 꾸민 것을 모르드개가 알고, 이 사실을 에스더를 통해 왕에게 알렸다. 왕은 반역자들을 처벌하면서 서기관에게 모르드개의 이름을 기록해 놓을 것을 지시했을 뿐, 다른 상은 내리지 않고 다만 모르드개에게 왕의 친한 벗으로 왕궁에 거할 수 있게 허락했다.

왕의 측근 가운데 아말렉 태생으로 왕의 총애를 받는 하만이라는 사람이 있었다. 그는 모든 바사인에게 하만 자신에게 절할 것을 요구했다. 그러나 모르드개는 율법을 따랐기 때문에 하만에게 절하지 않았다.[14] 하만은 모르드개가 유다 출신임을 알고 화가 치밀었다. 하만은 모르드개 개인에게만 벌을 주는 것은 시시하다고 생각하여 유대 민족 전체를 몰살시키기로 했다. 그래서 하만은 왕에게 유대 민족을 전멸시킬 것을 간청했다.

왕은 유대인이 바치는 조공이 손실되는 것을 우려하여 내키지는 않았으나, 하만은 자기 영지에서 나오는 수익 중 40,000달란트로[15] 이를 대신하겠다고 약속했다. 하만이 이같이 간청하자 왕은 돈을 낼 필요는 없다면서 원하는 대로 하라고 허락했다. 이에 하만은 12월 14일에 모든 유대인을 죽이라는 명령을 내렸다.

모르드개는 이 사실을 에스더에게 알리면서 왕에게 유대인을 살려 달라고 간청할 것을 부탁했다. 하지만 에스더는 왕후라 해도 왕의 부름을 받지 않고 왕 앞에 나가는 자는 누구든지 죽는다는 것을 알고 있었다. 그래서 에스더는 모르드개에게 유대인을 수사(Susa)에[16] 모으고 사흘 동안 어떤 음식도 먹지 말고 자신을 위해서 기도해 달라고 부탁하고, "죽으면 죽으리라"는 각오로 나갈 것을 결심했다. 모르드개는 에스더의 지시에 따라 유대 백성에게 금식을 명령했다. 그리고 자신 때문에 하만이 분을 품어 민족이 죽게 될 위험에 처했으니 구원해 달라고 기도했다.

---

14 이 내용도 성경에 나타나지 않는다. 아멜렉 족속과 유다 사이는 원수지간이다. 이를 통해서 모르드개가 하만에게 인사하지 않은 이유를 추측할 수 있다. 참고, 출 17:14; 신 25:19.
15 에 3:9에는 '은 일만 달란트'로 보도한다.
16 에 4:16은 '수산'이라고 보도한다.

에스더도 자신이 왕 앞에 나아갈 때 예전보다 더욱 아름답게 보이게 해 달라고, 또한 왕이 무슨 이유로 화를 내더라도 자신의 아름다움과 말로 왕의 진노를 누그러뜨려 위험에 처한 유대 민족을 구원할 수 있게 해 달라고 기도했다. 이렇게 에스더는 3일간 금식 기도를 한 후에 왕후답게 치장하고 왕에게 나아갔지만, 왕의 분노를 걱정하다가 쓰러졌다. 그러나 왕은 쓰러진 에스더에게 규(圭)를 내밀고, 법이 에스더에게 적용되지 않음을 말해 주었다. 에스더가 살 수 있었던 것이다. 이에 에스더는 왕에게 하만과 함께 잔치에 참석해 줄 것을 청했고, 왕과 하만은 이에 응했다.

한편, 왕은 그날 밤 잠이 오지 않자 서기관이 선왕들의 역대기와 자기 통치 기록을 읽게 했다. 서기관이 읽어 준 이야기에는 두 환관이 반역을 꾀하여 모르드개가 왕께 이 사실을 고한 기록이 있었다. 왕은 모르드개가 상을 받았는지 물어보고, 가장 먼저 궁에 들어오는 자신의 친구가 있으면 자신에게 알려줄 것을 지시했다. 시종들은 하만이 가장 먼저 입궁했다고 보고했다. 왕은 하만에게 자신이 매우 사랑하는 사람이 있는데 그를 어떻게 대접해야 할까 물었다.

하만은 그것이 자신이라고 착각하고 "왕의 옷을 입혀 목에 금사슬을 걸어준 뒤 말에 태우고, 왕의 친구 중 하나가 왕이 존귀하게 여기는 자는 이런 영애를 얻게 될 것이라고 외치면서 시내를 한 바퀴 돌게 하는 것이 좋다"고 대답했다. 왕은 흡족해하면서 하만이 모르드개를 위해 그렇게 할 것을 지시했다.

에스더가 베푼 잔치에 하만과 함께 참석했던 왕은 에스더에게 소원을 말해보라고 했다. 이에 에스더는 왕에게 자신과 유대 민족이 전멸의 위기에 처해있으니 살려달라고 간청하면서, 유대 민족을 몰살시키려 하는 자가 하만이라는 것을 폭로했다. 이 이야기를 들은 왕은 정신을 잃고 정원으로 나가 버렸다. 하만은 자신이 궁지에 몰려있음을 깨닫고 왕후의 침상 위에 엎드려 에스더에게 잘못을 용서해 달라고 사정했다. 정원에서 돌아오다가 이 광경을 본 왕은 하만이 이제 왕후를 겁탈하려 하느냐며 소리를 질렀다.

그때 환관 중 한 명이 하만의 집에 모르드개를 처형할 교수대가 50큐빗 높이로 세워져 있다고 말했다. 이에 왕은 모르드개를 죽이려 했던 방식으로 하만을 처형하라고 명령했다. 왕은 하만이 죽은 후 영지를 왕후에게 주고, 모르드개를 불러 하만에게 주었던 반지를 끼워 주었다. 또한, 유대인을 보호하라는 내용의 서신을 모든 속주의 총독과 지배자에게 보냈다.

서신의 내용을 요약하면 이렇다.

> 윗사람들부터 많은 은혜와 명예를 받고도 약한 자를 해치면서 하나님의 눈을 피할 수 있다고 생각하고 또한, 중상모략하여 아무런 죄도 없는 사람들의 목숨을 빼앗으려는 자가 있다. 그런 종류의 인간이 바사인의 피가 전혀 섞이지 않은 아말렉 태생의 하만이다. 그는 나를 반역하여 나의 생명의 은인인 모르드개와 나의 인생의 동반자 에스더를 죽이고 또한 나의 왕국을 빼앗아 다른 사람에게 넘겨주려고 했다. 사악한 하만이 죽이려고 했던 유대인은 결코 악한 자들이 아니다. 오히려 그들은 이 나라를 보호하시는 하나님을 경배하는 자들이기에 나는 최대한 그들을 존중하며 보살펴 줄 것이다. 악한 계략을 꾸민 하만과 그의 가족은 성문에 매달아 놓았는데, 이런 형벌은 모든 것을 감찰하시는 하나님이 내리신 것이다. 그리고 오는 12월, 즉 아달월 13일에 유대인을 도와 그들을 해치려고 하는 자들에게 불행의 재난을 당하지 않도록 도와주어라. 하나님께서 그 날을 유대인의 패망이 아닌 구원의 날로 정하셨다. 만약 이 서신에 기록된 명령을 하나라도 어기는 도시나 국가가 있으면, 내가 칼과 불로 징벌할 것임을 명심하라. 그리고 아달월 13일에 유대인이 적들의 원수를 갚을 수 있도록 만반의 준비를 갖추는 것을 방해하지 않도록 하라.

왕의 서신을 전하기 위해 전국으로 기병을 보냈다. 그리고 유대인을 두려워 한 사람들은 신변의 안전을 도모하기 위해 할례를 받기도 했다. 한편, 유대인은 하만에 의해 죽임을 당할 뻔했었으나 하나님의 도우심으로 위험에서 벗어난 것을 기억하며, 14일에 절기를 만들어 하나님께 감사를 드렸다. 이날을 부림절이라고 불렀다(참고, 에 1-10장).

그림 4. 쟌 빅토르(Jan Victors)의 "에스더와 아하수에로의 연회," 1640 작품

8. 대제사장 요한과 야두아의 행적

대제사장 엘리아십의 사후에 아들 유다스가 그 자리를 계승했고, 유다스가 또 세상을 떠나자 요한이 대제사장직을 계승하게 되었다.[17] 요한에게는 예수라고 하는 동생이 있었고, 예수에게는 아르타크세르크세스의 군대 장관인 바고세스라는 친구가 있었다. 어느 날 바고세스는 예수에게 대제사장직을 빼앗아 주겠다고 약속했고 그의 후원을 믿은 예수는 성전에서 요한과 말다툼을 벌여 분노를 사게 되었다.

요한은 분노를 참지 못하고 예수를 죽이게 되었다. 바고세스는 요한이 성전에서 자기 동생을 살해했다는 이야기를 듣고 그것을 구실삼아, 매일

---

[17] 참고, 느 12:10-11, 12, 22의 대제사장 명단과 비교.

상번제를 드릴 때 수양 한 마리당 50세겔씩 공금에서 지불하라고 조세를 부과했다. 그는 이렇게 7년간 유대인을 괴롭혔다.

요한이 세상을 떠나자 그의 아들 야두아가 대제사장직을 승계했다. 한편, 바사의 마지막 왕 다리오 3세가 사마리아에 파견한 산발랏이라는 인물이 있었다. 그는 구다인 출생이었다.

산발랏은 예루살렘이 유명한 도시요 그곳의 왕들이 과거에 앗수르와 코엘레-수리아의 주민에게 골칫거리였다는 사실을 알고 딸 니카소(Nicaso)를 야두아의 동생 마낫세에게 주어 정략 결혼시켰다. 이를 통해 그는 유대를 안전하게 통치하려고 했다.

9. 그리심산 성전과 알렉산더의 예루살렘 입성

이 무렵 마케도니아에서는 알렉산더가 왕위에 올랐다. 한편, 예루살렘 장로들은 대제사장 야두아의 동생인 마낫세가 이방 여인과 결혼했음에도 불구하고 그가 야두아와 함께 대제사장직을 맡은 것과 관련하여 그와 언쟁을 벌였다. 이방 여인을 아내로 맞아들였다가 포로의 지경까지 이르렀던 과거를 기억하는 그들은 마낫세에게 아내와 이혼하거나 아니면 제단을 가까이하지 말 것을 명령했다.

그러자 마낫세는 장인 산발랏에게 아내 때문에 제사장직을 잃고 싶지 않다고 이야기했다. 산발랏은 다리오 3세에게 청원해 사마리아에서 가장 높은 그리심산에 예루살렘 성전처럼 성전을 짓고 대제사장직을 주도록 하겠다고 마낫세에게 약속했다.

다리오 왕은 계속 진군하는 알렉산더의 군대를 막기 위해 보병과 기병을 거느리고 출전하여 길리기아의 이수스에서 전투를 준비했으나 대패하고 말았다. 알렉산더는 이수스, 다메섹, 시돈을 점령하고 두로를 포위했다. 이때 알렉산더는 유대 대제사장 야두아에게 원군과 물자를 보내 달라고 했으나 대제사장이 다리오에게 반역하지 않겠다고 답변하자 유대 대제사장을 공격하여 만인의 본보기로 삼겠다고 위협했다.

한편, 산발랏은 다리오 3세를 배반하고 부하 7,000명과 함께 알렉산더에게 갔다. 그는 알렉산더를 주인으로 모시겠다고 약속하면서, 그리심산에 성전을 짓고 마낫세에게 대제사장직을 줄 수 있게 해달라고 부탁했다. 이에 알렉산더가 허락하자, 산발랏은 성전을 짓고 마낫세를 대제사장으로 임명했다. 알렉산더는 두로를 거쳐 가자를 함락시키고, 바로 예루살렘으로 올라갔다. 대제사장 야두아는 알렉산더가 공격해 온다는 소식을 듣고 하나님께 제사와 간구의 기도를 드렸다. 하나님은 그에게 나타나셔서, 백성들이 흰옷을 입고 제사장들은 제사장 옷을 입고 알렉산더를 맞이하라는 계시를 주셨다.

이 말씀을 따라 야두아는 제사장과 주민들을 거느리고 사파라는 곳까지 행렬을 지어 알렉산더를 마중 나갔다. 알렉산더를 따르는 사람들은 알렉산더가 도시를 약탈하고 대제사장을 죽일 것으로 생각했으나 알렉산더는 직접 나와 하나님의 이름을 찬양하고 먼저 대제사장에게 안부를 물었다. 이에 한 신하가 어째서 왕이 유대의 대제사장을 찬양하는지 묻자, 알렉산더는 자신이 마케도니아의 디오스에 있을 때 꾼 꿈을 이야기해 주었다. 자신이 어떻게 하면 아시아를 제패할 수 있을까 고민할 때, 꿈에서 야두아가 나타나 자기가 군대를 인도해서 바사를 정복할 수 있도록 도와주겠다고 독려했다는 것이다.

알렉산더는 이 대답을 마치고 대제사장과 나란히 예루살렘으로 입성하여 하나님께 제사를 드렸다(BC 332년). 그는 대제사장과 제사장들을 존중해 주었고, 7년마다 내는 조공을 내지 않게 해 주었다. 또한, 바벨론과 메대에 사는 유대인도 고유의 율법을 지키며 살도록 허락해 주었다.

알렉산더는 예루살렘에서 일을 마무리한 다음 인근 도시로 떠났다. 이때 사마리아인은 알렉산더가 유대인을 우대하는 것을 보고 자신들도 알렉산더에게 7년째에는 씨를 뿌리지 않으므로 조공을 면제해 달라고 간청했다. 이에 알렉산더는 그들이 도대체 누구이길래 그런 간청을 하느냐고 물었다. 그러자 자기들은 히브리인이지만 시돈인(Sidonians)으로 불린다고 대답했다.

　알렉산더가 그들에게 유대인(the Jews)이냐고 묻자 그들은 유대인이 아니라고 대답했다. 그러자 알렉산더는 자기는 유대인에게 특권을 주었고, 이 문제는 다시 돌아와서 처리한다고 대답했다. 그러나 그는 이 문제를 처리하지 못하고 죽었다. 알렉산더가 죽자 그 왕국은 여러 후계자에 의해 분열되었지만, 그리심산 성전은 계속 존속해서 예루살렘 주민 중에 정죄 당한 사람이 도망가는 곳이 되었다. 또한, 이 무렵에 야두아가 죽고 그 아들인 오니아스가 대제사장직에 올랐다.

10. 마무리 정리

(1) 앞서 언급된 내용에서 성서 해석에 도움이 되는 것이 무엇인지 살펴봅시다.

(2) 술과 임금 그리고 여자 중에서 무엇이 제일 강한지 자신의 견해를 말해 봅시다.

(3) 베드로전서 1:24-25는 "모든 육체는 풀과 같고 그 모든 영광은 풀의 꽃과 같으니 풀은 마르고 꽃은 떨어지되 오직 주의 말씀은 세세토록 있도다 했으니 너희에게 전한 복음이 곧 이 말씀이니라"고 말합니다.

　① 이 말씀에 대한 자신의 생각이나 경험을 말해 봅시다.

　② 주님의 말씀이 영원하다면, 사람들은 왜 주님의 말씀을 받아들이고 배우기 위해 열심히 노력하지 않나요?

제2장

초기 헬레니즘과 마카비 혁명
(BC 332-160년)

70인역(LXX)의 탄생과 종교적 자유를 위한 투쟁
(유대고대사 12권의 이야기)

주요 사건

1. 알렉산더 제국의 분열: 알렉산더 대왕이 BC 323년에 33세의 나이로 세상을 떠나자, 그의 제국은 후계자들(디아도키)에 의해 분열되었다. 안티고누스는 아시아를, 카산드로스는 마케도니아를, 셀레우코스는 바벨론을, 프톨레마이오스는 이집트를 차지했다.
2. 프톨레마이오스 왕가의 유대 통치(BC 320-200년): 이집트를 중심으로 한 프톨레마이오스 왕가가 유대를 통치.
3. LXX 역: 히브리어 성경을 헬라어로 번역한 성경.
4. 셀레우코스 왕가의 유대 통치(BC 200-142년): 셀레우코스 왕가의 안티오코스 3세가 요단강의 파네이온에서 프톨레마이오스 5세의 세력을 물리치고 유대를 통치함.
5. 마카비 혁명: 안티오코스 4세의 종교적 박해로 BC 167년에 제사장 맛

다디아가 그의 아들들과 지지 세력(-하시딤)을 중심으로 종교적 자유를 위해 일으킨 혁명.
6. 수전절: BC 164년에 유다 마카비가 예루살렘 성전을 되찾아 희생 제사를 다시 드리게 된 것을 기념하는 절기(요 10:22).
7. 엘르아살의 죽음(BC 162년): 맛다디아의 넷째 아들로, 안티오코스 5세가 공격해 오자 가장 덩치 큰 코끼리에 탄 줄 알고 코끼리 밑으로 들어가 공격하였으나 코끼리가 죽자 깔려 죽음.
8. 유대와 로마의 동맹(BC 162년): 유다가 셀레우코스의 세력을 견제하기 위해 로마와 우호 동맹을 체결.
9. 유다의 죽음(BC 160년): 엘라사에서 데메트리오스 1세의 군대와 싸우다가 전사함.

프톨레마이오스 왕가와 관련된 인물

1. 프톨레마이오스 1세 소테르(Ptolemy I Soter, BC 323-BC 285년): 알렉산더 대왕의 후계자 중 한 사람으로 이집트를 중심으로 왕국을 건설하고 유대를 점령.
2. 프톨레마이오스 2세 필라델포스(Ptolemy II Philadelphus, BC 285-246년): 대제사장 엘리아살의 도움을 받아 구약성경을 헬라어로 번역(LXX).
3. 데메트리오스(Demetrius): 프톨레마이오스 2세 치하의 왕실 도서관장.
4. 아리스테오스(Aristeus): 유대인 석방을 위해 노력한 데메트리오스의 친구.
5. 프톨레마이오스 4세 필로파테르(Ptolemy IV Philopater, BC 221-203년): 셀레우코스 왕가의 안티오코스 3세와 싸워 패함.
6. 프톨레마이오스 5세 에피파네스(Ptolemy V Epiphanes, BC 203-181년): BC 200년에 셀레우코스 왕가의 안티오코스 3세에게 패하여 유대를 넘겨 줌.
7. 스코파스(Scopas): 프톨레마이오스 5세 치하의 군 사령관으로 파니아스 전투에서 안티오코스 3세에게 패함.
8. 요셉(Joseph): 대제사장 오니아스 2세의 조카로 프톨레마이오스 5세에게서 세금 징수권을 받아 22년간 세금청부업자로 활동.

9. 프톨레마이오스 6세 필로메토르(Ptolemy VI Philometor, BC 181-146년): 안티오코스 4세 에피파네스와 수리아를 두고 전쟁을 함.

셀레우코스 왕가와 관련된 인물

1. 셀레우코스 1세 니카토르(Seleukos I Nicator, BC 312-280년): 알렉산더 대왕의 후계자 중 한 사람으로, 바벨론 지역을 중심으로 왕국을 건설.
2. 안티오코스 3세(Antiochus III, BC 223-187년): 프톨레마이오스 4세를 제압하고 유대 지역을 점령.
3. 클레오파트라(Cleopatra): 안티오코스 3세의 딸로 프톨레마이오스 5세와 결혼.
4. 셀레우코스 4세(Seleukos IV, BC 187-175년): 안티오코스 3세의 아들.
5. 안티오코스 4세 에피파네스(Antiochus IV Epiphanes, BC 175-163년): 안티오코스 3세의 아들로 애굽 원정길에 올랐으나, 로마의 개입으로 철수하면서 예루살렘 성전을 약탈하고 이방 제단을 세움. 이로 인해 마카비 혁명이 일어남.
6. 아폴로니오스(Apollonius): 안티오코스 4세 때에 사마리아 주둔군의 지휘자로 유대를 공격했으나 패함.
7. 세론(Seron): 수리아의 군대 지휘관으로 유대를 공격했으나 패함.
8. 리시아스(Lysias): 안티오코스 4세의 친구로 유다에게 패함.
9. 프톨레마이오스(Ptolemy), 니카노르(Nicanor), 고르기아스(Gorgias): 리시아스가 유대를 공격하기 위해 지명한 군사령관.
10. 안티오코스 5세 에우파토르(Antiochus V Eupator, BC 164-162년): 안티오코스 4세의 아들로, 데메트리오스 1세에 의해 처형됨.
11. 빌립(Philip): 안티오코스 4세의 친구로, 어린 안티오코스 5세를 도와주었으나 후에 반란을 일으켜 처형당함.
12. 데메트리오스 1세(Demetrius I, BC 162-150년): 셀레우코스 4세의 아들로 안티오코스 5세를 물리치고 왕위에 등극. 마카비 혁명의 지도자인 유다를 죽임.

13. 니카노르(Nicanor): 데메트리오스 1세와 로마에 볼모로 잡혀갔다가 함께 탈출. 유다와의 전투해서 패함.
14. 바키데스(Bacchides): 데메트리오스 1세의 유대 원정 사령관으로 엘라사 전투에서 유다를 죽임.

마카비 혁명의 인물

1. 맛다디아(Mattathias, BC 167-166년): 레위 가문의 제사장으로 모딘에서 종교적 자유를 위해 혁명을 일으킴.
2. 유다 마카비(Judas Maccabee, BC 166-160년): 맛다디아의 셋째 아들로, 보통 '마카비'라고 부르는 인물. BC 164년에는 예루살렘 성전을 되찾아 희생 제사를 지냄(-수전절). 그러나 엘라사 전투에서 데메트리오스 1세 군사령관인 바키데스에게 패하여 전사함.
3. 엘르아살(Eleazar): 맛다디아의 넷째 아들로 코끼리에 깔려 죽음.

유대의 대제사장

1. 엘르아살(Eleazar, BC 260-245년): LXX 역 당시의 대제사장.
2. 므낫세(Manasseh, BC 245-240년): 엘르아살의 삼촌으로, 그가 죽자 대제사장으로 즉위.
3. 오니아스 2세(Onias II, BC 240-218년): 프톨레마이오스 5세에게 해마다 바치던 은 20달란트를 바치지 않아, 국가를 위기 상황으로 만듦.
4. 시몬(Simon, BC 218-185년): 오니아스 2세의 아들.
5. 오니아스 3세(Onias III, BC 185-175년): 시몬의 아들.
6. 야손(Jason, BC 175-172년): 오니아스 3세의 동생으로 메넬라오스와 대립.
7. 메넬라오스(Menelaus, BC 172-162년): 오니아스 3세의 동생으로 친헬라화 정책을 펼쳤고, 안티오코스 5세에게 처형당함.
8. 알키무스(Alkimus, BC 162-159년): 아론의 후손으로 친헬라화 정책을 폈고, 데메트리오스 1세에 의해 대제사장이 됨. 그러나 성소의 벽을 헐려다가 하나님이 치셔서 죽음.

그 밖의 인물

카산드로스(Cassander): 알렉산더 대왕의 후계자 중 한 사람으로, 마케도냐를 통치(BC 316-297년). 안티고누스와 대립.

1. 핵심 내용

알렉산더 대왕 사후에 그의 제국은 여럿으로 분할되었다. 애굽은 프톨레마이오스가 차지했고, 바벨론은 셀레우코스가 차지했다. 유대는 먼저 애굽을 차지한 프톨레마이오스 왕조의 지배를 받았다. 프톨레마이오스 왕조는 유대 문화에 우호적이어서, 구약성경을 헬라어로 번역했다(LXX역). 그러나 BC 200년 셀레우코스 왕조의 안티오코스 3세는 프톨레마이오스 왕조에게서 유대를 빼앗아 통치하기 시작했다. 셀레우코스 왕조는 처음에는 유대를 호의적으로 통치했으나, 안티오코스 4세부터는 강압적으로 다스리기 시작했다. 그는 예루살렘 성전을 점령하고, 성전에서 돼지고기를 제물로 바쳐 제사를 드리게 했으며 할례를 금지했다.

신앙의 자유를 갈망하는 저항의 불씨가 BC 167년 '모딘'이라는 마을에서 시작되었다. 제사장 가문의 맛다디아는 다섯 아들과 함께 강압적으로 이방 신에게 제사를 강요하는 왕의 관리들을 죽이고, 광야로 이동하여 전쟁을 시작했다. 맛다디아는 1년 정도 혁명 세력을 이끌었고, 그 뒤를 이어 '마카비'라 불리는 셋째 아들 '유다'가 혁명 세력을 이끌었다. 그는 벧호른, 엠마오, 벧술 등 여러 지역에서 셀레우코스 왕가의 군대를 물리쳤다. 드디어 BC 164년 마카비는 예루살렘 성전에서 희생 제사를 드렸는데, 이것이 수전절의 기원이 되었다. 유다 마카비는 BC 160년에 '엘라사'에서 바키데스와 싸우다가 전사했다.[1]

---

[1] 이와 관련된 자료는 마카베오상 1-9장(공동번역성서)을 참조 바람. 그리고 이 글의 이해를 위해 뒤에 있는 〈참고자료 2〉, 〈참고자료 3〉을 먼저 보라.

2. 알렉산더 사후 제국의 분열과 70인역의 탄생

알렉산더 대왕이 죽은 후에 그의 제국은 후계자들에 의해 분열되었다. 아시아는 안티고누스가, 바벨론과 그 인접 지역은 셀레우코스 1세 니카토르가, 카산드로스는 마게도냐를 그리고 프톨레마이오스 1세 소테르는 애굽을 차지했다. 당시 애굽을 지배하던 프톨레마이오스는 안식일에 하나님께 제사드리러 가는 것처럼 위장하고, 예루살렘에 입성한 다음 그 도시를 점령하고, 많은 유대인을 포로로 잡아가 알렉산드리아에 정착시켰다. 그리고 이들을 자신의 경비병으로 삼았으며, 이들에게는 마케도니아 시민과 동등한 권리를 부여했다. 하지만 자발적으로 애굽으로 내려간 자들도 많이 있었다. 왜냐하면 애굽이란 나라와 프톨레마이오스의 관대함에 매료되었기 때문이다.

소테르의 뒤를 이어 프톨레마이오스 2세 필라델포스가 왕국을 다스렸다. 그의 도서관장 데메트리오스는 세상에 있는 모든 책을 수집하려고 노력하는 자로, 유대인의 문자로 기록된 율법에 관한 책을 헬라어로 번역하자고 왕에게 제안했다. 한편, 왕의 가장 친한 친구인 아리스테오스는 오래전부터 유대인 포로를 석방하기로 결심했다.

아리스테오스가 유대인의 경전을 번역하는 마당에 많은 유대인을 노예로 남겨 놓는 것이 부당하다고 말하자, 필라델포스는 그의 제안을 받아들여 유대인 해방을 결심하고 국고에서 한 사람당 속전 20드라크마씩 지불케 했다. 이로 말미암아 해방된 유대인은 120,000명이나 되었고, 속전으로 총 460달란트 이상이 국고에서 지급되었다.

유대인을 해방하는 일이 성공리에 끝나자 필라델포스는 구약성서 번역을 서둘렀다. 이에 필라델포스는 유대 대제사장 엘르아살에게 서신을 보내어, 자신이 최근에 유대인 포로를 석방한 일을 알리고, 유대의 율법책을 헬라어로 번역하고 싶으니, 이를 위해 각 지파에서 6명씩 뽑아서 보내 달라고 요청했다. 그리고 많은 선물과 제사와 그 밖의 비용을 위해 돈 100달란트를 보냈다.

대제사장 엘르아살은 왕의 요청대로 각 지파에서 6명의 장로를 뽑아 율법서와 함께 보냈다. 이들이 알렉산드리아에 도착하자 왕은 극진히 환대했으며, 12일간 큰 연회를 베풀었다. 그 후에 데메트리오스는 이들을 번역하기에 적합한 바닷가의 한적한 곳으로 데리고 갔다. 이들은 아침이 되면 궁정으로 가 왕에게 문안을 드리고 돌아와서는, 몸을 정결케 한 다음 오후 3시까지 번역 작업을 했다. 정열과 심혈을 기울여, 72일 만에 번역 작업을 끝냈다.[2]

필라델포스는 자기가 의도했던 계획이 성공리에 끝나자 몹시 기뻐했다. 그리고 이 율법 책이 이토록 멋지고 훌륭한데 어째서 시인이나 역사가가 이에 대해 언급하지 않았느냐고 물었다. 이에 데메트리오스는 율법 책을 언급하려고 시도한 몇몇 사람이 있었지만, 하나님의 벌을 받은 사례가 있기에 누구도 감히 그 책에 대해 언급하려 하지 않았다고 대답했다. 필라델포스는 율법 책 보관에 완벽을 기하라고 신하들에게 지시했고, 귀중한 선물을 많이 주었으며, 자신을 자주 방문해 달라고 부탁했다.

> בְּרֵאשִׁית בָּרָא אֱלֹהִים אֵת הַשָּׁמַיִם וְאֵת הָאָרֶץ (히브리어 성경 창 1:1).
> ἐν ἀρχῇ ἐποίησεν ὁ θεὸς τὸν οὐρανὸν καὶ τὴν γῆν (70인역 창 1:1).
> 태초에 하나님이 천지를 창조하시니라(개역개정 창 1:1).

히브리어 성경, 70인역 그리고 우리말 성경. 창세기 1:1

---

2 각 지파 6명, 총 72명이 이 번역 작업에 참여했고, 72일 만에 번역 작업이 끝났다. 그래서 '72인역'(LXXII)이라고 해야 하나 발음상 '70인역'(LXX)이라고 칭하게 되었다.

3. 프톨레마이오스 왕가의 지배에서 셀레우코스 왕가의 지배로

한편, 아시아 전역을 지배하던 셀레우코스 왕가의 안티오코스 3세는 프톨레마이오스 4세 필로파토르를 제압하고 유대 지방을 장악했다. 필로파토르가 죽자 그의 아들 프톨레마이오스 5세 에피파네스가 왕권을 이어받아, 사령관 스코파스에게 대군을 주어 시리아를 공격하여 그 지역과 유대를 장악했다. 그러자 다시 안티오코스 3세가 요단강 발원지인 파니아스(Paneas) 전투에서 스코파스를 격퇴했다(BC 200년).

이때 유대인들은 안티오코스 3세의 군대를 적극적으로 도왔다. 이에 대한 보답으로 안티오코스 3세는 전쟁에서 승리한 다음, 유대인에게 폐허가 된 예루살렘과 성전의 재건을 약속했고, 성전 제사를 위해 많은 짐승, 포도주, 기름, 유황, 밀가루, 소금 등을 보냈다.

그림 5. 성전에 새겨진 이방인 금지 표시

또한, 성전 재건을 위해서 필요한 물자 운반에는 통행세를 면제해 주었으며, 자치 정부도 허락해 주었다. 그리고 유대인이 아닌 외국인은 성전

경내의 금지 구역을 넘지 못하게 했으며,[3] 유대인에게 금지된 동물의 고기나 가죽의 반입도 금지했고, 이를 위반하는 자에게는 3,000드라크마의 벌금을 제사장에게 내도록 했다.

이 일이 있고 난 다음에 안티오코스 3세는 프톨레마이오스 5세와 우호조약을 체결하고 자신의 딸 클레오파트라(Cleopatra)와 혼인시켰다. 그리고 코엘레 수리아 지방과 사마리아, 유대, 베니게 지역을 프톨레마이오스 5세에게 지참금 명목으로 주었다. 한편, 대제사장 엘르아살이 죽자 그의 삼촌 므낫세가 대제사장직을 계승했고, 이어서 오니아스 2세가 대제사장이 되었다. 그는 조상 때부터 프톨레마이오스 왕가에게 바쳐오던 은 20달란트 세금을 바치지 않았다.

그러자 프톨레마이오스 5세는 사신을 보내어 조공을 바치지 않으면 예루살렘을 점령할 것이라고 위협했다. 이 문제를 대제사장의 조카인 요셉이 해결했다. 그는 세금을 내지 않아 동족을 위협에 빠뜨리고 나라의 안전을 위태롭게 한다고 오니아스를 비난했고, 한편으로는 프톨레마이오스 5세에게 가서 자기 백성의 잘못을 용서해 줄 것을 간청했다. 그리고 팔레스틴 지역의 세금 징수권을 프톨레마이오스 5세에게서 받아, 22년간 세금청부업자로 활동했다.

요셉의 삼촌인 대제사장 오니아스 2세도 세상을 떠났다. 그가 죽자 아들 시몬이 아버지의 뒤를 이어 대제사장이 되었고, 시몬이 죽자 시몬의 아들 오니아스 3세가 대제사장이 되었다. 한편, 안티오코스 3세를 이어 아들 셀레우코스 4세가 7년간 나라를 다스렸고, 그의 뒤를 이어 동생 안티오코스 4세가 나라를 통치했다.

---

3 행 22:28-29에서 유대인은 바울이 에베소 사람 드로비모를 이방인 금지선을 넘어 성전으로 데리고 갔다고 생각해서 바울을 체포함.

4. 마카비 혁명의 발단

대제사장 오니아스 3세가 죽자 안티오코스 4세는 오니아스 3세의 아들이 너무 어려서, 오니아스 3세의 동생 야손을 대제사장으로 임명했다. 그러나 안티오코스 4세는 야손이 자신을 노엽게 하자 야손을 쫓아내고, 오니아스 3세의 다른 동생 메넬라오스를 대제사장으로 임명했다.[4] 그러자 야손은 메넬라오스에 대항하여 반역을 일으킨다. 일부 백성이 메넬라오스의 편을 들었으나, 대부분은 야손을 지지했다.

그러자 메넬라오스와 그의 지지자들은 안티오코스 4세에게 피신했다. 그들은 자신들의 율법과 생활 방식을 포기하고 헬라의 법과 생활 양식을 따르고자 했고 또한 예루살렘에 체육관을 짓게 해달라고 간청했다. 안티오코스 4세가 이 요청을 들어주자, 그들은 유대인의 모든 관습을 포기하고 이방 민족의 관행을 따랐으며, 특히 옷을 입지 않았을 때 헬라인처럼 보이기 위해 할례의 흔적을 감추고자 애썼다.

한편, 안티오코스 4세는 애굽을 정복하기로 하고 대군을 이끌고 원정에 나섰다. 그는 프톨레마이오스 6세 필로메테르를 격파하기 위해 애굽으로 향한다. 멤피스를 함락시키고, 알렉산드리아를 장악하기 위해 서둘러 진격했으나, 애굽을 건드리지 말라는 로마의 경고 때문에 철수했다. 하지만 본국으로 돌아가는 길에 예루살렘을 공격하여 예루살렘을 쉽게 점령했다. 왜냐하면, 그를 지지하는 자들이 성문을 열어 주었기 때문이다.

예루살렘을 정복한 지 2년 후에 안티오코스 4세는 다시 예루살렘을 점령했다. 그는 성전에 보관된 막대한 보물에 탐이 났기에 이전에 유대인과 맺은 조약을 위반했다. 그는 성전의 많은 기물과 성전 비밀 창고까지 털어 갔고, 성전에서 매일 드리는 상번제도 금지했다. 또한, 많은 백성을 포로로 잡아갔으며, 예루살렘 성전을 내려다볼 수 있는 높은 성벽과 망대로

---

[4] 마카비 하 3:4; 4:23에 따르면 메넬라오스는 오니아스 3세의 동생이 아니라, 빌가 가문에 속한 시몬의 동생이다.

성채를 요새화한 다음, 수비대를 주둔시켰다.

그리고 안티오코스 4세는 성전 제단 위에 이방인의 제단을 세우고 돼지를 잡아 이방 신에게 제사를 드렸으며, 이런 제사를 모든 도시와 마을에 실행하도록 명령했다. 또한, 유대인 남자 아이에게는 할례를 금지했다. 그리고 감독관을 임명하여 자신의 명령이 잘 이행되고 있는지 살피도록 했다. 많은 유대인은 두려움 때문에 그 명령에 순종했으나, 덕망 있고 신앙심이 깊은 사람들은 유대인의 관습을 고수했다. 하지만 그들은 대가를 지불해야 했다. 그들은 모진 고문을 당하여 불구가 되기도 했으며, 할례를 시킨 부모는 십자가에서 교수형을 당하기도 했다.

또한, 성경을 소지한 자도 무참히 살해되었다.[5] 이러한 일을 보고 사마리아인은 자신들은 유대인과 혈통과 다르며 관습도 다르다고 주장하면서 그리심산의 성전을 제우스 헬레니오스(Zeus Hellenios)라고 부르게 해달라고 안티오코스 4세에게 요청하며 박해에서 벗어났다.

이때 유대의 모딘(Modin)이라는 마을에 맛다디아라는 사람이 살고 있었다. 그는 제사장의 가문으로 아들이 다섯 있었다. 맛다디아는 현실을 개탄하면서 불명예스럽게 사는 것보다 차라리 율법을 위해 죽는 편을 택하겠다고 늘 말했다. 드디어 이방 신에게 제사 지낼 것을 강요하며 감독하는 왕의 관리들이 모딘에 도착했다. 그들은 마을 사람들에게 신망을 받고 있던 맛다디아에게 백성이 본받을 수 있도록 이방 신에게 제사를 드리라고 강요했다.

그러나 그는 모든 사람이 왕의 명령에 복종한다 해도 자신과 자기 아들들만은 하나님만 섬길 것이라고 말했다. 그가 이 말을 마치자 한 유대인이 나와서 제사를 드렸다. 이에 그는 끌어 오르는 분노를 억제하지 못하고 아들들과 합세하여 제사드리는 자와 왕명을 받고 온 관리와 병사를 모두 살해했다. 그리고 이방 제단을 둘러 엎고, 조상들의 율법과 하나님 섬

---

5 이러한 상황은 단 11장의 서술과 상당히 유사하다. 그래서 일부 학자들은 다니엘서의 저작 연대를 안티오코스 4세 박해 기간으로 본다.

길 것을 희망하는 자들은 자신을 따르라고 독려한 다음, 광야로 들어가 동굴에 숨었다(BC 167년).

왕의 군대 관리들은 이 소식을 듣고 예루살렘 성전에 주둔한 군사를 총동원하여 이들을 사막까지 추격했다. 그리고 용서를 빌라며 회유책을 썼다. 그러나 유대인이 이를 받아들이지 않자 안식일에 공격했다. 유대인은 안식일이라서 무방비 상태로 있다가 저항도 못하고 죽음을 맞았다.

이때 동굴에서 숨진 자는 부녀자와 아이까지 모두 합쳐 약 1,000명가량 되었다. 이에 맛다디아는 안식일에도 싸울 때는 싸워야 한다고 가르쳤다.[6] 그는 많은 부하를 거느리고 이교 제단을 헐어버렸으며, 할례받지 않은 소년에게 할례를 받도록 명령했다. 맛다디아는 일 년 남짓 통치하다가 세상을 떠났다(BC 166년). 그의 뒤를 이어서 마카비라 불리는 셋째 아들 유다가 혁명 세력을 이끌었다. 유다는 형제들을 비롯한 여러 사람의 도움을 받아 적을 나라 밖으로 쫓아내고, 율법을 어긴 유대인을 사형에 처했으며 나라의 더러운 것을 정결케 했다.

5. 유다가 이끄는 혁명 세력: 안티오코스 4세와의 대립[7]

사마리아 주둔군의 지휘관인 아폴로니오스는 이 소식을 듣고 군대를 거느리고 유다를 공격했으나, 전투에서 패하고 전사한다. 한편, 코엘레 수리아의 군대 지휘관이었던 세론(Seron)은 더 많은 병사를 소집하여 유다를 공격했다. 세론은 유다의 벧호른(Bethoron)까지 와서 진을 쳤다. 유다는 수적인 열세에도 불구하고 "적을 이기고 승리할 수 있는 비결은 군사의 수에 있는 것이 아니라, 하나님을 믿는 신앙에 달려 있다"고 격려하며 세론의 군대를 물리쳤다(BC 166년).

---

6 이러한 것은 예수와 바리새인의 안식일 논쟁(막 2:23-3:6)을 이해하는 데 도움을 준다. 생명은 안식일 율법보다 더 소중하다고 할 수 있다.
7 유다의 전쟁에 관한 것은 〈참고자료 3〉의 지도를 참조하라.

안티오코스 4세는 이 소식을 듣고 몹시 분노했다. 그가 유다를 침공할 병사를 소집하다 국고가 바닥이 났다. 더욱이 여러 나라에서 반역이 일어나 조세도 잘 걷히지 않았다. 그러자 안티오코스 4세는 먼저 페르시아에 가서 세금을 거두어야 겠다고 결심했다. 이에 신임하는 친구 리시아스에게 나라를 맡기고 페르시아 원정을 떠났다.

리시아스는 왕의 친구 가운데 유능한 인재인 프톨레마이오스, 니카노르와 고르기아스를 뽑아 보병 40,000명과 기병 7,000명을 주어 유대를 공격하게 했다. 적군은 엠마오까지 내려와 평지에 진을 쳤고, 고르기아스에게 보병 5,000명과 기병 1,000명을 주어 야음을 틈타 유대를 급습하기로 작전을 세웠다.

유다는 이를 눈치를 채고 적의 병력이 둘로 나뉘는 틈을 타서 적의 진영을 역습하기로 계획을 세웠다. 그리하여 그는 밤새도록 엠마오에 있는 적진까지 진격했다. 유다는 날이 밝을 무렵 불시에 기습 공격을 감행하여 적을 많이 살해했다. 이 전투에서 전사한 적의 수는 약 3,000명에 이르렀다. 한편, 고르기아스의 군대는 자신들의 진영이 불타는 것을 보고 당황하여 겁을 먹고 도주했다(BC 165년).

리시아스는 자기 군대가 패한 것에 매우 놀라 다음해 60,000명의 정예 병력과 추가로 5,000명의 기병을 소집하여 다시 유다를 공격했다. 그는 유대의 벧술(Bethsur)이라는 산간 마을까지 진격했다. 유다는 10,000명의 군사를 이끌고 맞서 싸워 적군 5,000명을 살해했다. 리시아스는 유대인이 자유를 잃느니 죽음을 택하겠다는 각오로 전쟁에 임하는 것을 보고 전쟁의 승리 비결이 '군의 사기'에 있음을 깨닫고, 안디옥으로 퇴각했다.

한편, 유다는 안티오코스 4세의 군대를 여러 번 이기게 되자 예루살렘으로 올라가 성전을 정결케 한 다음, 예물을 드렸다. 이들이 제사 드린 날은 공교롭게도 3년 전 안티오코스 4세가 성전 제사를 금지한 12월 25일이었다(BC 164년). 유다는 성전 제사가 회복된 것을 기념하는 절기를 8일 동안 지키고 마음껏 즐거워했다. 그리고 후손이 이를 지키도록 법으로 제정했다.

그때부터 유대인은 이 절기를 오늘날까지 지켜왔으며, 이 절기를 '빛들'이라고 부른다.[8] 이 절기를 '빛들'이라고 부르게 된 것은, 이 성전 제사의 자유가 뜻밖에 주어졌기 때문에 그렇게 부르게 된 것이다. 그리고 유다는 예루살렘 주변에 성벽을 다시 쌓고 적의 침입에 대비하여 높은 망대를 세워 그곳에 수비대가 주둔하게 했다. 또한, 벧술을 요새화하여 적의 침략에 대비했다.

그림 6. 다윗의 무덤 내에 있는 하누카 촛대. 중앙에 초를 먼저 꽂고 8일 동안 오른쪽에서부터 왼쪽으로 꽂아나가고, 불을 붙일 때는 왼쪽에서 오른쪽으로 붙여 나간다.

한편, 안티오코스 4세는 페르시아의 엘리마이스(Elymais)라는 도시에 아데미(Artemis) 신전이 있고, 그 신전에는 많은 예물과 알렉산더 왕이 두고 간 무기와 흉배가 있다는 소식을 듣고 그 도시에 공격을 감행했다. 그러나 안티오코스 4세는 전투에서 수많은 희생자를 냈고 바벨론까지 후퇴하는 수모를 겪었다.

그리고 자신의 군대가 유대에 패했다는 소식을 듣자 낙심하여 시름시름 앓다가 병석에 눕게 되었다. 안티오코스 4세는 자기 병은 회복 불가능

---

8 수전절 또는 봉헌절이라고 칭함.

하며, 이런 벌을 당한 것은 유대를 점령했을 때에 성전을 약탈하고 하나님을 모욕했기 때문이라고 말했다. 그리고 친구 빌립에게 아들을 부탁하고 세상을 떠났다. 이어서 어린 아들 안티오코스 5세 에우파토르가 왕위를 계승했다(BC 163년).

6. 유다가 이끄는 혁명 세력: 안티오코스 5세와의 대립

이 무렵 예루살렘 성채 수비대가 유대 변절자들과 힘을 합하여 유대인을 공격하여 막대한 피해를 줬다. 이 성채는 성전과 연결되어 있었으며 성전을 내려다볼 수 있는 높은 위치에 있었기 때문에 제사 드리러 성전에 올라가는 유대인을 쉽게 공격할 수 있었다. 이런 불상사가 자주 있자 유다는 그 수비대를 전멸시키기로 하고 맹공을 퍼부었다.

한편, 성채 안에 있던 자들은 밤을 틈타 대부분 빠져 나와 안티오코스 5세에게 도움을 요청했다. 그러자 아직 어린 나이에 불과한 안티오코스 5세는 리시아스를 전군 사령관으로 임명하고, 보병 100,000명과 기병 20,000명, 코끼리 32마리로 구성된 부대를 이끌고 안디옥에서 이두매를 거쳐 벧술로 진군했다. 벧술 주민이 적군의 공성 장비가 있는 곳을 습격하여 불을 지르는 등 완강하게 저항하자 성을 쉽게 함락시키지는 못했다.

한편, 유다는 안티오코스 5세가 공격해 온다는 소식을 듣고 성채에 대한 공격을 중단하고, 벧사카리아(Bethzachariah)라는 협곡에 진을 쳤다. 그러자 안티오코스도 벧술 공략을 중단하고 협곡으로 나왔다. 협곡이 비좁기에 안티오코스는 코끼리 한 마리를 중심으로, 보병 1,000명과 기병 500명을 뒤따르게 했다. 그리고 군사들을 골짜기 높은 곳에 올려 금과 구리로 만든 방패로 유대인에게 빛을 반사해 눈을 뜨지 못하게 했고, 고함을 지르면서 유대인을 공격하도록 명령했다. 그러나 유다는 이를 보고 조금도 겁을 내지 않고 용감히 싸워 적의 앞줄에 선 600명을 죽였다.

한편, 그의 동생 엘르아살은 왕의 흉배로 무장한 가장 덩치가 큰 코끼리를 보고, 그 위에 왕이 탔을 것으로 생각하고 용감하게 코끼리 배 밑으로 들어가 코끼리를 죽였다. 그러나 코끼리가 쓰러지면서 엘르아살을 덮쳐 결국 깔려 죽게 되었다. 이처럼 엘르아살은 용감하게 싸운 후에 장렬히 전사했다. 유다는 적의 공격이 막강함을 알고 예루살렘으로 퇴각하여 적의 공격에 대비했다. 그리고 예루살렘의 주민과 힘을 합쳐 강렬하게 저항했다. 비축했던 곡식이 떨어지고, 안식년이었기에 씨를 뿌리지 않아 거둘 곡식도 없게 되자, 많은 이들이 도망치고 성전에는 소수의 사람만 남게 되었다.

한편, 안티오코스 5세는 빌립이 페르시아에서 돌아와 권력을 장악하려고 한다는 소식을 듣고 귀국하기로 마음을 먹었다. 그래서 그는 예루살렘에 있는 유대인들에게 율법대로 살게 해 줄 터이니 화친하자고 제의했다. 이에 유대인들은 그 제안을 받아들여 성전에서 나왔다. 안티오코스 5세가 성전에 들어가서 보니, 그곳이 매우 견고한 요새임을 알고 약속을 어기고 병사들에게 성전 벽을 무너뜨리라고 명령했다.

그리고 대제사장 메넬라오스를 포로로 잡아 안디옥으로 돌아갔다(BC 162년). 리시아스는 왕에게 메넬라오스가 왕의 부친을 충동질하여 유대인들이 조상들의 율법을 포기하도록 강요하여 분쟁을 일으킨 장본인이기에 처형해야 한다고 조언했다. 결국, 메넬라오스는 비참한 죽음을 맞이했다. 그의 뒤를 이어 아론 계열의 알키무스(Alcimus)가 대제사장이 되었다. 한편, 안티오코스 5세는 빌립과 전쟁하여 그를 굴복시키고 처형했다.

7. 유다가 이끄는 혁명 세력: 데메트리오스와의 대립

바로 이때 로마에 볼모로 잡혀간 셀레우코스 4세의 아들인 데메트리오스 1세가 로마를 탈출하여 수리아의 트리폴리(Tripoli)를 점령하고 스스로 왕위에 올랐고(BC 162년),[9] 백성들의 도움으로 안티오코스 5세와 리시아스를 물리치고 이들을 처형했다. 이때 변절한 많은 유대인과 대제사장 알키무스는 데메트리오스를 찾아와 유다와 그 형제들을 고발했다. 이에 데메트리오스는 전에 메소포타미아를 다스린 바키데스에게 군대를 이끌고 가서 알키무스를 보호하고 유다를 무찌르라고 명령했다. 그는 군대를 이끌고 와서 유다와 그의 형제들을 위협하고, 60명의 유대인을 살해하고, 모든 유대인은 알키무스에게 복종해야 한다고 명령한 다음, 병사를 일부 남겨두고 돌아갔다.

알키무스는 많은 추종자를 얻자, 전국을 순회하면서 유다를 지지하는 사람들은 누구든지 죽였다. 유다도 그와 마찬가지로 알키무스와 그에게 동조하는 사람들을 죽였다. 알키무스는 힘으로 유다를 이길 수 없음을 알고 다시 데메트리오스에게 도움을 청했다. 그는 유다를 벌하지 않고 방치해 두면 무슨 손실을 겪을지 모르니 강한 군대를 파견해서 그를 막아야 한다고 주장했다. 이에 데메트리오스는 로마에서 함께 탈출한 가장 믿을 만한 친구인 니카노르에게 유다를 공격하기에 충분한 군사를 주었다. 니카노르와 유다는 카파르살라마(Capharsalama)라는 마을에서 접전을 벌였으나, 유다는 패하여 예루살렘의 성채로 피신했다.

그러자 니카노르는 제사장들과 장로들을 협박하여 유다를 굴복시키고 그를 잡아 오지 않으면 성전을 허물겠다고 위협했다. 한편, 니카노르는 예루살렘을 떠나 벧호른에 이르러 진을 쳤다. 이에 맞서 유다는 불과 1,000명도 안 되는 병사를 거느리고 벧호른에서 약간 떨어진 아다사(Adasa)에 진을 쳤다. 그리고 병사들에게 용감히 싸우자고 격려한 다음 대접전을 벌였다. 유다는 니카노르와 더불어 9,000명이나 되는 병사를 죽였다. 이렇게 대승을 거둔 날은 유대인이 아달이라고 부르는 달 13일이었다(BC 161년).

---

9 이 시점부터 셀레우코스 왕가는 데메트리오스 왕조와 안티오코스 왕가로 나누게 되어 심한 내전을 겪는다. 이들은 서로 유대를 자기편으로 끌어들이기 위해서 노력한다. 이것이 마카비 혁명이 성공할 수 있었던 외적 요인이었다.

한편, 대제사장 알키무스는 거룩한 선지자들이 건축했고 오래전부터 있었던 성소(Holy Place)의 벽을 헐어낼 계획을 세웠다가 갑자기 하나님의 치심을 받아 쓰러졌다. 그는 여러 날 동안 극심한 고통으로 괴로워하다가 마침내 세상을 떠났다. 그가 죽자 백성들은 유다를 '대제사장'으로 임명했다(BC 162년).[10] 대제사장이 된 다음 유다는 로마가 주변 여러 나라를 정복했다는 소식을 듣고, 우호 동맹을 맺기로 하고 사신들을 로마로 보냈다. 로마의 원로원은 유다가 보낸 사신들의 이야기를 듣고 우호 동맹 관계를 맺었다.

한편, 데메트리오스는 니카노르 부대가 전멸당했다는 소식을 듣고 바키데스를 유대 원정군 사령관으로 임명했다. 바키데스는 유다가 벧세다(Bethzetho)에 진을 치고 있다는 소식을 듣고 보병 20,000명과 기병 2,000명의 병력을 끌고 갔다. 이때 유다에게는 불과 3,000명의 병사밖에 없었고, 더구나 바키데스의 대군을 보고 겁이 나서 도망치기 시작하여 남은 자들은 불과 800명밖에 되지 않았다. 그러나 유다는 적에게 등을 돌리고 도망치는 꼴을 태양에게 보여 주지 말고, 적과 맞서 싸워 장렬하게 전사하자고 격려했다. 전투는 엘라사(Eleasa)에서 전개되었다. 그는 부하들과 함께 용감하게 싸웠으나, 마침내 상처를 입고 쓰러져 죽고 말았다.

유다가 죽자 유대 병사들은 모두 도망쳤다. 이에 유다의 형제인 시몬과 요나단은 적과 협상 끝에 그의 시체를 인수하여 모딘으로 가서 장사를 지냈다. 유다는 용맹한 자요 위대한 전사로, 마케도니아의 압제에서 동족을 구해냈고 자유를 쟁취한 자였다. 그는 3년간 대제사장으로 있다가 세상을 떠났다.

---

10 요세푸스는 『유대고대사』 20:237-238에서 "알키무스가 3년간 대제사장직을 수행한 다음, 그의 뒤를 이어서 7년간 예루살렘은 대제사장 없이 지냈다. 그리고 하스몬 가문의 자녀들이 마케도냐인들을 물리치고 국가를 통치하게 되자, 전통을 되찾아 요나단을 대제사장으로 임명했고, 그는 7년간 대제사장 직무를 수행했다"라고 보도한다. 이렇게 요세푸스 진술에 서로 모순이 있다. 그러나 학자들은 대제사장 알키무스의 죽음 이후 유대에는 7년간 대제사장이 없었다고 생각한다.

참고자료 2: 프톨레마이오스와 셀레우코스 왕조 그리고 대제사장 명단

프톨레마이오스 왕조	주요 사건	셀레우코스 왕조	주요 사건	대제사장
프톨레마이오스 1세 소테르(BC 323-285년).	프톨레마이오스 왕조를 창건. 알렉산드리아에 많은 유대인을 정착시킴.	셀레우코스 1세 (BC 312-280년).	셀레우코스 왕조를 창건. BC 300년에 안디옥을 건설함.	오니아스 1세.
프톨레마이오스 2세 필라델포스 (BC 285-246년).	알렉산드리아에서 70인역(LXX) 번역.	안티오코스 1세 (BC 280-261년).		엘르아살. 므낫세.
프톨레마이오스 3세 에우에르게테스(BC 246-221년).		안티오코스 2세 (BC 261-223년).		
프톨레마이오스 4세 필로파토르 (BC 221-203년).		셀레우코스 2세 (BC 246-223년).		오니아스 2세.
프톨레마이오스 5세 에파파네스 (BC 203-181년).	BC 200년에 팔레스타인을 셀레우코스 왕조에게 빼앗김.	안티오코스 3세 (BC 223-187년).	BC 200년에 팔레스틴을 셀레우코스 왕국의 영토로 확보. BC 190년에 소아시아의 마그네시아에서 로마군에 패배함.	시몬. 오니아스 3세.
프톨레마이오스 6세 필로메토르 (BC 181-146년).		셀레우코스 4세 (BC 187-175년) 안티오코스 3세의 아들.	헬리오도로스가 예루살렘 성전을 약탈함.	
		안티오코스 4세 (BC 175-164년) 셀레우코스 4세의 동생.	애굽을 침략했으나 로마의 개입으로 철수함. BC 167년 마카비 혁명 시작.	야손. 메넬라오스.

			안티오코스 5세 (BC 164-162년) 안티오코스 4세의 아들.		
			데메트리오스 1세 (BC 162-150년) 셀레우코스 4세의 아들.	BC 160년 유다의 죽음.	알키무스.

참고자료 3: 마카비 가문의 가계도

하스몬 왕조의 가계도

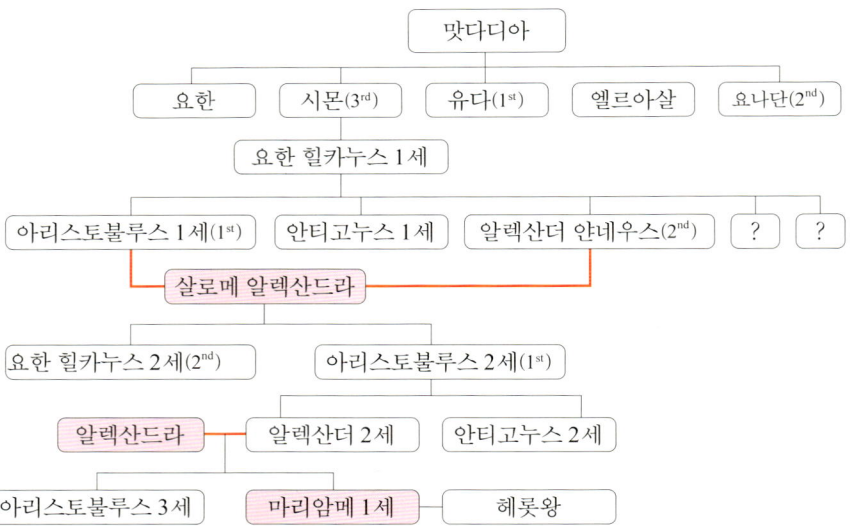

8. 마무리 정리

(1) 앞서 언급된 내용에서 성서 해석에 도움이 되는 것이 무엇인지 살펴봅시다.

(2) 세계사에서 '대왕'이라 불릴 만한 사람들은 누구이고, 그들의 업적에 무엇이 있는지 살펴봅시다. 또한, 우리가 그들을 기억해야 하는 이유는 무엇인가요?

(3) 열왕기하 25:1-7, 18-26을 읽고 침략하는 강대국에 대해서 어떤 외교적인 자세를 갖는 것이 타당한지 논의해 봅시다.

제3장

하스몬 왕가 1
(BC 160-67년)

유대의 두 번째 통일 왕국시대
(유대고대사 13권의 이야기)

주요 사건

1. 요나단이 대제사장으로 즉위(BC 152년): 알렉산더 발라스는 요나단을 자신의 편으로 끌어들이기 위해 요나단을 대제사장으로 임명함.
2. 유대의 독립(BC 14년: 시몬은 유대를 셀레우코스 왕가로부터 독립시킴. 다윗과 솔로몬에 이어 두 번째 통일 왕국 시대).
3. 힐카누스 2세와 아리스토불루스 2세와의 대립(BC 67년): 동생 아리스토불루스 2세는 형 힐카누스 2세를 쫓아내고 왕권과 대제사장 권한을 차지함. 이들의 분열이 결국 로마가 유대를 통치하는 계기가 됨.

마카비 혁명과 하스몬 왕가

1. 요나단(Jonathan, BC 160-142년): 마카비 혁명을 이끌었던 맛다디아의 다섯째 아들로, 후에 대제사장이 됨.

2. 가디스 요한(Gaddis John): 맛다디아의 첫째 아들로 나바테아로 가는 도중에 아마리오스(Amaraios)의 아들들에게 체포되어 죽임을 당했다.
3. 시몬(Simon, BC 142-134년): 대제사장으로 유대를 셀레우코스 왕가로부터 독립시킴.
4. 요한 힐카누스 1세(John Hyrcanus I, BC 134-104년): 대제사장으로 사마리아의 그리심 산에 있는 성전을 파괴했으며 이두매인을 할례시켜 유대인으로 만들었다.
5. 아리스토불루스 1세(Aristobulus I, BC 104-103년): 대제사장으로 통치 체제를 왕정으로 바꾸었고, 갈릴리를 점령하여 유대화시켰다.
6. 알렉산더 얀네우스(Alexander Janneus, BC 103-76년): 대제사장으로 다윗 시대만큼 영토를 넓혔고, 많은 동족을 살해하여 '트라키안'(-야만인)이라는 별명을 얻었다.
7. 살로메 알렉산드라(Salome Alexandra, BC 76-67년): 여왕으로 남편 아리스토불루스 1세가 죽자 그의 동생 알렉산더 얀네우스와 결혼하여 왕위를 계승시켰다. 알렉산더 얀네우스는 죽으면서 왕권을 아내인 알렉산드라에게 넘겨주었다.
8. 힐카누스 2세(Hyrcanus II, BC 76-66, 63-40년): 살로메 알렉산드라의 큰아들로, 어머니가 통치할 때에 대제사장이 됨.
9. 아리스토불루스 2세(Aristobulus II, BC 66-63년): 살로메 알렉산드라의 둘째 아들로, 형을 내쫓고 유대의 대제사장이 됨.

프톨레마이오스 왕가

1. 프톨레마이오스 6세 필로메토르(Ptolemy VI Philometor, BC 181-146년): 애굽의 왕으로 자신의 딸 클레오파트라를 셀레우코스 왕가의 알렉산더 발라스에게, 그 다음에는 알렉산더 발라스의 적수인 데메트리오스 2세에게 시집을 보냈다.
2. 클레오파트라 3세(Cleopatra III, BC 107-101년): 아버지는 프톨레마이오스 6세이고 어머니는 클레오파트라 2세이다.

3. 프톨레마이오스 라티루스(Ptolemy Lathyrus): 클레오파트라 3세의 장남으로 어머니와 권력 다툼에서 밀려나 키프로스(Cyprus)에서 다시 세력을 모아 어머니에 대항하여 수리아 방면으로 진격했다.

셀레우코스 왕가

1. 데메트리오스 1세(Demetrius I, BC 162-150년): 셀레우코스 4세의 아들로 사촌인 알렉산더 발라스와 싸우다가 전사함.
2. 알렉산더 발라스(Alexander Balas, BC 150-145년): 안티오코스 4세 에피파네스의 아들로 요나단을 대제사장으로 임명하여 자기 편으로 만들었고, 데메트리오스 2세에게 패하여 죽임을 당했다.
3. 데메트리오스 2세(Demetrius II, BC 145-138, 129-125년): 데메트리오스 1세의 아들.
4. 안티오코스 6세(Antiochus VI, BC 145-142년): 알렉산더 발라스의 아들.
5. 트리포(Tripho, BC 143-138년): 알렉산더 발라스의 군 지휘관으로 그의 아들 안티오코스 6세를 왕으로 옹립했고, 후에 반란을 꾸며 왕이 됨.
6. 안티오코스 7세(Antiochus VII, BC 138-129년): 요한 힐카누스 1세를 공격하여 그의 형제들을 인질로 잡아갔다.
7. 데메트리오스 유케루스(Demetrius Eucerus): 안티오코스 8세의 아들로 BC 95-75년 다마스쿠스의 통치자였으며, BC 88년에 유대에 개입한다.

그 밖의 인물

1. 사브디엘(Zabdiel): 아라비아의 통치자로 도망친 알렉산더 발라스를 죽임.
2. 오니아스 4세(Onias IV): 대제사장 오니아스 3세의 아들로 애굽의 레온토폴리스(Leontopolis) 지역에 작은 성전을 짓고 대제사장이 됨.
3. 디오게네스(Diogenes): 알렉산더 얀네우스에게 충동질하여 유대인 800명을 학살하도록 한 배후의 인물 중 하나.
4. 티그라네스(Tigranes): 아르메니아의 왕으로 살로메 알렉산드라가 유대를 통치할 때에 군사 50만을 이끌고 유대를 공격함.

1. 핵심 내용

유다에 이어 요나단이 혁명 세력을 이끌었다. 요나단은 셀레우코스 왕가의 분열을 정치적으로 잘 활용하여 BC 152년에는 유대 대제사장이 되었다. 그러나 그는 시리아의 통치자가 되려는 트리포의 음모에 휘말려 죽음을 당했다. 이어 시몬이 통치 원년 BC 142년에 유대를 독립시켰고, 반란의 온상지가 된 예루살렘 성채를 완전히 허물었다. 하지만 사위 프톨레마이오스의 음모로 잔치 석상에서 죽고 말았다.

이어 하스몬 왕가의 통치자들이 유대를 다스렸다. 시몬의 아들인 힐카누스 1세는 활발한 정복 전쟁을 벌여 메드바, 이두매, 사마리아를 정복했다. 특히 이두매인들을 강제로 할례 시켜 유대인으로 만들었다. 이로 인해 헤롯 가문의 사람들이 유대인이 되었다. 그는 처음에는 바리새파에 속했으나, 이 파의 사람들이 모친을 비난하자 사두개파로 바꾸었다(역사상 바리새파와 사두개파가 처음으로 출현). 이어 그의 장남 아리스토불루스 1세가 유대 통치자가 되었는데, 그는 하스몬 왕가에서 처음으로 '왕'이라는 칭호를 사용했다.

하지만 그는 권력에 방해되는 동생들을 감옥에 가두고 죽이기도 했으며 또한 모친을 가두어 굶어 죽게 했다. 이에 대한 자책감에 시달리다가 1년간 통치하고 병들어 세상을 떠났다. 그러자 아리스토불루스 1세의 미망인 살로메 알렉산드라는 감옥에 있는 시동생들을 석방하고, 그중에서 제일 연장자인 알렉산더 얀네우스와 결혼하여 그가 왕위를 잇게 했다. 그는 해안과 내륙의 영토를 확장하여 다윗통치 시대만큼이나 나라를 크게 확장했다.

그러나 국내에서는 바리새인들과 극심한 정치적 대립을 했으며, 많은 정적을 살해했고 특히 800명이나 되는 반대자들을 연회를 베풀면서 십자가에 처형하는 잔인함을 보였다. 이어 살로메 알렉산드라가 통치했다. 그녀는 남편의 유언대로 바리새인들과 화친하고, 그들에게 정치적 실권을 주었다. 그녀는 힐카누스 2세와 아리스토불루스 2세라는 두 아들을 두었는데, 장남인 힐카누스 2세를 대제사장으로 임명했다. 그러나 모든 권력이 바리새인들에게 넘어갈 것을 염려한 정치적 야망을 지닌 둘째 아들 아리스토불루스 2세가 모친이 병든 틈을 타 반란을 일으키고, 유대 실권을 잡았다.

2. 요나단이 이끄는 혁명 세력(BC 160-142년)

유다가 바키데스(Bacchides)와의 전투에서 전사하자, 유대 사회는 큰 혼란에 처했다. 주변 나라의 적대자들과 유대 변절자들이 사방에서 들끓듯 일어났고, 여기에 기근까지 겹치자 유대인들은 바벨론 귀환 후 가장 큰 환란을 겪게 되었다. 그러자 유대인들은 유다의 동생인 요나단을 지도자로 추대했다.

요나단이 유대의 지도자가 된 것을 알고, 바키데스는 유다처럼 마케도니아에 골칫거리가 될 것 같아 그를 살해하려고 했다. 요나단은 이를 알고 광야로 피신했다. 그리고 그는 가디스라 불리는 형 요한을 나바테아의 아랍인들에게 보내 자신의 소유물들을 보관시키려고 했다.

그러나 요한은 가는 도중에 잠복해 있었던 아마라이오스의 아들들에게 잡혀 모든 것을 빼앗기고 죽임을 당했다. 하지만 얼마 후에 요나단은 그들의 결혼식을 기회로 삼아 그들 소유의 모든 것을 빼앗고 그리고 그들의 아내와 자녀들까지 400명이나 처형함으로서, 형에 대한 복수를 했다.

한편, 바키데스는 요나단이 요단강 습지대에 진을 쳤다는 것을 알고 안식일에 공격했다. 요나단은 용감하게 싸웠으나 전세가 기울자 동료들과 더불어 요단강으로 뛰어들어 헤엄쳐 도망쳤다. 바키데스는 유대의 여러 도시를 점령하고 고국으로 돌아갔다. 그 후 2년 동안 유대 땅은 평안을 누릴 수 있었다.

유대 변절자들은 요나단과 그의 추종자들을 밤에 급습하면 모두 죽일 수 있으니 바키데스를 보내달라고, 데메트리오스 1세에게 요청했다. 이에 데메트리오스 1세는 바키데스를 다시 유대에 파견했다. 바키데스는 요나단을 잡으려고 많은 노력을 했지만, 요나단은 베다글라(Bethagla)[1]로 피신하여 이 마을을 요새화했다. 바키데스가 이 요새를 수차례 공격했으나, 요나단은 잘 방어했고 때로는 밤중에는 기습 공격하여 많은 적이 살해했다.

전쟁에 승산이 없게 되자 바키데스는 가능하면 명예를 잃지 않고 귀국하기를 원했다. 이것을 알아차린 요나단은 사신을 보내 포로들을 서로 교환하고 우호적인 동맹 관계를 맺자고 제안했고, 이를 바키데스가 받아들였다. 그는 고국으로 돌아간 후에 다시는 유대 땅을 밟지 않았다.

한편, 셀레우코스 왕가는 셀레우코스 4세의 후손들과 안티오코스 4세의 후손들 사이에 내분이 일어났다. 이들은 서로 요나단을 자기편으로 끌어들이려고 노력했다. 안티오코스 4세 에피파네스의 아들인 알렉산더 발라스는 수리아에 나타나 톨레마이스(Ptolemais)[2]를 장악했다.

이에 데메트리오스 1세는 전군을 거느리고 알렉산더 발라스를 공격하러 나섰다. 하지만 그는 알렉산더 발라스가 먼저 요나단과 손을 잡고 자기에게 대항하지 않을까 걱정하여 요나단을 자기편으로 끌어들이고자 했다. 그래서 그는 요나단에게 병사를 모집하고 무기를 제조할 수 있는 권한을 부여하고, 바키데스가 예루살렘 성채에 볼모로 잡아 놓은 유대인 인질들을 석방시켰다.

그러자 알렉산더 발라스는 요나단이 데메트리오스 1세에게 고통받은 것을 상기시켜 자신의 편으로 끌어들이고, 상호 우호 동맹을 체결했다. 그리고 이에 대한 예우로 요나단을 대제사장으로 임명하고, 자색 옷과 금관을 보냈다.[3] 요나단은 그의 형 유다가 죽은 지 4년 만에 대제사장이 되었으며, 그해 장막절에는 대제사장 의복을 입었다(BC 152년).

---

1 『공동번역』 마카베오상 9:63에서는 '벳바시'로 표기했고, 베들레헴 근처에 있는 마을이다.
2 성경에는 '악고'(사 1:31) 또는 '돌레마이'(행 21:7)로 표기되었으며, 갈멜산 맞은편의 하이파(Haifa)만의 북단에 있다. 헬라 시대에는 '악카'로 불렸다.
3 '자색 옷'과 이에 대한 자세한 논의는 류호성, "마카베오상 10-11장의 '진홍색 사제복'에 관한 소고(10:20, 62, 64; 11:58)," 『성경원문연구』 28 (2011), 204-225를 참조.

이에 맞서 데메트리오스 1세도 요나단을 자기편으로 끌어들이고자 엄청난 조세 면제, 인두세 면제, 성전 제사를 위한 비용 지불, 포로 석방과 유대인들의 군대 편입 등 많은 제안을 했다. 하지만 그는 알렉산더 발라스 군사들을 추격하다가 그만 수렁에 빠져 헤어 나오지 못하고, 적들이 던진 창에 최후를 맞이했다.

한편, 대제사장 오니아스 3세의 아들인 오니아스 4세는 애굽 왕 프톨레마이오스 6세 필로메토르에게 피신하여 알렉산드리아에 살고 있었다. 그는 프톨레마이오스 왕과 클레오파트라 여왕에게 레온토폴리스(Leontopolis) 지역에 예루살렘 성전과 비슷한 성전을 건축할 수 있도록 요청했다. 그가 이렇게 한 것은 언젠가 애굽에 하나님의 성전이 지어질 것이라는 600년 전의 이사야의 예언을[4] 굳게 믿었기 때문이다.

오니아스 4세는 왕의 허락을 받아 예루살렘 성전과 비슷하지만, 작은 규모의 성전을 지었다. 이렇게 되자 알렉산드리아에 있는 유대인들과 그리심 산 성전에서 예배를 드렸던 사마리아인들 사이에 논쟁이 벌어졌다. 그들은 필로메토르 앞에서 자신들의 정당성을 주장했다. 곧 유대인들은 모세의 율법에 따라 세워진 예루살렘 성전에서 예배드려야 한다고 주장했고, 사마리안 인들은 알렉산더 대왕 때에 세워진 그리심산 성전에서 예배드려야 한다고 주장했다. 결국, 필로메토르는 예루살렘 성전만이 참 성전이라고 결정을 내렸다.

알렉산더 발라스는 수리아 왕국을 장악하고, 애굽의 프톨레마이오스 6세의 딸인 클레오파트라와 결혼했다. 결혼식이 끝나자 알렉산더 발라스는 요나단에게 톨레마이스로 오도록 한 다음, 그에게 자색 옷을 입히고 자기 보좌에 함께 앉게 했다. 그리고 요나단을 데리고 도시 중심부로 나가서 그를 비난하거나 괴롭혀서는 안 된다고 왕명을 선포했다.

---

[4] 사 19:19, "그 날에 애굽 땅 중앙에는 여호와를 위하여 제단이 있겠고 그 변경에는 여호와를 위하여 기둥이 있을 것이요."

한편, 데메트리오스 1세의 아들인 데메트리오스 2세가 수많은 용병을 거느리고 그레데(Crete)에서 배를 타고 길리기아(Cilicia)로 건너왔다. 그러자 프톨레마이오스 6세는 사위인 알렉산더 발라스를 돕기 위해서 수리아로 왔다. 그러나 알렉산더 발라스는 친구를 시켜 프톨레마이오스 6세를 살해하려고 했다. 살해의 위협에서 벗어난 프톨레마이오스 6세는 사건의 전모를 알고 자기 딸을 알렉산더 발라스에게서 빼앗아, 데메트리오스 2세에게 아내로 주고 그와 상호 동맹을 체결했다.

데메트리오스 2세와 프톨레마이오스 6세의 연합군은 알렉산더 발라스의 군대와 수리아의 안디옥에서 접전을 벌여 승리했다. 알렉산더 발라스는 아라비아(Arabia)로 도망쳤지만, 아라비아의 통치자인 사브디엘이 그의 목을 베어 프톨레마이오스 6세에게 보냈다. 한편, 프톨레마이오스 6세는 말이 코끼리가 지르는 소리에 놀라 날뛰는 바람에 떨어져 중상을 입고, 혼수상태로 있다가 5일 만에 깨어났다. 그는 죽은 알렉산더 발라스의 머리를 보고는 매우 기뻐했으나, 그도 곧 세상을 떠나고 말았다.

데메트리오스 2세가 왕권을 차지하자 유대 변절자들은 요나단을 고소했다. 그러자 데메트리오스 2세는 요나단에게 톨레마이스로 오라고 지시했다. 이에 요나단은 많은 선물과 장로들을 대동하고 그를 방문하여 조세를 300달란트로 낮추어 달라고 요청했다. 그러자 데메트리오스 2세는 요나단의 요청을 들어주었고, 그의 대제사장 직위도 인정해 주었다.

이때 유대인들 사이에는 인간사에 대해서 서로 다른 견해를 가진 세 학파가 있었다.

첫째, 바리새파로, 그들은 어떤 사건들은 운명의 일이며 그리고 다른 어떤 사건들은 우리들의 결정에 달려 있다고 주장한다.

둘째, 에세네파로, 그들은 모든 것이 운명이 지배하며 운명이 아닌 것은 인간사에 일어나지 않는다고 주장한다.

셋째, 사두개파로, 그들은 운명 자체를 부정한다. 그들은 모든 것들은 인간의 능력 안에 있는 것으로, 인간 자신이 선의 원인이 되기도 하고 악

의 원인이 되기도 한다고 주장한다.[5]

한편, 알렉산더 발라스의 지휘관 가운데 트리포는 알렉산더 발라스의 아들 안티오코스 6세의 머리에 왕관을 씌우고 수리아로 왔다. 그러자 급료를 받지 못한 데메트리오스 2세의 병사들이 안티오코스 6세의 휘하로 자원해서 들어왔다. 안티오코스 6세는 이 병사들을 거느리고 데메트리오스 2세와 접전을 벌여 승리하여 안디옥을 모두 수중에 넣었다. 전쟁에서 패한 데메트리오스 2세는 길리기아로 피신했다.

전쟁에서 승리한 후 안티오코스 6세는 요나단과 우호 조약을 맺었다. 그리고 그는 요나단을 대제사장으로 승인하고, 자색 옷과 금잔을 보내 주었으며, 시몬을 두로 지역에서부터 애굽까지 이르는 군대의 지휘관으로 임명했다. 요나단은 이 호의를 기쁘게 받아들였고, 자신도 안티오코스 6세와 함께 데메트리오스 2세와 싸울 것을 약속했다.

한편, 데메트리오스 2세는 메소포타미아로 돌아왔다. 왜냐하면, 이곳에 거주하는 헬라인들과 마케도니아인들이 자주 자신에게 사신을 보내 그가 오기만 하면 파르티아 왕 아르사케스(Arsces)를 공격하는데 선봉에 서겠다고 약속을 했기 때문이다. 데메트리오스 2세는 파르티아를 무너뜨리고 자기 군대를 소유하게 되면, 트리포와 결전을 벌이고 그를 수리아 밖으로 쫓아낼 수 있다는 큰 희망을 품었다. 그러나 그는 아르사케스와의 전쟁에서 모든 병사를 잃었고, 자신도 생포되고 말았다.

트리포는 데메트리오스 2세를 제거한 다음에는 안티오코스 6세에게 충성을 바치지 않고, 자신이 왕이 되려고 마음먹었다. 이를 위해 그는 먼저 안티오코스 6세와 밀접한 관계에 있는 요나단을 제거하려고 음모를 꾸몄다. 그래서 그는 요나단에게 톨레마이스와 인근 지역의 모든 요새의 통합권을 넘겨주겠다는 제안을 하여, 요나단을 톨레마이스로 유인했다. 이 음모에 넘어져 요나단은 체포되고 말았다.

---

[5] 문헌적으로 신약성경에 나타나는 '사두개파'와 '바리새파'가 처음으로 등장한다. 하지만 신약성경은 '에세네파'에 대해서 전혀 언급하지 않는다.

3. 시몬이 이끄는 혁명 세력(BC 142-134년)

그림 7. 시몬의 초상화

요나단의 뒤를 이어 시몬이 유대의 지도자가 되었다. 트리포는 요나단을 포로로 삼아 군대를 이끌고 유대로 진군했다. 그는 요나단을 풀어주는 조건으로 100달란트와 요나단의 두 아들을 볼모로 보내라고 시몬에게 요구했다. 시몬은 트리포가 속임수를 쓴다는 것을 알고 있음에도 불구하고, 백성들의 원성이 두려워 돈과 요나단의 아들을 보냈다. 그러나 트리포[6]는 약속대로 요나단을 풀어주지 않고 처형했다. 그러자 시몬은 동생의 뼈를 가져다가 고향인 모딘에 장사하고, 그를 기념하고자 흰 돌을 다듬어 매우 큰 비석을 세웠다.

한편, 백성들에 의해 대제사장이 된 시몬은 즉위한 첫해에 마케도니아인들의 속박에서 유대인들을 해방했다. 유대인들은 더 이상 마케도니아에게 조공을 바치지 않게 되었다(BC 142년). 이로 인해 유대 백성들이 시몬을 대단히 존경하게 되었다. 그래서 그들은 공공문서나 개인 상호간의 문서에 "유대인의 은인이요 지배자인 시몬의 통치 첫 해"라는 표현을 사용했다.

시몬의 통치 밑에서 유대 백성들은 행복을 누렸다. 시몬은 가자라(Gazara), 욥바(Joppa) 그리고 얌니아를 정복했을 뿐만 아니라 예루살렘 성채를 무력으로 탈환하여 기초까지 파괴하고, 성채가 세워진 산을 깎아 성전보다 낮게 만들었다. 그래서 예전처럼 적들이 성채를 중심으로 활개 치는 일은 없어졌다. 시몬은 8년 동안 유대의 지도자로 일을 감당했으나 잔치석상에서 사위 프톨레마이오스(Ptolemy)의 음모에 걸려 죽임을 당했다.

---

6 트리포는 안티오코스 6세를 죽이고 왕권을 차지했으나(BC 140-138), 수리아의 버니게에서 안티오코스 7세에게 패하여 도망 다니다가 아파메아(Apamea)에서 재위 3년 만에 죽임을 당했다.

프톨레마이오스는 시몬의 아내와 두 아들을 붙잡아 감금해 놓고 셋째 아들 힐카누스라 불리는 요한(John = 요한 힐카누스 1세)을 죽이려고 자객을 보냈다. 그러나 요한은 이 사실을 알고 예루살렘으로 피신했다. 그가 그곳으로 피신한 것은 예루살렘 주민들이 아버지 시몬으로부터 혜택을 받았기에 자신을 보호해 줄 것이라고 믿었기 때문이다.

4. 요한 힐카누스 1세(BC 135-104년)

힐카누스 1세는 아버지의 뒤를 이어 대제사장이 된 후 제일 먼저 하나님께 제사를 드렸다. 그리고 서둘러 처남 프톨레마이오스가 있는 여리고 상부에 있는 요새 다곤(Dagon)을 공격했다. 그러나 프톨레마이오스가 모친과 형들을 인질로 삼았기에, 제대로 공격하지 못했다. 공격이 지연되는 동안 7년마다 돌아오는 안식년이 돌아왔다. 그러자 프톨레마이오스는 힐카누스 1세의 공격에서 벗어나 모친과 형제들을 죽이고, 필라델피아(Philadelphia)의 통치자인 코틸라스(Cotylas)라고 부르는 제너(Zeno)에게로 피신했다.

한편, 안티오코스 7세는 시몬에게 패배한 것을 분하게 여겨, 힐카누스 1세가 대제사장이 된 첫해에 유대를 공격하여 예루살렘을 포위했다. 힐카누스 1세는 성안에 너무 사람이 많으면 비축해둔 물자가 부족하기에, 전쟁할 능력이 있는 젊은이들만 남기고 모두 성 밖으로 내보냈다. 안티오코스 7세가 이들을 붙잡아 처형하자, 많은 사람은 어느 쪽에도 가지 못하고 방황하다가 비참하게 굶어 죽었다.

장막절이 다가오자 힐카누스 1세는 이들을 측은히 여기고 다시 성안으로 불러들였고, 안티오코스 7세에게는 장막절 절기로 인해 7일 동안 휴전할 것을 제의했다. 그러자 안티오코스 7세는 이것을 선뜻 응했을 뿐만 아니라 막대한 예물도 보냈다. 힐카누스 1세는 안티오코스 7세의 예물을 감사히 받고, 그가 종교성이 강한 인물이라는 것을 깨달아 사신을 보내

친선관계를 회복하자고 제의했다. 안티오코스 7세는 은 300달란트와 힐카누스 1세의 형제들이 포함된 인질을 받고 돌아갔다.

한편, 힐카누스 1세는 다윗의 묘실을 열어 은 3,000달란트를 꺼내 안티오코스 7세의 군대를 지원했으며, 파르티아 원정에도 함께 했다. 그러나 안티오코스 7세는 파르티아의 아르사케스와 접전을 벌인 결과 대부분의 군대를 잃고 자신도 전사하고 말았다. 힐카누스 1세는 안티오코스 7세가 죽었다는 소식을 듣고 싸울만한 능력이 없을 것이라 생각하고 즉시 수리아를 공격했으나, 무려 6개월이 지나 메드바(Medaba)를 점령했다.

그리고 세겜과 그리심산에 있는 성전을 파괴했으며, 이두매인들을 굴복시키고 할례를 행하고 율법을 지키는 조건으로 고향에 살도록 허락했다. 이렇게 해서 이두매인들이 유대인이 되었다.[7] 그리고 힐카누스 1세는 로마와의 동맹 관계를 재확인했으며, 사마리아를 점령한 다음에는 이 성을 기초가 드러나도록 완전히 파괴하고, 도랑을 파서 강물을 끌어 들여 그 도시 위로 물이 흐르게 했다.

형편이 좋아지자 힐카누스 1세를 시기하는 무리들이 생겨났다. 그중에서도 힐카누스 1세를 가장 반대하는 자들은 바리새파였다. 그들은 백성들에게 막대한 영향을 끼쳤다. 힐카누스 1세는 처음에는 바리새파에 속해 있었으며 그들의 지지를 받았다. 이에 그가 한번은 바리새인들을 위해 큰 잔치를 벌였다. 그 잔치 석상에서 성품이 나쁘고 선동하기를 좋아하는 엘르아살은 힐카누스 1세에게 "의롭게 되기를 원한다면 대제사장직을 포기하고 백성들을 통치하는 것으로 만족하라"고 말했다.

이에 힐카누스 1세가 대제사장직을 사임해야할 이유를 묻자 그는 "당신의 어머니가 안티오코스 4세 에피파네스 시대에 포로로 잡혀갔기 때문"이라고[8] 답변했다. 물론 이 이야기는 모두 날조였다. 이에 힐카누스 1세는 분노하여 바리새파에서 탈퇴하여 사두개파로 바꾸었고, 바리새인

---

7 이 할례를 통해서 이두매인이었던 헤롯 가문은 유대인이 되었다.
8 이것은 힐카누스 1세의 어머니가 몸이 더럽혀졌다는 의미이다.

들이 백성들에게 지시한 모든 법규를 철폐했을 뿐만 아니라 그 법규들을 따르는 자들도 처벌했다.[9] 힐카누스 1세는 이 같은 소동을 진압한 후 평화롭게 여생을 보냈으며 31년간 유대 백성을 다스린 후 5명의 아들을 남기고 세상을 떠났다. 그리고 그는 '유대의 통치,' '대제사장의 직무' 그리고 '예언의 은사'라는 하나님의 은총을 누린 자였다.

5. 아리스토불루스 1세(BC 104-103년)

힐카누스 1세가 세상을 떠나자 장남인 아리스토불루스 1세는 통치 체계를 왕정으로 바꾸고 머리에 왕관을 썼다. 이것은 유대 민족이 바벨론 포로에서 고국으로 귀환해 온 지 꼭 481년 3개월 만의 일이다. 그는 자기 형제 중에서 바로 밑에 있는 동생 안티고누스를 제외하고 나머지 동생들은 모두 가두었고, 모친 또한 정적으로 생각하여 감옥에 가두고 굶어 죽게 했다. 왜냐하면, 아버지 힐카누스 1세가 모친을 유대의 지배자로 임명했기 때문이다. 나중에 그는 사랑하는 동생 안티고누스도 중상모략으로 몰아 죽이고 말았다. 그러자 그는 모친과 동생을 죽인 죄책감에 시달려 창자가 썩어 들어가는 병을 앓다가 재위 1년만에 세상을 떠났다.

그러나 그는 유대 나라에 많은 유익을 남긴 인물이었다. 그는 이두레아 사람들(the Ituraeans)[10]을 공격하여 그들이 살고 있는 땅 대부분을 유대 나라에 복속시켰고 그리고 그곳에 살기를 원하는 자들에게는 할례와 유대의 율법을 따르도록 했다.

---

9 요세푸스는 여기서 다시 한 번 바리새파와 사두개파의 차이에 대해서 설명한다. 대중들의 지지를 받고 있는 바리새파는 모세의 율법에 기록되지 않은 조상 전례의 수많은 규칙들을 백성들에게 부과하여 지키도록 했다. 반면 사두개파는 조상들의 전례를 거부하고 성문화된 모세의 율법만을 강조했고, 부자들에게 영향력을 끼쳤다(참고, 막 7:3-4; 행 23:6-8).

10 갈릴리 북쪽의 레바논 지역. 이를 통해서 아리스토불루스 1세가 갈릴리 지역을 정복했음을 알 수 있다(참고, 『유대전쟁사』 1:76).

6. 알렉산더 얀네우스(BC 103-76년)

아리스토불루스 1세가 죽자 알렉산드라라고 불리는 그의 아내 살로메는 시동생들을 감옥에서 풀어주고, 그중에 나이가 제일 많고 신중한 알렉산더 얀네우스와 결혼하고 그를 왕으로 임명했다. 알렉산더 얀네우스는 태어날 때부터 부친의 미움을 받았다. 그 이유는 부친 힐카누스 1세가 얀네우스가 왕이 되는 꿈을 꾸었기 때문이다. 그 이후로 부친은 얀네우스를 갈릴리에서 자라도록 했다.

얀네우스는 국내의 통치 기반을 나름대로 확고히 하고 톨레마이스를 공격했다. 톨레마이스 주민들은 당시에 안티오코스 형제들이 서로 전쟁을 하고 있었기 때문에 어떠한 도움도 받지 못했다. 그러자 그들은 모친 클레오파트라 3세에게 밀려나 키프러스(Cyprus)에 와서 그곳을 다스리고 있는 프톨레마이오스 라티루스에게 원군을 파견하여 얀네우스 손에서 구원해 달라고 간청했다.

프톨레마이오스가 약 3만의 군사를 데리고 톨레마이스로 갔으나, 그 주민들은 마음이 변해 그를 받아들이지 않았다. 그가 난감한 처지에 있던 참에 소일루스와 가사의 주민들은 얀네우스와 유대인들을 몰아내 달라고 도움을 요청했다.

이에 얀네우스는 프톨레마이오스를 두려워하여 톨레마이스의 포위를 풀고 철군했다. 그리고 그는 프톨레마이오스와 상호 동맹을 맺고, 비밀리에 클레오파트라에게 도움을 요청했다. 이것이 탄로 나자 프톨레마이오스는 직접 유대를 공격했고, 요단강을 두고 벌인 전투에서 승리하자 유대를 마음대로 휩쓸고 다녔다. 그러자 클레오파트라는 프톨레마이오스의 세력이 강해지는 것을 막기 위해 해상과 육로로 그를 공격하러 나섰다. 이렇게 해서 얀네우스는 프톨레마이오스의 위험에서 벗어나게 되었다.

프톨레마이오스의 위험에서 벗어나자 얀네우스는 즉시 코엘레 수리아를 공격하여 10달 간 포위 끝에 가다라(Gadara)를 함락시켰고, 프톨레마이오스에게 도움을 요청한 가사도 폐허로 만들어 버렸다.

한편, 얀네우스는 백성들의 반역에 직면했다. 장막절이 다가와 얀네우스가 제단 곁에 서서 막 제사를 드리려고 할 때에 백성들이 벌떼같이 일어나 그를 향해 시트론(Citrons, 레몬 비슷한 식물) 나뭇가지를 마구 던졌다. 이에 얀네우스는 분개하여 약 6,000명이나 되는 동족을 살해했다. 또한, 그는 제단과 성전 사이에 나무로 분리 벽을 쌓고 그 안에 제사장들만 들어올 수 있도록 함으로써 일반 백성들이 자기에게 가까이 오지 못하게 했다. 그는 6년 동안 유대 민족과 싸움을 벌여 50,000명이나 되는 동족을 살해했다. 그가 동족을 살해한 것 중에 가장 잔인한 것은 데메트리오스 유케루스를 끌어들여 자기에게 반역한 자들을 베토메(Bethome)[11] 시로 몰아넣고, 이 도시를 점령한 다음 반대자들을 생포하여 예루살렘으로 끌고 왔다.

그리고 자신의 첩들과 연회를 즐기면서 800명을 예루살렘 주민들이 보는 가운데 십자가에 매달았다. 그러자 얀네우스에 대항했던 약 8,000명의 병사는 밤을 틈타 모두 도피했으며, 그가 살아있는 동안 내내 도망자로 지냈다. 이 잔학성 때문에 그는 야만인을 뜻하는 '트라키안'(Thracian)이라는 별명을 얻었다.

얀네우스는 많은 영토를 확장했다. 그는 전쟁 기간에 많은 폭음을 하여 열병을 앓았다. 병든 몸에도 불구하고 그는 무리하게 요단강 건너편 라가바(Ragaba) 요새를 공격하다가 그만 50세에 세상을 떠나고 말았다. 그는 죽으면서 아내 알렉산드라에게 가족은 물론 왕위까지 보존할 방법을 알려주었다. 그가 남긴 조언은 "요새가 함락될 때까지 자기 죽음을 병사들에게 알리지 말고, 요새를 함락시킨 다음에는 예루살렘에 개선하자마자 바리새인들에게 권력 일부를 이양하고 그들과 좋은 관계를 유지하며, 자신의 시신을 백성의 지도자들에게 보여 주고 마음대로 처분하라"는 것이었다.

---

11 사마리아의 북동쪽 10마일 떨어진 곳이다.

7. 살로메 알렉산드라 (BC 76-67년)

알렉산드라는 남편이 시키는 대로 라가바 요새를 점령한 후 바리새파에게 남편의 시신과 국사의 문제를 모두 맡겼다. 이렇게 하여 그녀는 남편에 대한 그들의 분노를 진정시킬 수 있었다. 이에 바리새인들은 백성들에게 얀네우스가 의로운 왕이었음을 강조했고, 그의 업적을 칭찬함으로써 역대의 어떤 왕보다도 멋진 장례식을 치러주었다. 얀네우스는 힐카누스 2세와 아리스토불루스 2세라는 두 아들이 있었으나, 왕위는 아내 알렉산드라에게 넘겨주었다.

알렉산드라는 큰아들 힐카누스 2세를 대제사장으로 임명했고, 바리새인들에게 모든 문제를 맡겼다. 그리고 시부모인 힐카누스 1세가 철폐시킨 바리새파 풍습들을 부활시켰다. 그녀는 통치권을 갖고, 바리새인들은 실권을 쥐었다. 그렇다고 그녀가 아무런 실권이 없었던 것은 아니다. 그녀는 용병을 고용하여 군대를 강화해 주변 국가들에 두려운 존재가 되었다.

한편, 바리새인들은 전에 얀네우스를 충동질하여 800명을 학살하도록 한 배후의 인물 중 하나인 디오게네스의 혀를 자르고, 배후의 인물 한 사람씩 혀를 자르기 시작했다. 얀네우스에게 충성을 보인 자들은 알렉산드라에게 찾아가서 도움을 요청했다. 이에 그녀는 자신의 보물이 있는 세 국고성을 제외하고는 모든 요새를 그들에게 맡겼다. 그리고 아르메니아 왕 티그라네스가 50만의 군사를 이끌고 수리아를 침공하고 유대로 진격해 온다는 소식을 듣고, 사신과 많은 진귀한 선물을 보내어 공격을 막아내기도 했다.

알렉산드라가 중병에 걸리게 되자 정치적 야망을 품은 둘째 아들 아리스토불루스 2세는 권력을 탈취하기로 마음먹었다. 왜냐하면, 모친이 죽으면, 왕위를 계승할 형이 무능하기에, 모든 권력이 바리새인들에게 넘어가지 않을까 걱정했기 때문이다. 그는 예루살렘을 빠져나가 맨 먼저 아가바(Agaba)로[12] 가서 자신의 지지 세력들을 끌어모았다.

---

12 갈멜 근처나 요단강 건너편으로 추측한다.

그는 보름이 넘는 사이에 무려 22개의 요새를 손에 넣었다. 이런 상황에 부딪치자 유대의 장로들과 힐카누스 2세는 알렉산드라에게 조언을 구했다. 그녀는 나라가 아직 점령당하지 않고, 군대도 있고 국고성에 자금도 넉넉하며, 자신은 쇠약하니 그들 좋을 대로 결정하라고 말했다. 이같이 말한 후 얼마 지나서 그녀는 73세를 일기로 세상을 떠났다. 그녀는 정권욕은 있었지만, 매우 현명한 여장부였다. 그러나 그녀가 죽은 지 얼마 안 되어 그녀의 가문은 힘들게 얻은 왕위를 빼앗기고 말았다.

참고자료 4: 마카비 혁명과 하스몬 왕가의 통치자들

유대의 통치자	주요 사건	셀레우코스 왕가		프톨레마이오스 왕가
		데메트리오스 왕가	안티오코스 왕가	
		안티오코스 3세(BC 222-187년)		
		셀레우코스 4세 (BC 187-175년) 안티오코스 3세의 아들.		
			안티오코스 4세 (BC 175-164년) 셀레우코스 4세의 동생).	
			안티오코스 5세 (BC 164-162년).	프톨레마이오스 필로메토르 (BC 180-145년)
요나단(BC 160-142년).	BC 152년 대제사장이 됨.	데메트리오스 1세(BC 162-150년) 셀레우코스 4세의 아들.		
			알렉산더 발라스 (BC 150-145년) 안티오코스 4세의 아들.	

시몬(BC 142-134년).	BC 142년 유대 독립국가 확립.	데메트리오스 2세(BC 145-138년) 데메트리오스 1세의 아들.	안티오코스 6세(BC 145-140년).	
			트리포(BC 140-138년)	
요한 힐카누스 1세(BC 135-104년).	이두매, 사마리아 정복; 이두매인 유대화 시킴; 바리새파와 사두개파 등장	데메트리오스 2세(BC 129-125년).	안티오코스 7세(BC 138-129년) 데메트리오스 1세의 아들.	
아리스토불루스 1세(BC 104-103년).	'왕'이라는 칭호 사용			
알렉산더 얀네우스(BC 103-76년).	다윗 시대 만큼이나 영토 확장; 반대파 800명을 십자가에 처형			클레오파트라 3세(BC 107-101년).
살로메 알렉산드라(BC 76-67년).	정치적 실권은 바리새인들에게 넘김; 큰 아들 힐카누스 2세를 대제사장으로 임명; 둘째 아들 아리스토불루스 2세의 반란.			

8. 마무리 정리

(1) 앞서 언급된 내용에서 성서 해석에 도움이 되는 것이 무엇인지 살펴봅시다.

(2) 시몬을 통한 유대 독립과 우리나라 광복절과는 어떤 공통점과 차이점이 있는지 비교해 봅시다.

(3) 혁명 세력들이 계속해서 권력을 유지하여, 결국은 부패해서 멸망한 경우를 세계사를 통해 살펴봅시다.

(4) 출애굽기 34:6-7을 읽고, 인간사에 '운명'이라는 것이 있는지 논의해 봅시다.

제4장

하스몬 왕가 2
(BC 67-37년)

살로메 알렉산드라 여왕의 죽음부터
안티고누스의 죽음까지
(유대고대사 14권의 이야기)

주요 사건

1. 아리스토불루스 2세의 왕권 찬탈: 살로메 알렉산드라의 통치 시절에 대제사장이었던 힐카누스 2세는 어머니가 죽자 왕권도 갖게 되어 왕이 된다(BC 67년). 그러나 권력에 야심이 있던 동생 아리스토불루스 2세가 전쟁을 일으켜 형의 자리를 빼앗아 유대의 대제사장과 왕이 된다.
2. 아레타스 3세의 유대 침공(BC 65년): 동생에게 권력을 빼앗긴 힐카누스 2세를 회복시키기 위해 나바테아의 아레타스 3세는 50,000명의 보병과 기병들을 모아 아리스토불루스 2세를 공격한다.
3. 폼페이우스에 의해 예루살렘 멸망(BC 63년): 나바테아를 정벌하기 위해 나섰던 폼페이우스는 아리스토불루스 2세가 자신의 말을 듣지 않고 군사를 일으켜 저항하자, 모든 병력을 예루살렘에 집중하여 점령했다. 그는 비유대인으로 예루살렘 지성소에 들어간 최초의 인물이기도 하다.

4. 안티파터 2세의 유대 통치와 죽음(BC 63-43년): 예루살렘 멸망 이후 이두매의 최고 통치자였던 안티파터 2세가 폼페이우스와 케사르의 지원을 받아 유대를 통치. 그러나 힐카누스 2세의 측근인 말리쿠스에게 독살 당했다.
5. 헤롯의 산헤드린 법정 출두: 갈릴리의 통치자였던 헤롯이 수리아 지역의 도적떼를 소탕했는데, 이것이 산헤드린의 재판 없이 이루어진 일이라고 하여 힐카누스 2세가 헤롯을 산헤드린 법정에 출두시킨다. 이에 헤롯은 군사를 대동하고 법정에 출두한다.
6. 안티고누스의 유대 통치(BC 40-37년): 아리스토불루스 2세의 차남인 안티고누스가 파르티아 세력을 끌어들여 힐카누스 2세와 헤롯을 쫓아내고 유대를 통치.
7. 하스몬 왕가의 멸망과 헤롯의 유대 통치 시작: BC 163년 대제사장 오니아스 4세가 애굽으로부터 도망간 이후부터 안티고누스가 헤롯에게 패한 BC 37년까지, 총 126년간 하스몬 가문은 유대를 통치했다. 이후 헤롯 가문이 유대를 통치하기 시작했다.

하스몬 왕가

1. 힐카누스 2세(Hyrcanus II, BC 67, 47-40년): 살로메 알렉산드라의 큰아들로 유대의 대제사장과 왕.
2. 아리스토불루스 2세(Aristobulus II, BC 67-63년): 살로메 알렉산드라의 둘째 아들로, 형을 쫓아내고 유대의 대제사장과 왕이 됨.
3. 알렉산더 2세(Alexander II): 아리스토불루스 2세의 큰아들.
4. 안티고누스 2세(Antigonus II, BC 40-37년): 아리스토불루스 2세의 둘째 아들로 파르티아 세력을 끌어들여 유대의 대제사장이며 왕이 됨. 그는 하스몬 가문의 마지막 왕이었다.

헤롯 가문

1. 안티파터 2세(Antipater II, BC 63-43년): 헤롯 왕의 아버지로, 예루살렘 멸망 이후 로마의 폼페이우스와 케사르의 도움을 받아 유대를 통치.
2. 키프로스(Cypros): 이두매 유명인사의 딸로, 안티파터 2세의 아내.
3. 파사엘(Phasael): 안티파터 2세의 아들로 예루살렘을 통치했고, 안티고누스가 끌어들인 파르티아 세력의 음모에 포로가 되자 자결함.
4. 헤롯(Herod): 안티파터 2세의 둘째 아들로, 후에 유대의 왕이 됨.
5. 요셉(Joseph): 안티파터 2세의 셋째 아들.
6. 페로라스(Pheroras): 안티파터 2세의 넷째 아들.
7. 살로메(Salome): 안티파터 2세의 딸.

로마의 인물들

1. 폼페이우스(Pompeius, BC 106出-48死): 로마의 제1차 삼두정치를 이끌었던 인물 중 한 사람으로 예루살렘을 멸망시켰으며, 후에 케사르와 대립하여 패했다.
2. 스카우루스(Scaurus): 폼페이우스 휘하의 장군으로 아리스토불루스 2세로부터 400달란트를 받고, 나바테아의 아레타스 3세를 예루살렘으로부터 물러나게 함.
3. 가비니우스(Gabinius): 폼페이우스 휘하의 장군으로 아리스토불루스 2세에게 돈을 받으러 갔다가 문전박대를 당함.
4. 크라수스(Crassus): 율리우스 케사르 그리고 폼페이우스와 함께 제1차 삼두정치를 이끌었던 인물로 예루살렘 성전에서 많은 돈을 약탈해 갔으며, 파르티아와 전쟁 중에 대패하여 죽었다.
5. 율리우스 케사르(Iulius Caesar): 로마 제1차 삼두정치를 이끌었던 인물로 공화정에서 왕정으로 넘어가는 데에 중요한 역할을 함. 애굽과 예루살렘을 점령했을 뿐 아니라 클레오파트라 7세와 사랑을 나눠 아들을 두었으며, 부루투스(Brutus)에게 암살당했다.
6. 푸블리우스 돌라벨라(Publius Dolabella): 로마 집정관으로 시민전쟁에서

는 케사르의 편을 들었으나, 그가 암살당하자 부루투스와 암살자의 편에 속했다.
7. 스키피오(Scipio): 폼페이우스의 명령으로 아리스토불루스 2세와 그의 아들 알렉산더 2세를 처형함.
8. 섹스투스 케사르(Sextus Caesar): 율리우스 케사르의 사촌으로 수리아의 총독. 힐카누스 2세에게 압력을 넣어 헤롯을 산헤드린 재판으로부터 도망치게 함.
9. 소시우스(Sosius): 안토니우스 휘하의 사람으로 안티고누스와 싸우고 있는 헤롯을 지원하기 위해 직접 군단을 이끌고 유대로 옴.
10. 카시우스 롱기누스(Cassius Longinus): 율리우스 케사르를 암살한 주동자이며 마르쿠스 부루투스의 매제였다. 그는 BC 42년 10월에 안토니우스의 군대와 싸워 패하여 자살했다.
11. 안토니우스(Antonius): 옥타비아누스, 레피두스와 함께 제2차 삼두정치를 이끌었던 인물로 클레오파트라 7세의 남편이기도 하며, 옥타비아누스와의 악티움 해전에서 패하여 자살했다.
12. 옥타비아누스(Octavian us): 암살당한 케사르의 양아들로 후에 원로원으로부터 '존엄자'란 뜻의 '아우구스투스'(Augustus)라는 칭호를 얻는다.
13. 클레오파트라 7세(Cleopathra VII): 애굽의 여왕으로 로마의 케사르와 안토니우스를 남편으로 두었다.
14. 벤티디우스(Ventidius): 안토니우스의 사람으로 헤롯을 돕기 위해 유대에 온 로마 장군.
15. 실로(Silo): 안토니우스의 사람으로 헤롯을 돕기 위해 유대에 온 로마 장군.

그 밖의 사람

1. 아레타스 3세(Aretas III, BC 87-62년): 나바테아의 왕
2. 오니아스(Onias): 의로운 사람으로 기도로 기근을 멈추게 한 인물로, 아리스토불루스 2세와 그의 추종자들을 저주할 것을 거부하다가 돌에

맞아 죽었다.
3. 히스기아스(Hezekias): 수리아 지역을 휩쓸고 다니는 도적 떼의 두목으로 헤롯에게 죽임을 당함.
4. 사메아스(Sameas): 산헤드린 의원 중 한 명으로 헤롯에게 힐카누스 2세와 산헤드린 의원들이 한날에 죽을 것을 예언함.
5. 말리쿠스(Malichus): 힐카누스 2세의 측근으로 안티파터 2세를 독살했으나, 후에 헤롯에게 죽임을 당함.
6. 파코루스(Pacorus): 파르티아 왕의 아들로 안티고누스 2세를 지원하기 위해 해변을 선택하여 유대에 옴.
7. 바르사파르네스(Barzapharnes): 파르티아의 군사령관으로 안티고누스 2세를 지원하기 위해 내륙으로 유대에 옴.

1. 핵심 내용

알렉산드라 여왕이 죽자 그녀의 큰아들 힐카누스 2세가 왕위를 이어받는다. 그러나 동생 아리스토불루스 2세가 전쟁을 일으켜 왕위를 찬탈하자, 이 틈바구니에 헤롯의 아버지 안티파터 2세가 끼어든다. 그는 이두매인으로 매우 부자였으며 그 지역에서 실권을 쥔 자로 아라비아 왕들과 두터운 친분을 갖고 있었다. 그는 아레타스 3세의 지원을 받아서 힐카누스 2세가 왕으로 복귀하도록 아리스토불루스 2세를 공격한다.

아리스토불루스 2세는 예루살렘 성에 갇히는 위기를 맞이한다. 이런 상황에 로마의 폼페이우스가 스카우루스를 유대로 보낸다. 아리스토불루스 2세는 돈으로 스카우루스를 매수하여 아레타스 3세를 본국으로 돌아가게 한다. 그리고 폼페이우스가 직접 아라비아를 정벌하기 위해서 다멕섹에 오자, 힐카누스 2세와 아리스토불루스 2세는 자신들의 정당성을 주장하지만, 폼페이우스는 나바테아 문제를 해결한 다음에 그들의 문제를 처리해 주겠다고 하고, 아리스토불루스 2세에게 폭력 사용을 자제하라고 권고한다.

그러나 아리스토불루스 2세는 폼페이우스를 믿지 못하고 전쟁을 일으킨다. 이에 폼페이우스는 모든 로마군을 동원하여 예루살렘 성전에서 가장 약한 부분인 북쪽 지역을 안식일에 흙으로 토성을 쌓고 공성 장비를 이용하여 BC 63년에 예루살렘 성전을 정복한다. 이로 인해 유대는 로마의 속국이 되었으며, 폼페이우스는 힐카누스 2세를 대제사장으로 임명하고, 아리스토불루스 2세와 그의 차남 안티고누스를 로마로 데리고 갔다.

한편, 아리스토불루스 2세와 장남 알렉산더는 로마에서 탈출해서 다시 세력을 규합하여 반란을 일으키지만, 성공을 거두지 못하고 폼페이우스의 세력에 의해 살해당한다. 로마의 정세가 케사르의 시대로 접어들고, 케사르가 애굽의 원정에 나선다. 이에 안티파터 2세는 병사 3,000명을 이끌고 케사르의 애굽 원정을 적극적으로 돕는다. 이로 인해 안티파터 2세는 케사르의 두터운 신임을 얻어 유대의 행정장관에 오른다. 그는 큰아들 파사엘에게는 예루살렘을, 둘째 아들 헤롯에게는 갈릴리를 다스리게 하여 실제적인 유대의 통치자 역할을 한다.

이 두 아들은 자신의 지역을 잘 통치했다. 특히 헤롯은 수리아 지역의 도적 떼를 섬멸하여 수리아 총독으로부터 신임을 얻었다. 그러나 이것이 산헤드린 의회의 결정을 따르지 않은 것이라 하여, 법정에 출두하게 된다. 그는 자주색 옷을 입고 군사를 동원하여 법정에 출두함으로 산헤드린 의원들을 위협한다. 여기에 수리아의 총독은 힐카누스 2세에게 헤롯을 석방시킬 것을 강력히 요구하는 편지를 보내자, 힐카누스 2세는 헤롯을 도망치게 한다.

힐카누스 2세의 측근 중에 말리쿠스는 안티파터 2세를 쫓아내야 힐카누스의 정권이 유지된다고 생각하여, 안티파터 2세를 독살한다. 이에 헤롯이 두로에서 말리쿠스를 살해함으로 아버지의 복수를 갚는다. 한편, 아리스토불루스 2세의 차남 안티고노스 2세는 파르티아의 세력을 끌어 들여 예루살렘을 공격한다. 이때 힐카누스 2세와 파사엘은 파르티아인들의 음모에 걸려서 체포된다. 그러나 헤롯은 도망간다.

안티고노스 2세는 힐카누스 2세가 대제사장에 오르지 못하도록 귀를 자르고, 파사엘은 적의 손에 죽는 것이 치욕이라고 생각하여 바위에 머리를 부딪쳐 자결한다. 로마로 도망간 헤롯은 안토니우스를 만나 유대의 상황을 설명했고, 안토니우스의 도움으로 로마의 원로원으로부터 유대의 '왕'으로 임명된다. 도망자의 신세에서 '왕'의 신분에 오른 헤롯은 유대로 귀국하여 3년에 걸쳐 안티고누스 2세의 세력을 물리치고 진정한 유대의 통치자가 된다.

2. 힐카누스 2세와 아리스토불루스 2세의 왕위 쟁탈전

알렉산드리아 여왕이 죽자 큰 아들 힐카누스 2세가 왕위에 올랐다. 그러자 동생 아리스토불루스 2세는 형에 대항하여 전쟁을 일으켰다. 힐카누스 2세의 많은 병사들이 여리고 지역의 전투가 임박해 오자 진영을 이탈하여 아리스토불루스 2세에게 넘어갔다. 이에 힐카누스 2세는 동생의 처자식들이 알렉산드라 여왕에 의해 수용된 요새로 피신했고, 사신을 보내어 동생과 타협을 시도했다.

그 조건은 동생인 아리스토불루스 2세가 왕이 되고, 형 힐카누스 2세는 공무에서 손을 뗀 후 동생의 저택으로 돌아가 조용한 삶을 보낸다는 것이었다. 그들은 백성이 보는 앞에서 악수하고 포옹한 다음, 아리스토불루스 2세는 궁전으로 그리고 힐카누스 2세는 평범한 시민으로 동생 아리스토불루스 2세의 집으로 돌아갔다.

한편, 힐카누스 2세에게 안티파터 2세라고 하는 이두매 출신의 친구가 있었다. 그는 매우 큰 부자였고 본성이 활동적이며 선동을 좋아했다. 그의 부친은 알렉산더 얀네우스 왕과 그의 아내 알렉산드라에 의해 이두매 전(全) 지역의 총독(στρατηγός = praetor)으로 임명된 인물로서 아라비아인들과는 우호적인 관계를 맺고 있었다. 안티파터 2세는 형의 권력을 빼앗은 아리스토불루스 2세의 행위를 은밀히 비난하고 선동하며 돌아다녔다.

그리고 힐카누스 2세에게 신변 보호를 위해서는 아라비아 왕 아레타스 3

그림 8. 힐카누스 2세

세에게 피신하는 것이 좋다고 설득하여, 야음을 틈타 힐카누스 2세를 데리고 아라비아로 갔다. 그 후에 그를 데리고 유대 땅에 돌아가게 해 달라고 다시 아레타스 3세에게 간곡히 요청했다. 힐카누스 2세도 자신이 복권되어 왕위를 차지하게 된다면 아버지 알렉산더 얀네우스가 아라비아로부터 빼앗은 12도시를 돌려주겠다고 약속했다.

힐카누스 2세는 아레타스 3세로부터 50,000명의 보병과 기병들을 지원받아 아리스토불루스 2세를 공격했다(BC 65년). 이번에는 많은 병사가 힐카누스 2세에게 넘어왔고, 결국 궁지에 몰린 아리스토불루스 2세는 예루살렘으로 피신했다. 백성들은 힐카누스 2세를 도와 포위 공격에 나섰으며, 제사장 그룹들만이 아리스토불루스 2세를 지지했고, 많은 유대 인사들은 애굽으로 도망갔다.

이때 오니아스라는 의로운 사람이 있었는데, 그는 전쟁이 오래갈 것을 알고 미리 몸을 숨겼다. 그러나 백성들이 그를 찾아내어 예전에 기도하여 기근을 멈추게 한 것처럼, 아리스토불루스 2세와 그를 따르는 제사장들이 저주를 받게 해 달라고 기도 요청을 했다. 그러나 오니아스는 백성들이 공격하는 대상이 제사장 그룹이기에, 오히려 백성들의 소원을 들어주지 말 것을 기도하다가 유대인들의 돌에 맞아 죽었다.

한편, 폼페이우스는 아르메니아에서 전쟁하면서 스카우루스를 수리아로 보냈다. 스카우루스가 유대로 들어오자 힐카누스 2세와 아리스토불루스 2세는 동시에 사신을 보내어 자신들을 지지해 달라고 요청했다. 아리스토불루스 2세는 400달란트를 주겠노라고 제안했으며, 힐카누스 2세도 이와 맞먹는 금액을 주겠다고 제안했다. 그러나 스카우루스는 아리스토불루스 2세와 손을 잡기로 했다.

왜냐하면, 힐카누스 2세의 요구대로 난공불락의 요새인 예루살렘을 점령하는 것보다, 유대인 도망자 소수와 비록 다수지만 용맹하지 못한 나바테아인들을 쫓아내기가 쉬웠기 때문이다. 이에 스카우루스는 아리스토불루스 2세와 협정을 맺고 돈을 받은 다음, 아레타스 3세에게 유대 땅을 떠나라고 명하여 예루살렘의 포위를 풀었다.

3. 예루살렘 성전의 멸망(BC 63년)

그 후 오래지 않아 폼페이우스가 다메섹에서 오자(BC 64년 가을) 유대 백성들과 힐카누스 2세와 아리스토불루스 2세는 그에게 나아갔다. 유대 백성들은 그들이 제사장의 후손임에도 불구하고 백성들을 노예화하기 위해 국가의 통치 체제를 바꾸려 한다고 고발했다. 그리고 왕정이 아니라 선조들로부터 물려받은 제사장 중심의 정치체제를 요구했다.

한편, 힐카누스 2세는 자신이 장남임에도 불구하고 동생에게 권리를 빼앗겼다고 주장했다. 반면에 아리스토불루스 2세는 형이 왕의 자리에서 물러난 것은 활동적인 인물이 아니어서 사람들의 경멸을 받았기 때문이고, 자신은 다른 사람들에게 왕위가 넘어갈까 봐 두려워서 어쩔 수 없이 수락한 것이라고 말했다. 그리고 왕이라는 명칭은 부친이 이미 사용한 것이라고 주장했다.

폼페이우스는 이들의 주장을 듣고 나서 나바테아인들의 문제점들을 살피고 돌아와서 해결해 주겠다고 약속했다. 그리고 무엇보다도 아리스토불루스 2세에게 폭력 사용을 자제해달라고 당부하면서 가능한 한 부드럽게 대해주었다. 그 이유는 그가 반역을 일으켜서 나바테아에서 돌아오는 길을 방해하지 않을까 걱정했기 때문이다. 그러나 아리스토불루스 2세는 폼페이우스의 약속을 믿지 못하고 유대로 돌아가자마자 반란을 일으켰다.

폼페이우스는 이러한 아리스토불루스 2세의 행동에 격분하여 나바테아를 공격하기 위해 데리고 간 원정군과 다메섹과 그 외 수리아 지역의 후원군과 휘하의 로마군을 총동원하여 아리스토불루스 2세를 공격했다. 폼페이우스는 아리스토불루스 2세가 피신하고 있는 요새 알렉산드리움

그림 9. 폼페이우스

(Alexandrium)에 사신을 보내어 자기에게 오라고 명령했다. 이에 그는 로마군과 싸워 이로울 것이 없다는 주위 사람들의 설득에 못 이겨 폼페이우스 앞에 나아갔다. 그는 힐카누스 2세와 함께 통치권을 놓고 폼페이우스 앞에서 설전을 벌이기를 두세 번 하면서, 통치권이 자기에게 넘어오길 은근히 기대했다.

그러나 다른 한편으로는 통치권이 힐카누스 2세에게 넘어갈 것을 염려하여 전쟁을 준비했다. 폼페이우스는 아리스토불루스 2세에게 그가 소유하고 있는 모든 요새를 양도할 것을 요구하고, 이를 자필로 써서 주둔 사령관들에게 보낼 것을 지시했다. 왜냐하면, 아리스토불루스 2세는 자신 이외에 누가 명령을 하더라도 요새를 넘겨서는 안 된다고 했기 때문이다. 이에 아리스토불루스 2세는 그렇게 하겠다고 대답은 했지만 예루살렘으로 돌아와 전쟁 준비를 서둘렀다. 이에 폼페이우스는 아리스토불루스 2세를 공격하기 위해 여리고에 진을 치고 예루살렘으로 진격했다.

일이 이렇게 되자 아리스토불루스 2세는 자기가 한 일을 후회하고 폼페이우스에게 나아가 돈을 줄 테니 평화적으로 해결하자고 제의했다. 폼페이우스는 그의 간청에 못 이겨 그를 용서해 주고 가비니우스에게 돈을 받아오라고 지시했다. 그러나 가비니우스는 아리스토불루스 2세의 병사들로부터 문전박대를 받고 맨손으로 돌아왔다.

이에 폼페이우스는 몹시 격분하여 아리스토불루스 2세를 가두고 직접 군대를 거느리고 예루살렘으로 진격했다. 그러자 예루살렘 주민들은 둘로 나뉘었다. 한편의 사람들은 폼페이우스에게 투항하는 것이 좋다고 생각하여 도시와 왕궁을 넘겨주었다. 그러나 아리스토불루스 2세의 추종자들은 성전을 장악한 후 다리를 부수고 로마의 포위 공격에 대비했다.

폼페이우스는 처음에 여러 조건을 제시하고 타협을 하려고 했지만, 이들이 응하지 않자 성전을 포위하고 가장 취약한 부분인 북쪽에 진을 쳤다. 하지만 북쪽에는 높은 망대들이 세워져 있었으며 깊은 호(濠)가 있었다. 폼페이우스는 안식일을 이용하여 흙으로 호를 메우고 토성을 쌓았다. 왜냐하면, 그는 안식일에 유대인들을 공격하지만 않는다면, 그들은 어떠한 방어도 하지 않는다는 율법을 알고 있었기 때문이다.

어느 정도 호가 메워지자, 그는 두로에서 공성 장비와 공성 망치를 가지고 와서 성전을 향해 돌을 쏘았다. 제사장들은 공격을 당하고 있는 가운데에서도 아침과 오후 3시에 하루에 두 번씩 제단에 제사를 드렸다. 예루살렘 성전은 제179회 올림피아드 3월 금식일(the Fast Day)에 함락되었다(BC 63년). 로마군들이 사람을 잔인하게 죽이는 상황에서도 제사를 드리던 제사장들은 자신들의 일을 계속했다. 그들은 율법이 요구하는 바를 생략하는 것보다 차라리 제단 옆에서 죽는 편이 훨씬 좋다고 생각했다. 이때 죽은 유대인은 12,000명이나 되었다.

한편, 폼페이우스와 그의 많은 부하가 성전에 들어가 대제사장을 제외하고는 아무도 볼 수 없는 지성소까지 들어갔다. 성전 안에는 많은 보물이 있었으나, 폼페이우스는 유대 종교를 존중했기 때문에 이것을 건드리지는 않았다.

다음 날, 그는 성전을 책임 맡은 자들에게 성전을 청결하게 한 다음 제사를 드리라고 지시했다. 또한, 그는 힐카누스 2세의 대제사장직을 회복시켜 주었다. 그 이유는 다음과 같다.

첫째, 힐카누스 2세가 여러모로 폼페이우스에게 유익했기 때문이었다.

둘째, 유대인들이 아리스토불루스 2세와 결탁하여 대항하는 것을 미리 예방하기 위해서였다.

폼페이우스는 예루살렘을 로마의 속국으로 만들고, 유대인들이 정복한 수리아의 여러 도시를 빼앗아 직접 로마의 지휘 아래 두었다. 그리고 유대 나라의 세력이 유대 지방 밖으로 나가지 못하도록 제한시켰다. 그리고 10,000달란트도 더 되는 돈을 빼앗아 갔다. 폼페이우스는 로마의 2개 군단을 스카우루스에게 주어 유브라데 강과 애굽에 이르는 수리아 전 지역을 관할하게 했다. 그리고 아리스토불루스 2세와 차남인 안티고누스 2세 그리고 그의 두 딸을 포로로 잡아 로마로 끌고 갔다. 그러나 장남인 알렉산더 2세는 도망쳤기에 끌고 가지 못했다.

4. 아리스토불루스 2세와 그의 아들 알렉산더 2세의 반란

그 후에 아리스토불루스 2세의 아들 알렉산더 2세가 세력을 모아 유대에 침입해 오자 가비니우스는 로마의 총사령관으로 수리아에 왔다. 힐카누스 2세가 알렉산더 2세에게 대항할 능력이 없었기 때문이었다. 알렉산더 2세는 유대 전역을 돌아다니면서 유대인들을 무장시키기 시작했다. 이에 그의 병력은 보병 10,000명에 기병 1,500명으로 급격히 불어났다.

알렉산더 2세는 알렉산드리움과 마케루스를 요새화했다. 가비니우스의 로마군과 알렉산더 2세의 군대는 예루살렘 근방에서 치열한 접전을 벌였으나, 로마군이 유대인 3,000명을 죽이고 3,000명을 포로로 잡아갔다. 그리고 가비니우스는 알렉산드리움으로 가서 주민들에게 지난날의 잘못은 용서해 줄 테니 항복하라고 설득했다.

그러나 이들이 항복하지 않자, 공격하여 많은 유대인을 살해했다. 그는 일부 병력을 남기고 알렉산드리움의 요새를 함락시키라고 명한 다음 자신은 유대의 다른 지역을 돌아다니면서 파괴된 도시들을 재건하라고 지시했다. 이때 재건된 도시는 사마리아, 아스돗, 스키토폴리스, 안테돈, 라피아, 도라, 마리사, 가사 및 그 밖의 여러 도시였다. 가비니우스가 이들 도시를 세운 다음, 다시 알렉산드리움에 돌아와서 맹공격을 할 태세를 갖추자 알렉산더 2세는 마케루스 요새뿐만 아니라 알렉산드리움 요새까지 가비니우스에게 넘겨주었다.

이에 가비니우스는 알렉산드리움을 파괴했다. 그리고 그는 유대국을 5 지역으로 구분한 다음, 제5 의회를 구성하여 다스리게 했다. 제1 의회는 예루살렘, 제2 의회는 가다라(Gadara), 제3 의회는 아마투스(Amathus), 제

4 의회는 여리고(Jericho), 제5 의회는 갈릴리와 세포리스를 다스렸다. 이렇게 해서 유대인은 왕정에서 벗어나 귀족정치(aristocracy)의 지배를 받게 되었다.

한편, 아리스토불루스 2세는 로마에서 탈출하여 유대로 돌아와 알렉산드리움을 재건했다. 이에 가비니우스는 아리스토불루스 2세를 체포하려고 군대를 파견했다. 무장하지 않은 많은 평민이 아리스토불루스 2세에 가담했지만, 그는 무장하지 않은 병사들은 돌려보내고, 무장한 8,000명의 병사를 데리고 마케루스 요새로 행군했다. 그러나 행군하는 도중에 로마 군인의 습격을 받아 5,000명이 전사하고 나머지 군사들은 뿔뿔이 흩어졌다.

결국, 아리스토불루스 2세는 1,000여 명의 군사들만 데리고 마케루스로 피신하여 요새를 구축했다. 그는 로마군의 포위 공격에 이틀간 대항했지만, 아들 안티고누스 2세와 함께 포로가 되어 가비니우스에게 끌려갔다. 결국, 아리스토불루스 2세는 다시 로마로 압송되어 감금되는 신세가 되었다. 그가 왕과 대제사장으로 유대를 다스린 기간은 3년 6개월이었다.

한편, 가비니우스는 파르티아를 정복할 계획을 바꾸어 애굽으로 말머리를 돌렸다. 이 틈을 이용해 아리스토불루스 2세의 아들 알렉산더 2세가 다시 무력을 사용하여 통치권을 장악하고 수많은 유대인이 가비니우스에게 반역을 일으키도록 했다. 알렉산더 2세는 군대를 이끌고 다니며 유대 전역에 있는 로마군을 살해했다. 가비니우스는 안티파터 2세를 반란군에 보내 안정을 찾게 했다. 이에 안티파터 2세는 원로들을 찾아다니며 설득하여 안정을 찾는 데 성공했지만, 알렉산더 2세 설득에는 실패했다.

왜냐하면, 알렉산더 2세는 30,000명이나 되는 병력을 믿었기 때문이었다. 알렉산더 2세는 가비니우스에 대항하여 전투를 벌였으나 다볼(Tabor)산 근처에서 10,000명의 군사를 잃고 패하고 말았다. 가비니우스는 예루살렘에 관한 모든 문제를 안티파터 2세의 의향에 따라 처리한 후 나바테아인들을 패배시키고, 자신의 자리를 크라수스에게 넘겨주고 로마로 돌아갔다.

그리고 크라수스는 파르티아를 공격하기에 앞서 유대를 침공하여 성전에서 돈 2,000달란트와 8,000달란트나 되는 성전의 금을 약탈해 갔다.

성전에 이렇게 많은 재산이 있었던 것은, 세상의 모든 유대인과 하나님을 경외하는 자들, 심지어 아시아와 유럽인들까지 하나님께 예물을 바쳤기 때문이다.

한편, 안티파터 2세는 이두매의 유명인사의 딸인 키프로스와 결혼하여 파사엘, 후에 왕이 되었던 헤롯, 요셉, 페로라스라는 네 아들과 살로메라고 하는 딸을 두었다. 그는 주변의 실력자들과 친선을 맺으며 상호 우의를 두텁게 했다. 특히 그는 아라비아의 왕과 교분을 두텁게 했으며 아리스토불루스 2세와 전쟁할 때에는 자녀들을 그에게 맡겼다.

케사르가 로마를 장악하게 되자 폼페이우스와 원로원 의원들은 이오니아해로 도망쳤다. 케사르는 정권을 장악한 후 아리스토불루스 2세를 석방시키고 2개 군단을 맡겨 수리아로 보내면서 모든 일을 바로잡으라고 지시했다. 그러나 아리스토불루스 2세는 케사르가 부여해 준 권력을 제대로 행사해 보지 못하고 폼페이우스 지지 세력에 독살되고 말았다. 또한, 로마에 반역을 꾀한 죄로 아리스토불루스 2세의 아들인 알렉산더 2세를 처형하라고 폼페이우스가 명령하자 스키피오가 안디옥에서 그의 머리를 베었다.

5. 안티파터 2세의 시대

케사르에게 패한 폼페이우스가 죽자 유대를 관할하고 있던 안티파터 2세는 케사르의 애굽 원정에 많은 도움을 주었다. 안티파터 2세는 3,000의 병사를 직접 이끌고 수리아의 펠루시움(Pelusium)과 애굽의 델타(Delta) 지역 부근의 전투에서 큰 성과를 거두었으며, 오니온(Onion)에 거하는 유대인들을 설득하여 케사르의 원정길에 협조하도록 하는 놀라운 외교력도 발휘했다.

이에 케사르는 전쟁이 끝나자 안티파터 2세를 극진하게 대해주었을 뿐만 아니라 로마 시민권을 주었고 또한 세금을 면제해 주었다. 그리고 힐카누스 2세에게는 대제사장직을 재확인해 주었다.

이때 아리스토불루스 2세의 아들인 안티고누스가 케사르에게 와서 부친이 독살된 것과 형 알렉산더 2세가 스키피오의 손에 참수당한 것이 모두 안티파터 2세가 한 짓이라고 고소했다. 하지만 케사르는 안티파터 2세의 손을 들어주었고, 그에게 어떤 자리든 원하는 것을 줄 테니 선택하라고 했다. 이에 안티파터 2세가 유대의 행정 장관(procurator)을 요구하자 케사르는 그를 유대의 행정장관으로 임명했다(BC 55년). 또한, 폼페이우스가 허문 예루살렘 성벽을 재건할 수 있게 해달라는 힐카누스 2세의 요청도 들어주었다.

안티파터 2세는 힐카누스 2세가 우둔하고 태만한 성격의 소유자임을 알고 장남 파사엘을 예루살렘과 그 인근 지역을 다스리는 총독으로 임명하고, 갈릴리 지역은 둘째 아들인 헤롯에게 맡겼다. 이때 헤롯의 나이는 25세였다. 헤롯은 나이가 연소하지만 자신의 야망을 위해 인근 수리아 지역을 휩쓸고 다니는 도적 떼의 두목 히스기아스와 그의 많은 부하를 처형했다. 이로 인해 헤롯은 수리아인의 사랑을 독차지하게 되었을 뿐만 아니라, 당시 수리아의 지도자로 케사르의 친척인 섹스투스 케사르에게 신임을 얻게 되었다.

왜냐하면, 수리아인들은 이 도적 떼의 손에서 해방되는 것이 소원이었기 때문이다. 한편, 파사엘은 동생에게 결코 뒤져서는 안 되겠다고 굳게 결심하고 예루살렘을 평온하게 다스리고자 노력했다. 아들들의 이런 노력으로 안티파터 2세는 유대인들로부터 왕의 대접을 받았으며, 유대국의 절대 군주의 영예를 누리게 되었다.

6. 헤롯의 갈릴리 통치와 산헤드린 법정의 출두

한편, 유대의 유력인사들은 안티파터 2세와 그의 아들들이 백성의 신망을 얻고 유대와 힐카누스 2세로부터 막대한 부를 빼내어 가는 것을 보고 적대감을 품기 시작했다. 그래서 그들은 힐카누스 2세에게 가서 안티파터 2세와 그의 아들들은 더 이상 청지기가 아니라 절대 군주라고 비난했다. 특히 헤롯이 히스기아스와 그의 부하들을 산헤드린의 사형선고 없이 살해한 것이 명백한 율법의 위반이라고 강력하게 주장했다. 여기에 헤롯에게 살해당한 자의 모친들이 매일 성전에 찾아와서 산헤드린 공회가 헤롯을 심판해 줄 것을 간청했다.

힐카누스 2세는 이 여인들의 간청에 감동하여 헤롯에게 산헤드린에 출두하여 심문을 받으라고 명했다. 그러자 안티파터 2세는 헤롯에게 심문을 받으러 갈 때에 평민처럼 하고 가지 말고, 신변 보호를 위해 경호 병사를 데리고 가라고 충고했다. 헤롯은 너무 많은 병사를 거느리고 가면 힐카누스 2세에게 위압감을 줄 것 같아 안전을 위해 소수의 병력만 거느리고 떠났다.

그리고 수리아의 총독이었던 섹스투스 케사르는 힐카누스 2세에게 편지를 보내어 헤롯을 심문하지 말고 석방할 것을 요구했다. 만약 거절했을 경우에는 그냥 두지 않겠다고 위협을 했다. 그러자 힐카누스 2세는 이 편지를 핑계 삼아 헤롯을 산헤드린의 심문에서 구해내려고 했다.

경호 병사를 대동하고 산헤드린 공회에 나타난 헤롯은 매우 고압적인 자세를 취했다. 그래서 헤롯을 고소하던 자들은 감히 입을 열 수가 없었다. 일이 이렇게 되자 의인인 사메아스가 일어나 헤롯을 비난했다.

"산헤드린 공회에 심문을 받으러 나오는 자들은 누구를 막론하고 두렵고 겸손한 마음을 갖고, 애도의 뜻을 표하기 위해 검은 복장을 하는데, 살인죄로 고소를 당해 심문 받으러 나온 헤롯은 자주색 옷[1]을 입고 산헤드린 의원들을 죽여 없앨 모양으로 병사들까지 끌고 왔다"고 말했다. 그리고 사메아스는 헤롯이 힐카누스 2세와 산헤드린 의원을 한날에 죽일 것을 예언했다. 사메아스의 이 예언은 훗날에 실현되었다. 헤롯은 왕위에 오른 뒤 사메아스를 제외한 모든 산헤드린 의원과 힐카누스 2세를 살해했다.

---

1 "자주색 옷"의 의미에 대해서는 류호성, "마카베오상 10-11장의 '진홍색 사제복'에 관한 소고(10:20, 62, 64; 11:58)," 『성경원문연구』28 호 (2011), 204-225; 류호성, "자색 옷에 관한 역사적 고찰(눅 16:19-31)," 『신약논단』19권 (2012), 1-36 참조 바람.

헤롯이 사메아스를 살려둔 이유는 두 가지였다.

첫째, 사메아스가 의로워서 그를 존경했기 때문이고,

둘째, 헤롯과 소시우스가 예루살렘을 포위하고 있었을 때, 주민들을 설득하여 성문을 열어 헤롯을 입성하도록 사메아스가 만들었기 때문이다.

힐카누스 2세는 은밀히 헤롯에게 사람을 보내어 예루살렘을 탈출하라고 충고했다. 그래서 헤롯은 마치 힐카누스 2세에게서 도망친 것으로 가장하여 다마스커스로 피신하여 섹스투스 케사르에게 갔다. 섹스투스 케사르는 돈을 받고 헤롯을 수리아[2] 사령관(governor)으로 임명했다.

이에 힐카누스 2세는 헤롯이 공격해오지 않을까 걱정이 되었다. 그의 걱정은 현실로 드러났다. 헤롯은 군대를 거느리고 힐카누스 2세를 공격했다. 그러자 부친과 형이 헤롯을 찾아가 예루살렘 공격을 만류했다. 헤롯은 이를 수긍하고 자신의 힘만 과시했다.

7. 케사르가 유대에 보낸 법령들

로마의 법령들은 도시의 공공기관에 보관되었을 뿐만 아니라 원로원 의회당 앞에 있는 동판에 새겨져 있다.[3] 케사르가 유대에 보낸 여러 법령의 내용을 요약하면 다음과 같다.

첫째, 힐카누스 2세와 그의 후손들을 유대의 통치자로(ethnarch)로[4] 임명하며 또한 그들의 관습에 따라 유대의 대제사장으로 임명한다.

둘째, 힐카누스 2세와 그의 후손들은 유대를 다스릴 것이다. 또한, 자신

---

2 『유대전쟁사』 1:213에 의하면 '사마리아'이다.
3 요세푸스가 로마의 공적 기록물들에 대해 보도한다는 것은, 그가 로마 황실의 도움을 받고 있다는 것과 또한 그의 역사 보도는 사실성을 토대로 한다는 것을 보여 준다.
4 마 2:22에 등장하는 헤롯의 아들 '아켈라오'에게도 이 호칭을 주었다. 문자적 의미는 '민족의 지도자'란 뜻이다. 마 2:22에서 아켈라오를 '왕' 또는 '임금'으로 번역한 우리말 성경은 오역이다. 여기서는 '지배하다, 통치하다'라는 동사 '바실류오'(βασιλεύω)를 명사화하여 번역했다.

들을 공격하는 자들에 대해서도 방어할 권리를 갖는다. 그리고 그들은 유산으로 받은 모든 토지에서 나오는 수확물을 차지할 권리를 갖는다.

셋째, 유대인들은 예루살렘을 소유하고 성벽을 건설해도 좋다.

넷째, 안식년이라고 부르는 제7년째 되는 해에는 세금을 징수하지 않는다.

왜냐하면, 유대인들이 그해에는 밭의 소산이나 나무의 열매를 거두지 않기 때문이다. 그리고 어떤 총독이나 특사도 유대 땅에서 지원군이나 사병을 두지 못하며, 또한 군대가 겨울을 나기 위해서건 어떤 명목이든지 유대인들에게 돈을 거둬서는 안 된다. 그리고 힐카누스 2세와 그의 자녀들 그리고 유대 사신들에게는 원로원들과 함께 검투 경기를 볼 수 있도록 특권을 내린다.

다섯째, 델로스(Delos)와 그 인근 주변의 유대인들에게 그들의 고유한 관습과 거룩한 의식을 행하지 못하도록 내린 명령들은 철회하길 바란다.

그리고 케사르 이후에 집정관 푸블리우스 돌라벨라는 에베소의 행정장관과 그곳의 주민들에게, 이전의 통치자들과 마찬가지로 유대인들에게 군복무를 면제해 줄 것과 또한 그들의 고유의 관습을 따르고 거룩한 의식을 행할 수 있도록 자유를 주라고 명령한다. 그리고 이러한 법령들이 로마의 여러 통치자에 의해서 계속해서 포고되었다.

8. 안티파터 2세의 죽음

힐카누스 2세의 측근 중에 말리쿠스라는 자가 있었다. 그는 안티파터 2세의 죽음만이 힐카누스 2세가 정권을 유지할 수 있는 길이라 생각하여 안티파터 2세를 죽이려고 음모를 꾸몄다. 이 음모는 안티파터 2세에게 발각되었다. 그러자 말리쿠스는 임기응변으로 자신의 결백을 주장하자, 안티파터 2세는 그의 이러한 모습을 측은히 여겨 용서해 주었다. 하지만 이것이 후에 화근이 되었다.

그림 10. 율리우스 케사르

말리쿠스는 다시 안티파터 2세를 제거하기로 하고, 힐카누스 2세의 집사를 돈으로 매수하여 안티파터 2세의 음식물에 독약을 넣어 독살했다(BC 43년). 그리고 예루살렘을 장악했다.

헤롯과 파사엘은 아버지의 암살 음모를 알고 격노했지만 말리쿠스는 그 사건과 자신은 아무런 관련이 없다고 부인했다. 헤롯은 즉시 부친의 원수를 갚기 위해 군대를 이끌고 말리쿠스를 공격하러 떠났지만, 장남인 파사엘은 내란을 겪지 않기 위해서는 음모로 말리쿠스를 제거하는 것이 상책이라고 생각하고 말리쿠스의 변명을 믿는 척했다.

예루살렘에서 초막절 절기가 시작될 때 헤롯이 병사들을 이끌고 들어왔다. 말리쿠스는 힐카누스 2세에게 헤롯이 성전 안으로 들어오지 못하도록 해달라고 간청했다. 이 요청을 힐카누스 2세는 받아들여 헤롯의 입성을 막기 위해 이방인들은 몸을 정결하기 전에는 성에 들어오지 못하도록 명령했다. 그러나 헤롯은 조금도 개의치 않고 야음을 틈타 예루살렘 성으로 잠입해 들어갔다. 말리쿠스는 헤롯 앞에서 자신의 결백을 주장하면서 가식의 눈물을 흘리는 척했다. 한편, 헤롯도 그를 친절하게 대해 주며 자신의 속마음을 들키지 않으려고 노력했다.

한편, 헤롯은 카시우스에게 부친의 죽음에 대한 글을 올렸다. 카시우스는 말리쿠스가 어떤 부류의 인간인지 잘 알고 있었으므로 부친의 원수를 갚으라는 내용의 답신을 헤롯에게 보냈다. 말리쿠스는 이러한 사실을 미리 눈치채고 두로에 볼모로 잡혀 있는 아들을 빼낸 후 유대로 돌아가기로 했다.

그러나 헤롯은 말리쿠스의 의도를 간파하고 두로에 종들을 보내어 만찬을 준비하는 척하라고 지시했다. 그리고 말리쿠스에게는 만찬에 사람을 초대할 작정이니 참석해 달라고 초청했고, 부하들에게는 말리쿠스를 기다리고 있다가 나타나면 살해하라고 지시했다. 이에 부하들은 두루 근처의 바닷가에서 말리쿠스를 만나 단검으로 찔러 죽였다.

9. 유대인들과 안티고누스 2세의 반란

로마에 볼모로 잡혀있었던 아리스토불루스 2세의 아들 안티고누스 2세가 유대로 돌아와 세력을 형성한 다음 헤롯을 공격했다. 헤롯은 안티고누스 2세와 전투를 벌여 일시적으로 그를 유대 밖으로 몰아냈다. 한편, 안토니우스와 옥타비아누스는 카시우스를 빌립보에서 격퇴했다(BC 42년). 이 전투에서 승리한 후 옥타비아누스는 골(Gaul) 지방으로 진격했지만, 안토니우스는 아시아 지방으로 진격했다. 안토니우스가 수리아에 왔을 때 그는 길리기아에서 클레오파트라 7세를 보고 첫눈에 반해 버렸다.

이때 유대 유력인사 100여 명은 안토니우스에게 나아가 헤롯과 그의 측근들을 고소했다. 헤롯도 자신을 변호했다. 안토니우스는 양쪽의 말을 다 듣고 난 다음 힐카누스 2세에게 누가 유대국을 통치하는 것이 좋으냐고 물어보았다. 그러자 힐카누스 2세는 헤롯과 그의 지지 세력들이 좋다고 대답했다. 이에 안토니우스는 헤롯의 부친과 맺었던 우정을 생각하고 헤롯과 파사엘을 유대의 분봉 왕(tetrarch)으로 임명하고 통치를 맡겼다.

그리고 헤롯을 반대하는 15명을 죽이려고 했지만, 헤롯의 중재로 이들의 목숨을 살려주었다. 그 후에 안토니우스가 두로에 왔을 때 1,000명의 유대인이 다시 헤롯과 파사엘을 고소했지만, 안토니우스는 수리아 총독에게 반란을 일으키려고 하는 유대 사신들을 처벌하고 헤롯의 권력을 든든히 하라고 명령했다.

한편, 안티고누스 2세는 헤롯을 살해하고 힐카누스 2세로부터 정권을 빼앗아 준다면 돈 1,000달란트와 여자 500명을 주겠다고 파르티아인들에게 제안했다. 하지만 안티고누스 2세가 이 약속을 지키지 못했음에도 불구하고 파르티아인들은 그를 데리고 유대를 침입했다.

파르티아 왕의 아들인 파코루스는 해변 쪽으로 진격했고, 군사령관 바르사파르네스는 내륙 지방으로 쳐들어갔다. 한편, 갈멜산 근방에 거하는 유대인들이 안티고누스 2세에게 와서 원정에 참여할 것을 제의해오자, 그는 이들의 힘을 빌려 예루살렘을 급습했다. 그러자 헤롯과 파사엘의 지지 세력도 저항하여, 양편 사이에는 매일 작은 접전이 있었다.

한편, 파코루스는 안티고누스 2세의 청에 못 이겨 소수의 병력을 거느리고 예루살렘 안으로 들어왔다. 겉으로는 반란을 진압하는 것이 목적이었으나 실제로는 안티고누스 2세가 정권을 탈취하는 것을 돕는 데에 그 의도가 있었다. 파사엘은 파코루스를 따뜻하게 맞이했다.

파코루스는 파사엘에게 바르사파르네스에게 사신으로 가지 않겠느냐고 설득했으나, 이것은 속임수였다. 헤롯은 이들의 진실성을 믿을 수 없다는 이유로 파코루스의 제안에 동의하지 말고 오히려 예루살렘 성안으로 들어온 자들과 싸우자고 파사엘에게 요구했다. 하지만 파사엘은 이 견해를 무시하고, 힐카누스 2세와 함께 사신으로 떠났다. 파코루스는 200명의 기병과 10명의 자유민을 헤롯에게 남겨두고, 자신은 힐카누스 2세와 파사엘의 여행길을 직접 안내했다. 그들이 갈릴리에 이르자 바르사파르네스 역시 그들을 친절히 대해 주는 척하면서 죽이려는 음모를 꾸몄다. 파르티아인들은 사절단을 먼저 죽이면 헤롯이 이 사실을 알고 도망칠 것을 염려하여 헤롯을 잡을 때까지 시간을 갖기로 했다.

파사엘은 누군가의 도움으로 음모라는 사실을 알았기에 충분히 도망칠 수 있었다. 하지만 힐카누스 2세를 내버려 두거나 헤롯을 위태롭게 하는 것이 옳지 않다고 생각하여, 바르사파르네스를 만나 자신을 죽이려는 음모는 잘못된 것이며, 원한다면 안티고누스 2세보다 더 많은 돈을 줄 수 있다고 말했다. 그러나 바르사파르네스는 쓸데없는 의심이라고 딱 잡아떼고 파코루스에게로 가버렸다.

바르사파르네스가 떠나자마자 파르티아 병사들은 힐카누스 2세와 파사엘을 결박했다. 한편, 헤롯은 파사엘이 보낸 전령으로부터 파르티아인들의 음모를 알아차리고 야밤을 틈타 함께 있던 병사들과 함께 모친과 아내들을 데리고 이두매로 향했다. 이때 헤롯의 모습은 동정을 금치 못할 정도로 비참했다. 마차 한 대가 뒤집히면서 모친이 사경을 헤매게 되자 헤롯은 이로 인한 고통과 적들에게 사로잡힐지도 모른다는 두려움에 스스로 목숨을 끊으려고 했다. 헤롯이 칼을 뽑아 자결하려고 할 때, 주위에 있던 사람들이 만류하는 바람에 자살하지 못하고, 다시 용기를 내어 마사다 요새로 서둘러 갔다.

헤롯이 이두매의 트레사(Thressa)에 도착하자 동생 요셉이 마중을 나왔다. 그리고 많은 자들이 헤롯을 도우려고 나왔지만, 헤롯은 식량과 물 때문에 마사다 요새에 아내와 측근 800명만 남기고, 9,000명이 넘는 사람들은 돌려보냈다. 그리고 그는 즉시 아라비아의 페트라(Petra)로 향했다.

안티고누스 2세는 파르티아 왕의 도움으로 유대의 왕위에 복귀할 수 있었을 뿐만 아니라 힐카누스 2세와 파사엘을 인질로 잡았다(BC 40). 그는 유대인들이 다시 힐카누스 2세를 왕위에 옹립할까 두려워 힐카누스 2세의 귀를 잘랐다. 모세의 율법에 따르면 신체가 온전하지 못한 사람은 대제사장이 될 수 없으므로(레위기 21:17-24) 이렇게 한 것이다. 하지만 파사엘은 적의 손에 죽임을 당하는 것은 가장 비참하고 치욕적인 것으로 생각하고, 몸이 결박되어 손을 자유롭게 움직일 수 없는 상태에서 큰 돌에 머리를 부딪쳐 스스로 목숨을 끊었다.

10. 안티고누스 2세를 물리치며 유대의 진정한 통치자가 된 헤롯

도망자의 신세가 된 헤롯은 아라비아 왕에게 도움을 요청했으나 거절당하자, 애굽으로 가서 클레오파트라 7세의 환대를 받고, 겨울임에도 불구하고 로마로 향했다. 로마에 도착한 헤롯은 안토니우스를 만나 그간의 경과에 대해서 상세히 보고했다. 헤롯의 이야기를 들은 안토니우스는 그를 돕고자 적극적으로 나서, 원로원을 소집하여, 헤롯에게 '왕'(βασιλεύς)이란 칭호를 수여했다.

그 이유는 헤롯 가문이 아버지 때부터 충성스럽게 자기를 지원해 준 것에 대한 감사이고, 다른 하나는 유대가 파르티아의 세력에 들어가는 것을 막고 궁극적으로는 로마의 적대 세력인 파르티아와 전쟁하는 데 도움이 될 것으로 생각했기 때문이다. 도망자의 신세에서 왕이 된 헤롯은 왕위를 받은 지 7일 만에 로마를 떠나 유대로 돌아왔다(BC 40년).

한편, 안티고누스 2세는 마사다 요새를 집요하게 포위 공격했다. 마사다 요새는 모든 생필품이 비축되었으나 물이 모자라 어려움을 겪게 되었다. 물이 없어 어찌나 괴로웠던지 헤롯의 동생 요셉은 200명의 부하를 데리고 아라비아로 도망가려고 했지만, 하나님께서 밤사이에 비를 내려주셨기에 도망가지 않아도 되었다. 그리고 물을 내려주신 것이 하나님의 섭리라고 생각하여 더욱 용기를 내어, 그들은 안티고누스 2세의 군대를 공격하여 많은 적이 살해했다.

이때에 로마군대 장관 벤티디우스가 파르티아군을 몰아내라는 명령을 받고 요셉을 돕는다고 핑계로 유대로 진격해 들어왔다. 명목은 요셉을 돕는다는 핑계였으나 실상은 안티고누스 2세에게서 돈을 뜯어내기 위한 전략이었다. 벤티디우스는 예루살렘 근처에 진을 치고 안티고누스 2세에게서 거액의 돈을 긁어낸 다음 대부분의 군대를 철수했다. 그리고 자기의 죄가 적발되지 않게 하려고 일단의 부대를 실로에게 맡기고 떠났다.

헤롯은 로마에서 돌아온 후 외국인들과 동족 가운데서 많은 병사를 소집하고 갈릴리를 가로질러 안티고누스 2세를 공격하기 시작했다. 실로와 벤티디우스 역시 헤롯을 도왔다. 헤롯은 진격을 거듭할수록 군대의 수가 늘어났다. 헤롯은 마사다 요새에 포위된 가족들을 구하기 위해 진격하려 했으나, 욥바(Jaffa)가 방해가 되었다. 욥바만 장악하면 예루살렘까지는 손쉽게 진격할 수 있었기에 헤롯은 우선 욥바를 함락시켰다. 그리고 서둘러 마사다로 향해 가족들을 구했다. 많은 유대 주민들도 헤롯이 유대 왕국을 장악하면 무엇인가 소득이 있을 것이라는 기대를 하고 헤롯을 지원했다.

이에 헤롯은 막강한 병력을 소유하게 되었고, 그는 실로의 부대와 합세하여 예루살렘을 공격했다. 헤롯은 병사를 시켜 자신은 시민들을 이롭게

그림 11. 장-레옹 제롬(Jean-Leon Gerome) "케사르 앞의 클레오파트라," 1866 작품

하고, 도시의 번영을 위해서 왔으며, 시민들에게 원한을 품고 적대행위를 하지 않을 것이라고 외치게 했다. 헤롯의 말을 들은 안티고누스 2세는 일개 평민인 데다가 이두매 사람 헤롯이 왕위에 앉는 것은 옳지 않으며, 관례대로 왕위는 왕족에게 물려야 한다고 반박했다.

헤롯은 동생 요셉에게 보병 2,000명과 기병 400명을 주어 이두매로 보내고, 자신은 갈릴리로 가서 안티고누스 2세의 수비대에 점령된 몇몇 도시를 빼앗음으로써 동굴에 거주하는 자들을 제외하고는 갈릴리의 모든 백성을 장악하게 되었다. 또한, 헤롯은 급경사인 절벽의 중턱에 있는 동굴에 남아 있는 자들을 소멸하기 위해, 궤를 만들어 언덕 꼭대기에 기계를 두고 쇠줄로 궤를 매달아 내리도록 했다. 궤에는 무장한 병사들이 큰 갈고리를 가지고 대항하는 적들을 걸어 절벽 아래로 내던졌다. 이러한 방법으로 헤롯은 동굴의 모든 적을 섬멸했다.

한편, 헤롯은 유브라데 강변의 사모사타(Samosata)를 포위 공격하고 있던 안토니우스를 지원하기 위해 보병과 기병을 거느리고 떠났다. 도중에 야만인들의 기습공격을 받았지만, 헤롯은 모두 물리쳤다. 헤롯이 사모사타 근처에 이르자 안토니우스는 군대를 보내 헤롯에게 경의를 표하는 한편, 융숭하게 환대했다. 이는 헤롯이 원군을 끌고 직접 왔을 뿐 아니라 야만인들을 격퇴한 헤롯의 무용담을 들어서 알고 있기 때문이었다.

안토니우스는 소시우스에게 헤롯을 지원하라는 명령을 남기고 애굽으로 향했다. 이에 소시우스는 헤롯을 지원하기 위해 먼저 2개 군단을 유대로 파견한 후, 나중에 일단의 부대를 이끌고 직접 유대로 들어왔다.

그림 12. 안토니우스

헤롯은 안토니우스를 지원하러 가면서 요셉에게 모험하지 말라고 당부했다. 하지만 요셉은 헤롯의 말을 듣지 않고, 여리고 근방으로 곡식을 거두려고 전투에 능숙하지 못한 초병인 로마 군사들과 함께 내려갔다가 적의 공격을 받아 전멸당했다. 이 전투로 숨진 로마 병사는 약 6개 연대 병력이었다. 안티고누스 2세는 시신들을 거둔 후 요셉의 동생 페로라스가 50달란트를 주겠다는 제의를 거절하고 요셉의 목을 베었다.

헤롯이 로마에서 왕으로 임명된 지 3년째가 되는 해였다(BC 37년). 헤롯은 가장 공략하기 쉬운 성벽 앞에 진을 치고, 옛날에 폼페이우스가 공성할 때 사용했던 방법을 답습했다. 그는 수많은 인력을 동원하여 토성 셋과 망대를 쌓고 성 주변의 나무를 잘라서 예루살렘을 공성으로 공격할 준비를 했다. 그리고 이미 아리스토불루스 2세의 아들인 알렉산더 2세의 딸(= 마리암메 1세)과 약혼한 사이였던 그는 결혼식을 올리기 위해 사마리아로 갔다. 결혼식이 끝난 후에, 헤롯은 사마리아에서 약 30,000명의 병력을 이끌고 예루살렘으로 왔다. 소시우스도 수많은 보병과 기병을 거느리고 왔다. 헤롯의 병력은 수리아에서 온 원군까지 합쳐서 보병이 11개 군단, 기병이 6,000명이었다. 헤롯은 예루살렘 성벽 앞에 모여 도시 북쪽 성벽에 자리를 잡았다. 첫 번째 성벽은 40일 만에, 두 번째 성벽은 15일 만에 함락되었다. 성전을 두르고 있던 회랑의 일부가 불에 탔는데 헤롯은 안티고누스 2세가 불을 놓았다고 말함으로써 유대인들의 미움을 사게 했다.

한편, 안티고누스 2세는 지위고 체면이고 모두 내팽개치고 성채에서 내려와 소시우스 발 앞에 무릎을 꿇었다. 그러나 소시우스는 그에게 동정을 보이지 않고 온갖 모욕을 주며 안티고네(Antigone, 즉 남자가 아니라 여자)라고 놀렸으며, 로마의 안토니우스에게 끌고 갔다. 한편, 헤롯은 안토니우스가 단지 안티고누스 2세를 감옥에 수감하는 정도로 그치지 않을까 염려했다.

왜냐하면, 안티고누스 2세가 왕족이고 헤롯 자신은 평민인데, 비록 안티고누스 2세가 로마에 반역을 했더라도 왕위는 자신의 아들에게 돌아가는 것이 마땅하다고 주장할지 모르기 때문이었다. 그래서 헤롯은 안토니우스에게 거액의 돈을 보내어 안티고누스 2세를 살해해 달라고 부탁하자, 안토니우스는 헤롯의 요구를 들어주었다. 이렇게 해서 126년간 지속하여 온 하스몬 왕가의 통치는 종말을 고하게 되었다. 이 왕가는 명문 귀족 가문이며 대제사장 가문이라는 점에서 훌륭하고 뛰어났지만, 서로 간의 불화로 통치권을 상실하고 말았다.

참고자료 5: 로마의 세력가들과 시리아 및 팔레스틴의 통치자들

로마 제국의 군주	동방의 사령관	시리아 총독	팔레스틴 통치자	대제사장
1차 삼두정치: 폼페이우스, 크라수스, 케사르 (크라수스 BC 53년 전사, 폼페이우스 BC 48년 살해).	폼페이우스 (BC 67-61년).	폼페이우스 BC 64년 시리아 점령; BC 63년 예루살렘 점령.	힐카누스 2세 왕(BC 67년).	힐카누스 2세(BC 76-67, 63-40년). * 아라비아에 원조 요청.
		스카우루스 (BC 65,62년).	아리스토불루스 2세 왕(BC 67-63년)	아리스토불루스 2세 왕(BC 67-63년)
		가비니우스 (BC 57-55년).	안티파터 2세 (BC 63-43년). * BC 55년부터 예루살렘 총독.	* BC 57-55년 알렉산더 2세(2번)와 아리스토불루스 2세(1번)의 반란.
		크라수스 (BC 55-53년).		
		카시우스 (BC 53-51년).		
	율리우스 케사르 (BC 48-46년).	섹스투스 케사르(BC 47-46년).	힐카누스 2세 총독(BC 47-40년).	
율리우스 케사르 (BC 46-44년).	카시우스 (BC 44-42년).		파사엘과 헤롯 (BC 43-40년).	
2차 삼두정치: 안토니우스, 레피두스, 옥타비아누스 (BC 43-36년).	안토니우스 (BC 41-31년).	소시우스 (BC 38-37년).	안티고누스 2세 왕 (BC 40-37년) * 파르티아에 원조 요청.	안티고누스 2세 대제사장 (BC 40-37년).

			헤롯 왕(BC 40-4년) * 3년간 안티고누스 2세와 전쟁.	(바벨론 출신) 아나넬(BC 37-36년).

참고자료 6: 헤롯 가문의 가계도

헤롯 가문의 가계도

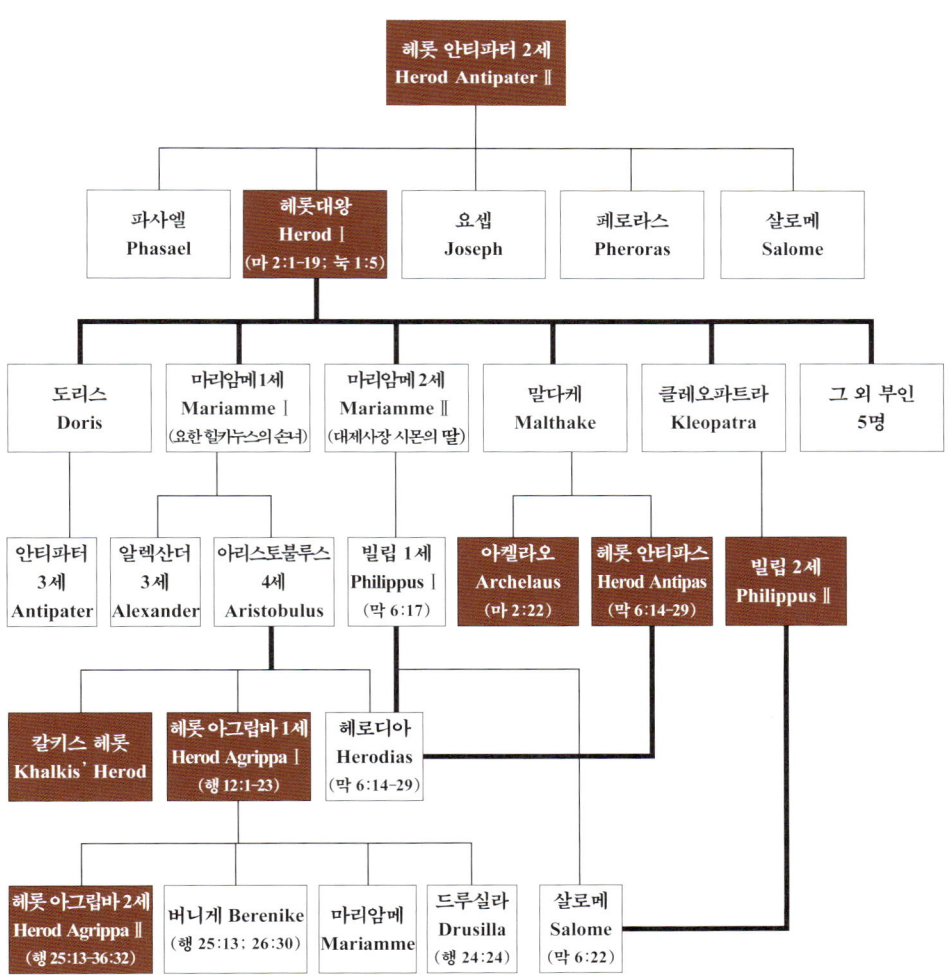

11. 마무리 정리

(1) 앞서 언급된 내용에서 성서 해석에 도움이 되는 것이 무엇인지 살펴봅시다.

(2) 창세기 4:1-15를 읽고 형제간의 갈등에 대해 논의해 봅시다.

(3) 헤롯이 안티고누스에 쫓겨 로마로 도망갔습니다. 그런데 그는 거기서 안토니우스의 도움으로 왕이 되었습니다. 이점에 대해서 각자의 견해를 논의해 봅시다.

제5장

헤롯 왕의 유대 통치 1
(BC 37-20년)

헤롯 왕, 잔혹한 통치자인가 아니면 탁월한 정치가인가?
(유대고대사 제15권 이야기)

주요 사건

1. 아나넬을 해임하고 아리스토불루스 3세를 대제사장으로 임명: 헤롯은 장모 알렉산드라의 강력한 요청에 의해 BC 36년에 아나넬을 해임하고 처남 아리스토불루스 3세를 대제사장으로 임명.
2. 아리스토불루스 3세의 사망: 헤롯이 BC 36년에 하스몬 왕가의 부활을 두려워한 나머지, 아리스토불루스 3세를 측근을 시켜 익사시킴.
3. 악티움 해전: BC 32년에 악티움에서 옥타비아누스의 군대와 안토니우스-클레오파트라 7세의 군대가 전쟁을 벌여, 옥타비아누스가 승리함.
4. 힐카누스 2세의 죽음: 헤롯은 악티움 해전에서 승리한 옥타비아누스를 만나러 가기 전에, 아랍으로 탈출하려고 계획한 힐카누스 2세를 BC 30년에 처형.
5. 가이사가 헤롯의 왕위을 다시 인정: 악티움에서 승리한 가이사는 안토

니우스의 측근인 헤롯의 유대 왕권을 다시 인정해 줌.

6. 마리암메 1세의 죽음: 헤롯은 마리암메 1세가 부정을 행했다고 하여 BC 29년에 처형함.
7. 장모 알렉산드라의 죽음: 헤롯이 아내 마리암메 1세를 죽이고 나서 극심한 중병을 앓고 있는 사이, 반란을 계획한 장모를 죽임.
8. 유대의 흉년: BC 25-24년에 유대에 극심한 흉년이 들자 헤롯은 적극적인 구호 활동에 나서 백성들의 사랑을 받음.
9. 마리암메 2세와 결혼: 헤롯은 예루살렘의 절세미인인 마리암메 2세와 결혼하기 위해 그녀의 아버지 시몬을 대제사장으로 임명함.
10. 예루살렘 성전 건축 시작: BC 20년부터 예루살렘 성전을 증축하기 시작. 이 성전은 AD 64년에 가서야 완성됨.

로마와 애굽의 사람들

1. 안토니우스(Antonius): 로마의 제2차 삼두정치를 이끌었던 인물 중 한 사람으로, 헤롯을 왕으로 만든 후견인.
2. 델리우스(Dellius): 안토니우스의 친구로 아리스토불루스 3세와 마리암메 1세의 초상화를 그림.
3. 클레오파트라 7세(Cleopatra VII): 애굽의 여왕으로 남편이 안토니우스이다. 유대를 갖기를 원해 헤롯 왕과는 사이가 나빴다.
4. 가이사(Caesar, Augustus): BC 32년에 악티움에서 안토니우스와 클레오파트라 7세의 세력을 물리치고, 로마의 최고 통치자가 됨. '존엄자'란 뜻의 '아우구스투스'라는 칭호를 원로원으로부터 얻으며, 후에 헤롯의 든든한 후견자이기도 하다.
5. 아테니온(Athenion): 클레오파트라 7세의 군대를 지휘하는 수리아 사령관으로, 헤롯의 군대를 기습 공격하여 많은 피해를 줌.
6. 페트로니우스(Petronius): 애굽의 총독으로 헤롯의 친구. 유대에 기근이 나자 식량을 지원.
7. 티베리우스 케사르(Tiberius Caesar, AD 14-37년): 가이사의 양아들로

로마의 두 번째 황제.
8. 비텔리우스(Vitellius, AD 35-39년): 수리아의 총독.
9. 카시우스 롱기누스(Cassius Longinus, AD 45-50년): 수리아의 총독.
10. 쿠스피우스 파두스(Cuspius Fadus, AD 44-46년): 로마가 유대에 파견한 총독.
11. 클라우디우스 케사르(Claudius Caesar, AD 41-54년): 로마의 4대 황제.

헤롯 가문

1. 헤롯 왕(Herodes): 이두매 출신으로 BC 37-4년까지 유대를 통치한 왕.
2. 알렉산드라(Alexandra): 헤롯 왕의 장모. 아리스토불루스 2세의 장남인 알렉산더 사이에서 딸 마리암메 1세와 아리스토불루스 3세를 낳았다.
3. 마리암메 1세(Mariamme I): 하스몬 왕가의 공주로 헤롯의 아내. 후에 남편 헤롯에게 죽임을 당함.
4. 요셉(Joseph): 헤롯의 삼촌이며 행정관으로, 후에는 헤롯이 아내 마리암메 1세와 부정의 관계를 가졌다고 의심해서 처형함.
5. 살로메(Salome): 헤롯 왕의 여동생으로 올케 마리암메 1세를 미워하여 음모를 꾸며 죽이는 데 일조함.

대제사장

1. 힐카누스 2세(Hyrcanus II, BC 76-66, 63-40년): 유대의 대제사장이었으나, 조카 안티고누스 2세가 끌어들인 파르티아 세력에 체포되어 귀가 잘림. 그의 손녀딸인 마리암메 1세가 헤롯의 아내가 됨.
2. 안티고누스 2세(Antigonus II, BC 40-37년): 하스몬 가문의 마지막 대제사장이면서 왕으로 헤롯과 전쟁에서 패하고(BC 37년), 안토니우스에게 처형당함.
3. 아나넬(Ananel, BC 37-36, 35-30년?): 바벨론의 무명의 제사장 출신으로, 헤롯 왕과의 친분으로 그의 정권에서 첫 번째 대제사장이 됨.
4. 아리스토불루스 3세(Aristobulus III, BC 36년): 헤롯 왕의 처남으로, 어머니 알렉산드라의 강력한 요청으로 대제사장이 되었으나 1년도 못되어

헤롯의 측근에게 여리고에서 익사당함.
5. 예수(Jesus, BC 30-23년): 대제사장으로 파베스(Phabes)의 아들.
6. 시몬(Simon, BC 23-5년): 대제사장으로 보에투스(Boethus)의 아들. 헤롯이 그의 딸인 마리암메 2세와 결혼하기 위해 신분을 대등하게 만들기 위해 대제사장으로 임명.

기타의 인물들

1. 폴리온(Pollion)과 사메아스(Sameas): 바리새파 사람으로 헤롯이 안티고누스 2세와 전쟁할 때에, 백성들을 설득하여 성문을 열어 줌. 사메아스는 산헤드린 의원으로 헤롯이 산헤드린 법정에 군사를 대동하고 출두했을 때에, 헤롯을 꾸짖고 산헤드린 의원들 모두가 헤롯의 손에 한날에 죽을 것을 예언함.
2. 도시테우스(Dositheus): 힐카누스 2세의 친구였으나, 후에 배반하여 헤롯을 팔아먹음. 그러나 나중에 헤롯에게 죽임을 당함.
3. 말쿠스(Malchus): 아랍의 왕으로 헤롯에 대항하는 힐카누스 2세를 도움.
4. 소에무스(Soemus): 이두매 출신으로 헤롯이 가이사를 만나러 갈 때에, 그의 아내 마리암메 1세와 장모 알렉산드라를 돌봄. 그러나 헤롯으로부터 마리암메 1세와 부정한 관계가 있다고 의심받아 처형당함.
5. 코스토바루스(Costobarus): 이두매 태생으로 헤롯의 친구이며 처남. 헤롯의 여동생 살로메와 이혼한 후에 헤롯의 적대자인 바바의 아들들을 숨겨준 것이 탄로가 나 처형당함.
6. 리시마쿠스(Lysimachus): 헤롯의 친구. 헤롯의 적대자인 바바의 아들들을 숨겨준 것이 탄로가 나 처형당함.
7. 가디아(Gadia): 안티파터(Antipater)라고도 부르는 헤롯의 친구. 헤롯의 적대자인 바바의 아들들을 숨겨준 것이 탄로가 나 처형당함.
8. 바바(Baba)의 아들들: 안티고누스 2세의 지지 세력으로, 높은 지위를 이용해서 헤롯이 예루살렘을 정복하는데 어려움을 끼친 자들.
9. 마나헴(Manathem): 에세네파 사람으로 후에 헤롯이 왕이 될 것을 예언.

1. 핵심 내용

　헤롯이 예루살렘을 점령하여 실제적인 통치권을 갖게 되자, 그는 자신을 지지하는 자들에게는 큰 혜택을 베풀었으며, 반대자들은 가혹하게 처벌했다. 헤롯이 왕이 되었다는 소식을 듣고, 힐카누스 2세가 유대로 돌아왔다. 헤롯은 그를 공개석상에서는 최고의 자리에 앉게 하고, 그를 아버지라고 불렀다. 하지만 언젠가는 죽일 계획을 하고 있었다.

　한편, 헤롯은 대제사장직을 무명의 제사장 아나넬에게 수여하여, 장모 알렉산드라로부터 반발을 샀다. 그래서 헤롯은 아나넬을 해임하고, 처남인 16세의 어린 아리스토불루스 3세를 대제사장직에 임명했다. 하지만 1년도 안 되어 여리고에서 그를 익사시켰다. 이로 인해 헤롯이 안토니우스에게 문책을 받게 되었으나, 선물 공세로 오히려 그의 신임을 더 얻게 되었다. 하지만 그의 가정은 아내 마리암메 1세와 여동생 살로메와 어머니 사이에 갈등이 심화했다. 살로메는 마리암메 1세가 삼촌이며 행정장관인 요셉과 간통했다고 음모를 꾸몄다. 이에 헤롯은 아내를 자신의 눈앞에 나타나지 못하게 했으며, 요셉을 처형했다.

　헤롯의 정적인 클레오파트라 7세는 안토니우스와 함께 아르메니아 원정길에 나섰다가, 돌아가는 길에 유대를 들렀다. 그녀는 헤롯을 위험에 빠뜨리고자 노골적으로 유혹했으나, 헤롯은 이 유혹에 넘어가지 않았다. 그리고 그는 이번 기회에 클레오파트라 7세를 죽이려 했으나, 친구들의 만류로 실행에 옮기지 못하고, 오히려 극진히 대접하고 돌려보냈다.

　BC 32년에 안토니우스와 가이사가 악티움에서 전쟁했는데, 헤롯은 군사를 이끌고 안토니우스를 지원하러 갔다. 하지만 안토니우스는 세금을 잘 내지 않는 불성실한 아랍을 공격하라고 하여, 헤롯은 군사를 이끌고 아랍을 공격했다. 거의 승리를 눈앞에 두었으나, 클레오파트라 7세의 군대를 지휘하는 수리아의 사령관인 아테니온이 유대를 기습하여 많은 유대인을 살해했다. 설상가상으로 유대에서는 큰 지진이 일어나 많은 사람이 죽었고, 군인들도 사기가 저하되었다. 이에 헤롯은 군인들을 위로하는 연설을 하고, 선봉에서 전쟁을 이끌어 아랍을 굴복시켰다.

안토니우스가 전쟁에서 가이사에게 패하자 헤롯은 정치적으로 위기를 맞게 되었다. 이틈을 노려 알렉산드라는 일단 아버지 힐카누스 2세가 아랍으로 피신하고, 헤롯이 가이사의 적으로 물러나게 되면 왕권을 차지하자고 부추겼다. 그러나 이 비밀스런 계획이 탄로가 나서, 헤롯은 힐카누스 2세를 처형했다. 이 사건을 마무리하고 헤롯은 서둘러 가이사를 만나러 갔다. 헤롯은 아주 솔직하고 대담하게 '자신은 안토니우스와 우호적인 관계였음을 시인하고 '안토니우스에게 보인 충성을 앞으로 가이사에게 할 것'이라고 말했다. 가이사는 그를 용서해 주고, 그의 지위를 더욱 확고하게 해 주었다.

이 일이 있은 1년 후 헤롯의 가정은 불행하게 되었다. 여동생 살로메의 음모로 헤롯은 아내 마리암메 1세를 살해했다. 헤롯은 아내를 살해하고 나서, 죄책감으로 심한 병에 걸리게 되었다. 이 틈을 노려 장모 알렉산드라가 다시 반란을 꿈꾸었으나, 헤롯은 그녀를 처형하고 난 다음 감쪽같이 나았다. 한편, 헤롯의 여동생 살로메는 자신의 남편 코스토바루스와 이혼했다. 그리고 그녀는 자신의 남편이 안티고누스 2세를 지지한 세력들을 살려둔 것을 헤롯에게 폭로했다. 이에 헤롯은 관련된 자들을 모두 처형했다.

헤롯은 가이사에게 존경심을 보이기 위해서 예루살렘에 큰 경기장을 만들고 5년마다 체육대회를 개최했다. 그리고 전승 기념비를 세웠는데, 이것들 둘레에 쌓은 장식품들이 유대인들에게는 형상으로 보여 큰 반발을 불러일으켜, 결국은 장식품들을 제거했다. 이때에 일부 유대인들은 헤롯을 죽이려고 계획을 세웠으나, 발각되어 처형되고 말았다.

헤롯이 재위한 제13년에는 유대에 유례없는 가뭄으로 식량이 부족하고, 많은 질병으로 백성들이 어려움에 처하자, 헤롯은 왕실의 금은을 모두 팔아서 애굽으로부터 식량을 사들여 백성들의 구호에 노력했다. 이로 인해 헤롯은 백성들로부터 많은 사랑을 받았다. 한편, 헤롯은 절세미인인 시몬의 딸(= 마리암메 2세)과 사랑에 빠져 그녀와 결혼하기 위해서, 그녀의 아버지를 대제사장에 임명했다. 그리고 헤롯은 에세네파 사람이 어린 자기에게 왕이 될 것을 예언했기에, 이 종파의 사람들을 좋아했다.

무엇보다도 헤롯은 통치 기간에 엄청난 대규모 공사를 많이 했다. 헤로디온뿐만 아니라, 사마리아를 요새화하고 가이사의 헬라식 이름을 따라 세바스테라고 명명했다. 스트라토의 망대(Strato's Tower)라고 부르던 가이사랴에 돌로 바다를 메워 거대한 항구를 만들어 배가 쉽게 정박하게 했고, 지하에는 빗물과 오수가 잘 빠져나가도록 하수도를 만들었다. 무엇보다도 헤롯은 예루살렘 성전을 건축했다. 성전을 공사하는데 낮에는 비가 한 번도 오지 않았고 밤에만 내렸기 때문에, 성소는 1년 6개월 만에 완공되었다.

2. 헤롯의 통치 시작과 힐카누스 2세의 유대 귀환[1]

헤롯은 예루살렘을 점령하고 나서 자신을 지지한 사람들에게는 많은 혜택을 주었다. 특히 바리새파 사람인 폴리온과 그의 제자인 사메아스는 예루살렘이 함락될 때에 시민들이 헤롯을 받아들이도록 권고했기 때문에 더 큰 대우를 받았다. 그러나 자신을 반대한 사람들은 매일 몇 명씩 골라 처형했다. 특히 안티고누스 2세를 지지하며 주요 직책을 맡은 45명을 살해하고, 이들의 사체가 성 밖으로 나가지 못하게 철저하게 지켰다.

또한, 헤롯은 왕궁의 모든 보물과 부자들의 재산을 강탈하여 엄청난 양의 금은을 모으고, 이것을 안토니우스와 그의 측근들에게 뇌물로 바쳤다. 한편, 안토니우스는 안티고누스 2세를 포로로 인수한 다음 처음에는 살려두었지만, 유대에서 헤롯에 대한 반감이 고조되고 안티고누스 2세에 대한 지지가 계속되고 있다는 말을 듣고, 그를 안디옥에서 참수했다.[2]

---

1 헤롯 왕의 통치 시기는 일반적으로 셋으로 구분할 수 있다. 첫째는 BC 37-27년이고, 두 번째는 BC 27-13년이고, 세 번째는 BC 13-4년이다. 첫 번째 시기는 헤롯이 적들을 죽이거나 공격하는데 중점을 두었고, 두 번째 시기는 대규모 건설 사업에 중점을 두었고, 세 번째 시기는 왕위 자리를 놓고 아들들 사이에 쟁탈전이 벌어졌다.
2 14권에서는 헤롯이 안티고누스 2세를 처형시켜 달라고 많은 돈을 안토니우스에게 주었다고 설명했다.

그림 13. 헤롯 왕

파르티아에 포로로 잡혀간 힐카누스 2세는 파르티아 왕으로부터 호의적인 대우를 받아, 포로에서 풀려나 바벨론에 거주했다. 그곳에는 많은 유대인이 살고 있었는데, 그들은 힐카누스 2세를 대제사장과 왕으로 존경했다. 그는 헤롯이 왕이 되었다는 소식을 듣고 유대로 돌아가고자 했다. 왜냐하면, 그는 헤롯이 사형선고를 받을 위험에 처했을 때 도와주었기에, 자신의 호의를 기억하고 있을 것이라 기대했다.

헤롯 또한 힐카누스 2세에게 편지를 보내어 자신을 양육해 준 것에 대해 감사하고, 공동으로 왕위에 올라 유대를 다스리고 싶다고 전했다. 헤롯이 힐카누스 2세에게 이런 편지를 보낸 것은 은혜에 대한 보답이라기보다는, 자신이 합법적으로 왕이 된 것이 아니기에, 힐카누스 2세를 자기 지배 아래에 두고 여차하면 아주 제거하려는 의도에서였다. 힐카누스 2세는 바벨론에 거주하는 많은 유대인들의 반대에도 불구하고 유대로 돌아왔다. 헤롯은 힐카누스 2세를 극진히 영접했고, 공개석상에서는 최고의 자리에 앉게 했다. 그리고 그를 아버지라고 불렀으며, 극진히 대접하여 자신의 숨은 의도가 드러나지 않도록 조심했다.

3. 헤롯이 대제사장직을 놓고 장모 알렉산드라와 갈등하다

헤롯은 바벨론 출신으로 절친한 친구인, 무명의 제사장 아나넬을 대제사장직에 임명했다. 이일은 헤롯의 집안에 큰 갈등을 불러일으켰다. 알렉산드라에게는 헤롯과 결혼한 마리암메 1세라는 딸과 아리스토불루스 3세라고 하는 아들이 있었다. 그녀는 자기 아들 아리스토불루스 3세가 당연히 대제사장직을 맡을 줄 알았다. 그런데 이 중요한 직책이 비록 유대인이기는 하나 외국 출신의 사람에게 수여된 것을 아주 모욕적인 일이라고 생각했다. 그래서 그녀는 클레오파트라 7세에게 편지하여 자기 아들이 대제사장직에 오를 수 있도록, 안토니우스에게 청원해 달라고 요청했다.

안토니우스가 이 문제 처리를 놓고 주저하고 있을 때, 그의 친구인 델리우스가 어떤 일로 유대를 방문하게 되었다. 그는 아리스토불루스 3세의 준수함과 마리암메 1세의 미모에 감탄하여 두 사람의 초상화를 그려 안토니우스에게 보냈다. 그가 이렇게 한 것은 안토니우스를 부추겨 그들과 호색적인 향락에 빠지게 하려는 의도였다. 안토니우스는 마리암메 1세를 부르면 아내 클레오파트라 7세로부터 비난을 받을까 염려하여, 아리스토불루스 3세만 초청했다.

그러자 헤롯은 불과 16살밖에 되지 않은 아리스토불루스 3세가 안토니우스의 쾌락 대상으로 전락할 뿐만 아니라, 또한 그가 로마의 권력을 이용하여 자신을 위협할 것 같아서 보내지 않기로 했다. 그래서 헤롯은 아리스토불루스 3세가 유대를 떠나면 전쟁과 소란 상태에 빠지게 될 것이라고 답장을 보내고, 그가 유대를 떠나지 못하도록 아나넬을 해임하고 대제사장직에 임명했다. 헤롯이 집안의 불화를 진정시키기 위해 아나넬을 쫓아 낸 것은 명백한 불법행위였다.[3]

이 일이 있고 난 뒤에, 헤롯은 알렉산드라가 반역을 꾀할 것으로 생각하고, 그녀에게 일체 공적인 일에 참여하지 말고 왕궁에서만 지내라고 명령했다. 그리고 감시병을 붙여 알렉산드라의 사생활을 매일 점검케 했다. 그러자 알렉산드라는 클레오파트라 7세에게 도와 달라고 편지를 보냈고, 클레오파트라 7세는 아들을 데리고 즉시 애굽으로 오라고 답장을 보냈다. 그러자 알렉산드라는 탈출 계획을 세웠다. 그녀는 관을 두 개 만들어, 자신과 아들이 관에 들어간 다음에, 야음을 틈타 하인들이 시체를 운반케 하는 계획을 세웠다. 그러나 이 계획은 성공하지 못했다. 알렉산드라의

---

3 대제사장을 임의로 바꾼 첫 번째 인물은 안티오코스 4세 에피파네스이다. 그는 야손을 메넬라오스로 교체했다. 두 번째 인물은 아리스토불루스 2세로, 형 힐카누스 2세로부터 대제사장직을 빼앗았다. 그리고 세 번째 인물이 헤롯이다.

아이솝이라는 하인은 자신의 친구인 사비온도 이 비밀스런 계획을 당연히 알고 있을 것으로 생각하고, 그에게 무심코 말했다.

사비온은 이전에 헤롯의 아버지 안티파터 2세를 독살하려고 했던 사람으로, 헤롯에게 미움을 받고 있었다. 그는 헤롯과 관계를 회복할 좋은 기회라 생각하고, 이 비밀을 헤롯에게 알렸다. 헤롯은 탈출 현장에서 알렉산드라와 아리스토불루스 3세를 체포했다. 그러나 클레오파트라 7세와의 관계를 생각해서 그들을 처벌하지는 않고 관대하게 용서해 주었다.

4. 헤롯이 아리스토불루스 3세를 살해하다

장막절이 다가오자 헤롯은 유대인들에게 이 절기를 즐겁게 보내도록 허락했다. 이 기간에 17살의 아리스토불루스 3세가 대제사장 의복을 입고, 율법에 따라 제사를 지내기 위해 제단에 올라갔다. 그의 수려한 용모를 보고, 백성들은 그의 선조인 아리스토불루스 1세를 연상하게 되었다. 그리고 그들은 하늘을 찌를 듯한 환호성을 외쳤으며, 또한 헤롯 통치하에서 용납될 수 없는 지나친 말들을 했다. 그러자 헤롯은 아리스토불루스 3세를 빨리 제거해야겠다고 결심했다.

장막절이 끝나자 알렉산드라는 여리고에서 잔치를 준비하고 헤롯을 초청했다. 헤롯은 한적한 곳으로 아리스토불루스 3세를 데리고 갔다. 그곳에는 큰 연못이 있어, 수영을 할 수가 있었기에, 헤롯은 수영하는 척 하면서 심복들을 시켜 아리스토불루스 3세를 물속에서 익사시켰다. 그는 대제사장 직무를 1년도 채우지 못하고 살해되었다. 대제사장직은 다시 아나넬에게로 돌아갔다.

알렉산드라는 헤롯이 자신의 아들을 의도적으로 살해했다는 것을 알았지만, 참을 수밖에 없었다. 그녀는 자살을 생각했지만, 오히려 복수를 다짐하며 적당한 기회를 엿보기로 했다. 한편, 헤롯은 아리스토불루스 3세의 죽음이 자신과 무관한 것임을 보이기 위하여, 눈물을 흘리며 매우 슬퍼했다. 그리고 그는 묘지를 크게 했을 뿐만 아니라 무덤에 값비싼 부장품을 많이 넣어 주어, 알렉산드라조차 놀랄 정도로 성대한 장례식을 거행했다.

5. 헤롯이 아리스토불루스 3세의 죽음으로 안토니우스 앞에 서다

알렉산드라는 아들의 비극적인 죽음을 클레오파트라 7세에게 알렸다. 그러자 클레오파트라 7세는 안토니우스에게 헤롯을 문책하도록 요청했다. 안토니우스는 클레오파트라 7세에게 설득되어, 라오디게아(Laodicea)로 가서 헤롯을 호출하여, 아리스토불루스 3세의 죽음에 대해 사실 여부를 물었다. 헤롯은 안토니우스에게 가면서 삼촌이며 행정관인 요셉에게 국정과 공무를 맡겼다. 그리고 만약 안토니우스가 자신을 죽이면, 아내 마리암메 1세를 죽이라고 지시했다.

왜냐하면, 헤롯은 마리암메 1세를 너무 사랑하는데, 만약 자기가 죽은 후에 미모의 아내가 다른 사람과 결혼하는 것을, 차마 두고 볼 수가 없었기 때문이었다. 이런 배경에는 안토니우스가 이전에 마리암메 1세의 미모에 대해 소문을 듣고, 그녀를 흠모했기 때문이었다.

요셉은 정무를 돌보는 가운데 헤롯의 부탁과 왕비에 대한 존경 때문에 그녀를 자주 만났다. 요셉은 헤롯이 마리암메 1세를 무척이나 사랑한다는 것을 설명하다가, 그만 헤롯이 그녀를 죽이라는 비밀 명령을 발설하고 말았다. 이 말을 들은 마리암메 1세와 알렉산드라는 헤롯이 죽으면서까지도 자신들을 파멸로 이끌려 한다는 것을 알게 되었다. 이때 예루살렘에서는 안토니우스가 헤롯을 고문하고 사형시켰다는 헛소문이 헤롯의 반대파 사이에서 널리 퍼졌다. 이에 알렉산드라는 요셉을 설득하여 예루살렘에 주둔하고 있는 로마 군영으로 도망가고자 했다.

이런 논의가 진행되는 가운데 헤롯으로부터 뜻밖의 편지가 왔다. 이 편지는 마리암메 1세가 기대하던 것과는 정반대였다. 헤롯은 예루살렘에서 준비한 선물로 안토니우스의 환심을 샀으며, 또한 그의 신임도 얻게 되었다.

안토니우스는 클레오파트라 7세의 비난에도 불구하고, 헤롯을 두둔했다. 그는 다음과 같이 말했다.

"자기 나라의 문제를 황제에게 해명하는 것은 좋지 못합니다. 만약 그렇게 된다면 그는 결코 왕이라고 할 수 없습니다. 일단 권위를 주었으면 그것을 사용할 수 있도록 해야 합니다."

그리고는 클레오파트라 7세에게 헤롯의 통치 행위에 대해 사사건건 간섭하지 않는 게 좋다고 말했다.

유대로 돌아온 후에 헤롯은 여동생 살로메와 어머니로부터 알렉산드라의 의도를 듣게 되었다. 여기에 살로메는 평소 마리암메 1세로부터 출신 가문이 천하다고 비난받은 것에 앙심을 품고, 요셉이 마리암메 1세와 간통을 했다고 중상모략을 했다. 헤롯은 마리암메 1세에게 요셉과의 관계를 물었지만, 그녀는 맹세코 부인했다.

이에 헤롯은 아내에 대한 의심을 물리치게 되었고, 그녀에게 의심한 것에 대해 미안하다고 사과했다. 그러고 나서 이들 부부는 다정한 여인들처럼 눈물을 흘리면서 뜨겁게 포옹했다. 이때 마리암메 1세가 "만일 안토니우스가 당신을 죽이면, 사랑의 표시로 아무 관련도 없는 나를 죽이라고 명령하셨지요" 하고 말했다.

이 말을 듣자마자, 헤롯은 마리암메 1세가 요셉과 간통했다는 명백한 증거라고 생각했다. 이에 헤롯은 마리암메 1세를 처형하고 싶었으나 참고, 대신 자기 눈앞에 나타나지 못하게 했다. 그리고 요셉을 처형하고, 장모 알렉산드라를 이 음모의 주범으로 생각하여 감옥에 수감했다.

6. 헤롯이 클레오파트라 7세의 유혹을 물리치고, 아랍과의 전쟁에서 승리하다

정치적 야망에 사로잡힌 클레오파트라 7세는 애굽 왕이 되려고 했던 15살밖에 되지 않은 남동생을 독살했다. 또한, 안토니우스를 시켜 신전으로 기도하러 가는 여동생을 에베소에서 살해했다. 그녀는 안토니우스에게 유대와 아랍의 통치자들로부터 왕권을 빼앗아 자신에게 달라고 계속 충동질했다. 이로 인해 그녀는 두로와 시돈을 제외한 엘류테루스(Eleutherus) 강에서부터 애굽 사이에 있는 도시들을 소유하게 되었다.

한편, 클레오파트라 7세는 안토니우스와 함께 아르메니아(Armenia) 원정길에 나섰다가, 돌아가는 길에 홀로 유대를 들렀다. 이에 헤롯은 그녀를 영접하고, 아랍과 여리고 지역에서 나오는 세금을 하도급받게 되었다. 유대에 머물면서 클레오파트라 7세는 헤롯을 함정에 빠뜨리고자, 그와 정을 통하려고 무척 애를 썼다. 하지만 헤롯은 이 유혹에 넘어가지 않았다.

오히려 그는 클레오파트라 7세를 제거하는 것이 안토니우스에게 도움이 된다 생각하고, 이 문제를 친구들과 논의했다. 그러나 헤롯의 친구들은 화를 자초하지 말라고 충고했다. 만약 헤롯이 클레오파트라 7세를 죽이면 안토니우스가 절대 참지 않을 것이며, 또한 헤롯의 행동이 안토니우스를 위한 충정에서 나온 것이라고, 누구도 변호하지 않을 것이라고 말했다. 이에 헤롯은 클레오파트라 7세를 친절히 대접했고, 선물까지 주며 애굽으로 가는 길을 안내했다.

BC 32년에 로마 제국은 황제의 자리를 놓고 안토니우스와 가이사가 악티움에서 전쟁했다. 헤롯은 오랜 풍년으로 거두어들인 세금으로 군대를 육성했고, 엄선된 군 장비를 갖추어 안토니우스를 도우러 갔다. 그러나 안토니우스는 헤롯의 도움을 거절하고, 그 대신에 클레오파트라 7세로부터 아랍 왕의 불성실함을 듣고, 그를 처벌하라고 명령했다. 헤롯은 안토니우스의 명령에 따라 아랍을 공격하기 위해 출정했다. 이것은 클레오파트라 7세가 바라던 것이었다. 그녀는 두 왕이 전쟁으로 인해 서로 큰 피해를 보면, 자신에게 유리하다고 생각했다.

헤롯은 갑옷을 입고 맨 선두에 서서 지휘했으며, 사기 높은 유대 군인들은 아랍을 파죽지세로 몰아붙여 승리를 눈앞에 두었다. 그러나 클레오파트라 7세의 군대를 지휘하는 수리아의 사령관인 아테니온은 전쟁을 관망하고 있다가, 아랍인들을 도와주었다. 그는 헤롯과는 원수지간으로,

그림 14. BC 1세기 로마에서 만든 클레오파트라 7세

아랍인들이 이길 것 같으면 가만히 있고, 지게 되면 군대를 동원하여 유대인을 공격하리라 결심했다. 그래서 그는 유대인들이 아랍군을 거의 섬멸했다 생각하고 휴식을 취하고 있을 때, 기습적으로 유대인들을 공격하여 큰 피해를 줬다.

이런 상황에 유대에서 큰 지진이 발생하여 성이 크게 파괴되었고, 많은 집이 무너져 약 30,000명이 죽게 되었다.[4] 그러나 군인들은 전쟁으로 야영을 하고 있었기에 큰 피해를 보지 않았다.

아랍인들은 이 소식을 듣고 매우 기뻐했으며, 평화를 제의하러 온 유대 사신을 살해했다. 유대 군인들은 재난으로 말미암아 적들과 싸울 생각도 하지 않고 낙담하게 되었다. 이에 헤롯은 군인들의 사기를 북돋우려고 연설을 했다. 연설 내용의 주된 내용은 다음과 같다.

첫째, 아랍인들은 클레오파트라 7세의 종이 될 위기에 처하게 되었을 때 자신이 안토니우스에게 도움을 요청하여 파멸을 면하게 한 나라이다. 또한, 그들이 내지 않은 200달란트의 세금도 자신이 대신 납부해 주었는데도, 그들은 우리에게 임한 엄청난 재난을 이용해서 해를 끼치는 악한 자들이다.

둘째, 아테니온이 선전포고 없이 우리를 공격해 오기 전에는, 우리는 전쟁에서 승리했다. 그러기에 적을 두려워할 필요가 전혀 없다. 진정한 용기는 약자와 싸우는 데서 나타나는 것이 아니라, 가장 강한 자를 정복하는 데서 나타난다. 그러기에 우리가 담대하게 싸운다면 승리할 것이다.

셋째, 지진은 우리를 향한 하나님의 진노가 아니라, 우발적이며 자연

---

4 이 시기는 BC 31년경이다.

발생적인 것이다. 만약 이 지진이 하나님의 뜻에 일어난 것이라면, 또한 지진이 끝났기에 하나님의 뜻으로 재난이 끝났음을 인정해야 한다. 하나님은 우리가 받았던 고난으로 만족해하신다. 이 전쟁은 하나님께서 친히 수행하시기에, 아내와 자녀들을 데리고 전쟁터에 나간다 할지라도 그들의 길은 평탄할 것이고, 재앙으로부터도 피신시켜 주실 것이다.

헤롯은 이 연설을 마치고, 율법에 따라 제사를 드리고, 군사를 이끌고 요단강을 건너가 아랍군과 전면전을 벌였다. 그는 적의 방어벽을 파괴하는 데 적극적으로 참여하여 많은 아랍인을 살해했다.

그러자 이번에는 아랍인들이 사신을 보내어 화친하자고 제안했지만, 헤롯은 이것을 받아들이지 않았다. 전쟁 5일 만에 4,000명을 포로로 잡고, 6일에는 접전을 벌여 7,000명을 죽였다. 아랍인들은 불행 가운데서 호전적인 정신을 가진 헤롯에 대해 경탄했다. 그들은 자신들의 미래를 위해서 항복했으며, 헤롯을 아랍의 지배자로 인정했다.

7. 헤롯이 힐카누스 2세를 처형하다

헤롯이 지지한 안토니우스가 악티움 전투에서 가이사에게 패하게 되었다. 이로 인해 헤롯은 자신의 권력을 상실할지 모른다는 두려움에, 왕실의 혈통을 지닌 유일한 인물인 힐카누스 2세를 제거하기로 했다. 그가 이러한 생각을 품고 있을 때 좋은 기회가 다가왔다.

힐카누스 2세는 온화한 성품이어서 공적인 일에 간섭하거나 개혁적인 일에 관여하기를 꺼렸다. 그러나 그의 딸이며 헤롯의 장모인 알렉산드라는 공격적이고, 정권교체를 몹시 열망했다. 그래서 그녀는 아버지 힐카누스 2세로 하여금 아랍으로 피신한 다음에, 헤롯이 가이사의 적으로 판명될 때 정권을 차지하자고 끈질기게 졸랐다. 딸의 유혹에 넘어간 힐카누스 2세는 친구 도시테우스에게 편지를 주고, 이것을 아랍 왕 말쿠스에게 보내게 했다.

도시테우스는 헤롯이 살해한 요셉의 친척이었다. 그는 힐카누스 2세에게 기대는 것보다, 현재의 왕인 헤롯에게 기대는 것이 더 좋을 것으로 생각하고, 그 편지를 헤롯에게 갖다 주었다. 헤롯은 도시테우스의 밀고를 듣고, 편지를 다시 인봉한 후에 힐카누스 2세가 지시한 대로 말쿠스에게 전하고, 그의 의향을 알아오라고 했다.

이에 말쿠스는 힐카누스 2세를 비롯해 그와 함께 오는 자들을 환영할 것이며, 그들의 안전을 위해 충분한 군대를 보낼 것이라고 답신했다. 이 편지를 보고 헤롯은 즉시 힐카누스 2세를 불러 말쿠스와의 비밀 결사에 대해 심문했다. 힐카누스 2세가 이를 부인하자, 헤롯은 공의회에서 이 편지들을 공개하고 그를 처형했다(BC 30년).

8. 헤롯이 정치적 위기를 극복하고 가이사의 지지를 얻다

헤롯은 힐카누스 2세를 제거하고 급히 가이사에게 갔다. 그는 자신이 없는 동안에 알렉산드라가 대중들을 선동하여 폭동을 일으킬 것을 염려하여, 동생 페로라스에게 정사를 맡기고, 자신이 변을 당하면 정권을 차지하라고 했다. 헤롯은 가족들을 마사다에 피신시켜 놓았으나, 여동생과 어머니가 아내 마리암메 1세와 사이가 좋지 않기에, 아내와 장모를 알렉산드리움(Alexandrium)으로 보냈다. 그리고 이들을 소에무스에게 지키게 하고, 만일 자신의 신변에 위험이 생기면 두 사람을 죽이고, 동생 페로라스가 정권 잡는 것을 도와주라고 지시했다.

헤롯은 가이사를 만나기 위해 로데스(Rhodes)로 갔다. 헤롯은 그곳에 도착해서 왕관을 벗었으나, 왕의 위엄을 나타내는 일상의 왕복은 그대로 착용했다. 헤롯은 가이사를 만난 자리에서 누구보다도 고상하게 행동했다. 그는 보통 사람들이 무엇을 청원할 때에 보여 주는 것과 같은 태도를 보이지 않았으며, 또한 범죄자처럼 간청하지도 않았다. 오히려 그는 가이사에게 아주 대범하게 말했다.

헤롯은 자신이 안토니우스와 친밀하게 지냈으며, 자신은 정권 유지를 위해서는 어떠한 일도 마다하지 않고 했다고 했다. 자신이 안토니우스와 함께 악티움 해전에 참여하지 못한 것은, 아랍인들을 토벌하러 갔기 때문이라고 했다. 그리고 자신은 안토니우스에게 권력을 지키기 위해서는 클레오파트라 7세를 죽이고 가이사와 화해하라고 충고했지만, 자신의 충고를 안토니우스가 받아들이지 않았다고 말했다.

또한, 자신이 어떤 인물인가를 조사해본다면, 안토니우스에게 했던 것과 같은 똑같은 충성을 가이사에게도 할 것이라고 말했다. 가이사는 헤롯의 솔직한 행동을 보고 그를 용서해 주었다. 그래서 그는 헤롯에게 왕관을 돌려주고, 안토니우스에게 충성했던 것처럼 자신에게도 충성하라고 말했다. 결국, 헤롯은 가이사뿐만 아니라 로마의 원로원에 의해 신임을 받게 되었고, 전보다 더 확고한 왕의 지위를 얻게 되었다.

이 일이 있고 난 뒤에, 가이사가 애굽을 정복하기 위해 톨레마이스(Ptolemais)에 왔을 때에, 헤롯은 그를 아주 극진하게 맞이했다. 헤롯은 가이사의 병사들에게도 선물을 주고, 보급품을 풍성하게 보내 주었다. 또한, 사막을 지나는데 필요한 물과 포도주도 충분하게 공급해 주었고, 가이사에게 800달란트를 선물했다. 이것은 한 개인이 했다고 말하기에는 엄청난 것이었다.

9. 헤롯이 부인 마리암메 1세, 친구 코스토바루스 그리고 장모 알렉산드라를 처형하다

마리암메 1세와 알렉산드라는 헤롯이 자신들을 알렉산드리움에 감금 조치 한 것에 대한 불만을 느끼고 있었다. 특히 마리암메 1세는 헤롯이 자신을 위선적으로 사랑하고 있다고 생각했다. 그녀는 헤롯이 죽으면 자신도 살아날 가능성이 없음을 알고, 자신을 감시하는 소에무스를 기쁘게 하려고 애를 썼다.

그림 15. 가이사, 옥타비아누스

소에무스는 두 여인의 친절과 선물 공세에 그만 헤롯의 비밀 지령을 누설하고 말았다. 그가 비밀을 누설한 이유는 헤롯이 전처럼 권세를 가지고 돌아오지 못하리라고 생각했기 때문이다. 그리고 헤롯이 권세를 가지고 온다 해도 마리암메 1세를 아주 사랑하기 때문에 그녀를 배척하지 않으리라고 생각했기 때문이다.

헤롯은 뜻밖의 성공을 거두고 돌아왔고, 이 소식을 맨 먼저 마리암메 1세에게 알렸다. 그러나 그녀는 기뻐하기는커녕 사람들 앞에서 공개적으로 헤롯을 비난했다. 이에 헤롯이 화가 극도로 나 있었다.

헤롯의 이런 상황을 여동생과 어머니가 알고, 마리암메 1세를 중상모략했다. 그래서 마리암메 1세에 대한 헤롯의 감정은 점점 더 악화했다. 이런 상황에서 헤롯은 가이사가 전쟁에서 승리하여 애굽을 정복했고, 안토니우스와 클레오파트라 7세가 죽었다는 소식을 듣고 가이사를 만나러 애굽으로 갔다. 가이사는 헤롯을 반갑게 맞아주었고, 그에게 클레오파트라 7세를 경호했던 400명의 부하를 선물했으며, 또한 클레오파트라 7세가 헤롯에게 빼앗았던 땅도 돌려주었다.

그리고 가다라, 히포스, 사마리아 그리고 그 외에도 해변 도시인 가사, 안테돈, 욥바와 스트라토의 망대를 헤롯에게 주었다.

헤롯의 국외 정치는 점점 성공하는 데 반해, 그의 가정문제는 마리암메 1세로 인해 점점 더 악화하여 갔다. 여인들의 불화는 헤롯이 가이사를 만나고 돌아온 후에도 1년간 지속했다. 그러나 불행은 예기치 않은 사건에서 터지고 말았다. 어느 날 정오쯤에 헤롯이 침대에 누워 쉬면서 마리암메 1세를 불렀다. 그녀는 비록 헤롯의 요구대로 왔으나 그와 함께 침대에 누우려 하지 않고, 오히려 그를 경멸하면서 자기 아버지와 남동생을 죽였다고 비난했다.

마리암메 1세의 비난으로 헤롯이 흥분해 있는 것을 알고, 여동생 살로메는 술을 따라 올리는 사람을 헤롯에게 보내어 이렇게 말하도록 했다.

> 마리암메 왕비께서 폐하가 마시는 술잔에 미약(媚藥)을 넣는 일을 도와달라고 제게 부탁하셨습니다. 그때 왕이 관심을 두고 어떤 미약이냐 하고 물으면 '미약은 왕비께서 갖고 계시고 나는 단지 그런 제안을 받았을 뿐입니다'하고 대답하라.

헤롯은 미약에 대해 의구심을 갖고 마리암메 1세의 가장 충성스러운 내시를 고문했다. 그 내시는 극심한 고통 속에서 아무 말도 할 수 없었다. 단지 그는 마리암메 1세가 헤롯을 미워하는 것은 소에무스가 한 말 때문이라고 말했다. 이 말을 들은 헤롯은 마리암메 1세와 소에무스가 보통의 관계가 아니라 생각하고, 소에무스를 처형하라고 지시했다. 그리고 마리암메 1세를 재판에 회부하여 사형을 선고했다.

비록 사형선고를 내렸지만, 헤롯은 형 집행을 서두르지 않고 마리암메 1세를 요새의 감옥에 수감하려고 했었다. 그러나 살로메와 그녀의 지지자들이 사형집행을 서두르게 하여, 결국 마리암메 1세는 처형당하고 말았다(BC 29년).

딸의 사태를 지켜보던 알렉산드라는 자기에게 화가 닥칠 것을 염려하여 마리암메 1세를 공개적으로 비난했다.

> 저 애는 버릇없는 아이로, 남편에게 감사할 줄 모르고 그렇게 무례하게 행동을 하더니 벌을 받은 거야. 저 애는 우리 모두의 은인이신 폐하께 보답할 줄 몰랐으니 벌을 받아도 당연한 거야.

이렇게 소리치며, 딸의 머리카락을 잡아당겼다. 마리암메 1세는 자신을 비난하는 모친을 보고 처음에는 별 반응을 보이지 않았으나, 나중에는 참다못해 분노가 폭발했다. 그러나 그녀는 명문 귀족답게 고상함을 잃지 않고 최후를 맞이했다.

마리암메 1세를 죽이고 난 다음 헤롯은 제정신이 아니었다. 그는 아내의 이름을 부르고, 종들에게 그녀를 불러오라고 명령했으며, 아내를 위해서 통곡도 했다. 이런 상황에 전염병이 발생하여 헤롯의 가장 친한 친구들과 많은 백성이 목숨을 잃었다. 그러자 사람들은 헤롯이 마리암메 1세를 불의하게 처형한 것에 대한 하나님의 진노라고 생각했다.

헤롯은 자신의 괴로움을 달래기 위해 사냥을 나섰다. 그러나 며칠 못되어 아주 위험한 병에 걸리고 말았다. 염증이 생기고 뒤통수에는 통증이 있는 데다 가끔 광기까지 있었다. 어떤 약도 소용이 없었고, 오히려 역효과를 초래했다. 그러자 의사들은 식이요법으로 먹고 싶은 것이 있으면 무엇이든 먹게 했고, 그를 운명에 맡길 수밖에 없었다.

이때 알렉산드라는 예루살렘에 있었다. 그녀는 헤롯이 중병에 걸렸다는 소식을 듣고 예루살렘의 두 요새를 차지하려고 애썼다. 하나는 예루살렘시를 지키는 요새였고, 다른 하나는 성전을 지키는 요새였다. 두 요새를 장악하는 사람이 전국을 지배할 수 있었다. 왜냐하면, 두 요새를 점령하지 않고는 성전에서 제사를 드릴 수 없기 때문이었다. 이런 알렉산드라의 불순한 의도를 헤롯의 측근들이 알고, 헤롯에게 이 소식을 알렸다. 헤롯은 지체하지 않고 알렉산드라를 살해하라고 명령했다. 그러고 나서 헤롯은 병이 감쪽같이 나았다. 헤롯은 병이 나았음에도 불구하고 몸과 마음이 괴로워서 누구든지 걸리기만 하면 쉽게 처형시켰다. 그래서 그는 가장 친한 친구들인 코스토바루스, 리시마쿠스, 안티파터라고도 부르는 가디아 그리고 도시테우스를 처형했다. 그들이 처형된 이유는 다음과 같다.

코스토바루스는 이두매 태생으로 그들이 섬겼던 코제(the Koze)의[5] 제사장 후손으로, 헤롯의 친구들 중에서 가장 뛰어난 사람이었다. 헤롯은

---

[5] 아마도 신의 궁수(弓手)인 북 아랍의 신 코자(Qozah)일 것이다. 이는 헬라-로마 시대의 아폴로(Apollo)를 연상시킨다.

왕권을 잡은 뒤에, 그를 이두매와 가사의 통치자로 임명하고 자기 여동생 살로메와 결혼시켰다. 부부 생활이란 누구에게나 다툼이 있듯이, 코스토바루스는 살로메와 크게 싸웠다. 이 일로 살로메는 이혼증서를 남편에게 보내어 파혼을 선언했다. 이것은 유대 율법에 어긋난 것이었다.

왜냐하면, 유대 율법에 따르면 남편이 이혼을 요구하는 것은 합법적이었지만, 남편이 동의하지 않는 한 부인이 먼저 이혼을 선언하고 다른 남자와 결혼할 수는 없었기 때문이다. 살로메는 제 마음대로 파혼을 선언하고, 오빠인 헤롯에게 코스토바루스가 안티파터, 리시마쿠스 그리고 도시테우스와 함께 반역을 일으킬 계획을 갖고 있다고 말했다. 그 증거로는 바바의 아들들을 12년간 보호해 주고 있는 것을 보면 알 수 있다고 말했다. 헤롯은 살로메의 뜻밖의 말에 너무나 놀랐다.

바바의 아들들은 예루살렘에서 높은 지위를 가졌던 자들로, 헤롯이 예루살렘 성을 포위했을 때에, 안티고누스 2세를 지지하여 헤롯을 곤경에 빠뜨렸던 자들이다. 헤롯이 예루살렘 성을 점령하고 나서, 성문을 통제하는 자리에 코스토바루스를 임명했다. 그런데 코스토바루스는 백성들이 바바의 아들들을 존경하고 있다는 것을 알고, 정권이 바뀔 때 자기에게 도움이 될 것 같아 그들을 농장에 숨겨주었다.

헤롯은 이들을 찾고자 노력했으며, 현상금까지 내걸었다. 헤롯은 살로메로부터 모든 것을 듣고, 그들과 공모자 모두를 처형했다. 그리고 힐카누스 2세의 친족들을 단 한 명도 남기지 말고, 모두 살해하라고 지시했다.

10. 헤롯이 헬라 풍습을 보급하다가 유대인들의 반발을 사다

헤롯은 가이사에게 존경심을 나타내기 위하여 5년마다 성대한 체육대회를 열었다. 이를 위해서 그는 예루살렘에 경기장을 건설하고, 평지에는 거대한 원형경기장을 건설했다. 특히 그는 말이 이끄는 전차 경기를 좋아해서, 여기에 막대한 상금을 걸었다. 이처럼 헤롯이 이방인들의 풍습을 자꾸 도입하여 따르게 하자 유대인들의 큰 반발을 불러일으켰다. 무엇보다 유대인들을 더 격분시킨 것은 전승 기념비였다. 왜냐하면, 기념비 주위에 매달아 놓은 갑옷과 투구들이 어떤 형상처럼 보였기 때문이다. 결국, 헤롯은 전승 기념비에서 외부의 장식품을 떼어내게 하여, 유대인들의 불만을 잠재웠다.

하지만 시각장애인을 포함한 10명의 유대인은 신앙적 의분에서 헤롯을 암살하기로 하고 단검을 감추고 다녔다. 이 음모가 헤롯을 따르는 정탐꾼들에[6] 의해 발각되었다. 이들은 고문과 수모를 당한 끝에 비참하게 처형되었다. 하지만 얼마 후 유대인들이 헤롯에게 이 비밀을 누설한 자들을 붙잡아 온몸을 토막 내고 그 시체를 개에게 던져주었다. 헤롯이 이 사실을 뒤늦게 알고 관련된 자를 잡아다가 혹독하게 고문하자, 부녀자 일부가 자백했다. 헤롯은 살해를 주도한 사람의 모든 가족을 몰살시켰다. 하지만 그는 율법을 지키려고 하는 유대인들의 불굴 정신은 꺾지 못했다.

11. 헤롯이 도시들을 건설하고, 국가의 재난에 적극 참여함으로 백성들로부터 사랑을 받다

헤롯은 자신이 살고 있는 왕궁과 온 도시에 치안을 철저하게 유지했다. 그는 자신이 지은 성전 옆에 안토니아(Antonia)라는 견고한 요새가 있었지만, 유대인들에게 대항하기 위해 사마리아를 요새화하고 가이사의 헬라식 이름을 따라 세바스테(Sebaste)라고 명명했다. 이곳에 헤롯은 많은 사람을 이주시켰고, 이주자들에게 비옥한 땅을 나누어 주었다. 그리고 그는 이 도시의 중심부에 신전을 건축하고 매우 화려하게 치장했다. 또한, 헤롯은 스트라토의 망대(Strato's Tower)라고 부르던 곳을 요새화하고 가이사랴(Cesarea)라고 명명했다. 그리고 평지 지역인 갈릴리의 가바(Gaba),

---
6 참고, '헤롯 당'(막 3:6).

페레아(Perea)의 헤세보티니스(Hesebonitis)에 건물을 짓고 정예 기병 부대를 배치했다.

헤롯이 사마리아를 건설했던 시기는 그의 재위 13년이었다(BC 25년). 바로 그 해에 유례없는 큰 재앙이 유대를 뒤덮었다. 하나님의 진노에 의한 것인지, 아니면 어떤 주기에 따라 자연 발생적인 재난인지 알 수 없으나, 그야말로 극심한 재난이었다. 너무 오랫동안 가뭄이 지속 되어 땅이 메말라 제대로 수확할 수 없었다. 식량이 부족하니 사람들이 제대로 먹지 못하여, 각종 질병이 발생했다.

헤롯은 이 위기를 극복하고자, 왕궁에 있는 금과 은으로 된 모든 물건을 처분했다. 그리고 이 돈을 절친한 친구인 애굽의 총독 페트로니우스에게 보내어 곡물을 사들였다. 이것은 유대가 기근에서 탈출하는데 결정적인 역할을 했다.

또한, 헤롯은 이웃 나라의 어려움도 적극적으로 도왔다. 그는 수리아 사람들에게 종자를 나누어 주고 농사짓게 했다. 이들은 헤롯이 준 종자로 풍성한 열매를 맺었으나, 추수할 일꾼이 부족했다. 이에 헤롯은 50,000명이나 되는 부하들을 보내어 수확을 돕게 했다.

백성들을 향한 헤롯의 선행과 관용은 유대인들에게 강한 호감을 샀을 뿐 아니라, 주변 여러 나라 사이에서도 유대인들에 대한 긍정적 이미지를 갖게 하는 데 큰 역할을 했다. 결과적으로 혹독하게 몰아닥친 유대 땅의 기근은, 헤롯의 명성을 널리 알리는 절호의 기회가 되었다.

헤롯은 다시 한 여인과 사랑에 빠지게 되었다. 알렉산드리아 태생으로 보에투스(Boethus)의 아들로 잘 알려진 시몬이라는 제사장이 예루살렘에 살고 있었는데, 그에게는 당대의 최고 미인으로 알려진 딸이 있었다(= 마리암메 2세). 헤롯은 그녀를 보자마자 그녀의 미모에 완전히 넋을 잃었다. 하지만 헤롯은 권력을 이용하여 그녀를 욕보이고 싶지 않았다.

왜냐하면, 폭군이라는 소리를 듣고 싶지 않았기 때문이다. 그래서 헤롯은 그녀와 결혼하는 것이 제일 좋다고 생각하여, 그녀의 신분을 높여 주는 방법을 생각했다. 그래서 헤롯은 당시 대제사장이었던 파베스의 아들 예수를 해임하고, 그 자리에 미모의 아버지인 시몬을 임명하고, 그녀와 결혼했다.

결혼식이 끝난 후에, 헤롯은 안티고누스 2세에게 쫓겨났다가 다시 복귀할 때에 유대인들과 싸워 승리한 지역에 성채를 건설했다. 그곳은 예루살렘으로부터 60스다디온[7] 떨어진 헤로디온으로, 천연적 요새였으며 성채를 건설하기에는 아주 적합한 곳이었다.[8] 그곳은 여자의 가슴 모양처럼 불룩하게 솟은 완만한 언덕이 있었다.

헤롯은 그 주위에 둥근 망대를 세우고, 망대를 올라가는 200개의 돌계단을 만들었다. 그 요새 안에는 호화로운 왕실의 별장이 있었고, 물을 끌어들이기 위해 큰 비용을 들여 수로를 만들었다.

헤롯은 전에 스트라토 망대라고 불렀던 해변이 도시 건설하기에 아주 좋은 것을 발견하고, 흰 돌로 거대한 도시를 만들 계획을 세웠다. 그는 계획대로 도시를 건설하고 호화로운 왕궁과 큰 건물을 지어 이 도시를 치장했다. 무엇보다도 힘들었고 거대한 공사는 바다의 파도에 영향을 받지 않고 큰 배들도 안전하게 정박할 수 있는 항구를 건설하는 일이었다.

그가 항구를 건설하려는 이유는, 바람이 세차게 불면 바다에 모래가 밀려와 해안선에 쌓여 배들이 부두에 자유로이 드나들 수 없었기 때문이다. 그래서 상인들은 해안에서 멀리 떨어진 곳에 배를 불안정하게 정박시켜야 했다. 항구를 만들기 위해 헤롯은 길이가 50, 너비가 10, 높이가 9 피트(feet) 이상 되는 큰 돌들을 깊이 20패톰(fathom)[9] 되는 바닷속에 넣었다.

또한, 그 항구의 길이는 자그마치 200피트[10]나 되었다. 헤롯은 이 항구 도시를 가이사랴(Cesarea)라고 명명했다. 이 도시는 좋은 건축 재료와 멋진 기술이 만들어내었기에 아름다웠다. 특히 도시 지층에는 지하도와

---

7 약 11 Km 떨어진 곳이다.
8 헤롯은 죽은 다음에 이곳에 묻혔다. 그의 무덤은 1972년 이래 약 35년간의 노력 끝에(2007년) '에후드 네쩌르' 교수가 발굴하게 되었다.
9 1패톰은 1.8 m에 해당한다. 20패톰은 36미터이다.
10 1피트는 30.48cm이다. 200피트는 약 61m가 된다.

하수도가 있었는데, 이것은 지상의 건축물 못지않게 심혈을 기울인 것이다. 이들 중 몇몇은 한 지점으로부터 항구와 바다에 이르기까지 똑같은 거리로 뻗어 있으며, 대각선 통로가 이 모두를 연결하고 있어, 빗물과 오수가 신속하게 바다로 빠져나가게 했다. 이 도시를 완공하는데, 무려 12년이나 걸렸다.

그림 16. 가이사랴의 수로

12. 헤롯이 아들들을 가이사(아우구스투스 황제)에게 보내고, 에세네파를 존중하다

헤롯이 온 정성을 기울여 사마리아를 건설한 다음, 가이사와 교분을 가질 기회를 주기 위해 아들 알렉산더 3세와 아리스토블루스 4세를 로마에 보냈다. 가이사는 헤롯의 아들들을 크게 환대해 주었다. 그리고 그는 헤롯에게 유대 왕국을 아들에게 물려주어도 좋다고 허락했으며, 드라고닛, 바타네아 그리고 아우라니티스 지역도 주었다. 그리고 헤롯이 재위한 지 17년째에는 가이사가 헤롯을 수리아의 통치자로 임명하여, 수리아 백성들에게 무슨 일을 하든지 헤롯의 허락을 받으라고 명령했다.

헤롯은 무엇보다도 에세네파에 대해 존경심을 갖고 있었다. 그 이유는 에세네파의 일원으로 미래를 예언하는 마나헴이라는 사람이 있었는데, 그는 어린 헤롯이 학교에 가는 것을 보고 "유대인의 왕이여 안녕하십니까?"라고 인사했다. 그리고 마나헴은 헤롯에게 "소년은 장차 왕이 될 것입니다. 왕이 되면 백성들에 대하여는 온유함으로, 하나님께 대하여는 경건함으로 대하여야 하며, 무엇보다도 정의를 사랑해야 합니다.

그러나 소년은 그러한 사람이 되지 못할 것입니다. 소년은 누구보다 큰 명성을 얻고 행복을 누릴지는 모르지만, 하나님을 경외하지 않을 것입니다. 결국, 인생의 종말에 가서 하나님께서 그대의 죄악에 대해서 심판하신다는 것을 깨닫게 될 것입니다"라고 말했다. 그러나 어린 헤롯은 왕권을 차지하리라고 생각하지 않았기 때문에 마나헴의 말에 귀를 기울이지 않았다. 그러나 헤롯이 왕이 되고 나서 권력의 절정에 오르자, 그는 마나헴을 다시 불러 얼마나 오랫동안 통치할 수 있는지 물었다.

그러나 마나헴은 대답하지 않았다. 이에 헤롯이 답답하여 "10년은 통치할 것 같습니까?"라고 묻자, 마나헴은 "그렇소, 20년 아니 30년은 통치할 것 같습니다"라고 대답했을 뿐 정확한 통치 기간은 말하지 않았다. 이로 인해 헤롯은 에세네파라고 하면 누구나 존경했다.

13. 헤롯이 예루살렘 성전을 건축하다

헤롯은 재위 18년에[11] 사비를 들여 하나님의 성전을 재건하는 매우 거대한 공사를 시작했다. 그는 이전의 성전보다 경내를 대폭 확장하고 높이를 크게 확대하여 위풍당당해 보이는 성전을 만들고자 했다. 헤롯은 이렇게 커다란 공사를 백성들이 쉽게 지지하지 않을 것으로 생각했다. 그래서 그는 전체 공사 계획에 대해 연설함으로써 백성들이 호의를 갖게 했다.

---
11 BC 20년 경.

연설 내용의 골자는 이렇다. '바벨론으로부터 귀환하여 하나님께 바쳐진 성전은 솔로몬에 의해 지어진 처음 성전보다 높이가 60규빗[12] 모자라기 때문에 성전을 재건해야 한다. 그러나 자신은 성전 공사를 위한 물자를 사전에 확보되기 전에는 지금의 성전을 헐지 않을 것이다. 하나님께 가장 완전한 성전을 지어드림으로, 한없는 하나님의 은혜에 감사하고자 한다.'

이런 연설을 마친 후에 헤롯은 돌을 운반할 마차 1,000대, 숙련된 기술자 10,000명을 동원하는 한편, 제사장 의복 1,000벌을 구입했다. 그리고 제사장 일부에게는 석공과 목공의 기술을 훈련시킨 다음 성전 건축을 시작했다. 그는 길이가 100규빗, 높이 20규빗의 성전을 지었다.[13] 돌 하나의 크기는 길이 25규빗, 높이 8규빗, 너비는 12규빗 이었다.[14] 성전의 전체 구조는 마치 궁전의 주랑과 같았고, 양쪽은 낮았으나 가운데 부분은 훨씬 높았다. 그래서 사람들은 성전을 먼 거리에서도 볼 수가 있었다.

한편, 성전 북쪽에는 아주 견고하고 완전한 안토니아 성채가 있었는데, 이것은 헤롯 이전의 하스몬 왕가에서 세운 것으로, 그들은 이 성채에 대제사장의 의복들을 보관해 두었다. 헤롯도 이 의복들을 그곳에 보관해 두었다. 그런데 헤롯이 죽은 다음에 티베리우스 케사르는 이 성채의 대제사장 의복을 로마인들이 관리하게 했다.

그런데 수리아의 총독 비텔리우스가 예루살렘에 방문하여 백성들로부터 융숭한 대접을 받고, 그들이 베푼 호의에 보답하고자, 티베리우스 케사르에게 유대인들이 대제사장 의복을 관리하도록 요청했다. 티베리우스가 그 요청을 들어주어 아그립바 1세 때까지 유대인들이 이 의복에 대한 관리권을 갖고 있었다. 그 후 수리아 총독 카시우스 롱기누스와 유대 총독인 쿠스피우스 파두스는 안토니아(Antonia) 요새에 대제사장 의복을 보

---

[12] 왕상 6:2에 따르면 솔로몬 성전의 높이가 "30규빗"이라고 보도하고, 대하 3:4에 따르면 "솔로몬 성전에서 낭실의 높이가 120규빗"이라고 보도한다. 여기서 요세푸스가 말한 "60규빗"은 "낭실"을 기준으로 볼 수 있다.

[13] 솔로몬이 지은 성전의 크기는 "길이가 60규빗, 너비가 20규빗, 높이가 30규빗"이다(왕상 6:2).

[14] 현재 보존되어 있는 돌의 크기와 비교해 보면 일부 과장된 듯하다.

관하도록 지시했다. 이에 유대인들은 클라우디우스 황제에게 청원하려고 사절단을 보냈는데, 마침 아그립바 2세를 만나 그가 황제에게 간청함으로써 다시 유대인들이 관리할 수 있게 해 주었다.

성소 자체는 제사장에 의해 1년 6개월 만에 완공되었다. 백성들은 매우 즐거워했고, 성전이 그렇게 빨리 지어진 것과 헤롯 왕에게 열성을 주신 하나님께 감사를 드렸다. 헤롯은 수소 300마리를 제물로 바쳤고, 백성들도 성의껏 제물을 바쳤다. 제물의 수가 얼마나 많았는지 그 수는 감히 측량할 수 없을 정도였다. 한편, 헤롯을 위해 만든 지하 비밀통로가 있었다. 이 통로는 안토니아 요새로부터 성전 안뜰의 동쪽 문에 이르게 만들어졌다.

헤롯은 이 동쪽 문 위에 자신을 위한 망대 하나를 세웠다. 만일의 경우 백성들이 반란을 일으킬 때 자신이 안전하게 숨을 곳을 마련하기 위해서였다. 성전 공사가 진행되는 동안 낮에는 비가 한 번도 오지 않았고 밤에만 내렸기 때문에, 성전을 건축하는 데에 조금도 방해 받지 않았다.

14. 마무리 정리

(1) 앞서 언급된 내용에서 성서 해석에 도움이 되는 것이 무엇인지 살펴봅시다.

(2) 마태복음 5:43-44을 읽고, 이 가치가 정치에 적용될 수 있는지 논의해 봅시다.

(3) 클레오파트라 7세가 '미모'를 이용해 케사르와 안토니우스를 자신의 사람으로 만듭니다. 그러나 헤롯 왕은 그녀의 유혹에 넘어가지 않습니다. 이를 비교하면서 정치에 '미인계'를 사용한 실례를 살펴봅시다.

제6장

헤롯 왕의 유대 통치 2
(BC 20-7년)

활발한 건축 사업과 마리암메 1세의 두 아들을 처형하다
(유대고대사 제16권 이야기)

주요 사건

1. 도둑 방지법 제정(BC 20년경): 헤롯이 범죄를 근절시키고자 절도범을 노예로 팔거나 국외로 추방시키는 법령을 만들었으나, 유대인을 노예로 팔수 없다는 율법에 저촉되어 유대인들이 강력하게 반발함.
2. 알렉산더 3세와 아리스토불루스 4세의 결혼: BC 17년경 헤롯은 로마에서 교육을 받고 있었던 마리암메 1세의 두 자녀들을 예루살렘으로 데리고 와, 알렉산더 3세는 갑바도기아의 공주 글라피라와 그리고 아리스토불루스 4세는 여동생 살로메의 딸인 베르니카와 결혼시킴.
3. 마르쿠스 아그립바의 예루살렘 방문(BC 14년): 아그립바가 헤롯의 초청으로 예루살렘을 방문하고 수소 100마리를 제물로 바치고 큰 잔치를 베품. 헤롯과 아그립바 사이의 돈독한 우정은 디아스포라 유대인들이 율법을 지키며 살아가는데 큰 도움이 됨.

4. 안티파터 3세의 예루살렘 입성: 헤롯과 마리암메 1세의 두 아들 사이가 점점 나빠지자, 헤롯은 첫 번째 부인에게서 태어난 안티파터 3세를 궁궐에 입성시킨다. 결국 이것은 가족불화의 더 큰 원인이 되었으며, 급기야는 마리암메 1세의 두 아들을 죽음으로 내몰았다.
5. 헤롯이 알렉산더 3세와 아리스토불루스 4세를 가이사에게 고소하다: 헤롯은 BC 12년에 자신을 암살한다고 알렉산더 3세와 아리스토불루스 4세를 가이사에게 고소하지만, 가이사는 이들의 관계를 회복시켜 준다.
6. 가이사랴 세바스테의 완공: BC 10년에 가이사랴의 도시 건설을 마치고 큰 축제를 연다. 가이사랴 마리티마(Caesarea Maritima)라고도 불린다.
7. 헤롯이 다윗의 묘에 들어감: 많은 건축으로 재정이 부족하자 이를 충당하기 위해서 요한 힐카누스 1세에 이어서 다윗의 묘에 들어감. 이 사건을 계기로 헤롯의 집안은 더욱 혼란에 휩싸이게 됨.
8. 알렉산더 3세의 가짜 편지 사건(BC 10년): 헤롯이 알렉산더 3세를 투옥시키자, 그는 4통의 가짜 편지를 써서 헤롯에게 보낸다. 이 편지로 인해 헤롯의 왕실은 공포의 분위기에 휩싸이게 되었고 헤롯은 반미치광이가 되었다.
9. 헤롯이 니콜라스를 가이사에게 보내다(BC 9): 실레우스의 음모로 헤롯이 가이사와의 관계가 나빠지자, 니콜라스를 로마에 보내 자신을 변호하며 가이사와의 관계를 회복한다.
10. 알렉산더 3세와 아리스토불루스 4세의 죽음(BC 7년): 헤롯이 가이사로부터 두 아들을 처형할 권한을 받자 베리투스에서 수리아 총독 및 그 밖의 다른 인사들을 불러 모은 다음 자신을 살해한다는 명목으로 재판에 회부해서 사형 판결권을 얻는다. 이들은 사마리아에서 교수형을 당하고, 그들의 시신은 알렉산드리움에 안장되었다.

로마의 인물들

1. 마르쿠스 아그립바(Marcus Agrippa, BC 62-BC 12년): 로마의 장군으로 케사르가 죽은 후에 아우구스투스(이 글에서는 '가이사'로도 표기)가 정계를

진출하는 데 도움을 주었다. BC 31년 악티움 해전에서는 안토니우스를 물리치는데 큰 공을 세웠고, BC 21년 아우구스투스의 딸 율리아와 결혼했다. 두 번이나 집정관 자리에 올랐으며, 로마 시의 미화를 위해 노력했고, 지리서를 발간하여 세계지도 작성의 기초를 놓았다. 또한 헤롯 왕의 친구이기도 하다.
2. 율리아(Julia): 황제 가이사의 아내.

헤롯 가문

1. 알렉산더 3세(Alexander III): 마리암메 1세에게서 태어난 큰 아들로, 갑바도기아의 공주인 글라피라와 결혼하여 세 명의 자녀를 낳았다. BC 7년에 아버지 헤롯 왕에게 처형당한다.
2. 아리스토불루스 4세(Aristobulus IV): 마리암메 1세에게서 태어난 둘째 아들로, 헤롯의 여동생 살로메의 딸인 베르니카와 결혼한다. BC 7년에 형 알렉산더 3세와 함께 아버지 헤롯 왕에게 처형당한다.
3. 아켈라우스(Archelaus, BC 36-AD 17년): 갑바도기아의 왕으로 그의 딸은 글라피라(Glaphyra), 헤롯 왕가는 사돈 지간.
4. 글라피라(Glaphyra): 갑바도기아의 공주로 알렉산더 3세와 결혼.
5. 베르니카(Bernice): 헤롯 왕의 여동생인 살로메의 딸로, 아리스토불루스 4세와 결혼.
6. 살로메(Salome): 헤롯 왕의 여동생.
7. 페로라스(Pheroras): 헤롯 왕의 남동생.
8. 도리스(Doris): 헤롯 왕의 첫 번째 부인으로 이두매 태생이다.
9. 안티파터 3세(Antipater III): 헤롯 왕이 첫 번째 부인 도리스(Doris)에게서 낳은 아들.
10. 키프로스(Cypros): 헤롯이 마리암메 1세에게서 낳은 딸로 페로라스와의 결혼이 성사되지 않자, 후에 살로메의 아들 안티파터와 결혼함.

아랍의 인물들

1. 실레우스(Sylleus): 아라비아의 총독으로 이혼한 살로메와 결혼하기를 원했지만, 헤롯이 유대교로 개종할 것을 요구하자 뜻을 이루지 못했다. 후에는 헤롯의 대적자가 되었으며, 가이사에게 처형을 당했다
2. 아레타스 4세(Aretas IV, BC 9-AD 40년): 아랍의 왕으로 그녀의 딸이 세례 요한을 처형한 헤롯 안티파스와 결혼했다.
3. 오바다스 3세(Obadas III, BC 30-9): 아랍의 왕으로 실레우스에게 살해 당함.

기타의 인물들

1. 니콜라스(Nicolas): 다메섹 출신으로 헤롯의 사신으로 파견되어 실레우스 때문에 틀어진 헤롯과 가이사의 관계를 회복시키는데 결정적인 역할을 함.
2. 유리클레스(Eurycles): 라케데몬니아(Lacedemon) 출신으로 알렉산더 3세와 친하게 지내는 척하면서, 그의 비밀을 안티파터 3세에게 고자질함.
3. 티로(Tiro): 늙은 군인으로 헤롯의 옛 친구. 헤롯이 알렉산더 3세와 아리스토불루스 4세를 죽이려는 것에 대해 분개함.

1. 핵심 내용

헤롯이 치안 행정을 강화하고자 도둑 방지법을 만들었으나, 유대의 율법을 무시하는 처사라 하여 유대인의 반발을 불러일으켰다. 헤롯의 두 아들 알렉산더 3세와 아리스토불루스 4세가 로마에서 유대로 귀환하자마자, 그들은 고모 살로메와 어머니 마리암메 1세를 죽인 자들에게 표적이 되었다. 이들은 마리암메 1세의 두 아들이 왕위에 오르지 못하게 하려고, 이 두 아들이 어머니를 죽인 아버지 헤롯을 싫어한다는 헛소문을 퍼뜨리고 다녔다. 그러자 헤롯은 이들을 견제하고자, 도리스에게서 난 첫째 아들 안티파터를 왕궁으로 불러들였다. 그러나 이것이 화근이 되었다.

안티파터 3세는 좋은 기회를 잡자, 이복동생들을 제거하고자 이들을 끊임없이 음해했다. 이에 헤롯은 마리암메 1세의 두 아들이 자신을 죽이고 왕권을 빼앗으려는 음모를 꾸민다고, 가이사에게 이들을 고소했다. 가이사는 헤롯의 고소를 듣고 구체적인 증거가 없다는 것을 알고, 부자간에 화해를 주선했다.

한편, 헤롯은 가이사를 기념하기 위해 가이샤라에 도시를 건설했다. 그리고 카파르사바(Capharsaba) 평지에는 아버지 안티파터 2세를 위해서, 여리고에는 어머니 키프로스를 위해 도시를 건설했으며 형 파사엘을 위해서는 망대를 건설했다. 그리고 해외에 여러 도시를 건설하는데도 아낌없는 재정을 지원했다. 이로 인하여 재정적 어려움에 봉착하자, 헤롯은 재원을 마련하고자 다윗의 묘에 들어갔다.

그러나 다윗의 묘에서 돈을 발견하지는 못했다. 공교롭게도 이를 기점으로 헤롯 가문은 더욱 극심한 분란에 휩싸였다. 헤롯의 동생 페로라스는 여종에게 반해서 헤롯의 딸과 결혼하기를 두 번이나 거절했다. 살로메는 아리스토불루스 4세와 결혼한 자신의 딸을 시켜 남편을 감시하게 했으며, 급기야는 헤롯이 아들 알렉산더 3세의 아내를 좋아한다는 헛소문을 퍼뜨렸다.

여기에 헤롯이 총애하는 내시들이 알렉산더 3세에게 돈으로 매수되었고, 그와 성적으로 접촉했다. 헤롯은 이들과 알렉산더 3세의 친구들을 고문하여, 알렉산더 3세가 자신을 죽이려고 음모를 꾸몄던 구체적인 증거를 찾고자 노력했다. 결국, 헤롯은 알렉산더 3세가 동생 아리스토불루스 4세에게 보낸 편지 가운데에서, 헤롯을 비난하는 내용을 발견하고 알렉산더 3세를 감옥에 가두었다.

그러자 알렉산더 3세는 부친에게 보복하기 위해서, 자신이 부친을 죽이려고 음모를 꾸몄으며 여기에는 부친이 가장 신임하는 신하들도 포함되어 있으며 또한 자신은 고모 살로메의 끈질긴 요청으로 잠자리를 같이 했다는 거짓 내용의 편지 4통을 써서 헤롯에게 보냈다. 이로 인해 헤롯 왕궁이 극심한 혼란 속에 빠지게 되었고, 이에 사위와 딸을 걱정한 갑바도기아의 왕 아켈라우스는 헤롯을 방문하여 부자간을 화해시켰다. 왕궁이 분란에 휩싸이도록 하는 모든 정황의 배후에는 안티파터 3세가 있었다.

한편, 아라비아에서 실제로 통치권을 행사하던 실레우스가 헤롯 왕의 여동생 살로메와 결혼을 하고 싶어 했으나, 유대교로 개종해야 한다는 헤롯의 말을 듣고 뜻을 이루지 못했다. 이로 인해 그는 헤롯에게 반감을 품고, 유대인들을 괴롭히는 강도들을 보호했을 뿐만 아니라 헤롯에게 빌린 돈도 갚지 않아 헤롯과 마찰을 일으켰다. 그리고 가이사에게 헤롯이 아라비아를 침공하여, 2,500명이나 되는 많은 사람을 죽였다고 비난했다.

가이사는 사건의 전모를 파악하기보다는 헤롯이 아라비아를 침공한 사실을 가지고, 헤롯에게 노여움을 품었다. 가이사와의 관계가 서먹해진 헤롯은 니콜라스를 사신으로 로마에 보냈다. 니콜라스는 실레우스가 아라비아 왕을 살해했으며 또한 헤롯에게 빌린 돈을 갚지 않아 수리아 총독의 허락을 받고 아라비아를 침공하게 되었다고, 사건 경위를 헤롯의 관점에서 변호했다. 그 결과 실레우스는 헤롯에게 진 빚을 다 갚은 후에 처형당했다.

니콜라스의 노력으로 가이사와 우호적인 관계로 바뀔 시점에, 헤롯은 사신을 보내 가이사에게 두 아들의 문제를 호소했다. 가이사는 헤롯에게 아들의 문제를 처리할 결정권을 주었다. 그러자 헤롯은 가이사의 뜻에 따라 유력인사들 150여 명을 초대하여 재판을 열었다. 그리고 그는 불충분한 증거를 내세우며, 마리암메 1세 소생의 아들들이 자신을 살해하려는 음모를 꾸몄다고 주장했다.

재판에 참석한 사람들은 헤롯의 손을 들어주었다. 그러자 헤롯의 옛 친구로 군인인 티로가 헤롯을 찾아가서 많은 백성뿐만 아니라, 병사들과 지휘관들까지 알렉산더 3세와 아리스토불루스 4세에 대해 동정심을 품고 있다고 전했다. 이를 듣고 놀란 헤롯은 티로뿐만 아니라 그가 언급한 병사들을 잡아 모두 가두었다. 곧이어서 헤롯의 이발사가 티로가 알렉산더 3세를 위해 헤롯을 죽이려고 음모를 꾸몄다고 말했다.

그러자 헤롯은 알렉산더 3세와 아리스토불루스 4세를 처형하기로 마음을 굳히고, 티로와 이발사 그리고 알렉산더 3세를 지지하는 군인들 모두를 백성들 앞에 고소하여 투석형에 처했다. 그리고 두 아들 알렉산더 3세와 아리스토불루스 4세를 세바스테로 끌고 가서 교수형시켰다.

2. 헤롯이 도둑 방지법을 만들고, 마르쿠스 아그립바와 함께 디아스포라 유대인들의 권리를 위해 노력하다

헤롯은 범죄를 근절시키고자 치안 행정을 강화했다. 그래서 그는 남의 집에 침입한 자들을 나라 밖으로 내쫓아버리는 전례 없는 법을 만들었다. 그러나 이 법은 유대 율법을 무시하는 것이기에 백성들의 큰 반발을 불러 일으켰다. 율법에 따르면 남의 물건을 훔친 자는 4배로 갚아야 하며(참고, 출 22:1-13), 만약 갚을 능력이 없으면 남에게 팔리되 6년 후에는 해방되어야 한다. 무엇보다도 평생 종살이시키는 외국인에게는 절대 팔아서는 안 된다(참고, 출 21:2; 레 25:39-55; 신 15:12-18).

한편, 헤롯은 가이사도 만나보고 마리암메 1세에게서 태어난 알렉산더 3세와 아리스토불루스 4세도 볼 겸 로마로 갔다.[1] 가이사는 헤롯을 환대했으며, 두 아들의 교육이 마쳤으니 데려가도 좋다고 허락했다. 이들은 유대로 돌아오자마자 고모 살로메와 음모를 꾸며 자신들의 어머니를 죽인 자들의 표적이 되었다.

살로메와 그 무리들은 알렉산더 3세와 아리스토불루스 4세가 왕위에 오르면 어머니 마리암메 1세를 죽인 죄에 대해서 문책할 것을 알고, 이들이 왕위에 오르지 못하게 하려고 부단히 노력했다. 그래서 그들은 알렉산더 3세와 아리스토불루스 4세가 어머니를 죽인 헤롯 왕을 싫어한다는 헛소문을 퍼뜨렸다. 결국, 이 소문이 헤롯의 귀에 들어갔지만, 헤롯은 부성(父性)을 발휘하여 자녀들을 잘 대해 주었다. 헤롯은 그들이 결혼할 나이가 되자, 알렉산더 3세는 갑바도기아의 왕 아켈라우스의 딸인 글라피라

---

1 헤롯은 마리암메 1세에게서 세 아들을 두었으나, 막내아들은 로마에서 죽었다.

와[2] 그리고 아리스토불루스 4세는 자신의 여동생 살로메의 딸인 베르니카와 결혼시켰다.

그림 17. 갑바도기아 아켈라우스의 은전 드라크마로, 새겨진 헬라어 문자는 "ΒΑΣΙΛΩΣ ΑΡΧΕΛΟΥ ΦΙΛΟΠΑΤΡΙΔΟΣ ΤΟΥ ΚΤΙΣΤΟΥ"

이 일이 있은 후에 헤롯은 절친한 친구인 마르쿠스 아그립바에게 자신이 건설한 여러 도시를 보여주고 예루살렘으로 초대했다. 아그립바는 숫소 100마리를 하나님께 예물로 드렸으며, 온갖 좋은 음식들을 백성들에게 제공했다. 그리고 그들은 소아시아에서 다시 만나 여행을 하면서 이오니아(Ionia)에 도착했다.

그러자 그곳에 살고 있던 많은 유대인이 몰려와서 자신들의 어려움을 호소했다. 그들은 유대 율법을 지키는 것이 허용되지 않아 재판관들의 횡포로 거룩한 절기에 법정에 섰으며 또한 예루살렘 성전을 위해 헌금한 돈을 빼앗기고, 강제로 군역과 용병에 나갔다고 말했다.

유대인들이 이런 어려움을 호소하자 헤롯은 마르쿠스 아그립바에게 그들의 요청을 들어 달라고 부탁했다. 그러자 그는 로마 행정관들과 주변 나라의 왕들과 지배자들을 소환하여 재판을 열고, 유대인들이 아무런 방해 없이 그들의 풍습을 지킬 수 있도록 법령을 선포했다.

---

[2] BC 17년경.

3. 헤롯이 도리스에게서 난 첫 번째 아들인 안티파터 3세를 왕궁으로 불러들이다

한편, 헤롯이 마르쿠스 아그립바와 여행하는 사이에 집안은 분쟁으로 더욱 혼란스러웠다. 살로메와 페로라스는 매우 교활한 방법으로 알렉산더 3세와 아리스토불루스 4세를 중상모략했다. 반면 젊고 경솔한 이들은 자신들의 분노와 증오심을 노골적으로 표현했다.

헤롯이 돌아오자 살로메는 이들이 알렉산더 3세의 장인 아켈라우스의 힘을 빌려 가이사를 만나 헤롯을 고소하려는 음모를 꾸몄다고 말했다. 그러자 헤롯은 이들을 견제하고자 첫 번째 부인 도리스에게서 낳은 아들 안티파터 3세를 왕궁으로 불러들였다. 헤롯은 왕위계승은 자신들의 당연한 권리로 생각하는 알렉산더 3세와 아리스토불루스 4세의 경솔한 태도에 경고하며, 그들의 행동에 변화가 있길 희망했다. 그러나 그 결과는 헤롯의 뜻과는 정반대로 나타났다.

헤롯의 이러한 조치에 대해 두 아들은 자신들을 무시하는 처사라며 매우 분노했다. 이때 안티파터 3세는 자신에게 좀처럼 잡기 어려운 기회가 주어지자, 이복동생들을 몰아내고 왕위에 올라야겠다는 결심을 했다. 그래서 그는 헤롯이 충성심을 전혀 의심하지 않는 자들을 이용해서 알렉산더 3세와 아리스토불루스 4세를 비난하게 했다. 그가 이 일을 하는 것은 그리 어렵지 않았다.

왜냐하면, 미래의 유익을 바라고 안티파터 3세와 교분을 나누려는 헤롯의 측근들이 많았기 때문이다. 헤롯은 두 아들에 대한 비난을 들으면

그림 18. 마르쿠스 아그립바

들을수록, 그들의 기(氣)를 꺾고자 안티파터 3세와 더욱 가까이 지냈다. 그리고는 안티파터 3세의 요청으로 모친 도리스를 왕궁으로 불러들였다. 또한, 헤롯은 가이사에게 편지를 자주 보내 안티파터 3세를 칭찬했고, 특히 마르쿠스 아그립바가 10년간 아시아의 통치를 마치고 로마로 돌아갔을 때에는, 안티파터 3세만 데리고 로마에 갔다. 결과적으로 마리암메 1세의 아들들은 왕위에서 멀어진 반면, 안티파터 3세는 헤롯의 신임을 받는 몸이 되었다.

4. 헤롯이 알렉산더 3세와 아리스토불루스 4세를 가이사에게 고소했으나, 가이사가 화해시키다

안티파터 3세는 로마에 있는 동안에 아버지 헤롯의 명성에 힘입어 유명인사가 되었다. 하지만 그는 로마에 있는 동안 이복동생들을 중상모략하지 못해 몹시 불안해했다. 특히 헤롯이 자기가 없는 동안에 마음을 바꾸지 않았을까 걱정했다. 그래서 그는 부친의 처지를 안타깝게 생각하는 것처럼 위장해서 이복동생들을 비난하는 편지를 보내, 헤롯의 분노를 유도했다.

결국, 헤롯은 알렉산더 3세와 아리스토불루스 4세에 대한 분노를 참지 못하고, 그들을 가이사 앞으로 끌고 갔다. 헤롯은 두 아들이 자기를 죽이고 왕권을 빼앗으려는 음모를 꾸몄다고 가이사에게 고소했다. 그리고 그들의 죄를 인류 역사 이래로 가장 엄한 벌로 다스려야 한다고 호소했다.

이런 아버지의 비난에 두 아들은 아무런 반박도 하지 못하고 눈물만 흘리며 괴로워했다. 가이사는 이들의 이러한 행동이 잘못에 대한 죄책감 때문이 아니라, 어리고 경험의 미숙함 때문임을 금방 알아차렸다. 그리고 그 재판석에 참석한 많은 유명 인사들도 헤롯에게 아들들을 용서해 줄 것을 호소했다. 이런 상황이 되자 알렉산더 3세는 재판석에서 일어나 부친 헤롯에게 고소를 취하해 줄 것을 호소했다. 그리고 자신들은 아버지를 독살하려고 어떠한 음모도 꾸미지 않았다고 변호했다.

헤롯은 아들의 변호를 듣고, 또한 자신의 고소를 뒷받침할 어떤 증거도 없자 마음이 많이 누그러졌다. 그래서 그는 자신이 고소한 것을 사과하고 싶다고 했다. 이에 가이사는 두 아들에게 부친을 소홀히 대한 것을 꾸짖고, 헤롯에게는 소문을 확인하지 않고 아들들을 의심하는 것은 좋지 못하다고 말하며 부자간의 화해를 주선했다. 헤롯은 감사의 표시로 가이사에게 300달란트를 선물했다. 그러자 가이사는 헤롯에게 구브로(Cyprus)의 구리 광산에서 나오는 수익의 반을 주었으며, 나머지 반도 헤롯이 관리하도록 했다. 또한, 자녀들 가운데서 후계자를 선택할 수 있는 권한과 이들에게 왕국을 분할할 수 있는 권한도 헤롯에게 허락했다.

헤롯이 유대에 없는 사이에 트라콘(Trachon) 지역에서 반란이 일어났고, 그곳을 다스리라고 헤롯이 임명한 사령관들도 모두 떠나버렸다. 그러자 헤롯은 아들들을 데리고 길리기아(Gilicia)를 공격하러 가면서, 엘류사(Eleusa) 섬에서 갑바도기아의 왕 아켈라우스를 만났다. 아켈라우스는 헤롯을 반갑게 맞이하고, 무엇보다도 사위인 알렉산더 3세가 헤롯과 화해했다는 소식을 듣고 매우 기뻐했다.

헤롯은 반란을 진압하고 유대로 돌아와서는, 성전에 백성들을 모아 놓고 외국 여행 중 있었던 일들을 이야기해 주었다. 특히 가이사가 자기에게 베푼 호의와 백성들이 알면 자기에게 유익이 될 만한 여러 가지 일들을 설명했다. 그리고 헤롯은 아들들과 화해한 것을 전하면서, 궁중에 거주하는 자들과 백성들에게도 화합할 것을 촉구했다. 그리고 자기 뒤를 이어 처음에는 안티파터 3세가 나라를 다스리고, 그 다음에는 알렉산더 3세와 아리스토불루스 4세가 차례로 뒤를 이어 다스릴 것이라고 말했다.

5. 헤롯이 가이사랴 및 여러 도시들에 건축물을 짓다

헤롯은 재위 28년에 가이사랴에서 도시 건설을 완공하고(BC 10), 가이사를 기념하기 위해 도시의 이름을 가이사랴 세바스테(Caesarea Sebaste)로 바꾸었다. 그리고 그는 엄청난 비용을 들여 성대한 축제를 열어, 음악 경연대회, 나체로 하는 경기 대회, 맹수와 싸우는 검투사 경기뿐만 아니라 경마 경기를 열었다.

그리고 그는 가이사를 기념하고자 이런 경기를 매 5년마다 개최했고, 가이사의 아내 율리아에게는 500달란트나 되는 값비싼 장식품을 주었다. 이를 통해 헤롯은 자신의 역량을 과시했다. 이러한 헤롯의 행동에 가이사와 마르쿠그 아그립바는 "헤롯은 배짱보다 영토가 너무 좁고 수리아 전체와 애굽까지 다스려도 될 만한 인물이다"라고 말했다.

그림 19. 복원된 가이사랴 원형경기장

이 준공식과 축제가 끝나자 헤롯은 샤론의 평원에 있는 카파르사바(Capharsaba)에 도시를 건설하고, 부친인 안티파터 2세의 이름을 따라 안티파트리스(Antipatris)라고 불렀다. 그리고 여리고 위쪽에 안전하고 쾌적한 도시를 건설하고, 모친의 이름을 따라 키프로스(Cyprus)라고 불렀다.

또한, 형 파사엘을 무척 사랑했기에 이 도시에 큰 망대를 세우고 파사엘 망대라고 명명했다. 이 밖에도 헤롯은 수리아와 애굽의 여러 도시를 여행하면서 많은 재정적 지원을 했다. 특히 헤롯이 해외에 세운 건축물 중에 가장 크고 유명한 것은 로데스(Rhodes)에 있는 아폴로 신전(Apollo's temple)이다. 또한, 그는 악티움(Actium)에 있는 니코폴리스(Nicopolis)의 주민들을 위해서도 많은 건물을 지어 주었다. 수리아의 안디옥 주민들을 위해서는 돌로 도로를 포장해 주었으며, 재정적 어려움을 지원하여 올림픽 경기를 열도록 했다.

많은 사람은 헤롯 성품의 양면성에 대해 매우 의아해했다. 그는 관대한 성품의 소유자였으나, 다른 면에서는 야수와 같은 잔인한 성품을 지닌 인물이었다. 그러나 내가 보는 견지에서 헤롯의 성품은 단지 하나라고 생각한다. 헤롯은 명예를 매우 소중히 여기는 사람이기에, 명예욕에 한 번 불이 붙으면 그 격정을 이기지 못하는 사람이었다.

그래서 그는 자신의 명성을 높이거나 자신의 이름이 오랫동안 남는 일에는 언제나 관대했다. 그러나 자신을 비방하며 왕으로 인정하지 않고 반란을 일으키려는 자들에게는, 친척이거나 친구를 막론하고 적으로 간주하고 이들을 아주 잔인하게 처벌했다. 이런 헤롯의 성품이 '영광'(glory)보다는 '의'(righteousness)를 추구하는 유대 민족과 어울리지 않았다.

6. 가이사가 디아스포라 유대인들의 전통을 보호하다

한편, 앞선 왕들이 유대인들을 시민으로 동등하게 대하라는 명령을 내렸음에도 불구하고 아시아(Asia), 구레네(Cyrene)와 인접한 리비아(Libya)에 사는 유대인들이 학대를 받았다. 헬라인들은 유대인들을 모욕했을 뿐만 아니라, 유대인들이 모아온 거룩한 돈도 강탈해 갔다. 그러자 유대인들은 가이사에게 사신을 보내 호소했다. 이에 가이사는 유대인들에게 그 전부터 누려왔던 특권을 허락하는 한편, 각 속주의 총독들에게 서신을 보냈다. 그중 한 서신을 소개하면 다음과 같다.

> 대제사장이요 호민관인 가이사 아우구스투스는 아래와 같이 명령한다. 유대국은 지금뿐 아니라 과거 나의 부친이 통치할 때부터 로마인들에게 많은 은혜를 끼쳤다. 따라서 나는 유대인들이 자신들의 고유한 풍속을

지킬 수 있는 자유가 있음을 선포하노라. 유대인이 모은 거룩한 돈은 건드리지 말고, 예루살렘으로 보내 책임자가 관리하도록 하라. 그리고 유대인들을 안식일이나 안식일 전날 제9시 이후에는 법정에 소환하는 일이 없도록 하라. 유대인들의 거룩한 책들이나 거룩한 돈을 훔치다가 붙잡힌 자들은 회당에서 훔쳤든지 아니면 학교에서 훔쳤든지 신성모독을 범한 자로 여길 것이며, 그들의 재산은 몰수하여 로마의 국고에 넣도록 하라.

이런 법령을 제정한 것은 타민족이 이유 없이 유대인을 미워하는 것을 해소하고, 타민족과의 화해를 도모하기 위해서이다. 어느 민족이건 각자의 풍습이 있는데, 이것이 다르다고 서로 오해하고 증오하는 것은 바람직하지 못하다. 모든 인간은 정의를 실현하는 것이 매우 중요한데, 유대 율법도 정의 실현을 매우 강조한다. 그러기에 우리가 율법에 충실하면, 다른 민족들을 호의적으로 대할 수 있을 것이고, 그 결과 다른 민족들도 우리를 호의적으로 대할 것이다.

7. 헤롯이 다윗의 묘에 들어 간 다음부터 더 악화되는 가족들 간의 분쟁

헤롯은 국내외에 많은 도시를 건설하다 보니 재정적 어려움에 봉착했다. 그러자 그는 오래전에 하스몬 왕가의 요한 힐카누스 1세가 다윗의 무덤을 열고 은 3천 달란트를 꺼냈다는 것과[3] 아직도 무덤에 많은 돈이 남아 있다는 이야기를 듣고, 무덤에 들어가려고 마음먹었던 것을 실행에 옮겼다. 그는 야밤에 충실한 신복을 데리고 다윗의 무덤에 들어갔다. 그러나 돈은 찾지 못하고, 금으로 만든 장신구들과 보석들을 발견하고 모두 꺼내왔다. 그리고 그는 돈을 찾기 위해 더 자세히 살피기 위해서, 다윗과 솔로

---

3 『유대고대사』 13:249.

몬의 관까지도 열어보려고 했다. 그러나 전하는 바로는, 불이 갑자기 관에서 나와 두 명의 병사를 불살라 죽였다는 것이다. 이에 헤롯은 매우 놀라 무덤 밖으로 급히 나왔다. 그리고 그는 무덤 입구에 많은 돈을 들여서 흰 돌로 위령비를 세웠다.

그림 20. 다윗의 묘 입구

한편, 헤롯의 가정불화는 다윗의 무덤을 열고 들어갔던 이후로 더욱 악화했다. 이것이 헤롯의 불의한 행동에 대한 하나님의 심판인지, 아니면 불행이 덮친 시기와 우연히 일치한 것인지 모르지만, 가족 간의 중상모략은 더욱 심해져 갔다. 안티파터 3세는 알렉산더 3세와 아리스토불루스 4세를 제거하려고 늘 음모를 꾸미고 다녔다.

그는 이복동생들이 없는 때는 비난을 늘어놓다가도, 그들이 있으면 변호하는 이중적인 수법을 사용했다. 그리고 그는 헤롯의 비위를 교활하게 잘 맞추어 헤롯의 신변을 위해서는 무슨 일이라도 할 것이라는 신임을 얻게 되었다. 그러자 그는 이것을 이용해서 자기가 싫어하는 인물들을 헤롯도 싫어하게 만들었다. 이와 반대로 알렉산더 3세와 아리스토불루스 4세는 푸대접을 받고, 여기에 아버지를 살해한다는 누명까지 쓰게 되었다.

그림 21. 다윗의 가묘 실내

헤롯의 동생 페로라스때문에 가정불화가 일어났다. 그는 미모의 여종과 사랑에 빠져서, 약혼한 상태에 있는 헤롯의 딸을 쳐다보지도 않았다. 헤롯은 동생을 사랑했기에 많은 혜택을 베풀어 주었고 심지어는 자신의 왕국에서 제2인자로 부상시켜주었음에도, 자신의 딸에게 호의적인 반응을 보이지 않자 매우 굴욕감을 느꼈다. 헤롯은 페로라스가 자신의 딸을 아내로 맞이하기를 거절함에 따라, 형 파사엘의 아들과 결혼을 시켰다.

그 후에 헤롯은 페로라스가 여종에 대한 열정이 식었으리라 생각하고 지난번 일을 크게 책망한 다음, 둘째 딸인 키프로스를 아내로 맞이하라고 요구했다. 그러자 페로라스는 아들을 낳아준 그 여종을 내쫓고, 헤롯의 둘째 딸과 30일 후에 결혼하기로 약속했다. 그러나 30일이 지났지만, 페로라스는 전 처에 대한 사랑이 뜨거워서 헤롯과의 약속을 지킬 수가 없었다. 이에 헤롯은 페로라스에게 온갖 욕설을 퍼부었다. 그러자 많은 사람은 헤롯의 분노를 이용해서 페로라스를 제거하려고 했다.

이번에는 살로메가 분란을 일으켰다. 그녀는 자기의 딸이 남편인 아리스토불루스 4세에게 정을 쏟지 못하게 하고, 그리고 아리스토불루스 4세가 은밀히 이야기 하는 것을 무엇이든지 자기에게 고해바치도록 했다. 살로메의 딸은 모친을 기쁘게 하려고 '두 형제가 헤롯 왕을 미워한다니, 이 복형제들이 열심히 공부하니까 왕권을 잡으면 학교 선생님으로 만들 것이라니 그리고 어머니 마리암메 1세가 입었던 옷을 입고 다니는 여자들은 평생 햇빛을 보지 못하도록 감금해 버릴 것이라'느니 말한다고 일러바쳤다. 이 이야기는 살로메를 통해 헤롯에게 전달되었다.

이런 와중에 더 큰 혼란은 페로라스가 살로메로부터 들은 이야기를 알렉산더 3세에게 전하면서부터 일어났다. 그 내용은 헤롯이 알렉산더 3세의 아내 글라피라에게 미치도록 반해 있다는 것이다. 이 이야기를 듣고 알렉산더 3세는 매우 흥분하여 헤롯에게 이것이 사실이냐고 따져 물었다. 이에 헤롯은 전보다 더 큰 혼란에 빠지게 되었고, 수치와 중상모략을 참을 수가 없었다.

헤롯은 페로라스를 불러 "형제간의 도리도 모르는 벌레 같은 놈"이라고 욕을 하고 사라져 버리라고 말했다. 그러자 페로라스는 이 음모를 꾸민 자는 살로메라고 변명하자, 헤롯은 이 둘을 모두 내쫓아 버렸다.

이때 아라비아의 실무를 담당하는 실레우스가 헤롯을 방문하게 되었다. 그는 헤롯과 함께 식사하다가 살로메를 보고 한눈에 반해 버렸다. 게다가 살로메가 미망인이라는 것을 알고 접근했다. 그 당시 살로메는 오빠인 헤롯의 눈 밖에 나 있었기 때문에 실레우스를 더 사랑하게 되었고, 그와 결혼하기를 갈망했다. 시간이 지남에 따라 이들의 염문이 점점 퍼지게 되자, 부담을 느낀 실레우스는 고국으로 돌아갔다. 그리고 그는 2-3개월 후에 살로메에게 정식으로 청혼할 계획을 가지고 다시 유대를 방문했다.

그는 헤롯에게 살로메를 아내로 달라고 청했으며, 아라비아의 실권자인 자신과 인척 관계를 맺으면 유익할 것이라고 말했다. 그러자 헤롯은 실레우스에게 살로메와 결혼하기 위해서는 먼저 유대의 풍습을 따라 유대교로 개종해야 한다고 말했다. 이 말을 듣고 실레우스는 그렇게 했다가는 아라비아인들에게 돌에 맞아 죽을 것 같아서 결혼을 포기하고 돌아갔다.

한편, 살로메는 헤롯이 페로라스에게 주려고 했으나 종의 신분인 아내에게 마음을 빼앗겨서 싫다고 한 헤롯의 딸 키프로스를 자기 아들의 아내로 달라고 헤롯에게 요청했다. 헤롯은 이 요청을 승낙하려고 했다. 하지만 페로라스는 살로메의 남편을 헤롯이 죽였기에, 그 사이에서 태어난 아들이 결혼해도 잘 대우해 주지 않을 것이니, 차라리 자기 아들과 결혼시키는 것이 더 좋을 것이라고 말했다. 이에 헤롯은 그것이 더 좋다고 생각하고, 자신의 딸을 페로라스의 아들과 결혼시키고 지참금으로 100달란트를 주었다.

8. 갑바도기아의 왕 아켈라우스가 헤롯과 알렉산더 3세를 다시 화해시키다

헤롯 가문의 분쟁은 더욱 심해져만 갔다. 이번에는 내시들을 통해서 문제가 발생했다. 헤롯은 용모가 준수한 몇몇 내시들을 편애하여 술 따르는 일, 식사를 담당하는 일 그리고 잠자리 준비하는 일을 맡겼다. 그런데 어떤 자가 헤롯에게 이 내시들이 알렉산더 3세에게 거액의 돈으로 매수되었다고 밀고했다. 헤롯은 이 내시들을 불러 알렉산더 3세와 성적 접촉을 가졌는지 추궁했고, 이들이 그 사실을 시인했다.

이어 헤롯은 알렉산더 3세가 자신을 살해하려고 했는지 질문하자, 그들은 아니라고 대답했다. 그러자 고문하는 자가 안티파터 3세의 동의를 얻어 더욱 심하게 고문을 하자 그들 중 하나가 "알렉산더 3세는 헤롯 왕이 장수하지 못할 것이고, 늙은 것을 감추기 위해 검게 염색을 하지만 나이는 속이지 못하며, 아무리 헤롯 왕이 다른 사람에게 왕위를 물려주려고 해도 왕위는 자신에게 돌아오며, 이를 위해 많은 사람이 자신을 돕고 충성스럽게 싸울 것을 말했다"라고 허위 진술했다.

헤롯은 내시들의 이런 고백을 듣고 분노와 함께 동시에 위기감을 느꼈다. 그래서 그는 자기와 함께 거주하는 사람들을 끝도 없이 의심하게 되었고, 자신들의 친구 중에서도 알렉산더 3세와 가까이 지내는 사람들은 왕궁에 들어오지 못하게 했다. 그런데 이런 일들을 일으킨 장본인은 안티파터 3세였다. 그는 부친의 자문 역할을 하는 것을 십분 활용하여 부친이 반쯤 날뛰는 것을 보고, 자기의 적대 세력들을 이 기회에 모두 제거할 생각을 갖고 부친을 부추겼다.

헤롯은 알렉산더 3세의 반란에 대한 구체적인 증거를 찾기 위해 그의 친구들을 잡아다가 고문했다. 고문을 이기지 못한 한 친구가 "알렉산더 3세가 동생과 함께 헤롯이 사냥하는 동안 숨어 있다가 그를 죽이고, 로마에 가서 왕국을 넘겨 달라는 음모를 꾸몄다"라고 말했다.

한편, 알렉산더 3세가 동생 아리스토불루스 4세에게 보낸 편지 중에 "일 년에 세입이 200달란트나 되는 땅을 아버지가 안티파터 3세에게 넘겨준 것은 부당한 처사다"라고 헤롯을 비난하는 편지를 발견하고, 헤롯은 이것이 음모의 확실한 증거라고 생각하여 알렉산더 3세를 잡아 감옥에 투옥 시켰다.

그러자 알렉산더 3세는 부친에게 보복할 마음으로 감옥에서 4통의 편지를 써서 보냈다. 그 내용은 다음과 같다.

> 자신이 아버지 헤롯을 살해할 음모를 꾸몄으니 어느 누구도 고문할 필요가 없고, 이 일은 페로라스와 아버지의 가까운 충신들의 협조에서 이루어진 것이다. 그리고 고모 살로메가 밤마다 자신을 찾아와 원하지도 않았는데 동침을 요구해서 동침했다. 모든 사람이 아버지를 두려워하기에 가능한 빨리 아버지를 제거하고 공포에서 벗어나기로 서로 의견의 일치를 보았다.

그리고 알렉산더 3세는 편지에 헤롯의 가장 충실한 신복도 음모에 가담했다고 썼다. 그러자 왕궁은 온통 아수라장이 되었다. 전에는 둘도 없이 친했던 친구들이 이제는 미친 사람들처럼 변해서 야수처럼 서로 물고 뜯었다. 그들은 자신을 위해 변호할 시간도 없이, 어떤 사람은 감옥에 갇히기도 하고, 어떤 사람은 처참한 죽임을 당했다.

한편, 갑바도기아의 왕 아켈라우스는 헤롯 왕궁에서 일어난 일들을 듣고 자기 딸과 사위 알렉산더 3세가 몹시 걱정되었다. 그래서 그는 헤롯과 알렉산더 3세를 화해시킬 목적으로 예루살렘을 방문했다. 그는 헤롯을 비난하다가는 더 큰 일이 일어날 것을 알고, 사위 알렉산더 3세와 딸을 야단치는 시늉을 했다. 헤롯은 아켈라우스가 자기의 편을 드는 것을 보고 마음이 누그러져, 아버지의 정을 찾고 눈물을 흘렸다. 아켈라우스는 헤롯이 진정된 기미가 보이자 페로라스에게 비난의 화살을 돌렸다.

페로라스는 아켈라우스가 헤롯에게 막강한 영향력을 행사한다는 것을 알고 그가 시키는 대로, 헤롯에게 나아가 모든 책임이 자신에게 있다고 말했다. 이렇게 해서 아켈라우스는 알렉산더 3세뿐만 아니라 페로라스까지 헤롯과 화해시키는데 성공했다. 이런 중대한 때에 아켈라우스가 도움을 주자 헤롯은 그에게 경의의 표시로 많은 선물을 주었다.

9. 드라고닛 주민들과 실레우스가 헤롯에게 도전하다

헤롯이 로마에서 돌아오자 유대와 아라비아 사이에 분쟁이 계속 되고 있었다. 가이사가 제노도루스(Zenodorus)로부터 빼앗아 헤롯 영토에 합병시킨 드라고닛(Trachonitis)의 주민들은 헤롯이 강도질을 못 하게 강력하게 금하자 땅을 경작하며 살아갔다. 그러나 소출이 좋지 않고, 헤롯이 알렉산더 3세를 고소하고 안티파터 3세를 가이사에게 맡기기 위해 로마로 간 사이에 헤롯이 사망했다는 헛소문을 퍼뜨리며, 다시 강도질을 시작했다.

그러자 헤롯의 군사령관들이 이들을 진압시켰다. 그러나 두목급 강도 40여 명은 살로메와 결혼하려다가 실패해서 헤롯에게 앙심을 품고 있었던 실레우스에게 피신했다. 로마에서 귀국한 헤롯은 이 사실을 알고 군대를 이끌고 가서 드라고닛 지방의 사람들을 죽였다. 그러자 드라고닛 주민들은 헤롯의 영토에 침입하여 온갖 만행을 저질렀으며, 그 강도의 수가 점점 증가하여 1,000명에 육박했다.

이에 헤롯은 실레우스에게 강도들을 넘겨 줄 것과 기간이 넘었는데도 자신에게 갚지 않은 돈 60달란트를 돌려 달라고 요구했다. 그러자 실레우스는 강도들은 자신의 영토에는 없으며, 빚의 지불도 연기하겠다고 통보했다. 결국, 이 문제로 헤롯과 실레우스는 수리아의 총독 앞에서 재판을 받았다.

수리아의 총독은 실레우스에게 30일 이내에 헤롯에게 진 빚을 갚고, 또한 헤롯과 실레우스 모두에게 잘못을 범한 범인들을 서로 넘겨주라고 명령했다. 그러나 실레우스는 지불 기한이 지났는데도 약속을 지키지 않고 로마로 가버렸다. 이에 헤롯은 수리아 총독의 허락을 얻어 강도들이 은거하고 있는 요새를 공격하여 함락시켰고, 이들을 사로 잡아갔다. 그리고 헤롯은 3,000명의 이두매인들을 드라고닛 지역에 이주시켜 강도들의 활동을 억제했다.

그러자 아라비아인들은 사신을 로마에 있는 실레우스에게 보내 이 사실을 알렸다. 이 소식을 듣고 실레우스는 검은 옷을 입고 가이사에게 가서 "헤롯에 의해 아라비아가 황폐해졌으며 유력인사 2,500명이 살해당했다"라고 호소했다.

가이사는 실레우스의 말만 듣고 자세한 정황을 살피지 않은 채, 헤롯의 군대가 아라비아를 침공한 사실만을 파악하고 헤롯을 추궁하는 편지를 보냈다. 이런 내용을 실레우스가 사신을 통해 아라비아에 알리자, 이 기회를 놓치지 않고 드라고닛 주민들은 이주한 이두매인들에게 잔인하게 복수했다. 그러자 헤롯은 가이사에게 변호하기 위해 사절단을 보냈으나, 가이사는 이들을 만나주지 않았다.

한편, 실레우스가 로마에 머물고 있는 동안에 아레타스 4세가 아라비아의 정권을 잡았다. 이에 실레우스는 아레타스 4세를 몰아내고자 가이사의 신하들에게 많은 돈을 주었으며, 왕위에 오르면 가이사에게도 많은 돈을 주겠다고 약속했다. 가이사는 아레타스 4세가 왕위에 오르기 전에 자신을 찾아오지 않고, 실레우스를 비난하는 서신과 금으로 된 왕관을 보낸 것에 몹시 화를 내었다. 그래서 가이사는 서신의 내용을 믿지도 않았을 뿐만 아니라, 선물도 받지 않고 돌려보냈다. 이런 상황에서 헤롯은 로마의 친구들을 통해 가이사의 분을 가라앉히고 그와의 우호적인 관계를 개선하고자, 다메섹의 니콜라스를 사신으로 로마에 보냈다.

10. 헤롯이 알렉산더 3세와 아리스토불루스 4세를 가이사에게 또 고소하다

헤롯 가문의 불화와 고통은 날이 갈수록 더 극심해져만 갔다. 이번에는 아첨을 잘하는 성격에다가 성적으로 방종한 라케데몬니아 사람 유리클레스가 헤롯을 방문하면서 더 혼란을 겼었다. 그는 헤롯에게 선물을 바치고 친분을 나누면서, 마침내 헤롯의 가장 가까운 친구가 되었다. 그는 안티파터 3세의 집에 머무르면서, 알렉산더 3세에게 자주 접근하여 그의 마음을 사로잡았다.

그리하여 알렉산더 3세는 누구에게도 털어놓지 않았던 비밀, 곧 부친과 서먹하다는 이야기부터 시작해서 모친 마리암메와 안티파터 3세에 관한 이야기까지 소상하게 유리클레스에게 털어놓았다. 그러자 유리클레스는 이 이야기를 안티파터 3세에게 전했고, 음모를 잘 꾸미는 안티파터 3세는 이런 이야기를 유리클레스가 직접 헤롯에게 말하도록 시켰다. 유리클레스의 말을 듣고 헤롯은 알렉산더 3세를 몹시 미워하게 되었다.

이러던 참에 헤롯의 경호 병사 가운데 힘이 세고 건장한 두 사람이, 헤롯에게 미움을 받고 쫓겨났다. 그러자 그들은 알렉산더 3세에게로 가서, 그와 말 타는 것을 즐겼다. 이에 헤롯은 이들을 의심하여 잡아다가 고문을 했다. 이들은 건장하기에 고문을 오랫동안 잘 버티었으나, 결국은 "알렉산더 3세가 헤롯 왕이 사냥할 때에 살해하라"고 지시했고 "실수로 말에서 떨어져서 창에 찔린 것으로 위장하라"고 사주했다고 허위 자백을 했다.

이어서 알렉산드리움 수비대장도 알렉산더 3세를 은닉시켜 줄 것을 약속했다는 이유로 고문을 받았다. 그는 이 사실을 부인했지만, 수비대장의 아들이 알렉산더 3세의 필적을 본떠서 작성한 편지를 제시했다. 그 내용은 "하나님의 도우심으로 우리가 계획한 일이 성공적으로 끝나면 우리는 그대에게 갈 것이오. 그러면 그대가 약속한 대로 우리를 그대의 요새에 영접해 주길 바라오"하는 것이었다.

알렉산더 3세는 그 서신의 내용은 안티파터 3세가 꾸민 것이며, 필체도 자신의 것이 아니라고 주장했으나, 헤롯은 이를 믿지 않았다.

결국, 헤롯은 여리고에서 알렉산더 3세와 아리스토불루스 4세를 공개적으로 고소하고자, 음모에 가담한 자들과 의심받아 고문을 받은 자들을 모두 백성들 앞에 세웠다. 백성들은 고문받은 사람들을 돌로 쳐 죽이고, 알렉산더 3세와 아리스토불루스 4세까지 죽이려고 했지만, 헤롯이 이를 저지시켰다. 이런 상황에서 아리스토불루스 4세가 장모인 살로메에게 "실레우스와 결혼하려고 했을 때 그에게 온갖 이야기를 다 했다는 사실이 알려지면 장모님도 무사하지 못할 것"이라고 말하자, 살로메는 이를 즉시 헤롯에게 전했다. 이에 헤롯은 분노를 참지 못하고 두 아들을 사슬에 채워 각기 다른 방에 감금시키도록 지시했다.

바로 이때 아켈라우스가 보낸 사신이 갑바도기아에서 왔다. 그러자 헤롯은 알렉산더 3세에게 어디로 도망치려고 계획했는지 말해 보라고 다그쳤다. 알렉산더 3세는 "아켈라우스가 로마로 보내 주기로 약속한 것은 사실이지만, 헤롯을 살해하려고 음모를 꾸민 적도 없으며, 이를 생각해 본 적도 없다"라고 말했다. 일이 이쯤 되자 헤롯은 로마에 사신을 보내어 가이사의 분노가 누그러진 것 같으면, 알렉산더 3세와 아리스토불루스 4세가 자신을 살해하려고 음모를 꾸민 서신과 증거품을 보여 주고, 이들을 고소하라고 했다.

그리고 헤롯은 아켈라우스에게는 알렉산더 3세와 함께 음모를 꾸민 것을 책망하는 편지를 보냈다. 이에 아켈라우스는 알렉산더 3세와 아리스토불루스 4세가 자기에게 오면 받아주겠다고 약속은 했지만, 살해할 음모는 꾸미지 않았다고 답변했다.

헤롯의 사신들이 로마에 도착했을 때 니콜라스의 활약으로 헤롯에 대한 가이사의 분노가 누그러졌다. 니콜라스는 로마에 도착하여 헤롯을 변호하기 위해, 실레우스의 비난에 초점을 맞추었다. 그가 로마에 도착하자, 이미 갈등으로 분열한 아라비아 사람들은 실레우스의 온갖 비행뿐만 아니라, 왕 오바다스 3세와 그의 측근들을 살해한 명백한 증거들을 니콜라스에게 주었다.

결국, 실레우스는 가이사 앞에서 재판을 받게 되었다. 니콜라스는 다음과 같이 헤롯을 변호했다.

> 실레우스가 오바다스 왕과 그 외의 많은 아라비아인을 살해했으며, 아라비아 여인들뿐만 아니라 로마의 여인들과 간통했다. 그리고 헤롯은 2,500명의 아라비아 사람들을 죽인 것이 아니라 고작 죽인 사람이 25명에 불과하며, 무엇보다도 헤롯이 아라비아 원정을 간 것은 실레우스가 지불 기한이 지났는데도 빚을 갚지 않았기에 계약서에 명시된 대로 한 것이며, 이를 위해 먼저 수리아의 총독에게 보고하고 행동에 옮긴 것이다.

이 이야기를 들은 가이사는 실레우스에게 몇 명의 아라비아인들이 희생되었느냐고 물었다. 그러자 실레우스는 우물쭈물하더니 자기도 속은 것 같다고 대답했다. 그러자 니콜라스는 빚진 돈에 관한 계약 문서와 수리아 총독의 서신 그리고 강도 떼들에 의해 피해를 받은 도시의 주민들이 낸 진정서를 낭독했다. 결국, 실레우스는 헤롯에게 진 빚을 다 갚은 후에 처형당했다. 그리고 니콜라스의 노력으로 헤롯과 가이사는 화해하게 되었다.

한편, 가이사는 아레타스 4세가 자기의 승낙 없이 아라비아의 왕이 된 것을 못마땅하게 여겨, 아라비아를 헤롯에게 주기로 마음먹었다. 그러나 헤롯이 보낸 편지에서 아들들을 비난하는 내용을 읽고, 헤롯이 노쇠했고 아들과의 관계가 좋지 않은데 또 하나의 왕국을 맡기는 것은 현명하지 않다고 판단했다. 그래서 가이사는 아레타스 4세가 보낸 사신들을 접견하고, 자신의 승낙을 받지도 않고 왕위에 오른 그의 경솔한 행동을 꾸짖은 다음, 예물을 수락하고 그를 아라비아의 왕으로 인정해 주었다.

11. 헤롯이 끝내 알렉산더 3세와 아리스토불루스 4세를 처형하다

가이사는 헤롯에 대한 오해를 풀고 다음과 같은 편지를 보냈다.

> 아들들이 극악무도한 죄를 저질렀으며, 부모를 살해하려고 한 죄로 처형할 것을 허락한다. 그러나 단지 도망치려고 계획을 했다면 가혹하게 처벌하지 말고 훈계만 하도록 하라. 그리고 이를 위해서 로마에 속한 베리투스(Berytus) 시에서 수리아 총독들과 갑바도기아 왕 그리고 그 밖의 친분 있는 인사들을 초정해서 자문을 구하고 판단하도록 하라.

이 서신을 받고 헤롯은 무엇보다도 가이사와 화해할 수 있게 된 것과 자식들을 자기 뜻대로 처벌할 수 있는 권한을 받은 것에 대해 매우 기뻐했다.

헤롯은 자기 의도에 방해되는 갑바도기아의 왕 아켈라우스를 제외하고는, 150명이 되는 인사들을 재판에 초대했다. 헤롯은 아들들을 직접 고소했으며, 재판관들에게 제출한 증거물들을 생각할 여유조차 주지 않고 자신의 권위로 그것들이 사실이라고 주장했다.

헤롯이 재판관들 앞에서 읽은 아들의 편지에는, 아버지를 살해하겠다는 내용은 한 마디도 없고 단지 그의 곁을 도망치고 싶어 한다는 내용이었다. 그러나 편지에는 헤롯에 대한 미움과 비난이 있었기에, 헤롯은 이 대목을 읽을 때 음모를 꾸민 것처럼 큰소리로 과장해서 읽어갔다. 그리고 그는 유대의 율법에 따라, 이런 자들은 돌로 쳐 죽이도록 규정하고 있다고 말했다. 헤롯이 아들들에게 변호할 기회를 주지 않고 결론을 내리자, 재판관들은 화해할 가능성이나 공정한 재판을 기대하는 것이 무리임을 알고, 헤롯의 결정을 승인해 주었다.

이 재판 이후 헤롯은 즉시 아들들을 끌고 두로로 와서, 로마에서 돌아오는 니콜라스를 만났다. 그리고는 로마에 있는 자신들의 친구들이 이 문제에 대해서도 어떻게 생각하고 있는지 물어보았다. 니콜라스는 "두 아들의 행동은 불경죄에 가까운 것이고, 처형해도 괜찮다"는 것이 자신뿐만 아니라 로마에 있는 친구들의 견해라고 말해 주었다.

한편, 헤롯의 아들들 일로 유대의 모든 사람이 걱정하고 있던 차에, 헤롯의 옛 친구이자 자기 아들이 알렉산더 3세와 친구인 티로가 헤롯을 찾아가 백성들의 뜻을 솔직하게 전했다. 그는 "두 아들을 죽이고 나면, 헤롯 곁에는 후계자로 삼겠다는 언질을 믿고 못된 행동을 하는 아들과 몇 번이나 죽어도 마땅한 친척들만 남을 것이다. 그리고 아들을 죽이려는 헤롯의 행동에 백성들이 입을 다물고 있는 것 자체가 헤롯을 싫어한다는 증거이다. 또한, 많은 병사와 지휘관들이 두 아들을 동정하고 있다"라고 말했다.

헤롯은 티로의 말을 통해서 병사들뿐만 아니라 지휘관들이 자신의 처사에 불만을 품고 있다는 사실을 알고, 티로뿐만 아니라 그가 들먹인 자들을 모두 잡아 감옥에 가두었다. 이일이 있고 난 뒤에 헤롯의 이발사가 기회를 엿보다가 "티로가 왕이 이발할 때에 면도칼로 왕을 시해한 다음 알렉산더 3세의 측근이 되어 많은 보상을 받으라고 여러 번 말했다"라고 일러바쳤다.

이 말을 듣고 헤롯은 티로와 그의 아들 그리고 이발사까지 고문했다. 티로의 아들은 고문에서 아버지를 구하고자 알렉산더 3세의 영광을 위해서 부친이 그러한 일을 계획했다고 말했다. 아들의 고백으로 티로는 고통에서 벗어날 수 있었으나, 이 고백이 사실을 토대로 한 것인지, 아니면 부친을 구하기 위해서 꾸면 낸 것인지 확실하지 않다.

헤롯은 아들들을 처형할 것인가에 대해서 망설였지만, 이제는 더 이상 의심의 여지가 없었다. 헤롯은 티로와 그의 아들 그리고 자신의 이발사와 300명의 군대 지휘관들을 백성들 앞에 끌어다 놓고 고소했다. 이에 백성들은 손에 잡히는 대로 돌을 던져 그들 모두를 쳐 죽였다. 하지만 알렉산더 3세와 아리스토불루스 4세는 헤롯의 명에 따라 세바스테(Sebaste - 사마리아)로 끌려가서 교수형을 당했다. 그리고 그들의 시신은 외조부와 대부분 조상이 묻힌 알렉산드리움에 옮겨져 안장되었다.

부자간의 뿌리 깊은 미움은 도를 지나쳐 부자의 정까지 갈라놓았다.

이런 비극의 원인은 양쪽 모두에게 있다. 아들들이 왕족이라는 교만에 들떠 부친이 행한 일들을 마구 비난한 것은 잘못한 일이다. 그들의 이런 행동들은 왕의 환심을 사려는 아첨꾼들이 쳐 놓은 그물에 걸려 먹잇감이 되기에 충분했다. 그렇다고 자식들을 무참하게 살해한 헤롯도 비난받아 마땅하다. 그는 아들들이 자신을 살해한다는 결정적인 증거도 없으면서, 두 아들을 흥분해서 살해했다. 이러한 헤롯의 행동은 그의 악한 성품에서 기인한 것이다.

12. 마무리 정리

(1) 앞서 언급된 내용에서 성서 해석에 도움이 되는 것이 무엇인지 살펴봅시다.

(2) 에베소서 6:1-4을 읽고, 헤롯이 끝내 두 아들을 죽인 것에 대해 논의해 봅시다.

(3) 오늘날 이스라엘을 가면 헤롯 왕이 만든 많은 건축물을 보게 됩니다. 이를 통해서 통치자들을 어떻게 평가해야 하는지 논의해 봅시다.

제7장

헤롯 왕의 유대 통치 3
(BC 7-AD 6년)

**철부지의 아들이 빨리 왕이 되고 싶어
아버지를 독살하려다가 죽임을 당하다**
(유대고대사 제17권 이야기)

주요 사건

1. 헤롯 왕의 바리새파 탄압: 헤롯 왕의 정권이 그의 동생 페로라스에게 넘어 갈 것이라고 예언함으로 박해를 받음

2. 안티파터 3세의 헤롯 왕 독살 계획: BC 5년경에 안티파터 3세는 아버지 헤롯 왕이 죽으면 자신이 왕위를 이어갈 것이라는 첫 번째 유언서를 갖고 로마로 간다. 그리고 그가 로마에 있는 사이 숙부 페로라스를 통해서 아버지를 독살하려고 했다. 그러나 숙부 페로라스의 죽음으로 그의 계획은 실패로 끝난다. 이 사건을 마리암메 2세가 알면서도 헤롯 왕에게 알려 주지 않는 것이 밝혀지면서, 헤롯 왕은 그녀의 아버지인 대제사장 시몬과 그리고 안티파스 3세의 후임으로 왕위를 이어갈 그녀의 아들 빌립(헤로디아의 첫 번째 남편)을 폐위시킨다.

3. 헤롯 왕의 두 번째 유언서 작성: 헤롯은 말다케에게서 태어난 둘째 아들

헤롯 안티파스에게 자신의 왕국 전체를 물려주려고 유언서를 작성한다.
4. 성전의 금독수리 형상 사건: 유다와 마티아스라는 젊은 청년들이 예루살렘 성전 대문 위에 있는 금독수리상을 끌어내려 도끼로 박살을 냄. 헤롯 왕은 이들을 사형에 처했으나, 그의 사후에 아켈라오 정권에서 그들의 명예회복을 바라는 자들이 반란을 일으켜 결국 아켈라오가 3천명의 유대인을 죽이는 사건이 발생했다.
5. 헤롯 왕이 유대인 유력 인사들을 몰살하려고 한 계획: 유대인들이 자신의 죽음에 대해 슬퍼하지 않을 것을 알고, 헤롯 왕은 죽기 직전 유대의 유력인사들을 여리고 경기장에 소집하고 이들을 죽이라고 여동생 살로메 부부에게 명령을 함. 그러나 그들은 이를 실행하지 않았음.
6. 헤롯 왕의 세 번째 유언서 작성과 그의 죽음: 헤롯 왕은 죽기 며칠 전에 자신의 왕국을 아켈라오, 헤롯 안티파스 그리고 빌립에게 분할하여 통치하도록 유언서를 작성하고 BC 4년에 죽음.
7. 가이사 앞에서 왕위 경쟁: 형제지간인 아켈라오와 헤롯 안티파스는 아버지 헤롯 왕의 유언서를 통해서 자신이 유대의 진정한 통치자라고 주장.
8. 아켈라오의 추방: AD 6년에 가이사는 폭정으로 나라를 다스리는 아켈라오를 파면하고, 그곳으로 총독을 파견.

수리아 총독

1. 퀸틸리우스 바루스(Quinitilius Varus, BC 6-4년): 수리아의 총독으로, 유대에서 일어난 반란을 진압하면서 예루살렘을 점령하고 2000여명의 유대인 반란군을 십자가형에 처형함.
2. 구레뇨(Quirinius, BC 4-AD 1/AD 6-9년): '관할하는 자'란 뜻으로 수리아의 총독.

대제사장

1. 마티아스(Matthias, BC 5-4년): 대제사장 시몬 다음의 인물로, 예루살렘 출신인 데오필루스(Theophilus)의 아들.

2. 엘레무스(Ellemus)의 아들 요셉(Joseph): 대제사장 마티아스의 친척으로, 유대의 금식일 전날 밤에 대제사장 마티아스가 아내와 동침하는 꿈을 꾸어, 그가 단 하루 동안에만 대제사장직을 수행.
3. 요아자르(Joazar, BC 4년): 헤롯의 처남.
4. 엘르아살(Eleazar, BC 4-3년): 아켈라오가 임명한 대제사장 요아자르의 형제.

헤롯 가문

1. 안티파터 3세(Antipater III): 헤롯 왕의 장자로 빨리 왕이 되고 싶어 아버지 헤롯을 독살하려다가 실패하여, 헤롯이 죽기 5일전에 처형당함.
2. 살로메(Salome): 헤롯 왕의 여동생.
3. 알렉사스(Alexas): 살로메의 두 번째 남편
4. 마리암메 2세(Mariamme II): 헤롯 왕의 세 번째 아내로, 대제사장의 딸이며, 그녀와의 사이에서 헤롯 빌립(-헤로디아의 첫번째 남편)이라는 아들을 두었다.
5. (칼키스)의 헤롯(Herod of Chalcis, AD 41-48년): 아그립바 1세의 형제로, 그가 AD 41년경에 클라우디우스 황제에게 그를 레바논 북부인 칼키스(Chalcis) 지역의 '왕'으로 임명해 줄 것을 요청하자 클라우디우스는 이를 수용했다. 그리고 아그립바 1세가 죽자, 칼키스의 헤롯은 자신의 가문이 갖고 있었던 예루살렘 성전 통치권과 헌금 관리권 그리고 대제사장 임명권을 클라우디우스 황제에게 요구하여 허락을 받았다. 그래서 그는 대제사장 칸데라스(Cantheras)를 직위 해제하고 후임으로 카무스(Camus)의 아들 요셉(Joseph, AD 44-47년)과 이어서 느데베우스(Nedebeus)의 아들 아나니아스(Ananias, AD 47-58년)를 대제사장으로 임명했다. 이러한 권한은 그가 죽자 아그립바 2세가 넘겨받았다.
6. 말다케(Malthace): 헤롯 왕의 여섯 번째 아내로 사마리아 출신이며, 분봉왕 아켈라오(Archelaus)와 안티파스(Antipas) 그리고 딸 올림피아스(Olympias)를 낳았다.

7. 클레오파트라(Cleopatra): 헤롯 왕의 일곱 번째 아내로 예루살렘 출신이며, 헤롯(Herod)과 이두래와 드라고닛 지방을 다스린 분봉왕 빌립(Philip)을 낳았다.
8. 팔라스(Pallas): 헤롯 왕의 여덟 번째 아내로 파사엘(Phaselus)을 낳았다.
9. 페드라(Phedra)와 엘피스(Elpis): 헤롯 왕의 아홉 번째 그리고 열 번째 아내로, 그들에게서 록사나(Roxana)와 살로메(Salome)라는 딸을 낳았다.
10. 페로라스(Pheroras): 헤롯 왕의 남동생으로, 안티파터 3세와 함께 헤롯을 독살하려고 하다가 포기함
11. 아켈라오(Archelaus): 헤롯 왕과 사마리아 여인 말다케 사이에서 태어난 큰 아들. 가이사로부터 '왕'(king)이 아닌 '민족의 지도자'(ethnarch)란 칭호를 받음.
12. 빌립(Philip): 헤롯 왕과 예루살렘 출신의 클레오파트라 사이에 태어난 아들로, 갈릴리 북쪽의 분봉 왕(눅 3:1).
13. 헤롯 안티파스(Herod Antipas): 아켈라오의 친동생으로, 가이사 앞에서 왕의 자리를 놓고 경쟁을 했으며 분봉 왕(tetrarch)이란 칭호를 받는다(눅 3:1).
14. 안티파터 4세(Antipater IV): 헤롯 왕의 여동생 살로메의 아들로서 웅변가. 가이사 앞에서 헤롯 안티파스를 변호함.
15. 아키압(Achiab): 헤롯 왕의 조카로 왕실의 해산당한 2천명의 병사를 통솔하여 반란을 일으킴.
16. 글라피라(Glaphyra): 갑바도기아 아켈라우스 왕의 딸로 알렉산더 3세의 아내였다가, 그가 죽자 리비아의 왕 유바(Juba)와 결혼하고, 또한 그가 죽자 다시 아켈라오와 결혼함.

그 밖의 인물

1. 자마리스(Zamaris): 바벨론 출신으로 헤롯으로부터 면세 혜택을 받고 드라고닛 지역과 인접한 바타네아에 거주한 사람.
2. 안티필루스(Antiphilus): 안티파터 3세의 친구로 애굽에서 독약을 가져와

헤롯을 독살하라고 페로라스에게 전해 줌.
3. 바틸루스(Bathyllus): 안티파터 3세의 부하.
4. 니콜라스(Nicolas): 다마스커스(Damascus) 출신으로 헤롯의 친구이며, 로마에 사신으로 파견되어 헤롯과 가이사와의 관계를 회복시킨 인물로서 후에는 아켈라오를 변호함.
5. 아크메(Acme): 유대인 출신으로 황후 율리아의 몸종. 안티파터 3세로부터 거액의 뇌물을 받고 헤롯과 살로메를 살해하려는 사악한 음모에 가담했다가 살해당함.
6. 사리페우스(Saripheus)의 아들 유다(Judas): 예루살렘 성전 대문 위에 있는 금독수리 형상을 파괴해서 헤롯에게 죽임을 당함.
7. 마르갈로투스(Margalothus)의 아들 마티아스(Matthias): 예루살렘 성전 대문 위에 있는 금독수리 형상을 파괴해서 헤롯에게 죽임을 당함.
8. 사비누스(Sabinus): 가이사의 행정장관.
9. 에스키아스(Ezekias)의 아들 유다(Judas): 갈릴리 강도떼의 두목.
10. 시몬(Simon): 헤롯 왕의 종으로 스스로 왕이라고 선포함.
11. 아드롱게스(Athronges): 무명의 목동 출신으로 스스로 왕이라고 선포함.
12. 가짜 알렉산더 3세(Alexander III): 유대 땅에서 태어나 시돈(Sidon)에서 로마의 자유인으로 성장한 한 청년으로, 그 모습이 헤롯 왕의 아들 알렉산더 3세와 흡사함.

1. 핵심 내용

하스몬 왕가의 이복동생들을 살해한 안티파터 3세는 왕위를 이을 후계자로 지명되었지만 빨리 왕이 되고 싶어 했다. 그래서 그는 부친을 독살하고자 음모를 꾸미며, 자신은 로마에 있으면서 숙부인 페로라스에게 독약을 주어 살해하려고 했다. 그러나 페로라스는 자신이 병들었을 때 헤롯이 찾아와 위로해 주자 이를 실행에 옮기지 못하고 죽고 말았다.

페로라스가 죽자, 그로부터 사랑을 받았던 종들이 헤롯에게 찾아와 그의 죽음에 의문이 있으니 조사해 달라고 간청했다. 그러자 헤롯은 관련자들을 잡아다가 고문하는 과정에서, 아들 안티파터 3세가 자신을 독살하려고 계획했다는 것을 알게 되었다. 그리고 아내인 대제사장의 딸 마리암메 2세가 이런 독살 계획을 알고도 묵인한 것이 드러났다. 그러자 헤롯은 그녀와 이혼하고, 자신의 후계자로 지목한 그녀의 아들 빌립(헤로디아의 첫 번째 남편)도 후계자 명단에서 지우며 또한 대제사장인 그녀의 아버지 시몬도 폐위시킨다.

안티파터 3세는 유대의 정치적 상황이 자신에게 불리하게 돌아가고 있음을 직감하고 로마에서 돌아오려고 하지 않았으나, 친구들이 상황에 대해서 적극적으로 해명하는 것이 좋다고 조언하자 유대로 귀국했다.

헤롯은 안티파터 3세가 귀국할 시기를 알고 수리아의 총독 바루스를 초대하여 재판을 준비했다. 헤롯의 고소에 안티파터 3세는 자신의 무죄를 입증하려고 애썼으나, 바루스가 재판정에서 독살에 사용된 독약을 시험하고자 이미 사형선고를 받은 무명의 죄수에게 마시게 하자 그 자리에서 즉사하고 말았다. 이로써 안티파터 3세의 유죄가 입증되었다.

이쯤에 헤롯은 중병이 들자 마음이 바뀌어 안티파터 3세에게 물려주려고 한 유언장을 수정하여 세례 요한을 처형한 안티파스에게 왕국 전체를 물려주고자 했다. 그리고 그는 예루살렘 성전에 있는 금독수리 상을 끌어내려 파괴한 자들을 처형하고 난 다음에, 몸의 회복을 위해 요단강 건너에 있는 온천까지 다녀왔다. 하지만 건강이 회복되지 않고, 자기 죽음을 백성들이 슬퍼하지 않으리라고 생각하여, 유대의 유력인사들을 여리고에 불러 모아 놓고 자신이 죽음과 동시에 이들을 죽이고자 했다. 하지만 이것은 실행되지 않았다.

헤롯은 죽기 5일 전에 아들 안티파터 3세를 처형했다. 그리고 유언장을 다시 작성하여 아켈라오에게 왕권을 물려주고 유대와 사마리아 그리고 이두메를, 안티파스에게는 페레아와 갈릴리를 그리고 클레오파트라에게서 낳은 아들 빌립에게는 드라고닛과 그 인근 지역을 다스리게 했다. 그리고 자신을 헤로디움의 요새에 묻어달라고 했다.

헤롯이 죽자 아켈라오는 부친의 장례를 치렀으며 백성들을 잘 보살피겠다고 마음먹었다. 하지만 부친에게서 금독수리 상 문제로 죽은 자들로 인하여 문제가 발생했다. 그들을 추모하고자 하는 자들이 유월절 기간에 반란을 일으켜, 그 규모가 엄청나게 커지자 아켈라오는 모든 병사를 동원하여 3천 명이나 되는 유대인들을 죽였다. 그리고 황제 가이사에게 아버지의 유언장을 인준받기 위해 로마로 향했다.

이와 동시에 이전의 유언장에서 유대의 통치자로 임명된 안티파스도 가족들의 지지를 받으면서 왕이 되고자 로마로 향했다. 가이사는 왕위의 정당성을 주장하는 양쪽의 견해를 듣고 판결을 미루었다. 그 사이 유대 전역에서는 많은 반란이 일어났다. 이것을 수리아의 총독 바루스가 무력으로 진압했다.

그리고 그는 유대 유력인사들이 로마에 사절단으로 가는 것을 허락했다. 그들은 가이사에게 가서 유대를 왕정이 아닌 수리아에 합병시키고 황제가 직접 통치해 달라고 요청했다. 유대의 모든 상황을 파악한 가이사는 헤롯의 마지막 유언장을 권위 있는 것으로 인정해 주었다. 하지만 아켈라오에게는 '왕'이 아닌 '민족의 통치자'(ethnarch)라는 호칭을 주었고, 통치를 잘하면 '왕'(βασιλεύς)의 호칭을 줄 것을 약속했다. 하지만 그가 나라를 폭정으로 다스리자 가이사는 AD 6년 그를 폐위하고, 총독을 보내어 유대와 사마리아를 통치했다.

2. 헤롯의 가정사와 안티파터 3세가 헤롯을 독살하려고 계획하다

안티파터 3세는 왕권을 차지하는 데에 가장 강력한 경쟁 상대인 알렉산더 3세와 아리스토불루스 4세를 부친 헤롯의 손으로 제거하는 데에 성공하자, 이번에는 왕권을 빨리 차지하고 싶어 부친을 살해하기로 마음먹었다. 그래서 그는 많은 선물을 로마에 있는 부친의 친구들과 수리아의 총독에게 보내어, 이들이 부친을 비난하도록 유도했다. 그리고 고모 살로메에게도 많은 선물을 보내어 그녀의 환심을 사고자 노력했다. 하지만 그녀는 오래전부터 경계심을 갖고 그를 지켜보았기 때문에, 그의 속마음을 이미 간파하고 있었다. 한편, 살로메는 헤롯의 강력한 권고와 로마의 황후인 율리아의 조언에 따라 알렉사스와 결혼했다.

그리고 헤롯은 자신이 죽인 아들들의 자녀(-손자)들을 매우 잘 보살펴 주었다. 알렉산더 3세는 글라피라를 통해서 두 아들을 두었고,[1] 아리스토불루스 4세는 살로메의 딸 베르니카를 통해서 세 아들과 두 딸을 두었다.[2] 그들이 장성하여 결혼할 나이가 되자 헤롯은 짝을 지어 주었다. 아리스토불루스 4세의 큰 아들 (칼키스) 헤롯은 안티파터 3세의 딸과 그리고 헤로디아는 마리암메 2세에게서 태어난 아들 헤롯과[3] 결혼시켰다.

헤롯은 당시 9명의 아내가 있었다.[4]

첫째, 안티파터 3세의 모친이었고,

둘째, 대제사장의 딸 마리암메 2세로 그녀와의 사이에서 헤롯[5]이라는 아들 하나를 두었다.

셋째, 형의 딸이었으며,

---

1 알렉산더(Alexander)와 티그라네스(Tigranes)이다. 티그라네스는 짧은 기간 동안 아르메니아의 왕이었다(참고, 『유대고대사』 18:139).
2 세 아들들은 (칼키스의) 헤롯(Herod), 아그립바(Agrippa) 그리고 아리스토불루스(Aristobulus)이고, 딸들은 헤로디아(Herodias)와 마리암메(Mariamme)이다. 여기서 아그립바는 행 12장에 등장하는 인물이고, 헤로디아는 막 6장의 세례 요한을 죽인 인물이다.
3 헤롯 왕은 10명의 부인으로부터 많은 아들을 두었는데, 그들에게도 자신과 동일한 '헤롯'이라는 이름을 지어 주었다. 마리암메 2세에게서 태어난 아들을 요세푸스는 '헤롯'이라 불렀고, 신약성경은 그 이름을 '빌립'이라 부른다(막 6:17; 마 14:3). 그래서 일부의 사람들은 헤로디아의 첫 번째 남편 '빌립'과 헤롯 왕이 클레오파트라에게서 낳은 분봉왕 빌립(눅 3:1)과 혼동을 한다. 또한 우리말 성경은 "동생 빌립의 아내 헤로디아"(막 6:17; 마 14:3; 눅 3:19)로 번역하여 첫 번째 남편 '빌립'(= 헤롯)이 두 번째 남편인 헤롯 안티파스보다 어린 사람으로 표현했다. 그런데 이것은 오역이다. 첫 번째 남편 '빌립'은 두 번째 남편 헤롯 안티파스보다 손 위의 사람이다. 이에 대한 자세한 논의는 류호성, "헤로디아는 '동생의 아내'가 아니라, '이복 형의아내'였다(막 6:17-18; 마 14:3; 눅 3:19)," 『신학논단』 89 (2017): 163-192.
4 헤롯이 죽인 마리암메 1세까지 포함하면 헤롯의 아내는 총 10명이다.
5 '빌립'이라고도 한다. 이 사람이 헤로디아의 첫 번째 남편으로 막 6:17에 등장하는 인물이다.

넷째, 여동생의 딸로 이들 사이에는 자식이 없었다.

다섯째, 사마리아 출신인 말다케로 아켈라오와 안티파스라는 아들과 올림피아스(Olympias)라는 딸을 두었다.

여섯째, 예루살렘 출신의 여인 클레오파트라로 헤롯과 빌립[6]이라는 두 아들을 두었다.

일곱째, 팔라스로 파사엘이라는 아들을 두었다.

여덟째와 아홉째는 페드라와 엘피스로 그들에게서 록사나와 살로메라는 딸을 두었다.

3. 헤롯의 드라고닛 통치와 동생 페로라스와 갈등하다

헤롯은 드라고닛(Trachonitis) 지역을 외부의 공격으로부터 막기 위해 큰 도시를 건설하기로 마음먹었다. 이때 헤롯은 바벨론 출신의 자마리스라는 유대인에 관한 소문을 들었다. 그는 말을 타고 활을 쏠 줄 아는 병사 500명과 친척 100명을 거느리고, 수리아의 총독이 허락한 안디옥에 거주하고 있었다.

이에 헤롯은 자마리스와 그의 부하들에게 면세의 혜택을 주어 드라고닛 지역과 인접한 바타네아(Batanaea)에 거주케 했다. 이로 인해 유대 백성들뿐만 아니라 바벨론에서 제사를 드리러 올라오는 유대인들을 강도 떼로부터 보호할 수 있었다. 이 지역에 대한 세금감면의 혜택은 헤롯 이후의 통치자마다 약간의 차이는 있었지만, 로마가 직접 이곳을 통치하기 전까지는 계속되었다.

안티파터 3세는 헤롯의 신임과 총애를 받으면서 정무의 일을 모두 관장했으며, 마음껏 권력을 누렸다. 그가 권력을 갖고 음모를 꾸미기에 사람들은 그를 두려워하여 피했지만, 숙부 페로라스와는 친하게 잘 지냈다. 그리고 페로라스가 여자들의 치마폭에 둘러싸인 것을 알고, 그는 그

---

[6] 이 사람이 눅 3:1에 등장하는 이두래와 드라고닛 지방을 다스린 인물이다.

여인들을 통하여 숙부를 교활하게 감시했다.

그래서 안티파터 3세와 페로라스 사이에는 사소한 것 이외에는 의견의 충돌이 없었다. 그러나 이들의 유일한 적은 헤롯의 여동생 살로메로, 그녀는 이들이 헤롯을 살해하려고 힘을 모으고 있다는 것을 알았다. 그래서 그녀는 헤롯에게 이를 알렸지만, 헤롯은 살로메가 이들을 음해하는 줄 알고 어떤 조치도 취하지 않았다.

당시 율법에 대해 가장 정통하다고 자랑하며, 하나님의 능력으로 미래를 예언할 수 있다고 백성들에게 영향을 끼친 교활한 바리새파가 있었는데, 그 수가 6,000명에 달했다. 그들은 헤롯에게 충성하기를 거부하고 대항했다. 그러자 헤롯은 이 종파에 벌금을 부과했으나, 이를 페로라스의 아내가 대납해 주었다.

그녀가 이렇게 한 것은, 헤롯의 정권이 끝나면 페로라스에게 정권이 넘어올 것이라고 이들이 예언했기 때문이다. 그래서 헤롯은 왕궁 내에서 바리새파를 따르는 자들을 모두 찾아내어 처형했다. 그리고 동생 페로라스에게 아내를 내쫓고 형제 우애를 회복하자고 요구했다. 하지만 페로라스는 형제의 정을 끊을 수 없듯이 부부의 정도 끊을 수 없으며, 그렇게 하느니 차라리 죽음을 택하겠다고 말했다. 동생이 이렇게 나오자 헤롯은 아들 안티파터 3세와 그의 모친에게, 페로라스와 그 주변에 있는 여자들을 만나지 말라고 엄명했다.

그러나 안티파터 3세는 기회가 있을 때마다 페로라스를 만나서 술을 즐겼다. 그리고 그가 페로라스의 부인과 정을 통했다는 소문이 안티파터 3세의 모친의 입을 통해 떠돌아다녔다.

한편, 안티파터 3세는 로마에 있는 부친의 친구들에게 편지를 보내, 자신이 속히 가이사를 알현할 수 있도록 부친에게 편지를 보내달라고 요청했다. 결국, 이 일은 성과를 거두어 헤롯은 안티파터 3세를 가이사에게 보내면서 값진 예물과 함께 "안티파터 3세를 자기의 후계자로 삼고, 만일 안티파터 3세가 죽으면 대제사장의 딸을 통해 낳은 아들(헤로디아의 첫 번째 남편) 빌립을 후계자로 삼겠다"고 유언장도 써서 보냈다.

헤롯은 페로라스가 아내를 아주 특별히 여기자, 이를 못마땅하게 여겨 그의 영지로 돌아가라고 명령했다. 그러자 페로라스는 자신의 영지로 돌아가면서, 헤롯이 죽기 전에는 결코, 다시 만나지 않겠다고 맹세했다. 그래서 헤롯이 병들어 죽게 되어 한 번만 와달라고 부탁을 했지만, 그 요청을 거절했다.

하지만 헤롯은 페로라스를 끝까지 미워하지 않고, 오히려 그가 병이 들었다는 소식을 듣고 직접 찾아가서 따뜻하게 위로해 주었고, 그가 죽자 장례까지 치러주었을 뿐만 아니라 백성들에게는 엄숙히 애도하도록 명령했다. 비록 이 시기에 안티파터 3세는 로마에 있었지만, 페로라스의 죽음과 함께 그의 불행은 시작되었다.

4. 헤롯을 독살하려고 한 안티파터 3세의 음모가 밝혀지다

페로라스의 장례식이 끝나자 그의 총애를 받았던 두 명의 노예가 헤롯을 찾아와서 그의 죽음에 문제가 있으니 자세히 조사하여 원수를 갚아 달라고 간청했다. 그들은 페로라스가 병에 걸리기 전날 밤에 부인과 함께 저녁을 먹었는데, 누군가 음식에 독약을 탄 것 같다고 말했다. 그리고 이 약은 페로라스의 정력제로 쓰기 위한 것처럼 보였으나, 실제로는 그를 죽이기 위한 독약으로, 페로라스의 장모와 처제가 아랍 여인에게서 구해 온 것이라고 말했다.

이에 헤롯은 종들과 노예들을 잡아 고문했으나 아무것도 밝혀낼 수가 없었다. 하지만 고문을 견디지 못한 한 여인이 안티파터 3세의 모친에게도 자기와 똑같은 고통이 있게 해 달라고 중얼거렸다. 이것을 헤롯이 놓치지 않고 그녀를 더욱 고문했고, 이를 통해서 자신을 독살하려고 했던 사건의 전모를 파악하게 되었다.

헤롯은 안티파터 3세가 자신을 공공연히 비난하고 다닌 것과 그리고 안티파터 3세의 모친과 페로라스의 여인들이 서로 은밀한 만남을 자주 가진 것을 알게 되었다. 이러한 사실은 여동생 살로메가 예전에 헤롯에게 말한 것과 같았다. 이에 헤롯은 안티파터 3세의 모친에게서 값비싼 장식품을 모두 빼앗고 멀리 내쫓았다. 그러나 무엇보다도 헤롯을 가장 분노하게 한 것은 안티파터 3세의 대리인이 실토한 내용이었다. 안티파터는 자신이 유대를 떠나 로마에 있는 사이에 헤롯을 독살하면 아무런 의심을 받지 않을 것으로 생각했다.

그래서 그는 친구 안티필루스를 시켜 애굽에서 독약을 가져와, 부친을 독살하라고 외삼촌을 통해 페로라스에게 전해주었고, 페로라스는 이것을 잘 간수하라고 아내에게 주었다. 이에 헤롯은 페로라스의 아내를 다그쳤고, 그녀는 사실대로 고백한 후에 독약을 가져오겠다고 나가서는 자살하려고 지붕에서 뛰어내렸다. 그러나 발이 땅에 먼저 떨어지는 바람에 자살은 실패로 돌아갔다. 이것을 헤롯은 측은히 여기고 모든 것을 숨김없이 자백하면 용서해 주겠다고 약속했다. 그러자 그녀는 사실대로 자백했다.

페로라스가 안티파터 3세의 음모에 휘말려 헤롯을 독살하려고 마음먹었지만, 병들었을 때 헤롯이 찾아와 따뜻하게 보살펴 주자 양심의 가책을 받고 이를 실행에 옮기지 않았다. 그리고 그는 이 사건에 가담한 것을 후회했고, 아내에게 독약을 모두 태우라고 지시했다. 그녀는 모든 독약을 태웠으나, 만일의 경우, 곧 헤롯이 자신을 학대할 경우를 대비하여 자살하고자 극소량의 독약을 남겨두었다. 이러한 진술을 하고 그녀는 독약과 독약 상자를 헤롯에게 보여 주었다.

그러자 헤롯은 안티필루스의 형제와 그의 모친을 끌어다가 고문을 했다. 그들은 독약 상자를 애굽에서 가져왔다고 인정했다. 그런데 여기서 헤롯의 아내로 대제사장의 딸인 마리암메 2세가 이런 음모를 알고도 묵인해 준 것이 밝혀졌다. 그러자 헤롯은 그녀와 이혼하고 그녀의 아들 빌립을 후계자의 명단에서 지워버렸다. 또한, 장인인 보에투스의 아들 시몬을 대제사장직에서 쫓아내고 예루살렘 출신인 데오필루스의 아들 마티아스를 대제사장직에 임명했다.

상황이 이렇게 돌아가고 있을 때 안티파터 3세의 부하인 바틸루스가 로마에서 돌아왔다. 그러자 헤롯이 그를 잡아다가 고문하면서 그에게서 독약을 찾아내었다. 이것은 안티파터 3세의 모친과 페로라스에게 전해줄 것으로, 지난번 독약이 헤롯을 죽이는데 효력이 발생하지 않을 것을 대비해서 다시 가져온 것이라고 했다.

또한, 그는 헤롯의 친구들이 헤롯에게 보내는 편지들을 소지하고 있었는데, 그 편지는 안티파터 3세의 사주를 받은 친구들이 쓴 것으로 아켈라오와 빌립을[7] 처형하라는 내용이었다.

이러한 일은 이미 7개월 전에 일어났다. 하지만 로마에 있는 안티파터 3세는 자신과 관련해서 일어나는 일들에 대해 전혀 모르고 있었다. 이것은 헤롯이 당시 로마로 통하는 모든 길을 철저히 감시했고, 또한 어느 누구도 모험을 걸고 이런 사실을 안티파터 3세에게 알려주려고 하지 않았기 때문이다.

5. 헤롯이 안티파터 3세를 고소하고, 그를 구금시키다

헤롯은 안티파터 3세로부터 자신의 용무를 다 마치면 돌아오겠다는 편지를 받았다. 그러자 그는 자신의 분노를 감추고 안티파터 3세가 없는 동안에 자신에게 문제가 생기지 않기 위해서는 빨리 돌아와야 한다고 답장을 보냈다. 안티파터 3세는 이러한 답장을 길리기아(Cilicia)에서 받았다. 하지만 그는 이전에 이미 페로라스의 죽음에 대한 소식을 들었다. 그리고 모친의 추방 소식을 듣고 귀국하는 것을 망설였으나, 친구들이 즉시 귀국하여 문제를 해결하는 것이 좋다고 조언하자 귀국을 결심했다. 그가 가이사랴 항구에 닻을 내리자 사람들은 환호와 갈채 대신에 조소와 냉담한 반응을 보였다.

이때 수리아의 총독 퀸틸리우스 바루스가 헤롯의 요청으로 예루살렘에

---

[7] 이들은 헤롯이 죽기 5일 전에 작성한 유언서대로, 아켈라오는 유대와 사마리아를 그리고 빌립은 드라고닛 지역을 다스렸다.

와 있었다. 헤롯은 자신의 문제를 해결하기 위해 그를 재판관으로 초청했다. 이런 상황을 모르고 안티파터 3세는 자주색 옷을 입고 왕궁으로 들어가 헤롯에게 문안 인사를 드렸다. 하지만 헤롯은 인사도 받지 않고 부모를 살해하려는 배은망덕한 놈이라 말하면서, 그를 감옥에 수감시켰다.

다음날 헤롯은 바루스 총독 앞에서 안티파터 3세를 고소했다. 헤롯은 자신이 그를 어떻게 양육했으며, 또한 유언장에도 이미 그를 후계자로 지명했는데도 불구하고 자신을 죽이려고 한 것과 또한 그의 말을 듣고 두 아들 알렉산더 3세와 아리스토불루스 4세를 죽인 것에 대해 후회하면서 눈물을 흘렸다. 그가 더 이상 말을 못하자, 그의 요청으로 다마스커스의 니콜라스가 여러 증거물을 제시하면서 안티파터 3세의 죄목을 열거했다.

그러자 안티파터 3세는 자신을 변호했다. 그는 부친을 살해하려고 결코, 생각해보지도 않았으며, 죽은 두 동생 경우에는 없애려고 노력한 것이 아니라 부친의 안전을 위한 효심이었으며 또한 자신에 대한 비방은 적들이 만들어낸 중상모략으로, 이런 증거들은 고문을 통해 나온 거짓 증거라고 말했다.

안티파터 3세가 이렇게 변호하자 어떤 사람들은 눈물을 흘리기까지 했다. 그러나 그동안 그가 두려워서 말을 못 하던 자들이 그의 사악한 행동에 대해서 입을 열기 시작했다. 이런 모든 것을 듣고 바루스 총독은 안티파터 3세에게 변호하라고 말했다. 그러자 안티파터 3세는 얼굴만 푹 숙이고 "나의 결백은 오직 하나님만이 아시며, 나는 결코 부친을 살해하려고 음모를 꾸미지 않았다"고 말했다. 이에 바루스 총독은 독약을 가져오게 한 다음, 이미 사형선고를 받은 무명의 죄수에게 마시게 했다.

그가 독약을 마시자마자 그 자리에서 즉사하고 말았다. 바루스는 자리에서 일어나 법정을 나갔고, 다음날 안디옥으로 돌아갔다. 이에 헤롯은 안티파터 3세를 결박하여 가두고, 가이사에게 안티파터 3세의 범죄 행위를 소상히 알렸다. 바루스가 헤롯에게 무슨 말을 했는지는 일반인들에게 알려지지 않았다. 하지만 아마도 헤롯이 안티파터 3세를 처리하는 것에 대한 모든 권한을 부여했을 것이라고 추측된다.

이때 애굽에 머물으고 있던 안티필루스가 자신의 종을 통하여 비밀리에 안티파터 3세에게 보낸 편지가 헤롯에게 발견되었다. 그 종은 다음과 같은 편지도 소지하고 있었다.

> 아크메가 안티파터 3세에게 인사드립니다. 나는 당신이 원하던 내용으로 헤롯 왕께 편지를 보냈습니다. 또한, 살로메가 율리아 왕후에게 써 보낸 것처럼 꾸민 편지도 헤롯 왕께 보냈습니다. 헤롯 왕께서 그 편지를 받아 보시면 살로메를 음모 혐의로 당장에 처벌하실 것이 분명합니다.

살로메가 율리아 왕후에게 보낸 것처럼 꾸며진 이 서신은 실제로는 안티파터 3세가 작성해서 다른 사람을 시켜 살로메의 글씨체로 쓰게 한 것이다. 아크메는 유대인 출신으로 가이사 황제의 부인 율리아의 몸종이었는데, 안티파터 3세로부터 거액의 뇌물을 받고 헤롯과 살로메를 살해하려는 사악한 음모에 가담했다.

이토록 치밀한 안티파터 3세의 계획을 보고 헤롯은 모든 것이 밝혀졌으니 지체 말고 공모자의 이름을 대라고 말했다. 안티파터 3세는 이 모든 일은 자기와 안티필루스가 저지른 일이라며 다른 사람의 이름은 말하지 않았다. 헤롯은 너무나 분해서 안티파터 3세를 가이사 앞으로 보내 그의 악한 행동을 모두 폭로하고 싶었으나, 그렇게 하면 로마에 있는 안티파터 3세의 친구들이 그가 탈출하는데 도와줄 수 있을 것으로 생각했다. 그래서 그를 감옥에 가두고, 아크메와 공모한 증거물들을 사신을 통하여 로마로 보냈다.

6. 헤롯이 중병에 걸리자 유대인들이 반란을 일으키다

한편, 헤롯은 중병에 걸리자 안티파터 3세가 진술한 내용을 듣고 아켈라오와 빌립이 미운 생각이 들어서, 새롭게 유언장을 작성하여, 자신의 왕국을 막내아들 안티파스에게 넘겨준다고 내용을 변경했다.[8] 이런 와중에 당시 율법 해석에 있어 가장 탁월하며 젊은이들에게 큰 영향력을 끼쳤던 사리페우스의 아들 유다와 마르갈로투스의 아들 마티아스는 예루살렘 성전 대문 위에 있는 금독수리 형상을 문제 삼았다.

그들은 헤롯이 모세의 율법을 무시하고 금독수리 형상을 만들었기 때문에 하나님의 진노를 받아 중병에 시달리는 것이며, 조상들의 율법을 보전하기 위해서는 금독수리 형상을 끌어내려야 한다고 선동했다. 그러자 많은 젊은이가 대낮에 성전 꼭대기에 올라가 금독수리 형상을 끌어내렸고, 그것을 도끼로 박살 냈다.

이 소식을 듣고 왕실 경호부대가 출동하자 많은 군중은 도망갔으나, 용감하게 버틴 40여 명의 젊은이와[9] 주동자인 유다와 마티아스는 체포되었다. 헤롯은 이들을 잡아다가 여리고에서 재판을 열었다. 그는 기력이 쇠약하여 일어설 수가 없었으나, 소파에 누워서 자신이 성전 건축과 성전 장식을 위해서 얼마나 심혈을 기울였는지 말했고, 하스몬 왕가 125년 동안에도 그러한 일은 하지 못했다고 강조했다.

그리고 사건의 주동자들을 화형 시켰으며, 성전을 잘못 관리한 책임을 물어 대제사장 마티아스를 직위 해제하고 자기의 처남 요아자르를 임명했다. 그런데 여기서 한 가지 짚고 넘어갈 것은 마티아스가 대제사장으로 있을 때, 그는 유대인들이 금식일로 지키는 전날 밤에, 아내와 동침하는 꿈을 꾸어서 대제사장직을 하루 동안 수행하지 못했다. 그래서 그의 친척인 엘레무스의 아들 요셉이 그를 대신하여 단 하루 동안 대제사장직을 수행했다.

헤롯의 병세는 점점 악화했다. 온몸에 심한 가려움증이 있어 긁지 않고는 견딜 수가 없을 정도였다. 내장에는 궤양이 생겨 통증이 매우 심했고, 발과 복부에 투명한 물집이 생겼고, 은밀한 부위는 썩어들어 가 벌레까지 생겼다. 이토록 비참한 지경에 처해 있으면서도 헤롯은 자신이 회복될 수 있다고 희망하여, 요단강 건너에 있는 온천까지 가서 목욕했다.

---

8 이러한 이유 때문에 세례 요한을 처형한 안티파스가 막 6:14에서 '왕'으로 불리 울 수 있다.
9 행 23:21에는 바울을 죽이려고 맹세한 자들도 '40'명이 있다고 보도한다.

그리고 군사들에게 50드라크마씩 나누어 주었으며, 또한 친구들에게도 상당한 돈을 나누어 주었다. 그러나 여리고에서 돌아온 후에도 호전될 기미가 보이지 않자, 그의 성격은 점차 난폭해져 갔다. 그는 백성들이 자기 죽음을 바라고 있으며, 죽어도 눈물을 흘리지 않을 것으로 생각했다. 그래서 자신의 장례식을 슬픔의 도가니로 만들기 위해, 그는 유대 전역에서 유력인사들을 불러 모은 다음 여리고의 경기장에 가두었다.

그리고 여동생 살로메와 그녀의 남편 알렉사스에게 자신이 죽으면 아무에게도 이 사실을 알리지 말고, 먼저 이들을 모두 처형하라고 부탁했다. 그래야 온 백성이 사랑하는 가족을 잃고 울부짖고, 이를 통해서 자신의 장례식에도 슬픔의 분위기가 연출된다는 것이었다. 우리는 죽는 순간까지 많은 사람을 처형시키려는 헤롯의 태도를 보고, 그가 과연 사람인가 하는 의구심을 떨쳐버릴 수가 없다.[10]

7. 헤롯이 안티파터 3세를 처형하고 세상을 떠나다

헤롯이 살로메와 알렉사스에게 이러한 지시를 하고 있었을 때, 로마에 갔던 사신이 가이사의 편지를 갖고 돌아왔다. 편지의 내용은 아크메는 처형했고, 안티파터 3세를 부친의 자격으로 처벌하든지 아니면 추방하든지 마음대로 하라는 것이었다. 이 소식을 듣고 헤롯은 매우 기뻐하여 잠깐 병이 호전되는 듯했으나, 통증이 다시 심해져서 아무것도 먹을 수가 없었다.

그러다가 헤롯은 사과가 먹고 싶어서 사과와 칼을 가져오라고 했다. 그는 전부터 사과를 직접 깎아 먹곤 했다. 헤롯은 칼을 보자 갑자기 자살하고 싶은 충동이 들어 자신을 찌르려고 했다. 이때 그의 조카 아키압이 저지하면서 고함을 질렀다. 그러자 헤롯이 죽은 줄 알고 왕궁이 발칵 뒤

---

10 헤롯 왕의 이런 기질을 통해서 우리는 그가 두 살 미만의 유아들을 살해했다고 충분히 생각할 수 있다. 마 2장의 보도는 역사적 진정성이 아주 높다. 이에 대해서는 류호성, "설교자를 위한 마 2장의 역사적 배경,"『서울장신논단』22 (2014), 99-127 참조.

집했다. 감옥에 있던 안티파터 3세도 부친이 죽은 줄 알았다.

그래서 그는 자신이 곧 석방되어 왕권을 잡을 수 있다고 성급하게 생각하고, 간수에게 자신을 풀어주면 보상하겠다고 꾀었다. 그러나 간수는 이를 거절하고 자기 생각을 덧붙여 헤롯에게 고발했다. 이 소식을 들은 헤롯은 분노하여 안티파터 3세를 처형한 다음, 장례식도 치르지 말고 힐카니아(Hyrcania)[11]에 묻어 버리라고 명령했다.

그 후 헤롯은 마음을 바꾸어 유언장을 다시 작성했다. 주요 내용은 안티파스에게 물려주려고 했던 왕국을 아켈라오에게 물려주고, 안티파스에게는 갈릴리와 페레아를, 빌립에게는 가울로니티스와 드라고닛, 밧단, 파네아스를 물려 준다는 것이었다.[12] 헤롯은 이 모든 일을 행한 후 안티파터 3세를 처형한 지 닷새 만에 세상을 떠났다.

헤롯은 안티고누스 3세를 살해하고 왕위에 오른 후 34년간, 로마에서 왕으로 추인받은 때부터 계산하면 37년간 유대 나라를 통치했다. 헤롯은 잔인한 인물로 쉽게 격정에 타올랐고 의(義)를 경멸했다. 그러나 그는 누구보다도 운이 좋았던 사람이었다. 그는 일개 평민 출신에서 왕의 자리까지 오르는 영광을 누렸고, 수많은 난관에 직면했음에도 불구하고 어려움을 극복하고 장수까지 누렸던 인물이었다.

한편, 살로메와 그녀의 남편은 헤롯이 죽기 직전 여리고 경기장에 가두어 놓은 사람들을 풀어주었다. 그리고 집에 돌아가서 열심히 일하는 것이 나라를 위한 것이며, 이것이 헤롯 왕의 뜻이라고 말했다.

8. 아켈라오가 헤롯의 장례를 치르고, 유대인들의 반란을 진압하다

아켈라오는 부친의 장례식을 웅장하게 거행하기 위해 모든 장식품을 다 동원했다. 헤롯의 시신이 담긴 관은 각종 진귀한 보석이 박힌 금으로

---

11 요한 힐카누스에 의해 건축되고 헤롯에 의해 개축된 요새이다.
12 참고, 눅 3:1.

만든 것이었고, 시신은 자주색 왕복이 입혀졌고, 머리에는 금으로 만든 왕관이, 오른손에는 왕권을 상징하는 규(圭)가[13] 쥐어져 있었다. 헤롯의 장지는 그가 죽기 전에 지시한 헤로디움(Herodium)이었다.[14]

아켈라오는 율법의 전통에 따라 7일간 부친을 위해 애곡을 하며 지극 정성을 보였다. 장례를 마치자 백성들은 아켈라오에게 세금감면의 혜택과 헤롯 왕이 감옥에 가두었던 사람들을 석방해 달라고 요구했다. 그러자 아켈라오는 백성들의 요구를 들어 주었다.

한편, 일부 유대인들은 금독수리 형상을 끌어내리다가 유죄판결을 받고 헤롯에 의해 처형당한 마티아스와 그 일행들을 애도했다. 왜냐하면, 헤롯이 두려워서 그들의 장례식 때에 경의를 표하지 못했기 때문이다. 그리고 그들은 아켈라오를 찾아가 이 사건을 계기로 헤롯에 의해 대제사장이 된 자를 폐위시키고, 율법에 비추어서 더욱 적합한 인물로 새로운 대제사장을 임명해 달라고 요구했다.

그림 22. 헤로디움

---

[13] '규'에 대해서는 류호성, "우리말 성서 번역에서 대응어 선택의 문제 홀(笏)과 규(圭)," 『성경원문연구』 2 (1998), 97-119 참조.

[14] 이 무덤은 2007년도 히브리대학교의 고고학자인 에후드 네쩨르(Ehud Netzer) 교수에 의해 발굴되었다.

그림 23. 헤로디움의 정상

아켈라오는 자신의 왕위계승 문제가 있으나, 가급적이면 소요사태를 만들지 않기 위해서, 백성들을 잘 설득하여 돌려보내려고 애썼다. 그러나 이때가 유월절 기간이라, 처음에는 소수의 사람에 의해 주도되던 소동이 많은 무리가 가세함으로 반란의 성격을 띠기 시작했다.

그러자 아켈라오는 군중들의 광기로 인해 자칫 위험한 사태가 발생할 것을 염려하여, 주동자들을 체포하고자 무장한 1개 연대 병력과 천부장을 보내었다. 그러나 군중들이 돌로 극렬하게 저항하여 많은 병사를 죽였고, 천부장을 포함한 일부의 병사들만 부상한 몸을 이끌고 겨우 도망쳤다.

그러자 아켈라오는 소요를 일으킨 자들을 죽이지 않고는 이 어려운 상황을 피하지 못하리라 판단하여, 전군을 동원하여 3천 명을 살해했다.[15] 그리고 드라고닛 지역을 다스리는 이복동생 빌립에게 나라를 맡기고, 친구들과 함께 왕의 인준을 받기 위해 로마로 향했다.

---

15 마 2:22에서 마리아의 남편인 요셉이 아켈라오의 통치 지역으로 들어가지 않고, 갈릴리 지역으로 간 이유를 파악할 수 있다.

9. 아켈라오와 안티파스가 가이사 앞에서 왕위 자리를 놓고 경쟁하다

바로 이때 헤롯의 또 다른 아들 안티파스도 유대 왕국을 장악하기 위해 로마로 항해했다. 살로메는 안티파스가 형 아켈라오보다 왕으로서 더 적합하며, 안티파스를 헤롯 왕의 후계자로 정해 놓은 처음 유언장이 나중에 작성된 유언장보다 더 유효한 것이라고 안티파스를 부추겼다. 로마에 도착한 아켈라오는 부친 헤롯의 유언장과 재산 목록이 들어있는 편지를 가이사에게 주면서, 자신을 유대 왕국의 후계자로 인정하여 달라고 요청했다. 가이사는 아켈라오와 안티파스가 보낸 문서들을 검토한 후에 신하들을 불러 모아 놓고, 유대 왕국의 왕위 계승문제에 대해 좋은 의견을 말해 보라고 했다.

그러자 살로메의 아들로 웅변가이며 아켈라오를 매우 미워하는 안티파터 4세가 입을 열었다. 그는 가이사가 왕위를 허락하기도 전에 아켈라오가 유대인들을 잔인한 방법으로 살해했다고 비난했다. 그리고 헤롯이 온전한 상태에서 안티파스를 후계자로 작성한 유언장이, 몸과 마음이 쇠약해진 상태에서 아켈라오를 후계자로 작성한 유언장보다 더 효력이 있다고 주장했다.

그러자 니콜라스가 일어나서 아켈라오를 변호했다. 그는 성전에서 일어난 사건의 책임은 아켈라오에게 있는 것이 아니라, 죽은 자들에게 있다고 말했다. 왜냐하면, 그들은 순수한 목적을 가지고 파견된 아켈라오의 병사들을 공격하고 살해했기 때문이다. 그리고 헤롯이 죽기 전에 작성한 유언장도 온전한 정신 상태에서 작성한 것이기에, 이전의 것보다 더 권위 있다고 변호했다. 왜냐하면, 마지막 유언장에는 모든 것을 가이사가 최종적으로 판결하도록 여지를 남겨두었기 때문이다.

양쪽의 견해를 경청한 가이사는 헤롯의 유언대로 아켈라오에게 도움되는 방향으로 해주겠다고 격려했으나, 왕위 계승문제에 대해서는 분명한 결정을 내리지 않았다. 가이사는 그 모임을 해산시키고, 아켈라오에게 왕국을 물려주어야 할지 아니면 헤롯의 다른 자손에게 물려주어야 할지 장고(長考)에 들어갔다.

10. 유대 전역에서의 반란이 일어나고 수리아 총독 바루스가 이를 진압하다

이러한 문제들이 결정되기 전에 아켈라오의 모친 말다케가 병으로 세상을 떠났다. 더욱이 수리아의 총독 바루스로부터 유대에 반란이 있다는 편지가 가이사에게 도착했다. 아켈라오가 로마로 떠난 이후에 유대는 혼란에 빠졌다.

그때 바루스는 주동자들을 붙잡아 처벌하고, 소요 대부분을 진압했다. 그리고 그는 예루살렘에 1개 군단을 주둔시켜 놓고 안디옥으로 가면서, 가이사의 행정장관 사비누스에게 일임했다. 그러나 사비누스는 군대를 믿고 돈을 탈취하고자 백성들을 학대했기에, 백성들이 반란을 일으켰다. 오순절이 다가오자 백성들은 절기를 지키기 위해서뿐만 아니라 사비누스의 광적인 행동에 분개해서 모여들었다. 그들은 세 무리로 나누어 진을 쳐서 로마군을 완전히 포위했다.

사비누스는 위기에 처하자 다시 바루스에게 도움을 청했다. 로마 병사들과 유대인들 사이에는 격렬한 전투가 오랫동안 지속했고, 로마 군인들이 큰 피해를 보았다. 그러자 그들은 보복으로 유대인들이 올라가 있는 회랑에 은밀하게 불을 놓아 많은 유대인을 불태워 죽였다. 그리고 불길이 약한 틈을 타서 성스러운 돈을 모아둔 보물단지를 들고나와 돈을 탈취해 갔다. 사비누스도 이 틈에 400달란트나 챙겼다.

한편, 이때 유대 지방에서는 수많은 소요가 계속해서 발생했다. 그 이유는 개인적으로 왕이 되고 싶어 하거나 아니면 유대인들에 대한 증오심 때문이었다. 헤롯에게 충성했으나 해산당한 2천 명의 병사를 통솔한 헤롯 왕의 조카 아키압(Achiab), 갈릴리 강도떼의 두목인 에스키아스의 아들

그림 24. 퀸틸리우스 바루스

유다,[16] 헤롯 왕의 종으로 스스로 왕이라고 선포한 시몬과 무명의 목동 출신으로 스스로 왕이 된 아드롱게스와 그의 4형제가 반란을 일으켰다. 하지만 이들은 진압되었다.

한편, 사비누스의 편지를 받고 예루살렘의 소요사태를 파악한 바루스는 예루살렘에 주둔시킨 로마군 1개 군단이 걱정되어서, 이들을 돕기 위해 2개 군단(그때 거기에는 수리아에 소속된 3개 군단이 있었다)과 4개 기병 부대, 왕들과 영주들이 보낸 원군을 현지로 급파했다. 그래서 반란자들을 모두 체포하여 2,000명이나 되는 유대인들을 십자가에 처형했다.

또한, 바루스는 10,000명의 유대인이 집결했다는 소식을 듣고 그들을 체포하기 위해 출동했다. 그러나 유대인들은 아키압 충고를 따라 싸우지 않고 항복했다. 그러자 바루스는 대부분 반역자를 용서해 주고 대신 몇 명의 주동자들을 가이사에게 보냈다. 가이사는 이들 중에서 헤롯의 친척들은 모두 처형했다. 왜냐하면, 최소한의 의리도 없이 자신의 친척인 헤롯에게 대항하는 것은 용서받을 수 없는 것으로 생각했기 때문이었다.

11. 가이사가 헤롯의 유언장에 최종 결정 내리다

바루스는 소요를 진압한 후에 예루살렘에 주둔시켰던 1개 군단을 안디옥으로 귀환시켰다. 한편, 로마에 있던 아켈라오는 새로운 문제에 당면하게 되었다. 바루스에게 허락을 받은 유대인 사절단이 율법에 따라 살 수

---

16 참고, 행 5:37의 '유다'가 여기서 등장하는 인물과 동일인물인지에 대해서는 논의가 있다.

있게 자유를 달라고 로마에 왔다. 그들은 로마에 살고 있는 8,000명이 넘는 유대인들과 합세했다. 이에 가이사는 로마의 유력인사들을 아폴로 신전에 참석시키고 그들의 이야기를 들었다.

이 자리에는 아켈라오와 그의 측근들이 참석했다. 유대 사절단들은 헤롯 왕의 폭정에 대해서 비난했고, 또한 아켈라오가 왕위를 받기 전에 동족 3,000명을 살해했다고 말했다. 그리고 왕권 통치나 그와 유사한 정부 형태를 두지 말고, 유대를 수리아에 병합시켜서 로마가 파견하는 수리아 총독이 통치하고 있게 해달라고 요청했다.

가이사는 이들의 견해를 들은 후에 즉시 어떤 조처를 하지 않고, 일단 그 모임을 해산했다. 그리고 며칠 후에 모두를 불러 모아 놓고, 가이사는 아켈라오를 헤롯이 통치했던 전 영토를 다스리는 왕이 아니라 그 영토의 절반(유대, 사마리아, 이두매)을 다스리는 '민족의 통치자'로 임명했다. 그리고 그 지역을 잘 다스리면 후에 '왕'으로 세워주겠다고 약속했다.

그리고 나머지 영토를 다시 나누어 안티파스와 빌립에게 주고, '분봉왕'(tetrarch)으로 임명했다. 안티파스는 왕권을 물려받기 위해 아켈라오와 경쟁을 벌인 자로 그에게는 일 년에 200달란트 세금이 걷히는 페레아와 갈릴리 지역을 그리고 빌립에게는 일 년에 100달란트의 세금이 걷히는 바타나이아, 드라고닛, 아우라니티스, 제노도루스의 영토를 주었다. 살로메는 헤롯의 유언에 의해 얌니아, 아소도, 파사엘리스, 은화 50만 드라크마를 받았고, 그 외 가이사로부터 아스글론에 있는 왕의 저택을 선물로 받았다. 따라서 그녀의 수입은 일 년에 60달란트에 달했으며, 그녀의 거주지는 아켈라오의 영토 안에 있었다. 그 밖에 헤롯 왕의 친척들은 그의 유언대로 재산을 물려받았고, 헤롯의 시집 안 간 두 딸에게는 아버지의 유산 외에 가이사로부터 은화 25만 드라크마를 선물로 받았으며 페로라스의 아들들과 결혼할 수 있도록 해 주었다. 가이사는 헤롯이 자신에게 남겨준 모든 유산을 왕의 아들들에게 나누어 주었는데 그 액수는 1,500달란트였다. 그리고 가이사는 헤롯이 자신에게 물려준 유산 중에서 그를 기억할 수 있는 몇 개의 그릇만 가졌다.

12. 가짜 알렉산더 3세가 출현하다

한편, 가이사가 이러한 일들을 해결했을 때 유대 땅에서 태어나 시돈(Sidon)에서 로마의 자유인으로 성장한 한 청년이 있었는데, 그의 외모는 처형당한 헤롯의 아들 알렉산더 3세와 흡사했다. 이 사실을 안 그는 정권을 잡기 위해 사람들을 속였다. 그는 유대인 중에서 궁중 일을 잘 아는 자와 대중들을 선동할 줄 아는 자들을 불러 모아, 자신이 헤롯의 아들 알렉산더 3세라고 소문내게 시켰다. 또한, 그는 자신과 동생 아리스토불루스 4세는 처형하려고 파송된 한 병사에 의해서 구조되었고, 그들 대신에 다른 사람들이 처형당했다고 소문을 퍼뜨렸다. 그가 로마에 도착하자 로마의 유대인들은 그를 열렬히 환호했으며, 그를 왕의 가마에 태워 로마 거리를 행차했으며, 돈을 들여 왕에 걸맞은 장식품으로 치장해 주었다.

이러한 소문이 가이사의 귀에 들어갔지만, 그는 이것을 믿지 않았다. 왜냐하면, 헤롯이 자기 신변에 심각한 영향을 줄지도 모르는 그런 중대한 일을 그렇게 엉성하게 처리할 사람이 아니라는 것을 잘 알고 있었기 때문이었다. 가이사는 그를 데려오도록 했고, 그를 처음 보았을 때는 잘 분간하지 못했다. 하지만 가이사는 속지 않았다.

그가 알렉산더 3세와 닮기는 했지만, 가짜라는 것을 손을 보고 금방 알아차렸다. 가짜 알렉산더는 힘든 일을 했기에 손이 거칠었는데, 진짜 알렉산더는 섬세하고 고결한 교육을 받아왔기 때문에 부드러운 손을 갖고 있었다. 그래서 가이사는 가짜 알렉산더에게 호통을 치며 사실대로 말하면 목숨만은 살려주겠다고 말했다. 그러자 그는 가이사를 속일 수 없음을 깨닫고 사실대로 털어놓았다. 이에 가이사는 약속대로 살려주어서 가짜 알렉산더가 바다에서 일하도록 했으며, 그를 부추겨 사기극을 공모한 자들은 처형했다.

13. 아켈라오가 비엔나로 추방되다

아켈라오는 유대로 돌아오자마자 보에투스의 아들인 요아자르가 반역자들을 도와주었다는 것을 알고 그를 대제사장직에서 해임한 후에, 그의 형제 엘르아살을 대제사장직으로 임명했다. 그는 여리고에 있던 왕궁을 확장했고, 물줄기를 끌어들여서 자신이 심은 종려나무에 물을 주었다. 그리고 도시를 건설한 다음에 자기 이름을 따라 아켈라이스(Archelais)라고 명명했다.

게다가 그는 조상들의 율법을 어기고 그의 형 알렉산더의 아내였던 글라피라와 결혼하여 3명의 자녀를 두었는데, 유대인들은 이처럼 형의 아내와 결혼하는 것을 몹시 증오했다. 아켈라오가 통치한 지 10년이 되자, 그의 형제들과 유대와 사마리아의 귀족들은 그의 야만적이고 독재적인 통치를 가이사에게 고소했다.

가이사는 이러한 고소내용을 듣고 화가 나서 아켈라오를 로마로 불러들였고, 그를 골(Gaul) 시의 비엔나(Vienna) 지방으로 추방했으며, 모든 재산도 압수했다. 그리고 아켈라오가 통치한 지역을 수리아에 합병시켰다. 그 후에 집정관인 구레뇨(참고, 눅 3:2)가 가이사에 의해 파견되어 수리아 사람들의 재산을 관리하고 아켈라오의 재산을 매각했다.[17]

한편, 아켈라오는 로마로 가기 전에 완전히 익어 낟알이 꽉 찬 10개의 이삭을 황소들이 먹어치우는 꿈을 꾸었다. 그 꿈이 예사롭지 않기에 점술가들을 불러 해몽을 부탁했지만, 모두가 달랐다. 그런데 에세네파의 한 사람은 그 꿈이 아켈라오에게 좋지 않은 것이라고 솔직히 말해 주었다. 황소는 힘들게 일하는 동물이기 때문에 고통을 의미하며, 더 나아가서는 환경의 변화를 의미한다.

왜냐하면, 황소가 땅을 갈면 그전 상태로 남아 있지 않기 때문이다. 그리고 10개의 낟알은 10년을 의미하는데, 이것은 아켈라오의 통치 기간이 끝났다는 것을 말한다. 아켈라오는 이 꿈을 꾼지 5일 만에 가이사로부터

---

17 이 이후로 아켈라오가 다스린 유대와 사마리아 지역에는 로마 황제가 파견한 총독이 다스렸다. 제1대 총독은 코포니우스(Coponius, AD 6-10년)이다.

로마에 오라는 전갈을 받았다.

다른 한편, 이와 비슷한 일이 그의 아내 글라피라에게도 일어났다. 그녀는 갑바도기아 아켈라우스 왕의 딸로 헤롯 왕의 아들이며 아켈라오의 형인 알렉산더 3세와 결혼했다. 그러나 알렉산더 3세가 아버지에게 처형당하자, 이어서 리비아의 왕인 유바와 결혼했다. 유바도 죽자 그녀는 갑바도기아에서 아버지와 함께 살고 있었다. 그런데 아켈라오가 자신의 아내와 이혼하고, 그녀를 뜨겁게 사랑해 주자 다시 아켈라오와 결혼했다. 그녀는 아켈라오와 결혼하고 나서 다음과 같은 꿈을 꾸었다.

> 나는 알렉산더 3세가 내 옆에 서 있는 것을 보고 너무 기뻐서 그를 뜨겁게 포옹했다. 그런데 그는 내게 여자란 믿을 수 없는 존재라고 말하면서, 한 번도 아니고 두 번씩이나 재혼하면서 세 번째 남편은 자신의 동생 아켈라오라면서 자신의 집에 다시 발을 들여놓는 파렴치한 행동을 했다고 비난했다. 그렇지만 그는 나의 사랑을 잊지 않기에 나를 모든 일로부터 자유롭게 해서 이전처럼 자신의 사람으로 만들 것이라고 말했다.

글라피라는 이 꿈을 친구들에게 말하고 나서 며칠 후에 세상을 떠났다.

14. 마무리 정리

(1) 앞서 언급된 내용에서 성서 해석에 도움이 되는 것이 무엇인지 살펴봅시다. 또한, 신약의 역사는 어떻게 전개되고 있는지 살펴봅시다.

(2) 사람의 인간성과 그의 업적과 어떤 관련성이 있는지 논의해 봅시다.

(3) 창세기 41:1-8, 17-24를 읽고 꿈과 현실과는 어떤 연관성이 있는지 살펴봅시다.

참고자료 7: 로마의 세력가들과 수리아 및 팔레스틴의 통치자들(BC 37-AD 70년)

로마 황제	수리아 총독	팔레스틴 통치자			대제사장
	비불루스 (BC 34-33)	헤롯 왕(BC 37-4)			
	툴리우스 키케로(BC 33-27)				
	빕사니우스아그립바(BC 23-13)				아나넬(BC 37-36, 35-30?)
					아리스토불루스 3세(BC 36)
					예수(BC 30?-24)
	티티우스 (BC 10경)				
아우구스투스 (BC 27-AD 14)	센티우스 사투르니누스 (BC 9-6)				시몬 보에투스 (BC 24-4)
	퀸틸리우스 바루스(BC 6-4)	유대, 사마리아, 이두매	갈릴리, 페레아	드라고닛 지역	
		아켈라오 (BC 4-AD6)			
	가이우스 시이저(BC 1-AD 4)				
	블루시우스 사투르니우스 (AD 4-5)	코포니우스 (AD 6-9)	헤롯안티파스 (BC 4-AD 39)	빌립 (BC 4-AD 34)	아나누스 (AD 6-15)
	술피키우스 구레뇨(AD 6-9)	마르쿠스 암비불루스 (AD 9-12)			
		안니우스 루푸스(AD 12-15)			
		발레리우스 그라투스 (AD 15-26)			
		본디오 빌라도 (26-36)			요셉 가야바 (AD 18-36)

티베리우스 (AD 14-37)	플라쿠스 (AD 32-35)	마르켈루스 (AD 37)	아그립바 1세(AD 39-)	아그립바 1세 (AD 37-)	
	비텔리우스 (AD 35-39)	마룰루스 (AD 37-41)			
칼리귤라 가이우스(AD 37-41)	페트로니우스 (AD 39-42)				
클라우디우스 (AD 41-54)	마르쿠스 (AD 42-44)	아그립바 1세(AD 41-44)			
	롱기우스 (AD 45-50))	파두스(AD 44-46) 알렉산더(AD 46-48) 쿠마누스(AD 48-52) 벨릭스(AD 51-60)			
	콰드라투스 (AD 50-60)				
네로(AD 54-68)	코르불로 (AD 60-63)	베스도(AD 60-62) 알비누스(AD 62-64) 플로루스(AD 64-66)			아나누스 2세 (AD 62)
	갈루스 (AD 63-67)				
갈바, 오토, 비텔리우스, 베스파시안(AD 68-69)	무키아누스 (AD 67-69)	★유대-로마전쟁(AD 66-70)			
베스파시안 (AD 69-79)		황제의 속주가 됨			파나누스 (AD 67-70)

제8장

헤롯 왕국의 분할과 제1차 로마 총독 시대
(AD 6-41년)

요세푸스가 예수님과 세례 요한에 대해서 보도하다
(유대고대사 18권 이야기)

주요 사건

1. 구레뇨가 수리아 총독으로 임명됨(AD 6년): 수리아의 총독으로 부임해서 세금 문제로 유대인들의 저항을 받음.
2. 코포니우스가 유대 총독으로 임명됨(AD 6년): 아켈리오가 통치한 지역을 다스리기 위해 가이사가 코포니우스를 1대 총독으로 파견.
3. 가이사의 죽음(AD 14년): 77세의 나이로 세상을 떠남.
4. 본디오 빌라도의 유대 통치(AD 26-36년): 예루살렘에 입성할 때에 야음을 틈타 황제의 상이 있는 깃발을 갖고 들어 왔다가 유대인들의 큰 저항을 받았고, 그의 통치 시절에 예수라는 현자가 십자가에 처형되었다가 다시 살아남.
5. 비텔리우스의 친유대 정책: 대제사장의 의복을 제사장들이 관리하도록 허락함.

6. 헤롯 안티파스와 아레타스 4세 사이의 전쟁(AD 37년): 국경 문제를 놓고 다툼. 헤롯 안티파스는 전쟁에서 패하자 로마의 티베리우스 황제에게 도움을 요청. 티베리우스는 비텔리우스를 보내 아레타스 4세를 체포하도록 명령함.
7. 아그립바 1세가 왕이 됨: AD 37년에 가이우스 황제는 즉위하면서, 아그립바 1세를 왕으로 임명하고, 분봉왕 빌립이 다스리던 지역을 통치하게 함.
8. 헤롯 안티파스 폐위(AD 39년): 가이우스에게 '왕'의 칭호를 요구하다 군비 비축문제로 아내 헤로디아와 함께 폐위됨. 그의 영토는 아그립바 1세가 통치함.
9. 가이우스 황제가 자신의 상을 예루살렘 성전에 건립하려는 계획을 철회(AD 41년): 유대인들의 끊임없는 저항과 아그립바 1세의 청원으로, 예루살렘에 자신의 상을 건설하려는 계획을 철회함.

메시아와 예언자

1. 예수(Jesus): 죽었다가 3일 만에 다시 살아남.
2. 세례 요한(John the Baptist): 예언자로 백성들로부터 큰 지지를 받자 안티파스가 두려워서 처형함.

로마의 황제들

1. 가이사(Caesar Octavianus, BC 27-AD 14년): 로마의 초대 황제.
2. 티베리우스 네로(Tiberius Nero, AD 14-37년): 가이사의 양아들로 로마의 2대 황제.
3. 가이우스 칼리귤라(Gaius Caligula, AD 37-41년): 로마의 3대 황제.
4. 클라우디우스(Claudius, AD 41-54년): 로마의 4대 황제.

수리아의 총독

1. 구레뇨(Quirinius, AD 6-9년): 2차로 파견된 수리아의 총독. 세수를 확보하려다가 가말라(Gamala)의 유다(Juda)의 저항을 받음.

2. 비텔리우스(Vitellius, AD 35-39년): 수리아의 총독으로, AD 69년에 황제가 된 비텔리우스의 아버지.
3. 페트로니우스(Petronius, AD 39-42년): 수리아의 총독으로, 가이우스의 명을 받고 예루살렘 성전에 그의 동상을 건설하려다가 유대인들의 저항에 뜻을 이루지 못함.

유대의 총독

1. 코포니우스(Coponius, AD 6-9년): 기사단 출신으로 가이사가 임명한 1대 유대 총독.
2. 마르쿠스 암비불루스(Marcus Ambibulus, AD 9-12년): 가이사가 임명한 2대 유대 총독.
3. 안니우스 루푸스(Annius Rufus, AD 12-15년): 가이사가 임명한 3대 유대 총독.
4. 발레리우스 그라투스(Valerius Gratus, AD 15-26년): 티베리우스 황제가 임명한 4대 유대 총독.
5. 본디오 빌라도(Pontius Pilate, AD 26-36년): 티베리우스 황제가 임명한 5대 유대 총독.

대제사장

1. 요아자르(Joazar, BC 4년): 대제사장으로 헤롯의 처남. 보에투스(Boethus)의 아들.
2. 엘르아살(Eleazar, BC 4-3년): 아켈라오가 임명한 대제사장 요아자르의 형제.
3. 아나누스 1세(Ananus I, AD 6-15년): 대제사장으로 셋(Seth)의 아들. 신약에는 '안나스'로 언급됨(눅 3:2).
4. 이스마엘(Ismael, AD 15-16년): 대제사장으로 파비(Phabi)의 아들.
5. 엘르아살(Eleazar, AD 16-17년): 대제사장이었던 아나누스 1세의 아들.
6. 시몬(Simon, AD 17-18년): 대제사장으로 카미트(Camith)의 아들.

7. 요셉 가야바(Joseph Caiaphas, AD 18-36년): 대제사장이었던 아나누스의 사위.
8. 요나단(Jonathan, AD 36-37년): 대제사장이었던 아나누스(Ananus)의 아들.
9. 데오필루스(Theophilus, AD 37-41년): 대제사장 요나단의 형제.

헤롯 가문

1. 헤롯 안티파스(Herod Antipas, BC 4-AD 39년): 헤롯 왕의 아들로 갈릴리와 페레아의 분봉 왕. 이복 형의 아내인 헤로디아를 아내로 삼음.
2. 분봉왕 빌립(Philip, BC 4-AD 34년): 헤롯 왕의 아들로 드라고닛, 가울라니티스 그리고 바테네아를 통치. 헤로디아의 딸 살로메와 결혼함.
3. 아그립바 1세(Agrippa I, AD 37-41, 41-44년): 부친 아리스토불루스 4세는 헤롯 왕과 마리암메 1세 사이에 낳은 아들로 BC 7년경에 죽임을 당했다. 그의 모친 베르니카는 헤롯 왕의 여동생 살로메의 딸이다.
4. 헤로디아: 아그립바 1세의 여동생으로, 첫 번째 남편을 버리고 헤롯 안티파스와 결혼.
5. 헤롯 빌립: 헤롯 왕과 마리암메 2세 사이에 태어난 아들로 헤로디아와 결혼해서 살로메라는 딸을 낳았다.
6. 키프로스(Cyprus): 아그립바 1세의 아내. 그녀의 모친은 살람프시오(Salampsio)이고, 부친은 헤롯 왕의 형 파사엘이 낳은 아들로 동일한 이름의 파사엘(Phasel)이다. 모친 살람프시오는 헤롯 왕이 하스몬 왕가 마리암메 1세 사이에서 낳은 딸이다.

로마의 사람들

1. 드루수스(Drusus): 티베리우스 황제의 아들로, 아그립바 1세의 친구.
2. 풀비아(Fulvia): 유대 종교를 신봉하는 로마의 지체 높은 집안의 부인.
3. 안토니아(Antonia): 로마의 4대 황제 클라우디우스의 어머니.
4. 알렉산더(Alexander AD 46-48년): 철학자 필로의 형제로, 제2차 총독 시대에 유대에 총독으로 파견.

5. 피소(Piso): 로마시의 행정장관으로, 아그립바 1세의 종 유티쿠스를 심문함.
6. 세야누스(Sejanus): 티베리우스 황제의 심복이었으나, 그의 자리를 노리고 반역하려고 하다가 처형당함.
7. 티베리우스 게멜루스(Tiberius Gemelus): 티베리우스 황제의 손자로, 그의 아들 드루수스에게서 태어남.

그 밖의 인물

1. 유다(Judas): 가말라(Gamala) 출신으로 제4철학파를 시작. 구레뇨의 세금 정책에 반대함.
2. 사독(Saddoc): 바리새인으로 구레뇨의 세금 정책에 반대. 제4철학파를 유다와 함께 시작.
3. 힐카누스 2세: 하스몬 가문의 대제사장.
4. 유티쿠스(Eutychuss): 아그립바 1세의 종이었으나, 그의 옷을 훔치고 잡히자 티베리우스 황제에게 아그립바 1세를 고소함.
5. 아레타스 4세(Aretas IV): 나바테아의 왕으로 헤롯 안티파스와 국경의 문제로 싸움.
6. 아르타바누스(Artabanus, AD 10-35, 36-38년): 파르티아의 왕.
7. 아피온(Apion): 알렉산드리아의 헬라인을 대표하는 학자.
8. 필로(Philo): 알렉산드리아의 유대인을 대표하는 학자.

1. 핵심 내용

수리아의 총독으로는 구레뇨가 그리고 유대의 총독으로는 코포니우스가 파견되었다. 유대인들은 구레뇨가 세금을 부과하려 한다는 소문을 듣고 투쟁했으나 대제사장 요아자르의 설득으로 저항을 멈추었다. 당시 유대에는 4개의 종교적 집단이 있었다.

첫째, 율법을 철저히 지켜 백성들로부터 큰 지지를 받았던 바리새파,

둘째, 영혼이 몸과 함께 죽는다는 믿음을 갖고 있었으며 일부 상류 계층의 지지를 받았던 사두개파,

셋째, 성전 제사를 거부하고 자신들만의 공동체를 건설한 에세네파,

넷째, 모든 교리는 바리새파와 같지만 로마에 대해 결사 항전을 주장하는 제4 철학파이다.

코포니우스 이후에, 마르쿠스 암비불루스, 안니우스 루푸스, 발레리우스 그라투스 그리고 본디오 빌라도가 유대 총독으로 파견되었다. 본디오 빌라도는 예루살렘에 입성하면서 황제의 상이 그려진 깃발을 한밤중에 갖고 들어온 것이 밝혀지면서 유대인들의 저항에 부딪혔다. 그리고 그가 통치하던 시기에 예수라는 현자가 살았는데, 그는 죽은 지 3일째 되는 날 다시 살아났으며, 여전히 그를 따르는 사람들이 남아있다.

거짓 예언자가 나타나 모세가 숨겨 놓은 거룩한 그릇을 볼 수 있다고 선전하여 백성들을 그리심 산으로 데려가려다가 빌라도의 군사로부터 제지당했다. 그리고 수리아의 총독 비텔리우스는 안토니아 망대에 보관되어 있던 대제사장 의복과 그와 관련된 모든 장식품을 제사장들이 관리하도록 했다.

헤롯 안티파스가 이복 형의 아내인 헤로디아에게 관심을 두자, 그의 처가 본국인 나바테아로 돌아갔다. 이로 인해 헤롯 안티파스와 장인어른인 나바테아의 아레타스 4세 사이에 전쟁이 일어났다. 안티파스가 패하자 티베리우스 황제는 비텔리우스를 파견하여 아레타스 4세를 생포하라고 했다. 또한, 백성들은 안티파스가 패한 것은, 그가 의로운 세례 요한을 죽인 것에 대한 하나님의 심판이라고 생각했다.

한편, 로마에서는 가이우스가 황제로 즉위하자 그는 자신 때문에 감옥에 있는 아그립바 1세를 풀어주고 분봉 왕 빌립이 다스렸던 지역을 통치하도록 하사하며 '왕'으로 임명했다. 그러자 그녀의 여동생 헤로디아는 거지였던 오빠가 왕이 되어서 돌아오자 시샘이 나서, 남편 안티파스에게 로마에 가서 왕의 호칭을 받아오자고 끈질기게 졸랐다.

결국, 안티파스 부부는 가이우스 황제를 만나기 위해 로마로 향한다. 이것을 아그립바 1세가 알고 안티파스가 로마에 대항하기 위해서 군비를 비축한다는 밀서를 보낸다. 가이우스는 안티파스를 만나기 전에 아그립바 1세의 편지를 읽고, 안티파스에게 군비를 비축한 이유를 묻고, 그가 적절한 해명을 하지 못하자 그를 파면하고, 그의 영토를 아그립바 1세에게 통치하도록 한다. 그리고 가이우스는 예루살렘에 자신의 상을 세우려다가 유대인의 반발과 아그립바 1세의 요청으로 결국 철회하고 만다.

2. 유대의 여러 철학적 종파들

로마의 원로원 출신 구레뇨는 수리아 지역을 다스리기 위해 가이사의 명을 받고 수리아 지역에 도착했다.[1] 또한, 이때 기사단 출신의 코포니우스도 가이사로부터 유대 통치권을 위임 받고 그와 함께 수리아에 왔다. 구레뇨는 수리아 지역으로 합병된 유대인의 재산에 세금을 부과하고, 아켈라오의 재산을 처분하기 위해서 유대를 방문했다. 유대인들은 구레뇨가 과중한 세금을 부과한다는 소문을 듣고 저항했으나, 대제사장 요아자르의[2] 설득으로 더 이상 반대하지 않고 자신들의 재산 상태를 보고했다.

그러나 가말라(Gamala)라는 도시에서 유다[3]와 바리새인 사독은 세금을 내는 것은 노예나 마찬가지이니 독립을 얻기 위해서는 과감히 맞서 싸워야 한다고 선동했다. 그러자 많은 유대인은 크게 동요되어 로마 정부에 과감히 저항하기 시작했고, 인명을 살상하는 일을 서슴지 않았다. 그리고 어떤 때에는 동족까지 살해했으며, 또한 도시의 약탈과 파괴를 끊임없이 자행했다. 이들은 유대인들이 이전에 결코 알지 못했던 '제4 철학 종파'

---

1 비교, 눅 2:2.
2 『유대고대사』 17:339에 의하면, 아켈라오는 자신에 대항하여 음모를 꾸민 요아자르를 대제사장직에서 해임하고, 그의 형제 엘르아살을 대제사장으로 임명했다.
3 비교, 행 5:37.

(a fourth philosophic sect)를 창시하여 많은 추종자를 거느렸다. 이들로 인해 유대 나라는 훗날에 큰 재앙을 겪게 되었다.

유대인들은 오랜 세월 동안 자신들 나름대로 '에세네파, 사두개파, 바리새파'라고 불리는 독특한 세 철학적 종파를 가지고 있었다.

바리새파 사람들은 검소하게 생활했다. 그들은 율법을 철저하게 따르며 계명에 순종하는 것을 무엇보다 중요한 것으로 여겼다. 그들은 모든 것이 운명에 의해 이루어진다고 믿었지만, 인간 안에 내재 되어 있는 선을 추구하는 의지 자체는 포기하지 않았다. 또한, 사람의 영혼에는 불멸의 힘이 있기에 죽은 다음에는 살아 있는 동안의 행위에 따라 상과 벌을 받는다고 믿었다. 이런 교리 때문에 바리새파는 유대인들에게 큰 영향력을 행사할 수 있었다. 그래서 유대인들은 하나님께 제사를 드릴 때나 기도할 때에는 바리새인들의 지시를 따랐다. 그들은 말과 행동에서 온전한 도덕적인 모습을 보여 주었기 때문에, 유대인들에게 큰 신뢰를 받았다.

사두개파의 교리는 영혼이 몸과 함께 죽는다고 생각했고, 모세의 율법에 규정되어 있는 것만을 준수했다. 그들은 지혜를 추구하는 철학 교사들과 논의하는 것을 미덕으로 여겼고, 교리는 일부 상류 계층에 속한 자들만 받아들였다. 하지만 이들은 관리직에 오르면 바리새파의 교리를 따랐다. 왜냐하면, 그렇게 하지 않으면, 백성들이 그들을 받아들이지 않았기 때문이다.

에세네파는 세상 모든 만물이 하나님으로부터 기인하고, 영혼은 불멸하며, 의(義)의 보상을 받기 위해서는 끊임없이 노력해야 한다고 믿었다. 또한, 자신들이 더 정결한 의식이 있다고 생각하여 성전 제사를 드리지 않고, 성전에서 따로 모여서 그들 나름대로 제사를 드렸다. 그들은 농사 일에만 전념하고 모든 재산을 공동으로 소유했으며, 따르는 무리가 4,000명이 넘었다. 그들은 결혼이 가정불화의 원인이라 생각하여 결혼은 하지 않았으며, 불의(不義)가 생길 소지가 있다고 해서 노예를 두지 않고 일을 서로 분담했다. 또한, 선한 성품을 가진 사람을 제사장으로 뽑아서 자신들의 수입과 밭의 소산을 관리하게 했다.

그림 25. 사해 문서가 발견된 동굴

그리고 유대의 제4철학파는 바로 앞서 언급한 갈릴리 사람 유다가 창시했다. 이 학파는 하나님만 그들의 지도자요 주인이라 생각했다. 그래서 모진 고문을 받으면서도 하나님 이외에 누구도 주(主)라 부르지 않았다. 바리새파와 모든 견해가 같았지만, 자유를 향한 뜨거운 열정은 이들과 달랐다. 이러한 기질이 결국 로마와의 결사 항전을 이끌게 했다.

3. 유대에 파송된 여러 명의 총독 그리고 분봉 왕 헤롯 안티파스와 빌립이 도시를 건설하다

가이사가 악티움에서 안토니우스를 물리친 지 37년째 되던 해에[4] 구레뇨는 아켈라오의 재산을 처분하고 세금 문제를 매듭짓고, 대제사장 요아자르가 권력을 남용했다는 이유로 그를 해임하고 셋의 아들 아나누스 1세를 대제사장으로 임명했다. 한편, 안티파스는 세포리스(Sepphoris)를 요새화하고 직할 도시로 만들었으며, 베다람프다(Betharamphtha)[5]에 요새를

---

4 AD 6년.
5 요단 강 동편에 있는 것으로, 성경에는 '벧 하람'(수 13:27)이라고 언급되었다.

만들고 황제의 아내 율리아의 이름을 따라 율리아스(Julias)라고 불렀다. 그리고 빌립은 파네아스(Paneas)에 도시를 건설하고 가이사랴(Caesarea - 가이샤라 빌립보)라 불렀으며, 게네사렛(Gennesareth) 호수 근처에 벳새다(Bethsaida)[6]라는 마을을 세웠다.

코포니우스가 유대의 통치자로 있었을 때 한 사건이 일어났다. 유월절이라 부르는 무교절 축제 기간에 제사장들은 관례대로 밤 12시가 지나서 성전 문을 열어두었다. 그런데 이 기간에 성전 문이 열리자마자 일부 사마리아 사람들이 죽은 사람의 뼈들을 성전 여기저기에 갖다 놓고 도망쳤다. 이후로부터 유대인들은 사마리아 사람들을 성전에 접근하지 못하게 했다. 코포니우스가 로마로 돌아가자, 마루쿠스 암비불루스가 총독으로 부임했다. 그가 통치하던 시기에 헤롯의 여동생 살로메가 죽었다. 그리고 암비불루스의 후임으로는 안니우스 루푸스가 왔고 그의 통치 기간 중 가이사가 죽었다(AD 14년). 가이사는 57년 6개월 2일을 황제로 재임하고 77세로 세상을 떠났다.[7]

가이사의 뒤를 이어서 티베리우스가 황제가 되었다.[8] 티베리우스는 안니우스 루푸스의 후임으로 발레리우스 그라투스를 유대 총독으로 임명했다. 그라투스는 11년 동안 통치하면서 여러 명의 대제사장을 임명했다. 곧 그는 아나누스 1세를 대제사장직에서 해임하고, 파비의 아들 이스마엘을, 얼마 후에는 이전에 대제사장이었던 아나누스의 아들 엘르아살을, 1년 후에는 다시 카미트의 아들 시몬을 그리고 1년도 안 되어 요셉 가야바를 대제사장으로 임명했다. 그라투스 다음으로 유대 총독으로 본디오 빌라도가 부임했다.

티베리우스의 총애를 받은 분봉 왕 헤롯 안티파스는 갈릴리 지역에서 가장 좋은 곳인 게네사렛 호숫가에 도시를 건설하고 디베랴[9]라고 불렀다.

---

6 참고, 눅 9:10.
7 케사르가 암살당한 BC 44년부터 AD 14년까지의 기간.
8 참고, 눅 3:1.
9 참고, 요 6:1, 23; 21:1.

그림 26. 티베리우스 황제

이곳에서 얼마 떨어지지 않은 곳에 온천이 있는 엠마오가[10] 있었다. 이 지역은 갈릴리 사람들과 여러 계층의 외부인들도 거주했다. 헤롯 안티파스는 많은 사람을 자유민으로 만들었고, 이들에게 이 도시를 떠나지 않게 하려고 집도 지어 주고 땅도 주었다. 디베랴 도시는 묘지를 파고 건설한 도시였기 때문에, 그곳을 거주지로 이용하는 것은 유대의 율법을 위반하는 것이었다. 왜냐하면, 율법은 무덤에 거주하는 자들은 7일간 부정하다고 말하고 있기 때문이다(참고, 민 19:11).

4. 본디오 빌라도의 유대 통치와 예수님께서 십자가에 처형되고 부활하시다

빌라도는 겨울에 자신의 군대 진영을 가이사랴에서 예루살렘으로 이동시키면서, 예루살렘에 황제의 상(像)이 그려진 깃발을 갖고 한밤중에 들어왔다. 이 사실을 백성들이 뒤늦게 알고, 이 깃발을 없애 달라고 요구했으나, 빌라도는 황제에게 모독이 된다 하여 거절했다. 그러자 백성들의 요구가 매일 이어졌고, 6일째 되는 날 빌라도는 원형경기장에 병력을 무장시킨 후 소동을 중단하고 고향으로 돌아가지 않으면 죽일 것이라고 협박했다. 그러나 유대인들은 조상들이 물려준 율법을 거역하느니 차라리 죽음을 맞이하겠다고 말하면서, 그 자리에 드러누워 자신들의 목을 내놓

---

10 예수님께서 부활하시고 엠마오로 가시면서 두 제자와 이야기 나눈 것을 생각해 보자(눅 24:13-27).

았다. 이렇게 유대인들이 율법에 대해 헌신적인 결단을 보이자, 빌라도는 감동하여 즉시 황제의 상이 그려진 깃발을 가이사랴로 옮겼다.

빌라도는 성전의 거룩한 돈으로 약 200펄롱(furlong)[11] 떨어진 곳에서 예루살렘으로 물을 끌어오는 수로 공사를 했다. 수많은 유대인이 이 일을 중단하라고 촉구하자, 빌라도는 많은 군인을 유대인 복장으로 변장시키고 곤봉을 휴대케 한 다음 잠입시켰다. 그리고 유대인을 포위하고 해산시키도록 명령하자, 시위 군중들이 빌라도를 향해 욕설을 퍼부었다. 빌라도가 군인들에게 신호를 보내자, 그들은 빌라도가 명령한 것보다 더 가혹하게 곤봉을 휘둘러 댔다. 그러나 유대인들이 이를 두려워하지 않고 물러나지 않아, 많은 유대인이 현장에서 죽임을 당했고 상당수는 심한 상처를 입었다. 이렇게 해서 폭동은 진압되었다.

그림 27. 틴토레토(Tintoretto), "그리스도의 십자가 처형," 1565년

이즈음에 굳이 그를 사람으로 부른다면, 예수라고 하는 현자 한 사람이 살았다. 예수는 놀라운 일들을 행했으며, 그의 진리를 기쁘게 받아들이는 사람들의 선생이 되었다. 그는 많은 유대인과 헬라인들 사이에서 명성이 높았다. 그가 바로 메시아였다. 빌라도는 유대인 중 고위층 사람들

---

11 오늘날 1펄롱은 약 200미터이다.

이 예수를 비난하는 소리를 듣고, 그를 십자가에 처형시키도록 명령했으나, 처음부터 그를 따르던 사람들은 예수에 대한 애정을 버리지 않았다. 예수가 죽은 지 3일째 되는 날, 그는 다시 살아나 그들 앞에 나타났다. 이것은 선지자들이 이미 예언했던 것으로, 예수에 대한 많은 불가사의한 일 중의 하나였다. 오늘날에도 그를 따르는 그리스도인들이 사라지지 않고 여전히 남아 있다.

한편, 유대 나라에서 율법을 위반하여 고소를 당했지만 벌 받을 것을 두려워하여, 로마로 도망쳐 온 무례한 한 유대인이 있었다. 그는 로마에 살면서 모세 율법과 지혜를 가르친다고 떠벌리고 다니면서, 사악한 세 사람을 공모자로 끌어들였다. 그런데 그들은 유대 종교를 신봉하는 매우 지체가 높은 사람의 부인인 풀비아(Fulvia)를 속여서 자주색 옷감과 금을 예루살렘 성전으로 보내도록 했다. 그리고 그것을 중간에 가로챈 다음 팔아서 그 돈을 제멋대로 사용했다.

그녀가 이 사실을 알고 남편에게 말하자, 그녀의 남편은 이 사실을 티베리우스 황제에게 알렸다. 그러자 티베리우스 황제는 모든 유대인에게 로마를 떠날 것을 명령했다. 그래서 집정관들은 유대인 중에서 4천 명을 뽑아 사르디니아(Sardinia) 섬으로 보내는 한편,[12] 율법을 지키기 위해 병사가 되기를 거절하는 많은 유대인은 처벌했다. 이렇게 네 사람의 사악한 행동 때문에 유대인들은 로마에서 추방당했다.[13]

---

[12] 수에토니우스는 '티베리우스'에 대해서 언급하면서 "병역 의무를 구실로 유대인 청년들을 기후가 나쁜 속주에 배분하고, 남은 유대인이나 유대교 신봉자는 수도에서 추방했다"라고 보도한다.

[13] 참고, 이와 비슷한 예가 49년경에 있었던 클라우디우스의 칙령으로, 이로 인해 유대인들이 로마를 떠나야 했다. 행 18:2은 이를 반영한 것이다.

5. 사마리아의 거짓 예언자와 수리아 총독 비텔리우스가 친유대 정책을 펴다

사마리아에서도 시끄러운 것은 마찬가지였다. 어떤 거짓말쟁이가 사마리아 사람들을 모아놓고 그리심(Gerizzim) 산에 오르면, 모세가 숨겨 놓은 거룩한 그릇을 볼 수 있다고 선전했다. 그러자 큰 무리가 무장하고 그를 따라나섰다. 그들은 티라타바(Tirathaba) 마을에서 다른 사마리아 사람들과 합세하여 산으로 올라가려고 했다.

하지만 빌라도가 이를 알고 기병과 보병을 보내어 그들의 행로를 차단하고 공격하여, 일부는 죽이고 일부는 생포했다. 빌라도는 생포한 사람 중에서 유력인사들은 처형시켰고, 또한 도망자 중에서도 영향력이 있는 사람들은 잡아 죽이라고 명령했다.

소동이 잠잠해지자 사마리아 의회는 수리아의 총독이면서 집정관인 비텔리우스에게 무고한 사람들을 죽였다고 빌라도를 고소했다. 자신들이 그리심산에 오르기 위해 티라타바 마을에 모인 것은, 로마에 반역을 꾀하기 위해서가 아니라 빌라도의 핍박을 피하기 위한 것이라고 말했다.

그러자 비텔리우스는 자신의 친구들을 보내 유대의 문제를 살펴보도록 했다. 그리고 빌라도에게는 티베리우스 황제 앞에서 사마리아인들의 고소에 대해 변호하도록 했다. 하지만 빌라도가 로마에 도착하기 전에 티베리우스 황제가 죽고 말았다.

그리고 비텔리우스는 예루살렘을 방문했는데 때마침 유월절 축제 기간으로, 백성들로부터 그는 열렬한 환대를 받았다. 이에 그는 농산물에 부과되는 모든 세금을 면제해 주고, 대제사장의 의복과 그와 관련된 모든 장식품을 성전에서 제사장들이 관리하도록 선포했다. 이전까지만 해도 대제사장 의복은 안토니아 망대에서 보관했는데, 그 경위는 다음과 같다.

하스몬 왕가의 대제사장 힐카누스 2세는 성전 곁에 망대를 하나 짓고 거기에 살면서, 예루살렘에 내려올 때 평상복으로 갈아입었다. 그리고 대제사장 의복은 이 망대에 보관했다. 헤롯이 왕이 되자, 그는 이 망대를 웅장하게 재건하고 친구 안토니우스의 이름을 따라 안토니아라고 불렀다. 그리고는 대제사장 의복을 계속해서 그곳에 보관했다. 헤롯 왕을 뒤이은 아켈라오도 마찬가지로 그곳에 보관했다. 그러나 로마 총독이 유대를 통치한 다음부터, 로마인들은 대제사장 의복을 석조 건물 안에 놓고, 수비대를 두고 밤낮으로 직접 관리했다. 그리고 절기 때가 되면 절기 7일 전에 수비대장이 그 옷을 대제사장에게 주었고, 절기가 끝나면 다음 날 대제사장은 그 의복을 다시 반납했다.

이러한 일이 매년 3번의 절기와 금식일마다 번거롭게 되풀이되자, 비텔리우스는 이런 관행을 깨고 율법대로 대제사장이 그 옷을 직접 관리하도록 허락해 주었다. 그리고 그는 가야바라 하는 요셉을 대제사장직에서 해임하고, 아나누스의 아들 요나단을 대제사장으로 임명했다.

6. 분봉 왕 빌립과 헤롯 안티파스의 통치 이야기

분봉 왕 헤롯 안티파스의 이복형제 빌립은 티베리우스 황제 즉위 20년이 되던 해에 드라고닛, 가울라니티스 그리고 바타네아를 37년간 다스리고 사망했다(AD 34년). 그는 사생활이나 통치하는 데 있어서 조용하고 온순했으며, 통치 기간에 한 번도 자신의 영토 밖을 나가지 않았다. 그는 나라를 순시하면서 선별된 친구 몇 사람을 대동했고, 가는 곳마다 재판을 열어 억울한 사람들의 호소를 해결해 주었다. 빌립이 자손을 낳지 못하고 죽었기 때문에, 티베리우스는 그의 영토를 수리아 지역에 병합시켰으나, 그곳에서 거두어들이는 세금은 자치적으로 보관하도록 명령했다.

이즈음에 아라비아의 왕 아레타스 4세와 분봉 왕 헤롯 안티파스 사이에 다툼이 생겼다. 안티파스는 아레타스 4세의 딸을 아내로 맞이하여 오랫동안 함께 살았다. 그런데 그가 로마를 방문하는 동안 대제사장 시몬의 딸에게서 낳은 아들로 이복형제인 헤롯 빌립의[14] 집에 머무르면서, 그의 아내 헤로디아를 사랑하게 되었다. 헤로디아는 아리스토불루스 4세의 딸이며, 아그립바 1세의(AD 37-44년 유대 통치) 여동생이었다.

안티파스가 헤로디아에게 청혼을 하자, 그녀는 안티파스에게 그의 아내 아레타스 4세의 딸과 이혼하고 로마에서 돌아오면 청혼을 수락하겠다고 말했다. 로마에서 돌아온 안티파스가 헤로디아와 결혼한다는 사실을 이미 알고 있었던 안티파스의 아내는 자신을 부친의 영토와 남편의 영토 경계선에 있는 요새 마케루스(Machaerus)로 보내줄 것을 요청했다.[15] 안티파스는 아내의 의도를 전혀 모르고 이를 허락했다. 그녀는 마케루스에 도착하자마자 사신을 보내어 이미 준비한 군대의 호위를 받아, 아라비아에 도착했다. 그리고 아버지 아레타스 4세에게 안티파스가 계획하고 있는 일들을 고해바쳤다. 이것이 아레타스 4세와 안티파스가 전쟁을 하게 된 결정적인 이유였다.

전쟁에서 안티파스가 패했는데, 그 이유는 이전에 빌립의 영토에서 넘어와 안티파스의 군대에 편입된 군사들이 반역했기 때문이었다. 전쟁에서 패한 안티파스는 사신을 보내어 티베리우스 황제에게 이 사실을 상세히 보고했다. 티베리우스는 이 소식을 듣고 매우 진노하여 아레타스 4세를 적대자로 간주하고, 비텔리우스에게 군사를 동원하여 아레타스 4세를 생포하든지 아니면 목을 베어오라고 명령했다.

---

14 이 사람의 이름은 헤롯 빌립으로, 한때는 헤롯 왕의 후계자로도 지명되었으나, 헤롯의 독살 계획을 그의 어머니가 알고도 묵인한 것이 밝혀지면서, 헤롯 왕의 미움을 받아 권력에서 밀려나게 되었다. 그의 이름이 '드라고닛, 가울라니티스 그리고 바타네아'를 다스린 분봉 왕 '빌립'과 동일해서 일부의 사람들에게 혼돈을 준다. 헤로디아가 남편을 버리게 된 것은 아마도 그녀의 남편인 빌립이 헤롯 왕의 미움을 받아 쫓겨나자, 정치적 야망이 있던 헤로디아는 빈털터리의 남편보다는 더 능력 있는 안티파스를 선택했을 것이다. 이것을 세례 요한이 비난했다(막 6:17-18). 이에 대해서는 류호성, "헤로디아는 '동생의 아내'가 아니라, '이복형의 아내'였다(막 6:17-18; 마 14:3; 눅 3:19),"『신학논단』89 (2017), 163-187 참조.

15 헤롯 안티파스가 헤로디아와 결혼한 것을 비판한 세례 요한을 마케루스 요새에서 처형한 것은, 이곳을 중심으로 한 자신의 첫 번째 부인을 지지하는 세력들에 대한 위협이라고 할 수 있을 것이다.

그러나 유대인 중 일부는 안티파스의 군대가 패배한 것이 세례자라고 하는 요한의 죽음에 대한 하나님의 의로운 복수라고 생각했다. 요한은 선한 사람이었으며 유대인들에게 덕을 실천하며 서로에게는 정의를 그리고 하나님께 대해서는 경건을 하도록 하고, 세례를 받도록 권고했음에도 불구하고 헤롯은 그를 처형했다. 세례가 하나님께 용납받기 위해서는, 죄를 용서받으려는 수단으로써 세례를 받는 것이 아니라, 정의로운 행동으로 인해 영혼이 이미 깨끗함을 입은 것처럼 몸의 정화를 위해서 세례를 받아야 한다고 요한은 말했다.

다른 무리가 요한의 고상한 설교를 듣고 고취되어 몰려들자, 안티파스는 두려워했다. 왜냐하면, 요한의 설교가 구름같이 모여든 많은 사람을 자극하여 소요를 일으킬 가능성이 있다고 생각했기 때문이다(안티파스가 보기에 그들은 요한이 말하는 모든 것을 따르는 사람들로 보였다). 그래서 안티파스는 요한 때문에 폭동이 일어나 어려운 국면에 빠져 후회하는 것보다는 미리 그를 제거하는 것이 더 낫다고 생각했다.

결국, 요한은 안티파스의 의심하는 성격 때문에 요새 마케루스로 결박당한 채 끌려가서 처형되었다. 유대인 대부분은 안티파스의 군대가 패한 것은 하나님이 그에게 복수를 한 것으로 생각했다.

티베리우스 황제의 명령에 따라 비텔리우스는 아레타스 4세를 공격하기 위해 중무장한 2개 군단을 이끌고 톨레마이스(Ptolemais)를 점령하고, 유대 땅을 통과하려고 했다. 그러나 유대의 고위층 인사들은 로마의 군기에 형상이 그려져 있기에 이를 허락하지 않았다. 그러자 비텔리우스는 그들의 간절한 부탁을 받아들여 대평원(the Great Plain)[16] 쪽으로 행군의 진로를 바꾸었다. 그리고 유대인들의 전통적인 명절을 맞아 안티파스와 함께 하나님께 제사 드리러 예루살렘에 갔을 때, 군중들은 비텔리우스를 특별히 환영했다.

그는 예루살렘에서 사흘 동안 머물면서 대제사장 요나단을 물러나게

---

16 사마리아와 갈릴리 사이의 지역을 말한다.

하고, 그의 형제 데오필루스를 임명했다. 그리고 4일째 되는 날에 티베리우스 황제가 죽었다는 전갈을 받게 되자(AD 37년), 백성들에게는 티베리우스의 뒤를 이은 가이우스 황제에게 충성할 것을 명령했고, 군대를 해산시켜 고향으로 돌아가게 했다.

이러한 일이 있기 전에 아레타스 4세는 비텔리우스의 군대가 침입한다는 소식을 들었지만, 결코 자신들의 나라에 들어올 수 없을 것이라고 선언했다. 왜냐하면, 점술가들은 그에게 "전쟁을 명령한 자든지 아니면 그 명령을 수행하는 비텔리우스든지, 한 사람은 죽을 것이다"라고 말했기 때문이다. 결국, 티베리우스가 죽자 비텔리우스는 안디옥으로 돌아갔다.

7. 가난뱅이 아그립바 1세가 왕이 되다

헤롯 가문을 통해서 우리가 배울 수 있는 것은 아무리 후손이 많아도 하나님에 대한 경건한 자세가 없으면 아무런 소용이 없다는 것이다. 헤롯 왕이 죽고 난 다음 100년 사이에, 그렇게 많던 헤롯의 자손들은 단지 몇 명만 살아남고 모두 죽었다. 그중에 살아남은 한 사람은 아그립바 1세이다. 그는 보잘것없는 낮은 위치에서 시작하여, 가장 높은 자리에 오른 인물이다.

헤롯 왕이 죽기 전에 아그립바 1세는 로마에서 티베리우스의 아들 드루수스와 매우 친하게 자랐다. 아그립바 1세는 본래 남에게 주는 것을 좋아하는 성격이었으나, 어머니 베르니카 생전에는 꾸지람을 듣기 싫어 그의 본성을 숨겼다. 그러나 어머니가 죽자 사치를 부렸고, 남에게 선심을 쓰는 데 많은 돈을 낭비했다. 특히 황제의 노예를 자유민으로 만드는데 많은 돈을 사용했다.

가산을 다 탕진한 데다가 티베리우스 황제가 죽은 아들 드루수스가 생각나서 그의 친구들을 황실에 오지 못하게 하자, 아그립바 1세는 로마를 떠나 유대로 향했다. 하지만 수많은 빚쟁이가 그를 독촉하자, 그는 이두매에 있는 말라다(Malatha)의 한 망대에 올라가 자살을 결심했다. 하지만 그의 아내 키프로스[17]가 남편의 자살을 막으려고 안티파스의 아내이며 아그립바 1세의 여동생인 헤로디아에게 도움을 요청했다.

그러자 헤로디아와 안티파스는 아그립바 1세에게 사람을 보내어 디베랴에 살 곳을 마련해 주었고, 그를 디베랴의 재정장관으로 세웠다. 하지만 이들은 두로 지역의 한 잔치 모임에서 술을 마시다가, 취기에 심하게 다투었다. 안티파스가 자기 도움으로 하루하루 살아간다고 빈정대자, 아그립바 1세는 모욕을 참지 못해 로마에 있을 때 가깝게 지냈던 수리아 총독에게로 갔다. 그와 얼마간 잘 지냈으나 그만 사이가 벌어지게 되었고, 이에 로마로 갈 계획을 세웠다.

그러나 아그립바 1세가 로마로 간다는 사실을 알고 얌니아의 행정장관은 군인들을 보내, 그를 체포하고 황제에게 빚진 은화 300,000드라크마를 갚으라고 했다. 밤이 되자 아그립바는 포승줄을 끊고 알렉산드리아로 도망쳤다. 이 여비를 아내 키프로스가 유대의 행정 장관인 알렉산더[18]에게 빌려서 마련해 주었다.

아그립바 1세는 로마에 도착한 후 티베리우스 황제를 만나 융숭한 대접을 받았다. 그러나 다음날 티베리우스는 아그립바 1세가 자신으로부터 300,000드라크마를 빌려가서 약속한 날짜가 지났음에도 갚지 않고, 또한 갚을 것을 요구하자 재판 관할구역을 벗어나 도망쳤다는 내용의 편지를 받았다. 이 편지를 읽은 티베리우스는 기분이 언짢아 아그립바 1세에게 빚을 갚기 전에는 자기에게 나타나지 말라고 명령했다.

티베리우스의 분노로 낙심한 아그립바 1세는 장차 황제가 될 클라우디우스의 어머니 안토니아에게 돈을 빌려 황제에게 진 빚을 갚았다. 안토니아는 아그립바 1세의 어머니 베르니카와 또한 아그립바 1세가 자기의 아들 클라우디우스와 함께 자라난 것을 생각해서 돈을 빌려 주었다. 아그립

---

17 이 여자의 모친은 살람프시오(Salampsio)이고, 부친은 헤롯 왕의 형 파사엘이 낳은 아들로 동일한 이름의 파사엘(Phasel)이다. 모친 살람프시오는 헤롯 왕이 하스몬 왕가 마리암메 1세 사이에서 낳은 딸이다.
18 철학자 필로(Philo)의 형제이다.

그림 28. 헤롯 아그립바 1세

바 1세가 빚을 갚아 티베리우스와의 관계를 회복하여 좋은 사이가 유지되자, 티베리우스는 친손자에게 밖에 다닐 때는 항상 아그립바 1세와 함께 다니라고 당부했다.

또한, 아그립바 1세는 안토니아로부터 따뜻한 대접을 받았으며, 그녀의 손자로 후에 황제가 된 가이우스(Gaius)와 가깝게 지냈다. 이렇게 해서 아그립바 1세는 황제의 막강한 측근이 되었다.

사이가 가까워진 아그립바 1세와 가이우스는 어느 날 말을 타고 가면서 티베리우스 황제에 대한 말을 주고받았다. 이때 아그립바 1세가 "티베리우스가 하루 빨리 황제의 자리에서 물러나고, 모든 면에서 유능한 가이우스가 황제가 되게 하옵소서"라고 말했다. 이것을 말을 몰던 아그립바 1세의 부하 유티쿠스가 듣고 가슴에 새겨두었다.

한편, 유티쿠스는 아그립바 1세의 옷을 보고 탐이 나서 훔쳤다. 이 일이 발각되자 그는 아그립바 1세로부터 심한 꾸중을 듣고 도망쳤으나 붙잡혀, 로마시(市)의 행정장관 피소에게 심문을 받게 되었다. 그러자 유티쿠스는 황제의 안전과 관련된 중요한 비밀을 알고 있다고 말했다. 그래서 피소는 그를 티베리우스가 있는 카프레아(Caprea)로 보냈다.

하지만 티베리우스는 유티쿠스를 오랫동안 감옥에 두었다. 이러한 일처리는 티베리우스의 습관이었다. 그는 사신을 접견하는 데도 늑장을 부렸을 뿐만 아니라, 총독이나 행정장관이 공석이어도 바로 임명하지 않고 질질 끌었다. 그 이유를 친구들이 묻자 티베리우스는 이렇게 말했다.

총독들은 본래 백성들로부터 재산을 강탈해 가는 경향이 있다네. 그런데 재임 기간이 짧다거나 또는 임명된 지 얼마 되지 않아 그를 해임하면, 백성들은 새로운 총독으로 더 심하게 착취를 받을 것일세. 이와 반대로 그 자리에 오랫동안 있다면 많이 착취하여 배가 불러, 더 이상 착취하는 것에 둔감해질 것일세.

이러한 습관 때문에 티베리우스는 22년간 통치하면서, 유대의 총독으로 그라투스와 빌라도 단 두 사람만 임명했다. 특히 죄인들을 심문하는 문제에는 더 시간을 질질 끌었다. 왜냐하면, 그는 죄인들을 바로 처형시키면, 이것이 오히려 죄인들의 고통을 덜어준다고 생각했기 때문이다. 그는 죄인들이 오랫동안 감옥에 있으면, 그들은 자신들의 불행에 대한 중압감 때문에 더 고통스러워한다고 생각했다.

한편, 아그립바 1세는 안토니아에게 유티쿠스가 제기한 소송사건을 무리 없이 끝나게 해달라고 부탁을 했다. 아그립바 1세가 안토니아에게 이런 부탁을 한 것은, 티베리우스가 그녀를 아주 존중했기 때문이다. 안토니아는 당시 군대장관으로 막강한 힘을 가진 세야누스가 티베리우스에게 반역하려고 음모를 꾸미자, 그 전모를 티베리우스에게 알려주어 음모를 진압하는 데 결정적인 역할을 했다. 티베리우스는 안토니아의 간청에 못 이겨 유티쿠스를 데려오게 했고, 그리고 그에게 자유를 준 아그립바 1세를 고소한 내용이 무엇인지 물었다.

그러자 유티쿠스는 이렇게 진술했다.

> 아그립바 1세가 가이우스와 함께 말을 타고 가면서 '늙은 황제가 빨리 떠나고 하루 빨리 가이우스가 통치하는 세상이 왔으면 좋겠다'고 말하면서, '황제의 친손자 티베리우스도 제거해 버리면 좋겠다'라고 말했다.

이 말을 듣고 티베리우스는 바로 자색 옷을 입은 상태로 아그립바 1세를 감옥에 넣었다. 아그립바 1세가 절망감에 빠져 있을 때, 로마 사람들이 '부보'라 부르는 올빼미 한 마리가 아그립바 1세가 기대고 있는 나무 위에 내려앉았다. 그러자 죄수 중에 게르만 출신의 사람이 아그립바 1세에게 가서 다음과 같이 예언했다.

당신은 급작스런 불행을 당했지만, 머지않아 자유의 몸이 될 것이며, 가장 높은 명예로운 자리에 올라 권력을 잡게 될 것입니다. 또한, 당신은 자녀들에 의해 축복 된 삶을 살게 될 것이며, 그 부가 자손들에게까지 이어질 것입니다. 그리고 이 새를 다시 보게 되면 5일 안에 죽게 될 것입니다.

한편, 안토니아는 아그립바 1세의 불행을 안타깝게 생각해서, 간수장에게 그를 잘 대우해 주라고 부탁했다. 그래서 아그립바 1세는 매일 목욕할 수 있었으며, 친구들이 자유롭게 면회할 수 있었다. 이렇게 그는 6개월을 감옥에서 보냈다.[19]

티베리우스는 카프레아에서 돌아오자마자 병이 들었고, 회복될 기미가 보이지 않자 후계자를 결정하고자 했다. 그는 일찍 죽고 떠난 아들 드루수스에게서 태어난 아들 티베리우스 게멜루스에게 황제의 자리를 물려주길 원했다. 그러나 그는 점성술에 심취했기에(- 때로는 어떤 점성가들보다 더 정확하게 예언을 했다) 자신의 결정과 소망보다는 신의 뜻을 따르기로 했다.

그래서 그가 점을 쳐서 받은 징표는 다음날 자기에게 맨 먼저 오는 사람이 황제가 되는 것이었다. 이렇게 결정하고 난 후에 신께서 자신의 친손자가 황제가 되는 것을 허락할 것으로 생각하고, 친손자의 가정교사에게 그를 아침 일찍 자기에게 데려오라고 명령했다. 그러나 다음날 맨 먼저 도착한 사람은 가이우스였다. 티베리우스는 자기 뜻이 실현되지 않아 슬펐지만, 황제의 자리를 결정하는 특권이 신에게 있다는 것을 알고, 가이우스를 자신의 후임자로 결정했다. 그리고 가이우스에게 자신의 친손자를 잘 보살펴 달라고 당부하고, 친손자가 죽게 되면 가이우스도 불행해질 것이라고 예언을 했다.

가이우스는 친손자를 잘 대우하겠다고 약속을 했지만, 황제에 오른 후 그를 처형했다. 그리고 티베리우스의 예언처럼 그 자신도 얼마 후에 반역

---

[19] 죄수를 자유롭게 면회할 수 있는 것으로 보아 아그립바 1세가 갇힌 감옥과 사도행전 28장에 나타난 바울이 갇힌 감옥이 유사하다고 할 수 있다.

자들의 손에 죽임을 당했다. 티베리우스는 가이우스를 후계자로 임명하고 며칠 후에 죽었다. 그는 22년 5개월 3일 동안 황제로 재임하고 세상을 떠났다 (AD 37년).

그림 29. 헤롯 아그립바 1세의 두상이 새겨진 동전[20]

아그립바 1세는 티베리우스가 죽었다는 사실을 자신의 부하로부터 전해 듣고 매우 기뻐했다. 그를 감시하던 백부장도 아그립바 1세를 통해서 이 사실을 알고, 처음에는 술상을 차려 놓고 그를 극진히 대했다. 그러나 어떤 사람이 와서 티베리우스가 살아 있고 며칠 내로 로마에 올 것이라고 말하자, 백부장은 놀라 아그립바 1세에게 "네가 황제가 죽었다는 거짓말로 나를 속이고도 살아남을 것 같은가"라고 말을 하고, 그를 다시 포박하고 더 엄격하게 감시했다.

그때 가이우스가 "티베리우스가 죽었다는 소식과 자신이 황제의 계승자"라는 편지를 써서 원로원들에 보냈고 또한 "아그립바 1세를 석방하고 그가 투옥되기 전에 살던 집으로 돌려보내라"는 편지를 로마시의 총독에게 보냈다. 가이우스는 티베리우스의 장례를 치르고 바로 아그립바 1세를 석방하고 싶었으나, 안토니아는 그렇게 하지 말라고 가이우스에게 조언했다. 왜냐하면, 그렇게 하면 백성들은 가이우스가 티베리우스의 죽음을 기다렸다고 생각할 것이기 때문이다. 가이우스는 그녀의 조언에 따라 며칠이 지난 후에 아그립바 1세를 석방했다. 그리고 자신의 집에 불러 머리에 왕관을 씌워주며, 이전에 빌립이 다스린 영토의 '왕'으로 임명했다 (AD 37년).

---

20 Silvia Rozenberg, David Mevorah, *Herod the Great*, 28.

8. 헤롯 안티파스와 아그립바 1세의 정치적 싸움에서 안티파스가 추방되다

가이우스가 통치한 지 2년이 지나자 아그립바 1세는 고국으로 돌아왔다. 사람들은 그가 왕이 되어 돌아올 줄은 꿈에도 생각하지 못했다. 무엇보다도 그의 여동생 헤로디아는 빚 때문에 도망친 자가 자신의 남편보다 더 높은 지위와 재산을 가지고 돌아오자 질투와 시기심이 생겨났다.

그래서 그녀는 남편 안티파스에게 로마로 가서 아그립바 1세와 같은 왕의 지위를 얻어 오라고 끈질기게 충동질했다. 안티파스는 원하지 않았지만, 아내의 뜻에 따라 결국 로마로 향했다. 이 소식을 듣고 아그립바 1세는 부하를 시켜 선물과 헤롯을 비방하는 편지를 황제에게 전달했다.

가이우스는 먼저 온 안티파스를 만나고, 다음에는 그를 비난하는 아그립바 1세의 편지를 읽게 되었다. 그 편지에는 안티파스가 "전에는 세야누스와 공모하여 티베리우스 황제에게 반역했고, 지금은 파르티아의 왕인 아르타바누스와 공모하여 가이우스에게 반역을 꾀하고 있고, 그 증거로 무기고에는 7만의 병사들이 사용하기에 충분한 갑옷들이 비축되었다"라고 적혀 있었다.

이 편지를 읽고 놀란 가이우스가 안티파스에게 이것이 사실이냐고 묻자, 그는 이것이 잘 알려진 일이기에 군비를 비축한 것이 사실이라고 말했다. 이에 가이우스는 그의 영토를 빼앗아 아그립바 1세의 영토에 합병시켰으며, 그를 골(Gaul) 지방의 리욘(Lyon)으로 유배시켰다. 그리고 헤로디아가 아그립바 1세의 여동생이라는 것을 알고, 그녀의 재산을 돌려주었고 남편 안티파스와 함께 유배지를 떠나지 않아도 된다고 말했다.

그러나 헤로디아는 "행복할 때에는 함께 즐거워 하다가, 불행할 때에 남편을 버리는 것은 의롭지 못한 행동이다"라고 말하면서, 가이우스의 제안을 거절했다. 이에 가이우스는 분노했고 안티파스와 함께 그녀를 추방하고, 재산도 몰수하여 아그립바 1세에게 주었다(AD 39년). 이렇게 해서 하나님은 오빠를 질투한 헤로디아와 그녀의 허영심에 귀를 기울인 안티파스에게 벌을 내리셨다.

가이우스는 재임 2년 동안 로마인들과 그 지배민족들에게 매우 온화한 정책을 펴서 크게 존경받았다. 그러나 시간이 흐르면서 자신이 통치하는 영역이 광대하다고 생각하여, 자신을 인간이 아니라 신(神)으로 여기기 시작했다.

9. 가이우스 황제가 예루살렘 성전에 자신의 상을 세우려다가 철회하다[21]

알렉산드리아에서 유대인들과 헬라인들 사이에 충돌이 생기자 각파에서 3명의 대표를 뽑아 가이우스에게로 보냈다. 헬라인의 대표는 유대인들을 몹시 싫어하는 아피온이었다. 그는 황제의 분노를 끌어내고자 "로마의 통치를 받는 모든 백성은 황제를 위해 제단과 신전을 짓고 황제를 숭배하지만, 유독 유대인들만 황제의 이름으로 맹세하는 것과 황제의 형상을 만드는 것을 거부한다"라고 말했다.

유대 행정장관인 알렉산더와 형제지간으로 철학에 능통한 유대인 사절단의 대표인 필로는 아피온의 견해에 반박하려고 준비했다. 그러나 가이우스는 필로를 제지하면서 당장 나가라고 소리쳤다. 심한 모욕을 당하고 나온 필로는 "가이우스가 우리에게 분노를 품고 있는 것은 확실하지만, 그가 하나님을 자신의 적으로 삼고 있기에 걱정할 것이 없다"고 말했다.

가이우스는 오직 유대인들만이 자신을 능멸한다고 생각하여 수리아 총독 비텔리우스의 후임자로 페트로니우스를 임명하고, 그에게 대군을 이끌고 가서 예루살렘 성전에 무력을 써서라도 자신의 상(像)을 세우라고

---

21 행 12:1-23에 등장하는 헤롯 왕이 바로 아그립바 1세이다. 그는 유대인들을 기쁘게 하려고 사도 요한의 형제 야고보를 죽이고, 베드로를 옥에 가둔다. 그가 예루살렘 성전에 가이우스 상을 세우지 못하기 위해서 노력한 것을 보면, 그가 예수님의 제자들을 처형한 이유를 추측할 수 있을 것이다.

명령했다. 황제의 명령을 신속하게 수행하기 위해, 그는 로마군 2개의 군단을 이끌고 톨레마이스(Ptolemais)로 이동했다. 거기서 겨울을 지내고 봄에 전쟁을 하려고 마음먹었다. 그러는 동안 수많은 유대인이 톨레마이스에 있는 페트로니우스를 찾아와서 조상 대대로 내려온 율법에 반역하지 않게 해 달라고 간청했다. 그리고 성전에 들어와서 가이우스의 상을 세우려거든 먼저 자신들을 죽이라고 말했다.

그림 30. 가이우스 칼리굴라

페트로니우스는 전쟁을 하지 않고서는 가이우스의 상을 세우기란 힘들다는 것을 알고, 더 자세한 상황을 알아보기 위해 디베랴(Tiberias)로 갔다. 그러자 또다시 수많은 유대인이 그에게 와서 가이우스의 상을 세움으로써 자신들이 재난에 빠지지 않게 해달라고 간청했다. 그리고 자신들의 얼굴을 땅에 대고 목을 길게 늘어뜨리고는 기꺼이 죽겠노라 울부짖었다. 그들은 이렇게 40일 동안 탄원했다.

이러는 동안 유대의 유력인사들도 페트로니우스를 찾아가서 황제에게 선처를 부탁하는 다음과 같은 편지를 보내 줄 것을 요청했다.

유대인들이 폐하의 상을 성전에 세우는 것에 큰 반감을 갖고 있습니다. 그들은 땅을 경작하는 것조차 포기하고 제게 와서 졸라대고 있습니다. 그렇다고 그들이 폐하에게 전쟁을 일으키겠다는 것은 아닙니다. 그럴 능력도 없습니다. 그들은 율법이 파괴되느니 차라리 죽여 달라고 버티고 있습니다. 더구나 농사를 짓지 않아 세금을 내지 못하자 남의 것을 강탈하는 도적떼들이 급증하고 있습니다.

페트로니우스는 유대인들의 요청이 너무 진지하고 또한 하나님의 심판을 받을지 모른다는 두려운 생각이 들어 가이우스에게 편지를 보내기로 마음먹었다. 그리고 그는 유대인들을 불러 모아 놓고, 황제에게 그들의 뜻을 전하며, 이로 인해 어떤 위험과 고통이 따르더라도 감수하겠으니, 각자 돌아가서 자신들의 일에 충실하라고 연설했다. 그가 연설을 마치자마자 하나님께서는 소낙비를 내려주셨다. 이것은 아주 뜻밖의 일로 그동안 1년 내내 비가 오지 않아 가뭄이 심했는데, 비가 내리자 유대인들은 페트로니우스가 황제에게 간청하는 것이 이루어질 것이라고 희망을 품었다.

그때 아그립바 1세는 로마에 있었으며, 가이우스와 매우 가까운 사이였다. 한 번은 아그립바 1세가 가이우스를 위해서 많은 돈을 들여 아주 특별한 연회를 준비했다. 가이우스는 아그립바 1세가 보여 준 그 정성에 너무나 감동하고, 연회를 즐기던 중 취기가 돌자 그에게 원하는 것은 무엇이든지 요구하라고 했다. 가이우스는 아그립바 1세가 영토나 도시의 세금 수입을 요구할 줄 알았다. 그러나 아그립바 1세는 예루살렘 성전에 가이우스 상을 세우라고 명령한 것을 포기해 달라고 간청했다. 아그립바 1세의 이 요청은 아주 위험한 것으로, 가이우스가 아그립바 1세에게 호의를 갖고 있지 않았다면 그는 죽임을 당했을 것이다.

가이우스는 군중들 앞에서 거짓말쟁이가 되기 싫었고 또한 개인적 이익이 아니라 공공의 안녕을 위해서 그런 요구를 한 아그립바 1세의 요청에 감탄하여 결국 자신의 명령을 철회했다. 그래서 가이우스는 페트로니우스에게 이미 자신의 동상을 세웠으면 그대로 두고, 그렇지 않았으면 더 이상 문제를 일으키지 말고 군대를 해산하라고 편지를 보냈다.

페트로니우스는 이 같은 내용의 가이우스 편지를 받기 전에, 유대인들이 황제의 상을 세우는 문제로 폭동을 일으킬 것 같다는 소식을 가이우스에게 전달했다. 가이우스는 페트로니우스로부터 이 편지를 받고, 몹시 기분이 상해 다음과 같은 답신을 보냈다.

> 너는 유대인들이 준 뇌물에만 눈이 멀어 나의 명령을 소홀히 하고 유대인의 비위만 맞추고 있다. 그러므로 나의 분노가 극에 달했음을 알고 너는 스스로 판단해서 행동하라. 나는 황제의 명을 어기는 자들의 최후가 얼마나 비참한지 너를 영원히 본보기로 삼을 것이다.

페트로니우스는 자결하라는 가이우스의 편지를 그가 죽고 난 다음에 받았다. 왜냐하면, 이 편지를 가진 사람의 항해가 지연되어서, 페트로니우스에게 가이우스가 죽었다는 소식이 먼저 전달되었기 때문이다. 이것은 하나님께서 유대인들과 하나님의 영예를 위해서 호의를 베푼 페트로니우스를 기억하셨기 때문이다. 하나님께서는 스스로 교만해져서 신처럼 경배를 받으려고 한 가이우스의 생명을 빼앗아 가셨다.

한편, 티그리스강 근처인 셀류키아 도시에 많은 유대인이 이주해서 정착했다. 그 도시의 주민들은 마케도니아 사람들보다, 헬라인이 더 많았고 수리아인도 적지 않았다. 유대인들은 그곳에서 5년간 별 어려움 없이 살았지만, 6년째 되는 해에 큰 불행을 겪었다.

그 내막은 다음과 같다. 그 도시의 다수인 헬라인은 수리아인보다 세력이 더욱 막강했음에도 불구하고 늘 분쟁했다. 그런데 유대인들이 그곳에 거주하면서, 수리아인은 유대인들의 도움을 얻어서 헬라인의 세력을 누를 수 있게 되었다. 수세에 몰린 헬라인은 이를 만회하고자 수리아인에게 화친을 청하고, 유대인들을 자신들의 공동의 적으로 간주하고 공격했다. 이때 친구나 이웃의 배려로 도망칠 수 있는 사람을 제외하고, 거의 모든 유대인이 학살당했다. 그 숫자는 5만 명가량이나 되었다.

참고자료 8: 유대의 총독 명단

제1차 총독 시기		
이름	재임 기간(AD)	임명권자
코포니우스	6-9	가이사
마르쿠스 암비불루스	9-12	가이사
안니우스 루프스	12-15	가이사
발레리우스 그라투스	15-26	티베리우스
본디오 빌라도	26-36	티베리우스
마르켈루스	37	시리아총독 비텔리우스
마룰루스	37-41	가이우스
제2차 총독 시기		
쿠스피우스 파두스	44-46	클라우디우스
티베리우스 알렉산더	46-48	클라우디우스
쿠마누스	48-52	클라우디우스
안토니우스 벨릭스(행 23-24장)	51-60	클라우디우스
보르기오 베스도(행 25:1)	60-62	네로
알비누스	62-64	네로
게시우스 플로루스	64-66	네로

10. 마무리 정리

(1) 앞서 언급된 내용이 성서 해석에 도움이 되는 것이 무엇이 있는지 살펴봅시다.

(2) 마가복음 15:1-20을 읽고, 재판관이 법과 양심에 따라 재판하는 것이 가능한지 논의해 봅시다.

(3) 마태복음 14:1-12, 마가복음 6:14-29, 그리고 요세푸스가 보도하는 세례 요한의 이야기를 읽고 서로의 공통점과 차이점에 대해서 논의해 봅시다.

(4) 오늘날까지도 요세푸스 책이 읽히고 있습니다. 이렇게 계속해서 읽혀지는 이유가 무엇인지 살펴보고, 베스트셀러가 되기 위해서는 어떤 내용을 책에 담아야 하는지 논의해 봅시다.

제9장

헤롯 아그립바 1세의 통치 시대
(AD 41-44년)

교만한 통치자들은 하나님의 심판을 받는다
(유대고대사 제19권 이야기)

주요 사건

1. 가이우스 황제 암살(AD 41년): 폭정으로 인해 측근들에 의해 암살당함.
2. 클라우디우스 황제 즉위(AD 41년): 가이우스가 암살되자 그의 삼촌인 클라우디우스가 로마의 4대 황제로 즉위.
3. 아그립바 1세의 유대 통치(AD 41-44년): 클라우디우스는 자신이 황제가 되는 데 도움을 준 아그립바 1세에게 유대 전체를 다스리게 함.
4. 예루살렘 성벽 증축: 아그립바 1세가 예루살렘 성벽을 증축했지만, 수리아 총독 마르쿠스가 클라우디우스 황제에게 보고함으로 황제의 명령에 의해 중단 됨.
5. 아그립바 1세의 죽음과 로마의 제2차 총독 정치(AD 44년): 아그립바 1세의 갑작스런 죽음으로 로마는 총독을 파견하여 유대를 통치함.

로마의 황제

1. 가이우스 칼리굴라(Gaius Caligula, AD 37-41년): 로마의 3대 황제. 폭정으로 인해 측근인 호민관 케레아에게 암살당한다.
2. 클라우디우스(Claudius, AD 41-54년): 로마의 4대 황제..

수리아의 총독

1. 페트로니우스(Petronius, AD 39-42년): 가이우스가 임명한 수리아의 총독.
2. 마르쿠스(Marcus, AD 42-44년): 클라우디우스가 임명한 수리아의 총독으로, 처음에는 아그립바 1세와 사이가 가까웠으나 나중에는 원수가 됨.

유대의 2차 총독

1. 쿠스피우스 파두스(Cuspius Fadus, AD 44-46년): 클라우디우스가 파견한 유대의 총독.

헤롯 가문

1. 아그립바 1세(Agrippa I): AD 41-44년 유대를 통치한 왕으로, 복부고통으로 사망(참고, 행 12:20-23).
2. 칼키스의 헤롯(Herod of Chalcis, AD 41-48년): 아그립바 1세의 형제로, 칼키스 지역을 통치한 왕.
3. 아그립바 2세(Agrippa II): 아그립바 1세의 아들(참고, 행 25:13; 26:1).
4. 버니게(Berenice): 아그립바 1세의 딸로 알렉산더의 아들 마루쿠스(Marcus)와 결혼했으나, 그가 죽자 숙부인 칼키스의 헤롯과 재혼함(행 25:13; 26:30).
5. 마리암메 3세(Mariamme III): 아그립바 1세의 딸로 헬키아스의 손자와 결혼.
6. 드루실라(Drusilla): 아그립바 1세의 딸로 콤마게네(Commagene)의 아들과 결혼. 나중에는 유대 총독 벨릭스의 아내가 됨(참고, 행 24:24).

대제사장

1. 데오필루스(Theophilus, AD 37-41년): 대제사장 아나누스 1세의 아들.
2. 시몬(Simon, AD 41년): 칸테라스(Cantheras)라고 불리우는 보에투스의 아들.
3. 마티아스(Matthias, AD 42-43년): 아나누스 1세의 아들.
   * 요나단(Jonathan): 아나누스 1세의 아들로 아그립바 1세가 대제사장직에 임명하려고 했으나 거부함. 그래서 그의 동생 마티아스가 대제사장이 됨.
4. 엘리오네우스(Elionaeus, AD 44년): 칸테라스(Cantheras)의 아들.

가이우스 암살에 가담한 자들

1. 아밀리우스 레구루스(Aemilius Regulus): 가이우스를 죽이려는 모임에 가담한 자.
2. 카시우스 케레아(Cassius Chaerea): 호민관으로 가이우스를 살해함.
3. 안니우스 비니키아누스(Annius Vinicianus): 가이우스를 죽이려는 모임에 가담한 자.
4. 레피두스(Lepidus): 비니키아누스의 친구로 가이우스에게 살해당함.
5. 클레멘스(Clemens): 로마의 집정관으로 가이우스 암살 공모에 가담.
6. 아스프레나스(Asprenas): 로마의 원로원으로 가이우스가 암살당하는 날 게르만 병사들에게 죽임을 당함.
7. 아퀼라(Aquila): 가이우스 죽음에 치명적인 상처를 줌.
8. 유아레스투스 아룬티우스(Euarestus Arruntius): 전문 경매인으로 가이우스 암살 직후에 게르만 병사들을 잠잠케 함.
9. 율리우스 루푸스(Julius Lupus): 군단 사령관중 한 사람으로 가이우스의 아내와 딸을 살해함.
10. 코르넬리우스 사비누스(Cornelius Sabinus): 가이우스 암살에 가담했으나 클라우디우스가 황제가 되는 것을 반대함. 그러나 클라우디우스에 의해 석방되고 복직이 되자, 동료들을 배신했다는 자책감으로 자결함.

기타 인물들

1. 그라투스(Gratus): 왕궁 경비병으로 커튼 뒤에 숨어 있는 클라우디우스를 발견함.
2. 알렉산더(Alexander): 클라우디우스의 옛 친구이자 행정장관으로, 가이우스가 홧김에 투옥시킴.
3. 마루쿠스(Marcus): 알렉산더의 아들로, 아그립바 1세의 딸인 버니게와 결혼함.
4. 실라스(Silas): 아그립바 1세의 친구이며 군대 장관.
5. 시몬(Simon): 율법에 능통하다고 자부하여 아그립바 1세를 비난함.
6. 헬키아스(Helcias): 칼키스 헤롯의 친구로 아그립바 1세의 군대장관인 실라스를 살해함.

1. 핵심 내용

 가이우스 황제는 통치하는 전 지역을 폭정으로 다스렸고, 여기에 자신을 신으로 숭배하도록 했다. 이런 억압에 시달리자, 주변 여러 곳에서는 그를 암살하려는 움직임이 일어났다. 그중에서도 호민관으로 가이우스에게 연약한 여자라고 비난을 받던 케레아가 제일 적극적이었다. 그는 세력을 규합한 다음, 공화정을 무너뜨리고 왕정을 세운 가이사를 기념하는 축제일에 공연장에서 가이우스를 살해했다. 가이우스가 살해되자 원로원에서는 공화정을 세우려고 했고, 반면 군인들과 시민들은 클라우디우스를 내세워 왕정을 고수하려고 했다.

 이런 혼란 속에서 아그립바 1세는 클라우디우스가 황제로 등극하는데 큰 역할을 했다. 이에 대한 보답으로 클라우디우스는 아그립바 1세를 다시 유대의 왕으로 임명하고, 유대와 사마리아 그리고 주변 여러 지역을 다스리게 했다. 그의 통치 지역은 조부인 헤롯 왕이 다스렸던 지역만큼이나 넓었다. 알렉산드리아에서 유대인들이 헬라인들에게 억압을 받자 아그립바 1세는 클라우디우스에게 청원하여, 유대인들이 누려왔던 특권을 되찾아 주었다.

그리고 예루살렘 북쪽에 있는 성벽을 확장 공사하려고 했으나, 반란이 일어날 것을 염려한 클라우디우스가 제지하자 공사를 중단했다. 한편, 가이사랴의 원형 극장에서 백성들이 그를 신으로 추앙하자, 이를 만류하지 않고 자신을 신으로 생각했다. 그 순간 그는 심한 복부 통증을 느꼈고, 이 통증으로 5일간 고생하다가 54세의 나이로 세상을 떠났다. 그가 죽자 클라우디우스는 그의 아들인 아그립바 2세에게 유대 통치를 맡기려고 했으나, 측근들이 17세의 어린 아그립바 2세가 넓은 유대 지역을 다스리는 것은 불가능하다고 만류했다. 그러자 클라우디우스는 쿠스피우스 파두스를 유대 총독으로 파견했다.

2. 가이우스가 자신을 신으로 생각하다

가이우스 황제는 예루살렘과 유대 지역뿐만 아니라 통치하에 있는 모든 지역의 백성들을 괴롭혔다. 로마도 예외가 아니었다. 그는 로마 시민뿐만 아니라 원로원 및 명문 귀족 가문에 속한 사람들도 괴롭혔다. 이들 가운데에서 특히 기사단 단원들을 박해했는데, 이들은 원로원 의원을 선출하기에 지위나 부에서 그들과 동등한 대우를 받고 있었다.

가이우스는 자신을 신격화하여 백성들에게는 신처럼 경배하라고 강요했으며, 또한 자신을 로마 최고의 신 쥬피터와 한 형제라고 했다. 그리고 바다의 주(主)이기 때문에 육지와 동일한 경배를 바다에서도 받아야 한다고 생각하여, 해변 도시에 30펄롱(furlong)이나 되는 긴 다리를 건설하고 그 위를 병거를 타고 다녔다.

또한, 헬라 신전에 있는 조각과 신상들 그리고 헌물들을 약탈한 것으로 자신의 왕궁을 장식했다. 그리고 헬라인들이 쥬피터 올림피우스라고 부르는 상(像)을 로마로 가져오고 싶어 했으나, 이것을 조각한 사람이 옮기는 과정에서 손상될 것이라고 말하자 포기하고 말았다. 그의 광기는 도에 달하여 딸을 낳자 카피톨에 있는 신전으로 데려가서 신상의 무릎 위에 올려놓고 "너는 나의 딸이면서 동시에 제우스의 딸이기도 하다"라고 말했다.

또한, 가이우스는 종들이 자신들의 주인을 비난하고 고소하는 것을 장려했다. 이런 정책에 따라 후에 황제가 된 클라우디우스는 자신의 종에게 고발당했다. 그러자 가이우스는 이를 계기로 클라우디우스를 제거하려고 했으나 성공하지는 못했다. 이런 광란으로 인해 가이우스를 죽이려는 음모가 여러 곳에서 진행되었다.

첫째, 아밀리우스 레구루스로, 그는 가이우스가 저지른 횡포를 보고 증오와 분노를 느꼈다.

둘째, 군단의 지휘관인 카시우스 케레아로, 그는 가이우스와 늘 함께 있었기에 위험을 안고 살았다.

셋째, 안니우스 비니키아누스로, 자신의 각별한 친구였던 레피두스가 가이우스에게 무고하게 살해되었기 때문에, 이를 보복하고자 했다.

3. 가이우스가 살해되다

이 중에서도 케레아가 제일 열성적이었다. 왜냐하면, 그는 가이우스를 죽이고 더 좋은 명성을 얻고 싶어 했으며, 누구보다도 호민관이기에 가이우스를 매일 접할 수 있기 때문이었다. 가이우스는 그를 세금 체납자들로부터 강제로 세금을 징수하는 자리에 임명했다. 하지만 그는 백성들의 형편을 살피느라 일을 제대로 감당하지 못했다.

이에 화가 난 가이우스는 그를 여자처럼 연약한 놈이라고 비난했고, 더불어 그가 당직을 설 때는 추잡하고 외설적이며 여성스러운 암호를 주었다. 비록 그가 가끔은 여자들의 옷을 입고 장식품을 달고 다녀 여자로 오해받은 것은 사실이지만, 이런 조롱을 받자 그는 몹시 분개했다. 무엇보다도 자신이 받은 암호를 다른 사람에게 전달할 때, 그들에게 무시를 당하자 더욱 분노를 느꼈다.

여기에 가이우스가 세금감면을 요청하는 백성들을 무참하게 살해하고, 자신이 가이우스의 권위에 눌려서 죄 없는 여인을 무참하게 고문하는 일이 발생하자, 케레아는 가이우스를 죽이기로 하고, 뜻을 같이하는 동료들을 모았다. 여기에 집정관 클레멘스 등 여러 사람이 동조했다.

거사에 참여한 자들이 소극적으로 나오자 케레아는 계획을 하루 연기했다. 그들은 가이우스를 살해하는 일이 수포가 된다면, 도시에서 폭동이 일어날 것이며 또한 가이우스의 신변 보호가 더욱 강화될 것이기에 시간적 여유를 갖는 것이 좋다고 케레아를 설득했다. 그리고 팔라티네(Palatine) 왕궁 언덕에서 공화정을 무너뜨리고 왕정을 세운 가이사를 기념하는 축제일에, 가이우스가 공연장에 입장할 때 거사를 치르자고 의견을 모았다. 왜냐하면, 공연을 관람하기 위해서 수많은 사람이 좁은 지역에 몰리게 되면, 병사들이 가이우스를 제대로 경호할 수 없기 때문이었다.

케레아는 자유를 위해 헌신하자며 동료들을 격려했다. 그리고 다음 날 아침 일찍이 그는 기사단의 칼을 차고 팔라티네 왕궁으로 들어갔다. 그가 이렇게 무장할 수 있었던 것은 호민관이 황제로부터 암호를 받을 때 따르는 관례였기 때문이다. 바로 그날이 케레아가 가이우스로부터 암호를 받는 날이었다. 백성들은 공연을 구경하기 위해 아침부터 일찍 왕궁에 몰려들었다. 이를 보자 가이우스는 매우 흐뭇해했다. 가이우스는 공연장에 입장하자마자 먼저 가이사에게 제사를 드렸다.

그런데 제물 하나가 쓰러지는 바람에 원로원 중 한 사람인 아스프레나스의 옷에 핏물이 튀겼다. 이것을 보고 가이우스는 웃음을 터뜨렸지만, 그에게는 불길한 징조였다. 왜냐하면 그는 가이우스와 같은 날 죽임을 당했기 때문이다. 가이우스는 공연을 관람하기 위해 자리에 앉았고 주변에는 고위급 측근들이 둘러앉았다. 케레아는 가이우스로부터 멀지 않은 곳에 군 지휘관들과 함께 앉아 있었다.

이날이 공연 마지막이기에 가이우스는 공연을 끝까지 볼 것인지 아니면 목욕을 하고 식사한 후에 다시 와서 볼 것인지 망설였다. 오후 2시쯤이 되자 일이 너무 지체되는 것 같아서 케레아는 극장 안으로 들어가 가이우스를 살해하기로 했다. 그러나 그는 가이우스가 목욕하기 위해서 샛길로 빠져나간 것을 알고, 매복해 있다가 황제가 지나가자 암호를 요구했다.

그러자 가이우스는 예전과 동일하게 조롱하는 의미를 지닌 암호를 케레아에게 주었다. 그 순간에 케레아는 망설임 없이 가이우스에게 욕설을 퍼부으면서 칼을 빼내어 일격을 가했으나 치명상을 입히지는 못했다. 칼로 어깨와 목 사이를 내리쳤으나 쇄골뼈 때문에 크게 다치지 않았다. 가이우스는 정신이 없어서인지, 아니면 자신에게 무슨 일이 일어났는지 믿을 수 없어서인지, 고통 속에서도 부하들을 부르지 않고 단지 그 자리를 빠져나가려고 했다. 그러나 사비우스가 그의 앞을 가로막고 밀어 넘어뜨리자 다른 동조자들이 칼로 가이우스를 찔렀고, 마지막 일격은 아퀼라가 했다. 이렇게 해서 가이우스 황제는 살해되었다(AD 41년).

가이우스의 살해 소식을 제일 먼저 안 자들은 황제의 경호병인 게르만 병사들이었다. 그들은 아주 호전적인 사람들로 살해범들을 찾다가 아침에 제물의 피가 옷에 튄 아스프레나스를 만나자 아주 잔인하게 죽였고 몇 사람을 더 죽였다. 그리고 그들의 머리를 공연장 안에 가지고 들어와 제물을 놓는 제단 위에 놓았다. 이로 인해 공연장의 백성들은 큰 두려움과 공포에 사로잡혔다.

이때 전문 경매인으로 로마에서 제일 갑부이며 큰 영향력을 행사하는 유아레스투스 아룬티우스가 조복을 입고 들어와 슬픈 기색으로 가이우스의 죽음을 선포했다. 하지만 그는 누구보다도 가이우스를 미워했다. 그는 백성들에게 우왕좌왕하지 말 것과 게르만 병사들에게는 칼을 칼집에 넣으라고 명령하여, 공연장 안에 있는 백성의 생명을 구했다. 한편, 집정관들은 법령을 선포하여 병사들이 더 이상 난동을 부리지 못하게 했으며, 원로원도 전체 회의를 소집했다. 무엇보다도 가이우스 암살에 참여했던 원로원들은 이미 자신들에게 권력이 들어온 것처럼 매우 기세가 높았다.

4. 공화정을 생각하는 원로원과 왕정을 생각하는 군인들이 충돌하다

병사들은 민주주의가 성공한다 해도 자신들에게 별 이득이 없을 것이라 생각하자, 클라우디우스를 황제로 추대하는 것이 최선의 방책이라는 결론을 내렸다. 왜냐하면 원로원 중에서 그보다 인품이나 학식이 더 뛰어난 사람이 없었기 때문이었다. 그래서 병사들은 이 계획을 곧바로 실행하여 그를 납치했다. 한편, 원로원에서는 가이사가 왕정을 수립한 이후에 로마에서는 자유가 말살되었기에, 서로가 책임을 지는 공화정 형태의 정부를 만들고자 했다. 그리고 독재자를 살해한 케레아에게 높은 명예를 주자고 결의했다.

한편, 밤이 되어 케레아가 집정관들에게 암호를 묻자, 그들은 '자유'라고 말했다. 이것은 아주 많이 놀랄만한 일로, 이런 암호를 받은 것은 민주주의가 폐지된 지 100년 만의 일이었다. 케레아는 가이우스의 아내와 딸이 아직 생존해 있으면 로마에 위협이 된다고 생각하여, 군단 지휘관인 율리우스 루푸스를 보내어 그들을 살해했다. 백성들은 가이우스의 아내에게 동정심을 보이지 않았다. 왜냐하면, 그녀가 가이우스에게 흥분제를 먹여 사랑의 노예로 만든 다음, 온갖 만행을 저질렀다고 생각했기 때문이다.

가이우스는 황제로 즉위한 지 4년 8개월을 넘기지 못했다. 그는 사악한 성품의 소유자로 쾌락의 노예였고 중상모략을 좋아했다. 그리고 자기의 명령에 이의를 제기하는 사람들에게는 절대로 관용을 베풀지 않았다. 이러한 성품으로 인해 그는 자신의 누이와도 성관계했다. 그는 애굽으로부터 곡물을 실어오는 배들이 정박하는 레기움(Rhegium)과 시실리(Sicily)에 항구를 건설한 것을 제외하고, 그 어떠한 업적도 남기지 않았다. 그는 모든 재력을 쾌락과 환락을 위해 사용했다. 하지만 그는 최상의 웅변가였으며 라틴어뿐만 아니라 헬라어에도 능통했다. 그리고 남들이 지은 긴 작문을 정확하고 분명하게 비평할 줄 아는 판단력도 있었다.

5. 클라우디우스가 황제로 등극하다

클라우디우스의 사생활은 온건했으며 분란을 가져오는 어떤 행위도 삼갔고, 헬라어에 전념하면서 지냈다. 가이우스가 살해당한 날 그는 혼란에 휩싸이지 않으려고 잠적했다. 그런데 왕궁 경비병 그라투스가 커튼 뒤에 은밀히 숨어 있는 한 사람을 보고 다가가서 그의 신분을 묻자, 클라우디우스는 자신의 신분을 밝힐 수밖에 없었다.

그림 31. 클라우디우스

그라투스와 동료들이 그를 강제로 끌고 가려고 하자, 클라우디우스는 자신을 죽이려는 줄 알고, 자신은 이번 사건과 아무런 관련이 없으니 살려달라고 간청했다. 그러자 그라투스는 웃으면서 클라우디우스에게 "목숨을 보전하겠다는 소극적인 생각을 하지 마시고 로마 제국을 차지할 큰 계획을 세우십시오. 신들께서는 이 세상을 불쌍히 여기시어 가이우스를 제거하시고 이 제국을 당신에게 주셨습니다. 그러니 가셔서 황제의 자리를 차지하십시오"라고 말했다. 그리고 병사들은 클라우디우스를 황제로 선포했다.

한편, 시민들과 원로원 사이에는 큰 견해 차이가 있었다. 원로원은 독재자들의 오만함에서 벗어나서 자신들의 옛 권위를 회복하려고 했다. 그러나 시민들은 황제가 있어야 원로원의 횡포를 막을 수 있다고 생각하여, 병사들이 클라우디우스를 황제에 옹립하는 것을 동조했다.

6. 클라우디우스가 황제로 등극하는데 아그립바 1세가 큰 역할을 하다

아그립바 1세는 가이우스 황제가 죽자 그의 시신을 침대 위에 눕히고 천으로 덮은 후에 병사들에게 가이우스 황제가 살아 있으니 의사를 데려오라 말했다. 그리고 그는 이 틈에 클라우디우스가 군사들에게 납치되었다는 소식을 듣고 그에게로 갔다. 이때 클라우디우스는 당황한 상태에 있었기에 정권을 원로원에 넘기려고 했으나, 아그립바 1세가 정권을 포기하지 말라고 권고하자 그의 조언을 받아들였다.

이런 상황에서 원로원은 아그립바 1세를 불러 전반적인 상황에 대한 견해를 물었다. 그러자 그는 노예에서 풀려난 오합지졸인 원로원의 군대가 클라우디우스를 위해 충성하기로 한 훈련된 병사들과 전쟁을 하는 것은 어리석은 일이라고 말했다. 그리고 차라리 클라우디우스에게 사신을 보내어 정권을 포기하도록 권고하는 것이 좋다고 말했다. 그러자 원로원은 아그립바 1세의 말에 동조했다. 한편, 아그립바 1세는 원로원의 혼란한 상황을 클라우디우스에게 은밀히 알려 사신들이 오면 위엄 있는 명령조로 대답하라고 전했다.

그러자 그는 아그립바 1세의 조언에 따라 사신들에게 "내가 통치하면 달라질 것이며, 평등한 정치가 무엇인지 보여 줄 것이고, 나는 명목상 지배자이지 권력은 모두에게 있다"라고 분명하게 말했다. 그리고 그는 자신에게 충성을 맹세하는 병사들에게 5,000드라크마씩 나누어 주었다.

집정관들은 밤중인데도 불구하고 원로원 의원들을 쥬피터 신전으로 모이게 했다. 일부 원로원 의원들은 당황하여 몸을 숨겼으나, 100명 이상의 의원들이 모여 현안에 대해 의논했다. 그때 원로원을 지지했던 병사들은 다수의 지배자를 세워 나라를 파멸로 몰아가지 말고, 한 명의 황제를 세워 달라고 원로원에 요청했다. 그 무렵에 케레아와 그의 일행들은 병사들에게 다가와 왕정을 요구하는 것은 미친 짓이며, 클라우디우스의 목을 베어 오라고 연설했다. 그러나 그의 연설은 오히려 역효과를 내어 병사들은 칼을 뽑아 들고 군기를 쳐든 후에 클라우디우스에게 가서 충성을 맹세했다.

원로원에서 이런 갑론을박을 하고 있을 때 사방에서 사람들이 클라우디우스에게 환심을 사기 위해 몰려들었다. 처음에 클라우디우스는 몰려온 많은 원로원을 박대했지만, 아그립바 1세의 조언에 따라 원로원 의원들을 부드럽게 대했다. 그리고 그는 원로원 의원들을 왕궁에 불러 모은 다음, 케레아를 어떻게 처리해야 할지 물었다. 그러자 그들은 재발 방지를 위해서 가이우스 살해에 가담한 자들을 처형해야 한다고 말했다.

결국, 케레아와 루프스 그리고 많은 로마인이 함께 처형을 당했다. 케레아는 당당하게 처형장에 도착했고, 자신의 목을 벨 병사에게 이전에 사람을 처형해본 적이 있었는지 묻고, 단 칼에 베어 달라고 부탁했다. 다행스럽게도 케레아는 단칼에 처형되었다. 그러나 루푸스는 공포에 휩싸여 과감하게 목을 내밀지 못해 여러 번 칼에 맞아 죽었다. 한편, 코르넬리우스 사비누스는 클라우디우스에 의해 석방되고 자신이 맡고 있던 자리에 중용되었으나, 동료들을 배신했다는 생각에 스스로 칼에 엎드려 목숨을 끊었다.

7. 아그립바 1세가 유대 전역을 다스리다

한편, 클라우디우스는 의심되는 병사들을 모두 퇴역시킨 후에, 아그립바 1세를 다시 왕으로 임명하고 그의 조부 헤롯이 다스리던 유대와 사마리아를 그의 왕국에 편입시켜 주었다. 또한, 자신의 영토인 리사니아스(Lysanias)와 리바누스 산(mount Libanus) 그리고 안티오코스[1]에게서 빼앗은 길리기아(Cilicia)와 콤마게나(Commagena)의 일부 지역도 아그립바 1세에게 주면서, 로마 광장 한 가운데에서 동맹을 맺었다. 또한, 그는 가이우스가 홧김에 투옥했던 옛 친구이자 최고의 행정관인 알렉산더를 석방했다. 그의 아들 마르쿠스는 아그립바 1세의 딸인 버니게와 결혼했다.

---

1 콤마게네의 왕으로 가이우스는 그를 안티오코스 4세로 부른다.

그러나 그가 죽자 아그립바 1세는 버니게를 형제인 칼키스의 헤롯과 재혼시켰다. 그리고 클라우디우스에게 칼키스의 왕국을 형제인 헤롯에게 줄 것을 요청했다.

이 무렵 알렉산드리아에서 유대인과 헬라인 사이에 분쟁이 있었다. 가이우스 황제의 통치하에서 알렉산드리아 주민들에 의해 온갖 박해를 받은 유대인들은 그가 죽자 무장봉기를 일으켰다. 그러자 클라우디우스는 애굽 총독에게 폭동을 진압할 것을 명령했다. 하지만 아그립바 1세와 칼키스의 헤롯 왕의 요청에 따라 알렉산드리아와 수리아에 칙령을 선포하여 유대인들이 전부터 누려온 권리와 특권을 보호하고 또한 그들이 지켜온 풍습도 존중받게 했다. 그리고 그는 이 칙령을 판에 새겨 30일간 게시하도록 했다.

클라우디우스는 아그립바 1세를 이전보다 더 높은 직위에 앉힌 후에 유대로 돌려보내면서 총독들에게 그를 특별히 대우하라는 친서를 보냈다. 아그립바 1세는 보다 많은 재산을 가지고 유대로 돌아왔다. 그는 예루살렘에 도착하여 율법이 요구한 모든 것을 지켜 감사의 제물을 바쳤고, 나실인에게 머리를 깎도록 명령했다.[2] 또한, 그는 가이우스 황제가 자신에게 선사했던 금목걸이를 성전 보물 함 위에 걸어 놓았다. 이것은 극심한 고난 속에서도 하나님의 도우심을 입어 자신이 최고의 자리에 오른 것을 기념하기 위해서이다.

그리고 대제사장 아나누스 1세의 아들 데오필루스를 해임하고, 칸테라스라고 불리는 보에투스의 아들 시몬을 임명했다. 시몬의 가문은 부친과 형제까지[3] 합쳐 한 집안에서 4명이 대제사장이 되었다.

아그립바 1세는 예루살렘 주민들이 자신에게 보인 호의에 보답하고자 세금을 면제해 주었고, 자신과 더불어 동고동락했던 실라스를 군대장관으로 임명했다. 그런데 경건보다는 무모한 행동을 좋아하는 도리스

---

2 참고, 행 21:24.
3 요아자르(Joazar, BC 4년)와 엘르아살(Eleazar, BC 4-AD 6년)이다.

(Doris) 지역의 청년들이 가이사의 상(像)을 유대 회당 안에 세우는 일이 발생했다.

율법에 정면으로 배치하는 일이 발생하자 아그립바 1세는 즉시 수리아 총독을 만나 도리스 민족을 고소했다. 이에 수리아의 총독 페트로니우스는 도리스의 행정관들에게 이러한 행동은 유대인뿐만 아니라 황제까지 모욕한 일이며, 특히 황제가 유대인들에게 부여한 종교적 특권을 무시하지 말라고 명령했다. 한편, 아그립바 1세는 시몬 칸테라스를 대제사장직에서 해임하고, 아나누스의 1세의 아들 요나단을 대제사장으로 임명하려고 했으나 그가 거절하자, 그의 동생 마티아스를 대제사장으로 임명했다. 그리고 마르쿠스가 페트로니우스의 뒤를 이어 수리아의 총독이 되었다.

8. 아그립바가 예루살렘 성벽을 쌓다가 황제의 명령으로 중단하다

군대장관 실라스는 아그립바 1세에게 충성을 다했지만, 어느 순간부터 교만해지기 시작했다. 그래서 그는 아그립바 1세에게 경의를 표하지 않았으며, 아그립바 1세의 모든 대화에 끼어들어 참견했다. 또한, 아그립바 1세의 수치스러운 기억들을 이야기하여 그의 심기를 불편하게 했다. 그러자 아그립바 1세는 실라스를 감옥에 수감하고, 후에는 고향으로 유배를 보냈다. 시간이 흘러 아그립바 1세는 분노가 사라지자 자신의 생일에 실라스를 초대했다. 그러나 실라스는 아그립바 1세의 호의를 무시하고 오히려 그를 비난하는 전갈을 보냈다. 그러자 아그립바 1세는 그를 다시 감옥에 가두었다.

아그립바 1세는 예루살렘 북쪽의 성벽을 확장 공사했다. 이 사실을 알고 수리아의 총독이 클라우디우스에게 보고했다. 그러자 클라우디우스는 반란이 일어날 것으로 생각하고, 성벽 축조 공사를 중단하라고 명령했다.

결국, 아그립바 1세는 황제의 명령에 따라 공사를 중단했다. 만약 수리아 총독이 이 사실을 알리지 않았다면, 이 성벽은 사람의 힘으로는 결코 만들 수 없는 가장 강하고 튼튼한 성벽이 되었을 것이다.

아그립바 1세는 유순한 성품의 소유자였고 모든 사람에게 동일하게 자비를 베풀었다. 그는 외국인들에게도 호의를 베풀었을 뿐만 아니라, 특히 동포인 유대 민족에게 관대하고 동정적이었다. 이러한 그의 성품은 이전의 헤롯 왕과는 전혀 다른 것이었다. 아그립바 1세의 관대함이 잘 드러나는 사건이 있었다.

율법에 능통하다고 자부하는 시몬이라는 사람은 아그립바 1세가 가이사랴에 가고 없는 틈을 타서 아그립바 1세를 비난했다. 곧 아그립바 1세가 불결하기에 성전에 들어가서는 안 된다는 것이었다. 그러자 아그립바 1세는 시몬을 불러서 자신이 율법을 위반한 것이 무엇인지 조용히 물었다. 그러자 시몬은 용서를 구했고, 이에 아그립바 1세는 그를 용서해 주었을 뿐만 아니라 많은 하사품도 주었다.

아그립바 1세는 특히 베리투스(오늘날 베이루트)의 주민들에게 애정을 베풀었다. 그래서 그는 아주 큰 비용을 들여 그들에게 극장과 원형경기장을 세워주었다. 그리고 700명이나 되는 검투사들을 동원해 700명의 죄수와 경기를 벌이게 하여 그들에게 즐거움을 선사했다.

9. 아그립바 1세가 신으로 추앙받다가 결국 죽게 되다

아그립바 1세가 디베랴에 있을 때 주변의 많은 왕이 그를 찾아왔다. 수리아의 총독인 마르쿠스도 그를 찾아오게 되었다. 그러자 아그립바 1세는 그를 존경하는 마음으로 멀리까지 나가서 영접했다. 이때 아그립바 1세는 자신의 병거에 주변의 왕들을 태우고 함께 마중을 나갔다.

이것을 본 마르쿠스는 주변 왕들이 친숙하다고 의심하여 즉시 자신들의 나라로 돌아가라고 말했다. 왜냐하면, 이들의 좋은 관계가 로마에 적대 관계로 변할지 모른다고 생각했기 때문이다. 이로 인해 아그립바 1세와 마르쿠스는 서로 원수가 되었다. 그리고 아그립바 1세는 마티아스의 대제사장직을 박탈하고 칸테라스의 아들인 엘리오네우스를 임명했다.

  3년간 유대를 통치한 후에, 아그립바 1세는 가이사랴에서 가이사를 기념하는 축제에 참석했다. 그는 축제 두 번째 날 이른 아침에 순은으로 짜여진 멋진 옷을 입고 원형 극장으로 들어갔다. 아침의 찬란한 태양 광선이 순은으로 짜여진 옷에 비추자 그 옷은 신비한 빛을 발하기 시작했고, 이것을 바라본 사람들은 기묘한 두려움과 경의를 느꼈다. 그러자 이곳저곳에서 아그립바 1세가 바로 신이라는 아첨의 소리가 들려왔다.

  군중들은 아그립바 1세에게 다음과 같이 외쳤다.

> 신이여! 우리에게 자비를 베풀어 주십시오. 지금까지 우리는 당신을 한 인간으로 존경해 왔으나, 이제부터는 인간 이상의 존재로 인정하겠습니다.

아그립바 1세는 이렇게 외치는 군중들을 꾸짖지 않았으며 또한 그들의 아첨 소리를 불경스러운 것으로 받아들이지 않았다.[4]

  그리고 아그립바 1세가 하늘을 쳐다보자 머리 위에 올빼미가 앉아 있는 것을 보았다. 그 순간에 그는 올빼미가 전에는 좋은 소식을 전해주었지만, 이번에는 재난의 전조임을 직감하게 되었다. 그러자 그는 갑자기 배에 심한 통증을 느껴 움켜쥐면서 친구들에게 말했다.

> 그대들이 신이라고 부른 내가 그 말을 듣기가 무섭게 하나님으로부터 이 세상을 떠나라는 명령을 받았네. 하나님께서는 자네들이 방금 내게 한 그 거짓말을 꾸짖고 계시네. 자네들에 의해 불멸의 존재로 환호받던 내가 이제는 죽음으로 급히 끌려가는 신세가 되고 말았네. 내가 어찌 하나님께서 정하신 섭리를 받아들이지 않을 수 있겠는가? 그러므로 우리는 모두 악하게 살아서는 안 되며 선하게 살아야 할 것일세!

---

[4] 아그립바 1세가 죽게 되는 과정을 서술한 행 12:21-23의 이야기와 요세푸스의 보도는 거의 일치한다.

이 말을 마치고 나자 아그립바 1세는 고통이 심하여 급히 왕궁으로 돌아왔다.

그는 5일간 복부 진통으로 고생하다가, 54세의 나이로 즉위한 지 7년이 되는 해에 세상을 떠났다(AD 44년). 그는 4년 동안 가이우스의 치하에서 왕으로 통치했고, 그중 3년간은 빌립이 다스리던 영토를 다스렸고, 4년째부터는 헤롯 안티파스가 통치했던 영토도 다스리게 되었다. 그리고 그는 7년 중 후반 3년은 클라우디우스 통치하에서 왕으로, 앞서 언급한 영토 외에 유대, 사마리아 그리고 가이사랴도 다스렸다.

그는 이들 영토로부터 천 이백만 드라크마에 달하는 많은 세금을 거둬들였다. 그러나 많은 수입이 있었음에도 씀씀이가 커서 많은 빚을 졌다. 한편, 아그립바 1세가 죽었다는 것을 백성들이 알기 전에 칼키스의 왕 헤롯은 친구인 헬키아스와 공모하여 그들의 오랜 숙적인 실라스를 살해했다.

10. 아그립바 1세가 죽자 로마 황제는 유대에 다시 총독을 파견하다

아그립바 1세에게는 17살 된 아들 아그립바 2세와 세 명의 딸이 있었다. 그중 16세의 버니게는 숙부인 칼키스의 왕인 헤롯과 결혼했으며,[5] 10세의 마리암메 5세는 헬키아스의 손자와 그리고 6세의 드루실라는[6] 콤마게네의 아들과 결혼하기로 약속했다.

아그립바 1세가 죽었다는 소식이 알려지자 가이사랴와 세바스테의 주민들은 은혜를 망각하여 언급하기도 불쾌할 정도로 사자(死者)에게 못된 행동을 취했다. 그들은 아그립바 1세 딸들의 동상을 매음굴로 가져다가 지붕위에 놓고 온갖 욕설을 퍼부었다. 그리고 그들은 머리에 화환을 두르

---

5 행 25:13에 등장하는 아그립바 왕과 버니게가 아그립바 1세의 아들과 딸이다.
6 행 24:24의 '드루실라'가 바로 아그립바 1세의 셋째 딸이다.

고 카론(Charon)[7]에게 기름과 헌주를 바치면서 드러내 놓고 아그립바 1세의 죽음을 기뻐했다. 또한, 공공연한 잔치를 베풀고 술을 마시면서 아그립바 1세의 죽음을 모욕했다.

이때 아그립바 1세의 아들인 아그립바 2세는 클라우디우스의 왕궁에서 양육되고 있었다. 클라우디우스는 아그립바 1세가 사망했다는 소식과 가이사랴와 세바스테의 주민들이 못된 행동을 한다는 것을 듣고, 매우 분노하여 당장에 아그립바 2세를 보내어 부친의 뒤를 이어 유대를 다스리게 하려고 마음먹었다.

그러나 클라우디우스에게 커다란 영향력을 행사하고 있던 신하들과 친구들은 나이 어린 아그립바 2세가 그렇게 넓은 영토를 통치하는 것은 위험하다고 반대했다. 클라우디우스도 이들의 말이 옳다고 생각하여 쿠스피우스 파두스를 유대의 총독으로 급파하여 가이사랴와 세바스테의 주민들을 엄하게 다스릴 것을 명령했다. 그리고 그는 아그립바 1세와 사이가 좋지 않은 수리아 총독 마르쿠스에게는 유대에 들어가지 말라고 하여, 고인에 대한 경의를 표했다.

또한, 클라우디우스는 가이사랴와 세바스테에 주둔하고 있는 5개 연대의 병사들을 본도(Pontus)로 이동시켜 그곳에서 근무하도록 명하고, 수리아에서 근무하고 있는 5개 연대 병력을 차출하여 가이사랴와 세바스테에 주둔하라고 명령했다. 그러나 이 명령은 실행되지 않았다.

왜냐하면, 가이사랴와 세바스테에 주둔하고 있는 병사들은 황제에게 사신을 보내어 계속해서 그곳에 머물러 있게 해 달라고 간청하였고, 이것을 클라우디우스가 들어주었기 때문이다. 그런데 이들 때문에 유대는 훗날 큰 불행을 겪게 되었다. 바로 이들이 플로루스 총독 치하에서 발생하기 시작한 전쟁의 씨앗을 뿌린 자들이었다.

---

7 그리스 신화에서 죽은 사람을 저승으로 건네준다는 뱃사공이다.

11. 마무리 정리

(1) 앞서 언급된 내용에서 성서 해석에 도움이 되는 것이 무엇인지 살펴봅시다.

(2) 출애굽기 32:1-6을 읽고, 사람들은 왜 신상을 만들려고 하는지 논의해 봅시다. 또한, 권력자들은 왜 자신을 섬기라고 강요하는지 논의해 봅시다.

(3) 로마 3대 황제인 가이우스 칼리귤라가 암살되었습니다. 이런 비슷한 사건을 세계사 속에서 살펴봅시다.

제10장

제2차 로마 총독 시대
(AD 44-70년)

폭발하는 백성들의 분노
(유대고대사 제20권 이야기)

주요 사건

1. 파두스 유대 총독으로 부임(AD 44년): 클라우디우스가 파두스를 유대 총독으로 임명.
2. 칼키스의 헤롯 왕이 성전 관리 및 헌금 그리고 대제사장 임명권을 클라우디우스 황제로부터 받다(AD 44년).
3. 가짜 선지자 드다(AD 44년): 백성들에게 요단강을 갈라 건너게 해 준다고 속임. 파두스가 생포하고 참수함.
4. 예루살렘에 기근(AD 46년): 아디아베네의 왕후 헬레나와 그의 아들 이자테스가 기근을 돕고자 적극적으로 참여.
5. 칼키스의 헤롯 죽음(AD 49년): 칼키스가 죽자, 그의 왕국과 성전에 대한 권한을 아그립바 2세가 이어받음.

6. 쿠마누스가 유대 총독으로 부임(AD 48년): 클라우디우스가 쿠마누스를 유대 총독으로 임명.
7. 벨릭스가 유대 총독으로 부임(AD 52년): 클라우디우스가 벨릭스를 유대 총독으로 임명
8. 클라우디우스 황제의 사망(AD 54년): 그의 아내 아그리피나가 아들 네로를 황제에 즉위시키고자 독살함
9. 네로 황제 즉위(AD 54년): 네로가 로마의 5대 황제로 즉위
10. 베스도가 유대 총독으로 부임(AD 60년): 네로가 베스도를 총독으로 임명
11. 알비누스가 유대 총독으로 부임(AD 62년): 네로가 알비누스를 유대 총독으로 임명
12. 예수의 형제 야고보의 죽음(AD 62년): 알비누스가 유대로 부임하는 그 사이에, 대제사장 아나누스 2세가 산헤드린을 소집해 야고보를 처형
13. 예루살렘 성전 완공(AD 64년): BC 20년부터 시작한 헤롯 성전이 완공됨
14. 플로루스가 유대 총독으로 부임(AD 64년): 네로가 플로루스를 유대 총독으로 임명
15. 유대-로마 전쟁 시작(AD 66년): 플로루스의 폭정으로 유대인들이 로마에 반기를 듬

로마 황제와 그 아내

1. 클라우디우스(Claudius, AD 41-54년): 로마의 4대 황제
2. 아그리피나(Agrippina): 클라우디우스 황제의 아내.
3. 네로(Nero, AD 54-68년): 로마의 5대 황제.
4. 포파이아(Poppaea): 네로 황제의 아내.
5. 티투스(Titus, AD 79-81년): 제10대 로마 황제, 예루살렘을 함락시킴.

수리아의 총독

1. 카시우스 롱기우스(Cassius Longinus, AD 45-50년): 클라우디우스가 수리아의 총독으로 임명, 대제사장 의복을 안토니아 망대에 보관하라고 명령함
2. 움미디우스 콰드라투스(Ummidius Quadratus, AD 50-60년): 클라우디우스가 수리아의 총독으로 임명, 사마리아 사람들로부터 뇌물을 받은 유대의 쿠마누스 총독을 황제에게 재판을 받게 함.
3. 코르불로(Gnaeus Domitius Corbulo, AD 60-63년): 네로가 임명한 수리아의 총독으로, 아르메니아를 로마에 복속시킴. 요세푸스는 언급하지 않음.
4. 갈루스(Cestius Gallus, AD 63-67년): 수리아의 총독. 요세푸스는 『유대전쟁사』에서 그를 언급.
5. 무키아누스(Gaius Licinius Mucianus, AD 67-69년): 수리아 총독. 그가 유대 진압에 실패하자 베스파시안이 왔다. 요세푸스는 『유대전쟁사』에서 그를 언급.

유대의 2차 총독

1. 파두스(Cuspius Fadus, AD 44-46년): 클라우디우스가 파견한 유대 총독.
2. 티베리우스 알렉산더(Tiberius Alexander, AD 46-48년): 클라우디우스가 파견한 총독으로, 필로의 조카.
3. 쿠마누스(Ventidius Cumanus, AD 48-52년): 클라우디우스가 파견한 총독.
4. 안토니우스 벨릭스(Antonius Felix, AD 52-60년): 클라우디우스가 파견한 총독. 바울의 재판에 관여.
5. 보르기오 베스도(Porcius Festus, AD 60-62년): 네로가 파견한 총독. 바울의 재판에 관여.
6. 알비누스(Lucceins Allbinus, AD 62-64년): 네로가 임명.
7. 게시우스 플로루스(Gessius Florus, AD 64-66년): 네로가 임명. 그의 아내 클레오파트라가 황후인 포파이아와 친분이 두터워 총독에 오름. 그의 재임 시절 유대-로마 전쟁이 일어남.

대제사장

1. 요셉(Joseph, AD 44-46년): 카무스(Camus)의 아들로 칼키스의 헤롯이 임명한 대제사장.
2. 아나니아스(Ananias, AD 46-58년): 네베데우스(Nebedeus)의 아들로 칼키스의 헤롯이 임명한 대제사장.
3. 이스마엘(Ismael, AD 58-62년): 아그립바 2세가 대제사장으로 임명한 파비(Fabi)의 아들.
4. 요셉(Joseph, AD 62-63년): 아그립바 2세가 임명. 카비라 불리움.
5. 아나누스 2세(Ananus II, AD 63년): 아그립바 2세가 임명. 아나누스 1세의 아들로 예수의 형제 야고보를 처형함.
6. 예수(Jesus, AD 63년): 아그립바 2세가 임명. 담네우스(Damneus)의 아들.
7. 예수(Jesus, AD 63-64년): 아그립바 2세가 임명. 가말리엘(Gamaliel)의 아들.
8. 마티아스(Matthias, AD 65-66년): 아그립바 2세가 임명. 테오필루스(Theophilus)의 아들.
9. 파나수스(Phanasus, AD 67-70년): 전쟁 기간 중에 열심당이기에 제비 뽑힌 대제사장으로, 그 직무와 관련하여 아는 것이 없었다.
10. 요나단(Jonathan): 대제사장이었던 아나누스 1세의 아들로, 그도 AD 36-37년에 대제사장직을 수행함.

헤롯 가문

1. 아그립바 2세(Agrippa II, AD 27-100년?): 아그립바 1세의 아들.
2. 버니게(Berenice): 아그립바 2세의 여동생으로, 남편 칼키스의 헤롯이 죽자 오빠와 함께 지내다가 간통했다는 소문이 있고, 후에 길리기아(Cilicia)의 왕 폴레모와 결혼함.
3. 폴레모(Polemo): 길리기아(Cilicia)의 왕으로 버니게와 결혼하기 위해 할례를 받음.
4. 드루실라(Drusilla): 아그립바 2세의 여동생으로, 아시수스와 이혼하고 유대 총독 벨릭스와 재혼함.

5. 아시수스(Azizus): 에메사(Emesa)의 왕으로 아그립바 2세의 여동생 드루실라와 결혼.
6. 아리스토불루스 6세(Aristobulis VI): 칼키스의 왕 헤롯의 아들로 네로 황제로부터 소 아르메니아(Armenia)를 통치하도록 허락 받음.

아디아베네 왕국과 관련된 자들

1. 헬레나(Helena): 아디아베네(Adiabene)의 왕후로 예루살렘에 기근이 들었을 때(AD 46년)에 적극적으로 구호활동을 펼침. 유대교로 개종함.
2. 이자테스(Izates): 왕후 헬레나의 아들로 후에 아디아베네의 왕이 됨. 유대교로 개종해서 할례를 받음.
3. 모노바수스(Monobazus): 이자테스의 형으로, 그를 이어 왕이 됨.
4. 아나니아스(Ananias): 유대인의 상인으로 이자테스에게 유대교를 소개함.
5. 엘르아살(Eleazar): 율법에 능통한 갈릴리 출신으로 이자테스에게 할례 받으라고 강력하게 권고함.

반란자들

1. 드다(Theudas): 파두스 통치하에서 백성들을 요단강으로 이끌었던 거짓 선지자.
2. 야고보(James)와 시몬(Simon): 구레뇨가 인구 조사할 때에 반란을 주도했던 갈릴리 출신 유다의 아들로, 알렉산더 총독으로부터 십자가 처형을 받았다.
3. 엘르아살(Eleazar): 데이네우스(Dainaeus)의 아들로 강도떼의 두목
4. 무명의 애굽 사람: 예루살렘 성벽을 무너뜨려 통로를 만들 수 있다고 백성을 속임.

그 밖의 사람들

1. 스테펜(Stephen): 클라우디우스 황제의 종으로 여행길에 가진 것을 약탈당함.

2. 켈러(Celer): 유대인과 사마리아인의 충돌로 클라우디우스로부터 재판을 받은 로마 군단의 지휘관.
3. 도라스(Doras): 요나단의 충실한 친구였지만, 벨릭스에게 매수되어 요나단을 살해함.
4. 팔라스(Pallas): 벨릭스의 형제로 네로의 총애를 받음.
5. 베릴루스(Beryllus): 네로의 가정교사로 헬라어 서신 담당.

1. 핵심 내용

아그립바 1세가 세상을 떠나자 클라우디우스 황제는 유대에 파두스를 총독으로 파견했다. 그가 통치하는 동안 지아라는 마을에서 유대인과 암몬 족속이 충돌했고, 드다라는 거짓 선지자가 나타나서 백성들을 요단강으로 이끌고 가자 반란의 위험성이 있을 것 같아 체포하고 참수했다. 그의 후임으로 필로의 조카인 알렉산더가 부임했는데, 예루살렘에는 큰 기근이 있었다.

그러자 유대교로 개종한 아디아베네의 왕 이자테스의 어머니 헬레나는 이집트와 주변 나라에서 많은 곡식을 사들여 유대인들을 도와주었다. 그리고 알렉산더는 구레뇨 때에 인구 조사를 하지 못하도록 반란을 주도한 갈릴리 출신 유다의 아들들을 십자가에 처형했다. 이어서 쿠마누스가 유대를 다스렸다. 그는 명절을 지키기 위해 예루살렘으로 가는 많은 갈릴리 유대인을 죽인 사마리아 사람들을 뇌물을 받고 편들다가 유대인들의 고소로 클라우디우스 황제로부터 추방당했다.

이어서 아그립바 2세의 여동생 드루실라의 남편인 벨릭스가 통치했는데, 유대 전역은 강도들로 혼란스러웠고 시카리파가 등장하여 반대파 사람들을 암살했다. 그리고 가이사랴에서는 유대인과 수리아인이 충돌했고, 자칭 선지자라는 애굽 사람이 나타나서 백성들을 감람산으로 이끌었다. 로마에서는 클라우디우스 황제가 죽고 네로가 등극했다. 이어서 베스도가 부임했는데, 유대는 약탈과 방화로 더욱 혼란스러워졌고 시카리파는 막강한 세력을 갖게 되었다.

알비누스가 총독으로 부임하는 사이에 대제사장 아나누스 2세는 권력의 공백을 틈 타 예수의 동생 야고보를 처형했다. 헤롯 성전이 완공되자 많은 사람이 일자리를 잃게 되었으며, 임기 말년에 알비누스는 많은 강도를 석방하여 사회는 더욱 혼란스러워졌다. 이어서 플로루스가 부임했는데, 그는 재물에 눈이 어두워 닥치는 대로 백성들을 착취했고, 백성들보다는 강도들의 편을 들었다. 이로 인해 많은 백성이 정든 고향을 떠나게 되었고 드디어 AD 66년에 유대-로마 전쟁이 발발하게 되었고, AD 70년에는 예루살렘 성전이 멸망했다. 아론에서 시작해서 예루살렘 성전 멸망의 파나스까지 대제사장의 총수는 83명이었다.

2. 쿠스피우스 파두스가 유대 총독으로 부임하다

클라우디우스 황제는 아그립바 1세가 세상을 떠나자 그를 존중하는 차원에서 카시우스 롱기우스를 마르쿠스의 후임으로 수리아의 총독에 임명했다. 왜냐하면, 아그립바 1세가 생전에 마르쿠스를 수리아의 총독에서 해임해 달라고 자주 요청했기 때문이다.[1] 그리고 파두스를 유대 총독으로 임명했다. 그가 부임해 오자 페레아(Perea)와 필라델피아(Philadelphia - 암몬 족속) 주민들은 영토 문제로 지아(Zia)라는[2] 마을에서 충돌했다. 페레아의 유대인은 무장을 하고 많은 필라델피아인을 살해했다. 그러자 파두스는 난동의 주모자를 처형하고 일부는 추방했다. 그리고 이두매와 아랍인들을

---

[1] 아그립바 1세가 주변의 여러 나라의 통치자들을 디베랴로 초대했을 때에 마르쿠스가 아그립바를 찾아왔다. 아그립바는 마르쿠스에게 경외심을 표현하기 위해 자신의 병거에 이 왕들을 태우고 마중을 나갔다. 마르쿠스는 이들이 서로 친숙한 것을 보고 로마에 반란을 일으키지 않을까 의심하여, 자신들의 나라로 즉시 돌아가라고 명령했다. 이 일로 아그립바와 마르쿠스는 갈등을 겪게 되었다(『유대고대사』 19:338-341).
[2] 필라델피아 서쪽으로 15마일 떨어진 마을.

그림 32. 아그립바 2세

괴롭히는 강도단을 체포하여 유대 땅에서 강도들이 더 이상 활동하지 못하게 했다.

파두스는 클라우디우스의 명령으로 대제사장의 의복을 안토니아 망대에 보관했다. 그러자 유대인들은 클라우디우스에게 사신을 보내어 대제사장의 의복을 자신들이 관리하게 해 달라고 간청했다. 그때 로마에 있었던 아그립바 2세는 클라우디우스에게 유대인들의 요구를 들어줄 것을 간청하자, 클라우디우스가 이를 허락했다.

한편, 아그립바 1세의 형제인 칼키스의 왕 헤롯은 성전과 성전의 헌금 관리권과 대제사장 임명권을 클라우디우스에게로부터 얻어냈다. 이후로부터 예루살렘이 함락하기 전까지 헤롯 가문은 이 모든 권한을 소유했다. 이에 칼키스의 헤롯은 칸테라스를 해임하고 카무스의 아들 요셉을 대제사장에 임명했다.[3]

한편, 파두스 통치하에 드다[4]라는 마법사가 나타나서 자신을 선지자라고 하고 백성들을 꾀어 요단강으로 이끌었다. 그는 자신의 말 한마디로 요단강을 가른 다음 강을 건너가게 해주겠다고 말했다. 많은 백성이 그 말에 현혹되어 요단강으로 모여들자, 파두스는 유대인들이 드다의 이런 대범한 시도를 이용하여 반란을 일으킬지 모른다고 생각하여, 군대를 보내어 유대인들을 살해하고 생포했다. 그리고 드다를 생포한 다음 참수하고, 그의 목을 예루살렘으로 가지고 왔다.

---

3 『유대고대사』 19:342에서 언급된 대제사장은 칸테라스(Cantheras)가 아니라, 그의 아들인 엘리오네우스(Elionaeus,)이다.

4 행 5:36에서 말하는 '드다'가 요세푸스가 여기서 보도하는 인물과 동일한 인물 인가에 대한 논의가 있었다. 동일인물이라고 하면 행 5:37의 사건이 5:36보다 먼저이기 때문에 어려움이 초래한다. 또한, 행 5:37의 "유다"에 대한 논의도 요세푸스가 『유대고대사』 17:271-272에서 언급한 인물과 동일한 인물인지에 대해서도 논의가 있었다.

그림 33. 안토니아 요새와 망대

3. 아디아베네의 왕후 헬레나와 그녀의 아들 이자테스가 유대 종교로 개종하다

이 무렵에 아디아베네의[5] 왕후 헬레나와 그녀의 아들 이자테스가 유대 종교를 받아들였다. 이자테스는 주변 나라의 왕궁에서 위탁 교육을 받는 동안 아나니아스라는 유대인을 만나 유대 종교를 받아들였다. 그는 부친이 돌아가셨다는 소식을 듣고 아나니아스와 함께 귀국했다. 바로 이때 어머니 헬레나도 어떤 유대인을 통해 유대 종교를 받아들이게 되었다.

이자테스는 아버지의 뒤를 이어 왕이 된 다음, 어머니가 유대의 풍습을 즐기는 것을 보고 진짜 유대인이 되기 위해 할례까지 받으려 했으나, 어머니가 말렸다. 왜냐하면, 백성들이 이 사실을 안다면 크게 반발할 것이기 때문이다.[6] 그러자 아나니아스는 이자테스에게 할례를 받으라고 강권할 수 없었으며, 다만 이자테스가 진정으로 하나님을 섬긴다면 할례받지

---

5 메소포타미아 북부 지역으로, 주요 도시는 아르벨라(Arbela)이다.
6 여기서 우리는 바울이 복음을 전하면서 왜 '할례'의 문제를 없애려고 했는지 그 이유를 충분히 추측할 수 있다.

않은 것을 하나님께서 용서해 주실 것이라 말했다.

그러나 그 후에 율법에 능통한 갈릴리 출신의 엘르아살이 모세 율법을 읽고서도 할례를 받지 않으면 큰 죄가 된다고 말하자, 이자테스는 즉시 의사를 불러 할례를 받았고, 이 일을 모친과 아나니아스에게 알려주었다. 그러자 그들은 백성들이 반발할까 봐 큰 두려움에 사로잡혔으나, 하나님께서 이자테스뿐만 아니라 그의 아들들을 지켜주셨기에 염려했던 일들은 일어나지 않았다. 하나님만을 신뢰하고 경외하는 자들은 결코, 멸망하지 않는다는 진리를 이자테스가 보여 주었다.

한편, 헬레나는 아들 이자테스가 선정을 베풀어 나라가 태평하고 하나님의 도움으로 백성들과 외국인들에게까지 사랑을 받게 되자, 예루살렘 성전을 찾아가 감사 제사를 드렸다. 헬레나가 예루살렘을 방문할 때에는 큰 기근이 있어 많은 사람이 굶어 죽어 갔다(AD 46년). 이를 보고 헬레나는 알렉산드리아에서 많은 양의 곡식을 사들였고 또한 키프러스(Cyprus)에서는 마른 무화과 열매를 사들여 굶주린 자들에게 나누어 주었다. 그녀의 자선 행위는 후대까지 기억되었다. 그리고 예루살렘의 기근 소식을 이자테스 왕도 듣고 많은 돈을 보냈다.

이자테스의 형인 모노바수스와 그의 친척들은 이자테스가 하나님을 경외함으로 모든 백성들의 존경을 받는 것을 보고 자신도 유대의 풍습을 받아들이고자 했다. 왕의 일가가 유대 종교에 심취하자 왕의 고관 신하들은 은밀하게 아랍 왕과 동맹을 맺고 이자테스를 공격했다. 이들이 공격해오자 이자테스는 일단 후퇴한 뒤에 전열을 가다듬은 다음 배반한 신하들과 수많은 적을 살해했다. 신하들은 자신들의 계획이 실패로 끝나자 다시 파르티아 왕과 동맹을 맺고 이자테스를 공격했다.

그러자 이자테스는 금식을 하면서 하나님께 눈물로 기도했고, 하나님은 그의 기도를 듣고 응답해 주셨다. 파르티아의 주변 나라들은 군대가 없는 것을 알고 파르티아를 공격하여 폐허로 만들었다. 이 소식을 듣게 되자, 파르티아의 군대는 전쟁도 하지 못하고 본국으로 돌아가고 말았다. 이자테스는 55세의 생애를 살면서 24년을 통치하고 세상을 떠난다.

그는 24명의 아들과 24명의 딸을 두었음에도 왕의 자리는 형 모노바수스에게 물려주었다. 이것은 형 모노바수스가 자기를 도와 충성스럽게 왕위를 지켜준 데에 대한 보답이었다. 이자테스가 죽자 어머니 헬레나도 얼마 후에 죽었다. 그러자 모노바수스는 동생 이자테스와 어머니의 유골을 예루살렘에 보냈다. 이들의 유골은 헬레나가 생전에 예루살렘으로부터 3필롱 떨어진 곳에 세운 세 개의 피라미드에 묻혔다.

4. 티베리우스 알렉산더가 유대 총독으로 부임하다

파두스의 후임으로 티베리우스 알렉산더가 총독으로 부임했다. 그는 알렉산드리아의 최고 행정관인 알렉산더의 아들로, 철학자 필로의 조카였다. 그의 통치 시기에 유대는 혹독한 기근을 당하여, 앞서 언급한 것처럼 왕후 헬레나가 애굽에서 많은 곡식을 사들여 가난한 자들에게 나누어 주었다.[7] 그리고 알렉산더는 구레뇨 때에 인구조사를 하지 못하도록 반란을 주도한 갈릴리 출신 유다의 아들들인 야고보와 시몬을 십자가에 처형했다. 한편, 칼키스의 왕 헤롯은 카무스의 아들 요셉의 대제사장직을 박탈하고 후임으로 네베데우스의 아들 아나니아스를 임명했다.

5. 벤띠디우스 쿠마누스가 유대 총독으로 부임하다

한편, 알렉산더 다음으로 쿠마누스가 총독으로 부임했고, 이즘에 칼키스의 왕 헤롯이 세상을 떠났다(AD 49년). 그에게는 아들 세 명이[8] 있었으나, 클라우디우스는 그의 왕국을 아그립바 2세에게 주었다. 그리고 예루

---

[7] 참고, 행 12:25.
[8] 첫 번째 아내에게서 낳은 아리스토불루스 5세(Aristobulus V)와 자신의 조카였던 두 번째 아내 버니게 사이에서 낳은 베르니키아누스(Bernicianus)와 힐카누스 3세(Hyrcanus III)다.

살렘에서 큰 폭동이 일어났다. 사건의 배경은 이렇다. 유월절이 다가오자 쿠마누스는 예루살렘에 많은 인파가 몰려들 것을 예상하고 만일의 사태를 대비하고자 병력을 배치해놓았다.

그런데 병사 중 한 사람이 바지를 내리고 은밀한 부위를 여러 사람에게 내보였다. 이에 유대인들은 하나님을 모독한 행동이라며 그 병사를 처벌해 달라고 요구했다. 쿠마누스는 유대인들을 진정시키려 했지만 실패하자, 전군을 무장시키고 성전이 내려다보이는 안토니아 망대에 집결시켰다. 이것을 본 유대인들은 두려워하여 서로 도망치려고 하다가 비좁은 통로에서 압사당하고 말았다. 이 소란으로 인해 2만 명에 달하는 유대인들이 목숨을 잃었다.

이런 비극이 채 아물기도 전에 또 다른 사건이 발생했다. 예루살렘으로부터 약 100펄롱 떨어진 곳에서 황제의 종인 스테펜이 습격을 받아 모든 것을 빼앗겼다. 이 소식을 듣자 쿠마누스는 즉시 병사들을 보내어 인근 마을들을 공격했다. 그러던 중 한 병사가 모세의 율법 책을 모든 사람이 보는 앞에서 온갖 욕설을 내뱉으면서 갈기갈기 찢었다.

이 소식을 들은 유대인들은 흥분하여 쿠마누스가 거주하고 있던 가이사랴로 몰려가서, 하나님의 율법 책을 모독한 사람을 처벌해 달라고 요청했다. 쿠마누스는 유대인들이 폭동을 일으킬지 모른다는 두려움과 또한 친구들의 조언을 듣고 율법 책을 모독한 그 병사를 참수시켰다.

한편, 갈릴리 유대인들과 사마리아 사람들 사이에 큰 충돌이 있었다. 갈릴리 사람들은 명절 때가 되면 예루살렘에 가기 위해 사마리아를 통과하는 것이 관례였다.[9] 그런데 사마리아의 한 마을 사람들이 지나가는 수많은 갈릴리 사람들을 학살했다. 이에 갈릴리 유력인사들은 쿠마누스를 찾아가 살인범을 처벌해 달라고 요구했다. 그러나 쿠마누스는 사마리아인들로부터 뇌물을 받고 아무런 조처를 하지 않았다. 그러자 유대인들은 무기를 들고 일어섰으며, 강도단 두목인 엘르아살에게 도움을 요청하여

---

9 참고, 눅 17:11; 요 4:4.

사마리아의 여러 마을을 약탈한다.

그러자 쿠마누스는 세바스테(-사마리아)에 주둔하고 있던 군사들과 무장한 사마리아인들을 거느리고 유대인들을 살해하고 생포했다. 이런 지경에 처하자 유대의 유력 인사들은 선동한 자들과 강도들에게 고향으로 돌아가라고 호소했고, 결국 그들은 각자 고향으로 돌아갔다. 이후로부터 온 유대 땅은 강도들로 들끓게 되었다.

이 일을 놓고 유대인들과 사마리아인들은 수리아의 총독 움미디우스 콰드라투스에게 서로 고소했다. 그러자 콰드라투스는 쿠마누스와 군단 지휘관 켈러 그리고 사마리아와 유대의 인사들을 클라우디우스 황제에게 보냈다.

황제의 친구들이 쿠마누스와 사마리아 사람들을 지지하자, 유대인들이 궁지에 몰리게 되었다. 이 소식을 듣고 당시 로마에 거주하고 있었던 아그립바 2세는 황후 아그리피나에게 황제가 정의롭게 판단해 줄 것을 호소했다. 클라우디우스는 양쪽의 견해를 듣고 사마리아인들이 먼저 선동한 장본인들이라는 것을 알게 되었다. 그래서 그는 사신으로 온 사마리아의 인사들을 처형하고 쿠마누스를 추방했다. 그리고 군단 지휘관 켈러를 유대인들이 보는 앞에서 예루살렘을 한 바퀴 돌게 한 다음에 처형했다.

6. 안토니우스 벨릭스가 유대 총독으로 부임하다

클라우디우스는 쿠마누스의 후임으로 안토니우스 벨릭스를[10] 유대 총독으로 파견했다(AD 52년). 그리고 클라우디우스는 재임 12년에 아그립바 2세에게 빌립의 영토와 바타네아(Batanea)와 드라고닛(Trachonites) 그리고 아빌라(Abila)를 주었다. 한편, 아그립바 2세는 이 땅들을 하사받은 후에, 에메사(Emesa)의 왕 아시수스가 할례 받는다는 조건으로 여동생

---
10 참고, 벨릭스는 바울의 재판에 관여했다(참고, 행 23:24-24:27).

드루실라와 결혼시켰다.

그러나 이들의 결혼은 오래가지 못했다. 유대 총독 벨릭스가 뛰어난 미모의 드루실라를 보고 사랑에 빠지게 되자, 그는 친구를 시켜서 드루실라가 남편과 이혼하도록 만들었다. 이로 인해 드루실라는 조상 전래의 율법을 범하여 남편과 이혼하고 벨릭스와 결혼했다.[11]

아그립바 2세의 여동생 버니게는 숙부이며 남편인 칼키스의 왕 헤롯이 죽자 오랫동안 미망인으로 살았다. 그러나 그녀가 오빠인 아그립바 2세와 간통했다는 소문이 나돌게 되자, 버니게는 길리기아(Cilicia)의 왕 폴레모를 할례를 받게 한 다음 결혼했다.

폴레모는 버니게의 많은 재산 때문에 결혼했지만, 이들의 결혼 생활이 오래가지 못했다. 버니게는 파혼을 선언하고 유대 종교와도 영원히 결별했다.

클라우디우스는 13년 8개월 20일간 로마를 통치하고 세상을 떠났다 (AD 54년). 풍문에 의하면 그의 아내 아그리피나가 전 남편의 아들인 도미티우스(Domitius - 후에 네로 황제가 됨)를 황제에 오르게 하기 위해 독살했다는 것이다. 네로는 칼키스 왕 헤롯의 아들[12] 아리스토불루스 6세에게 소아르메니아(Armenia)를 다스리게 했다. 그리고 아그립바 2세에게는 갈릴리의 일부 지역과 디베랴와 타리케아에(Taricheae)를 또한 페레아(Perea)와 율리아스(Julias) 그리고 인근 14개의 마을을 다스리게 했다.

한편, 유대 상황은 점점 악화하여 나라 전체가 강도와 사기꾼들로 들끓게 되었다. 이에 벨릭스는 매일 수많은 강도와 사기꾼들을 체포하고 처형했다. 벨릭스는 특히 대제사장 요나단[13]을 몹시 미워했다. 왜냐하면, 요나단은 벨릭스에게 자주 "유대를 지금보다 더 잘 통치할 수 없느냐" 하고 충

---
11 이 이야기는 행 24:24에서 드루실라가 어떻게 벨릭스의 아내가 되었는지 설명한다.
12 칼키스의 왕 헤롯에게는 세 아들이 있었다. 첫 번째 아내와의 사이에서 태어난 아리스토불루스 6세(Aristobulus VI)와 조카였던 두 번째 부인 베르니케와의 사이에서 낳은 베르니키아누스(Bernicianus)와 힐카누스(Hyrcanus)이다.
13 AD 36-37년에 대제사장직을 수행함.

고를 했기 때문이다. 그러자 벨릭스는 돈으로 요나단의 충실한 친구인 도라스를 매수하여 강도들을 동원해 요나단을 살해했다.

강도들은 의복 속에 단도를 숨기고 하나님께 제사를 드리러 올라가는 사람처럼 가장하고 있다가 요나단을 찔러 숨지게 했다. 그 후로부터 강도들은 단도를 몸에 숨기고 군중 속에 섞여 있다가 반대 세력들을 제거하곤 했다. 어떤 때는 돈을 받고 청부살인을 하기도 했다. 그들은 예루살렘 외곽뿐만 아니라 성전에서도 서슴지 않고 사람들을 살해했다. 이들의 죄악으로 인해 하나님께서는 성전을 더 이상 자신이 거할 만한 정결한 곳으로 인정하지 않으셔서, 로마 군대를 보내어 예루살렘 성전을 정결케 하셨다. 그리고 유대인들과 또한 그들의 처자식들까지도 로마의 포로가 되게 하셨다.

강도들에 의해 예루살렘은 온갖 악과 불의로 가득 차게 되었고, 여기에 사기꾼들과 협잡꾼들은 이적과 표적을 보여 주겠다고 말하면서 백성들을 광야로 끌고 나갔다. 이때 자칭 선지자라고 하는 애굽 사람이 예루살렘에 나타났다.[14] 그는 백성들을 감람산으로 인도한 다음, 자신의 명령으로 예루살렘 성벽을 무너뜨려 들어갈 수 있는 통로를 만들어 주겠다고 말했다. 벨릭스는 이 사실을 알고 군대를 보내어 400명을 살해하고 200명을 생포했다. 그러나 이 사기꾼 애굽 사람은 운 좋게 도망쳤고, 더 이상 나타나지 않았다.

한편, 가이사랴에서는 시민의 특권 문제로 유대인과 수리아 주민들 사이에 큰 충돌이 일어났다. 유대인들은 가이사랴의 창건자가 유대 사람인 헤롯 왕이기에 수리아 사람들보다 더 나은 특권을 가져야 한다고 주장했다. 이에 맞서 수리아 사람들은 가이사랴가 스트라토의 망대(Strato's Tower)로 불리었을 때에는 유대인이 단 한 명도 없었다고 맞섰다. 그러나 막대한 부를 소유한 유대인들은 수리아 사람들을 경멸했고, 이에 맞서 수리아 사람들은 가이사랴와 세바스테에 주둔하고 있던 로마군을 믿고 대항했다. 마침내 이들 사이에서 투석전이 벌어졌으나 유대인이 승리했다.

---

14 행 21:38은 이들에 대한 보도이다.

하지만 양측에 많은 부상자가 발생했다.

벨릭스는 양측의 싸움이 전쟁으로 발전될 기미가 보이자 가이사랴로 내려가서 유대인들을 설득했다. 하지만 유대인들이 말을 듣지 않자 병사들을 무장시켜 그들을 공격했다. 이에 많은 유대인이 살해되자, 유대의 유력 인사들은 벨릭스를 찾아가 공격을 멈추어 달라고 부탁했고, 벨릭스는 이를 수락했다.

이때 아그립바 2세가 파비의 아들 이스마엘을 대제사장으로 임명하자, 대제사장들 그룹과 예루살렘의 유력인사들 사이에 충돌이 일어났다. 이들은 군중들을 서로 자기편으로 끌어들여 욕설을 퍼붓고 투석전도 했다. 이들의 싸움을 제지할 수 없게 되자 예루살렘은 그야말로 무정부 상태가 되고 말았다. 여기에 대제사장들은 자신들의 종들을 타작마당에 보내 제사장들이 가져야 할 십 분의 일을 강탈해 갔다. 그러자 가난한 제사장들이 굶어 죽었다는 소문까지 퍼졌다.

7. 보르기오 베스도가 유대 총독으로 부임하다

네로가 벨릭스의 후임으로 보르기오 베스도를[15] 임명하자, 가이사랴의 유대인들은 벨릭스를 네로에게 고소했다. 벨릭스는 당시 네로의 총애를 받고 있던 그의 형제 팔라스의 도움이 아니었다면, 네로에게 처벌받았을 것이다. 한편, 가이사랴에 살고 있던 수리아 사람들은 헬라어를 가르치는 네로의 가정교사 베릴루스를 매수했다. 그리고 그를 통하여 유대인들이 가이사랴에서 누려오던 특권을 철폐해 달라고 네로 황제에게 건의했다. 그러자 가이사랴에 거주하는 유대인과 수리아인들은 동등한 권리를 갖는다는 황제의 서신이 가이사랴에 보내졌다.

이 서신 한 통은 유대 나라를 재난과 불행으로 몰아넣었고, 결국 예루

---

15 행 24:27 이하에 등장하는 인물이다.

살렘 함락이라는 비극적 결과를 낳게 했다. 그러나 이것을 예측한 사람들은 아무도 없었다. 가이사랴의 유대인들은 황제가 수리아 주민들에게 유리한 판결을 내렸다는 소식을 듣고, 전보다 더욱 소란을 피워 결국에는 전쟁이 일어나게 되는 결과를 초래했다.

그림 34. 니콜라이 보다레브스키(Nikolai Bodarevsky), "헤롯 아그립바 왕 앞에선 바울," 1875 작품

베스도의 통치하에서 온 유대 마을은 약탈되고 방화 되어 많은 사람이 죽게 되었다.

그 당시에는 이미 시카리(sicarii)파의 세력들이 막강해졌다. 그들은 로마 사람들이 시카이(sicae, 즉 '낫'을 뜻하는 단어로 강도들은 자신들을 시카리라고 불렀다)라고 부르는 굽은 단검을 몸에 숨기고 절기 때에 제사들 드리러 가는 무리에 섞여 있다가 자신들의 반대 세력들을 살해했다.

이 무렵에 아그립바 2세는 예루살렘 왕궁 현관 가까이에 아주 커다란 식당을 지었다. 이 왕궁은 높은 곳에 지어졌기 때문에 예루살렘시를 한눈에 내려다볼 수 있을 정도로 전망이 아주 좋았다. 아그립바 2세는 식당 안에서 먹고 마시면서 성전에서 일어나는 일들을 보는 것을 즐겼다. 이 사실을 안 예루살렘의 유력인사들은 성전 안의 일을 외부 사람, 특히 제사를 드리지 않는 사람이 볼 수 없도록 율법에 규정하고 있기에 성전 안뜰에 높은 벽을 쌓았다.

　그래서 왕궁의 식당뿐만 아니라 로마 병사들이 성전을 감시하는 곳도 가로막았다. 이것을 아그립바 2세와 베스도가 몹시 불쾌하게 생각했다. 이에 베스도는 유대 인사들에게 그 벽을 허물라고 지시했다. 그러자 유대인들은 사신을 네로에게 보내 자신들의 입장을 설명했다. 네로는 유대인들의 간청을 듣고 그들을 용서해 주었을 뿐만 아니라 이미 세운 벽도 그대로 두어도 좋다고 허락했다.

　네로가 이런 호의를 베푼 것은 그의 아내 포파이아를 기쁘게 하기 위해서였다. 그녀는 매우 종교적인 여인으로, 유대인에게 호의를 베풀라고 네로에게 간청했다. 이 소식을 듣자마자 아그립바 2세는 전에 대제사장을 역임했던 카바라 불리는 요셉을 다시 대제사장에 임명했다(AD 60년).

8. 루세이우스 알비누스가 유대 총독으로 부임하다

　네로는 베스도가 죽었다는 소식을 듣고 알비누스를 유대 총독으로 파견했다. 한편, 아그립바 2세는 요셉을 해임하고 아나누스의 아들 아나누스 2세를 대제사장에 임명했다. 그런데 대제사장 아나누스 2세의 부친은 가장 행복한 사람 중 하나였다. 왜냐하면 그는 다섯 아들을 두었는데 그들 모두가 대제사장직에 올랐으며, 본인도 오래전에 대제사장의 영예를 누렸기 때문이다. 한 집안에 이토록 많은 대제사장을 배출한 전례가 일찍이 없었다. 그런데 아들 아나누스 2세는 성격이 대담했고 몹시 무례한 사람이었다. 그는 유대인들보다 범죄자들에게 매우 엄격한 사두개파의 일원이었다.

　대담한 성격의 아나누스 2세는 자신의 힘을 행사할 적절한 기회를 찾고 있었다. 아나누스 2세는 베스도가 죽고 신임 총독 알비누스가 도착하지 않은 틈을 이용하여 권력을 남용했다. 그는 알비누스의 허락도 받지 않고 산헤드린 공회를 소집하고 그리스도라고 부르는 예수의 동생 야고보와 그의 동료 몇 사람을 율법을 위반했다고 돌로 처형했다(AD 62년). 그러자 시민들 중에서 의로운 사람들이 아나누스 2세의 행동이 정당치 못함을 아그립바 2세에게 알렸다.

또한, 그들 중 일부는 알렉산드리아를 떠나 유대로 오는 중이었던 알비누스를 찾아가 아나누스 2세의 악한 행동을 알려주었다. 이에 격분한 알비누스는 아나누스 2세의 잘못된 행동을 문책할 것이라고 서신을 보냈다. 그러자 아그립바 2세도 아나누스 2세를 3개월 만에 해임하고 담네우스의 아들 예수를 대제사장에 임명했다.

알비누스는 예루살렘에 도착하자마자 질서를 회복하고자 많은 시카리(sicarii)에 소속된 자들을 체포하여 처형했다. 한편, 대제사장이었던 아나니아스는[16] 날이 갈수록 백성들의 존경과 사랑을 받게 되었을 뿐만 아니라 그의 영화는 하늘을 찌를 정도였다. 왜냐하면, 그는 막대한 부를 축적한 부자였기 때문이었다. 그는 알비누스와 대제사장인 예수에게 많은 선물을 주고 그들과 교분을 두텁게 했다. 하지만 그의 종들은 매우 악했다. 그들은 저질인 유대인들과 합세하여 타작마당을 돌아다니면서 제사장들에게 바칠 십 분의 일을 강제로 탈취해갔다. 그리고 백성들이 말을 듣지 않으면 때리기까지 했다. 이에 다른 대제사장들도 동일한 비행을 저질렀으나, 이를 저지할 사람이 아무도 없었다.

한편, 다가오는 절기 전날 밤에 시카리파들은 예루살렘에 침투하여 성전의 일원이자 서기관이며 대제사장 아나니아스의 아들인 엘르아살을 결박하여 끌고 갔다. 그리고 그들은 체포되어 수용된 10명의 동료와 아들을 맞바꾸도록 알비누스를 설득시키라고 했다.

결국, 그들의 요청대로 아나니아스는 알비누스를 설득하여 죄수들을 석방했다. 그러나 이것은 더욱 큰 불행을 초래하고 말았다. 시카리파들은 계속해서 아나니아스의 종들을 납치하여 동료들을 석방해 세력을 확장해 나갔으며, 점차 대담해지더니 결국에는 유대 전역을 유린하고 말았다.

담네아스의 아들 예수의 뒤를 이어 가말리엘의 아들 예수가 대제사장

---

16 이 '아나니아스'가 칼키스의 왕 헤롯에 의해 임명된 사람인지 아니면 안나스(Annas)라 불리는 '대(大)아나누스'(Ananus the Elder)인지 논란이 있다.

이 되었다. 이로 인해 대제사장들 사이에는 충돌이 일어나게 되었다. 그들은 각기 백성들을 규합하여 욕설을 퍼붓고 투석전까지 벌였다. 그러나 대제사장 아나니아스에 맞설 대제사장 가문은 아무도 없었다. 왜냐하면, 그에게는 큰 재산이 있었기 때문이었다.

알비누스는 게시우스 플로루스가 자신의 후임으로 온다는 소식을 듣고 예루살렘 백성들에게 호의를 베풀었다. 그는 사형에 처할 만한 죄를 범한 자들은 즉시 처형하고, 경미한 죄를 범한 자들은 돈을 받고 모두 석방해 주었다. 이에 감옥은 텅 비게 되었고 유대는 온통 강도 떼로 들끓었다.

한편, 성전의 성가대를 맡은 레위인은 제사장들처럼 세마포 옷을 입게 해 달라고 아그립바 2세에게 간청했다. 그러자 그는 산헤드린의 동의를 얻어 성가대원들도 세마포 옷을 입게 해주었고 또한 레위인이 원하는 찬송을 배울 수 있도록 허락해 주었다. 그러나 이런 모든 일은 조상 전래의 율법을 범하는 것이었다.[17]

성전이 이 시기에 완공되자,[18] 18,000명이 넘는 노동자들이 일자리를 잃게 되었다. 이들이 임금을 받지 못하여 큰 어려움에 부닥치자, 백성들은 이들을 돕고자, 로마 병사들에게 약탈당할까 봐 성전에 보관해 두었던 보물들을 찾아 이들을 위해 사용했다. 이렇게 해서 백성들은 그들에게 동쪽 회랑을 재건하도록 하면서 하루에 한 시간만 일해도 임금을 즉시 지급했다.[19]

한편, 아그립바 2세는 클라우디우스에 의해 성전관리를 허락받은 후에 성전 건물이 쉽게 무너질 것을 알면서도 다시 건설할 엄두를 내지 못했다. 특히 동쪽 회랑은 재건하는데 많은 시일과 엄청난 경비가 소요될 것이 분명했기에 성전 재건을 요구한 유대인들의 건의를 거절했다. 하지만 그는 예루살렘시를 흰 돌로 포장하는 것은 반대하지 않았다. 그리고 그는 가말리엘의 아들 예수를 해임하고 테오필루스의 아들 마티아스를 대제사장으로 임명했다. 마티아스가 대제사장으로 있을 때 유대와 로마 사이에

---

17 세마포 옷은 제사장들이 입는 옷이다(레 6:10).
18 헤롯의 성전은 BC 20년부터 공사해서 AD 64년에 완공되었다.
19 이런 사실은 포도원 품꾼의 비유(마 20:1-16)를 이해하는 데 도움이 될 것이다.

전쟁이 일어났다(AD 66년).

9. 대제사장들의 명단[20]

대제사장의 기원과 자격 그리고 로마와의 전쟁이 끝날 때까지 대제사장의 수를 아는 것은 지금까지 기술해 온 역사 이해에 큰 도움이 될 것이다. 첫 번째 대제사장 아론으로부터 로마와 전쟁하는 동안의 마지막 대제사장인 파나수스까지 대제사장의 수는 83명이다. 장막이 광야에 있던 모세 때부터 솔로몬이 하나님께 성전을 봉헌할 때까지 대제사장의 수는 13명이었다.

이 당시의 정부 형태는 처음에는 귀족 정치였고, 다음에는 군주 정치로, 세 번째는 왕정으로 바뀌었다. 13명이 대제사장으로 봉직하던 기간은 모세의 지휘 아래 출애굽을 시작한 때부터 솔로몬 성전 건축 때까지 612년이었다.

그 후 솔로몬 왕으로부터 바벨론의 느부갓네살이 대제사장 여호사닥(Josadakes)을 포로로 잡아갈 때까지 18명이 대제사장직에 봉직했으며, 그 기간은 466년 6개월 10일간으로, 정부 형태는 왕정이었다. 바벨론의 포로 생활 70년이 끝나자 바사의 고레스가 유대인을 고국으로 돌려보내면서 성전 재건을 허락하자, 여호사닥의 아들 예수아(Jesus)가 다시 대제사장직에 올랐고, 그의 후손들이 안티오코스 에우파토르(Antiochus Eupator) 때까지[21] 대제사장의 직무를 맡았다. 이 기간은 414년간으로 15명이 대제사장직에 임명되었으며, 정치 형태는 민주 정부였다.

그 후에 안티오코스와 그의 군대 장관 리시아스는 멘클라우스(Menclaus)[22]라고도 부르던 오니아스 3세를 대제사장직에서 해임하고 살해

---

20 유대 전체의 대제사장 명단은 〈참고자료 9〉를 참조.
21 BC 164년이나 163년이다.
22 '메넬라오스'(Menelaus)라고도 한다.

했다. 그리고 아론이나 오니아스의 가문이 아닌 알키무스(Alkimus)를 대제사장에 임명했다. 그러자 안티오코스에게 살해된 오니아스의 조카인 오니아스 4세는 애굽으로 가서 톨레미 필로메토르(Ptolemy Philometor)와 그의 아내 클레오파트라(Cleopatra)와 교분을 두텁게 쌓은 후 예루살렘 성전을 본떠 헬리오폴리스(Heliopolis)에 성전을 짓고 그곳의 대제사장이 되었다.

한편, 알키무스는 3년간 대제사장직에 있다가 세상을 떠나고 말았다. 그의 뒤를 이어 7년간 대제사장이 없었으며,[23] 하스몬 가문의 후손들이 마케도니아인들을 물리치고 정권을 장악하게 되자 요나단(Jonathan)을 대제사장으로 임명했다.

요나단은 7년간 나라를 다스리며 대제사장의 직무를 맡았다. 그러나 그가 트리포(Trypo)의 음모로 살해되자 그의 형제 시몬이 대제사장직을 이어받아 8년간 봉직했다. 시몬도 사위의 반역으로 살해당하자 그의 아들 힐카누스 1세가 30년간 대제사장의 자리에 앉았다. 이어서 아리스토불루스 1세라고도 부르는 유다(Judas)가 1년간 왕과 대제사장직을 겸임했다.

그 후 유다의 형제인 알렉산더 얀네우스가 27년간 왕과 대제사장직을 겸임했고, 임종 전에 그는 아내 알렉산드라에게 대제사장 임명권을 주었다. 그러자 알렉산드라는 장남 힐카누스 2세에게 대제사장직을 주었고, 9년간 나라를 다스리다가 세상을 떠났다. 그녀가 죽자 힐카누스 2세의 동생인 아리스토불루스 2세가 형을 몰아내고 왕과 대제사장직을 차지했으나, 폼페이우스의 공격을 받아 3년 3개월 만에 쫓겨나고 말았다.

폼페이우스는 힐카누스 2세를 다시 대제사장으로 복직시키고 유대의 지배자로 임명했으나, 왕관은 쓰지 못하게 했다. 힐카누스 2세는 모친 생존 당시 9년간의 재임 기간 외에도, 아리스토불루스 2세의 아들 안티고누스 2세가 파르티아의 세력을 끌고 들어와서 그를 체포할 때까지 24년간 대제사장직을 수행했다. 그의 뒤를 이어 안티고누스 2세는 왕과 대제사장이 된 지 3년 3개월 만에 소시우스와 헤롯의 공격을 받고 생포된 뒤에

---
23 이와 관련해서 제2장 각주 10번 참조.

안디옥에서 처형당했다.

로마에 의해 왕이 된 헤롯은 하스몬 왕가에서 힐카누스 2세의 손자 아리스토불루스 3세를 제외하고는 명문 가문이 아닌, 일반 제사장 가문에서 대제사장을 선출했다. 헤롯이 아리스토불루스 3세를 대제사장으로 임명한 것은 하스몬 왕가에 대해 좋은 기억을 갖고 있는 백성들의 환심을 사기 위해서이다. 그러나 백성들의 관심이 아리스토불루스 3세에게 쏠리자 헤롯은 여리고에서 수영하고 있는 그를 물속에서 질식시켜 죽였다.

그 후 헤롯은 하스몬 왕가의 후손들에게는 대제사장직을 허락하지 않았다. 이 정책은 헤롯의 아들 아켈라오나 그 후에 유대를 다스린 로마의 총독들에게도 동일하게 적용되었다. 헤롯 시대부터 티투스가 예루살렘을 함락시키고 성전을 불사를 때까지 107년간 28명이 대제사장직에 올랐다. 헤롯과 아켈라오 사후의 정치 형태는 귀족정치로 바뀌어서 대제사장들이 유대를 다스렸다.

10. 게시우스 플로루스가 유대 총독으로 부임하다

네로는 알비누스의 후임으로 게시우스 플로루스를 유대 총독으로 임명했다. 플로루스는 그의 아내 클레오파트라가 네로의 아내 포파이아와 교분이 두터웠기 때문에 총독의 자리에 올랐다. 플로루스가 어찌나 악하게 폭정을 휘둘렀던지 유대인들은 상대적으로 알비누스를 은인이라 생각했다. 그는 큰 수익뿐만 아니라 쥐꼬리만 한 수익에도 혈안이 되어 집어삼키려고 덤벼들었다.

그리고 그는 강도들과 손을 잡았고, 그들의 방패막이가 되어 주었다. 이에 유대는 끝없는 불행으로 휩싸이게 되었고, 강도의 등쌀에 못 이겨 많은 이들이 정든 고향을 떠났다. 마침내 유대인들은 플로루스의 총독부임 제2년, 즉 네로 황제 재위 12년에 반란을 일으켰다(AD 66년).

11. 유대 고대사의 결론과 요세푸스가 미래 저술에 대해서 언급하다

그림 35. 1세기 로마 사람이 그린 요세푸스의 초상화

이제 유대 고대사의 결론을 내린다. 이후에 일어난 로마와의 전쟁은 『유대 전쟁사』에서 다루었다. 『유대 고대사』는 인간의 창조로부터 네로의 재위 12년까지, 조상 전래로부터 내려오던 기록들을 참조하여 역사를 서술했다. 애굽과 수리아와 팔레스틴의 유대인들이 어떤 일을 당했으며, 그리고 이들이 페르시아와 마케도니아와 로마인들에게 어떤 고통을 당했는지도 기술했다. 요세푸스는 다음과 같이 끝을 맺는다.

나는 이 역사를 전반적으로 정확하게 기술했다고 자부하고 싶다. 나는 2000년간에 걸쳐 하나님을 섬긴 대제사장들의 면모와 역대 왕들의 업적과 행동은 물론 지배자들의 모습도 상세하게 기술했다. 유대인의 성경에 기록된 대로 유대인의 역사를 기술하려는 것이 이 책의 목적이다.

나는 동족 유대인 중 누구보다도 유대의 역사에 정통하며 또한 헬라의 학문과 언어적 지식에서도 누구에게도 뒤지지 않는다. 비록 내가 모국어에 젖어 있어 헬라어 발음에는 정확하지 못하지만, 헬라어와 헬라 학문을 익히기 위해서 나는 많은 정열을 쏟았다. 유대 나라에서는 조상 전래의 율법에 통달하여 그 의미를 해석하는 사람을 지혜로운 자로 인정하지만, 실제로 율법을 배우고자 노력하는 사람은 극소수에 불과하다.

내가 기록한 내용이 거짓인지 진실인지 밝혀줄 사람들이 아직 살아 있으므로,[24] 내 가족이나 나의 삶에 대해서 기록을 남기는 것은 그리 불쾌

---
24 아그립바 2세를 말한다.

한 일이 아니다. 따라서 나는 조만간 나의 집안과 지금까지 지내온 나의 삶에 관해서 글을[25] 쓰겠다는 약속과 함께 20권 60,000여 절에 가까운 유대 고대사를 마무리 지으려 한다. 하나님께서 허락하신다면 도미티안 황제 재위 13년(AD 93/94년), 그러니까 내 나이 56세인 현재까지 유대인들이 당한 불행과 함께 이 전쟁을 간단하게나마 다시 살펴볼 작정이다.[26] 또한, 하나님과 하나님의 본성과 유대 율법에 대해서도 써볼 생각이다.[27]

참고자료 9: 83명의 대제사장의 명단[28]

번호	이름	번호	이름	번호	이름
1	아론(Aaron)	29	스라야(Seraiah)	57	아리스토불루스3 (Aristobulus III)
2	엘르아살(Eleazar)	30	여호사닥(Josadakos)[29]	58	예수(Jesus)
3	비느하스(Phinees)	31	예수아(Jesus)	59	시몬(Simon)
4	아비수아(Abishua)	32	요아킴(Joakeimos)	60	마티아스(Matthias)
5	북기(Bukki)	33	엘리아십(Eliasib)	61	엘레무스의 아들 요셉 (Joseph)[30]
6	웃시(Uzzi)	34	유다스(Jodas)	62	요아자르(Joazar)
7	엘리(Eli)	35	요한(Johanan)	63	엘르아살(Eleazar)
8	아히둡(Ahitub)	36	야두아(Jaddus)	64	아나누스 1(Ananus I) =안나스
9	아히야(Ahiah)	37	오니아스 1(Onias I)	65	이스마엘(Ismael)
10	아히멜렉(Ahimelech)	38	시몬 1(Simon I)	66	엘르아살(Eleazar)
11	아비아달(Abiathar)	39	엘르아살(Eleazar)	67	시몬(Simon)
12	사독(Zadok)	40	므낫세(Manasseh)	68	요셉 가야바 (Joseph Caiaphas)
13	아히마아스(Ahimaaz)	41	오니아스 2(Onias II)	69	요나단(Jonathan)
14	아사리아(Azariah)	42	시몬 2(Simon II)	70	데오필루스(Theophilus)

25 『자서전』을 말한다.
26 아마도 『자서전』을 의미한다.
27 『아피온 반박문』을 말한다.
28 『유대고대사』 10:151-153 참조

15	요람(Joram)	43	오니아스 3(Onias III)	71	시몬(Simon)
16	예수(Jesus)	44	야손(Jason)	72	마티아스(Matthias)
17	악시오라모스(Axioramos)	45	메넬라오스(Menelaus)	73	엘리오네우스(Elionaeus)
18	피데아스(Phideas)	46	알키무스(Alkimus)	74	요나단(Jonathan)
19	여호야다(Jehoiada)[31]	47	요나단(Jonathan)[32]	75	요셉(Joseph)
20	수다이오스(Sudaios)	48	시몬(Simon)	76	아나니아스(Ananias)
21	유엘로스(Juelos)	49	요한 힐카누스(John Hyrcanus)	77	요나단(Jonathan)
22	요다모스(Jothamos)	50	아리스토불루스 1(Aristobulus I)	78	이스마엘(Ismael)
23	우리아스(Urias)	51	알렉산더 얀네우스(Alexander Janneus)	79	요셉(Joseph)
24	네리야(Nerias)	52	힐카누스 2(Hyrcanus II)	80	아나누스 2(Ananus II)
25	오다이아스(Odaias)	53	아리스토불루스 2(Aristobulus II)	81	예수(Jesus): 담네우스의 아들
26	살룸(Sallumos)	54	힐카누스 2(Hyrcanus II)	82	예수(Jesus): 가말리엘의 아들
27	힐기야(Hilkiah)	55	안티고누스(Antigonus)	83	마티아스(Matthias)
28	아사랴(Azaros)[33]	56	아나넬(Anael)[34]	84	파나누스(Phanasus)

29 바벨론 포로 때의 대제사장.
30 하루 동안 대제사장직 역임.
31 요세푸스는 언급하지 않음. 그러나 왕하 11:4에 언급.
32 하스몬 가문의 대제사장 시작.
33 요세푸스 언급하지 않음. 그러나 대상 6:13에 언급.
34 헤롯 왕 통치 이후의 대제사장.

12. 마무리 정리

(1) 앞서 언급된 내용에서 성서 해석에 도움이 되는 것이 무엇인지 살펴봅시다.

(2) 갈라디아서 5:2-4을 읽고, 이방인들이 할례를 받으면 어떤 문제점이 있는지 논의해 봅시다. 그리고 아디아베네의 왕 이자테스가 할례를 받은 행동에 대해서는 어떻게 생각하나요?

(3) 83(84)명이나 되는 대제사장들이 있었습니다. 그들을 생각하며, 나는 어떤 유형의 신앙인 또는 목사가 되고 싶은지 생각해 봅시다.

제11장

요세푸스의 자서전

I. 요세푸스의 출생과
유대-로마 전쟁시 갈릴리에서의 활동(AD 37-66년)

주요 사건

1. 요세푸스의 탄생(AD 37년): 가이우스 황제가 죽던 해에, 부친 제사장 가문과 모친 하스몬 왕가 사이에서 태어남.
2. 요세푸스의 광야 체험: 16세부터 19세까지 광야에 거주하는 바누스의 밑에서 수학함.
3. 요세푸스의 로마방문: 그의 나이 26세 때(AD 62년)에 유대 총독 벨릭스(Felix)가 제사장들을 황제에게 고소해서, 그들을 변호하고자 로마에 감.
4. 유대 총독 게시우스 플로루스와 수리아의 총독 케스티우스 갈루스가의

대패(AD 66년): 유대의 반란을 진압하기 위해 이들이 군사를 이끌고 왔지만, 폭도들에 패함. 그래서 폭도들의 반란이 더 거세짐.
5. 요세푸스의 갈릴리 파견(AD 66년): 예루살렘의 지도자들이 갈릴리의 반란 상황을 알아보기 위해 요세푸스를 요아자르와 유다와 함께 파견.
6. 디베랴의 궁전의 화재: 빈민층과 어부들의 폭동을 주도한 사피아스의 아들 예수가 궁전 지붕의 금을 보고 많은 재물을 얻을 수 있다고 생각해서 불을 지름.
7. 기스칼라 요한의 음모: 요세푸스를 갈릴리 사령관에서 즉위 해임하고자 예루살렘의 유력인사 시몬에게 사람들을 보냄.
8. 요세푸스의 로마행(AD 71년): 티투스의 권유에 따라 로마에 입성.

로마의 황실

1. 가이우스 칼리귤라(Gaius Caligula, AD 37-41년): 로마의 3대 황제.
2. 포파이아(Poppaea): 로마의 5대 황제인 네로의 아내.
3. 베스파시안(Vespasian, AD 69-79년): 유대-로마 전쟁을 이끌었던 장군으로, 후에 로마의 9대 황제가 됨.
4. 티투스(Titus, AD 79-81년): 베스파시안의 아들로, 예루살렘 성전을 파괴한 인물. 로마의 10대 황제.
5. 도미티안(Domitian, AD 81-96년): 베스파시안의 둘째 아들로, 로마의 11대 황제.

수리아 총독

1. 케스티우스 갈루스(Cestius Gallus, AD 63-67년): 수리아의 총독. 많은 군사를 대동하고, 유대인과 맞서 싸웠으나, 대패하고 말았다.

유대 총독

1. 벨릭스(Felix, AD 52-60년): 클라우디우스가 임명한 유대 총독.
2. 게시우스 플로루스(Gessius Florus, AD 64-66년): 네로가 임명한 유대 총독.

대제사장

1. 아나누스 2세(Ananus II): AD 62년에 대제사장직을 수행한 인물로 예수의 형제 야고보를 처형한 자.

유대의 왕

1. 아그립바 왕/2세(Agrippa II, AD 27-100년?): 아그립바 1세의 아들로 왕의 칭호를 갖고 있음. 예루살렘 성전 관리와 대제사장 임명권을 갖고 있었음.
2. 버니게(Bernice): 아그립바 2세의 여동생.

요세푸스 가족

1. 요세푸스(Josephus, AD 37-100년?): 이 책의 저자. AD 37년에 출생했으며, AD 66년 유대-로마 전쟁 당시 갈릴리 지역을 이끌었던 지도자.
2. 마티아스(Matthias): 요세푸스의 부친으로 명문 제사장 가문.
3. 힐카누스 3세(Hyrcanus III): 요세푸스가 알렉산드리아에서 결혼한 부인에게서 낳은 아들.
4. 유스투스(Justus): 요세푸스가 그레데 출신의 여인에게 낳은 첫째 아들
5. 모니데스(Simonides): 요세푸스가 그레데 출신의 여인에게 낳은 둘째 아들로 아그립바라고도함.

요세푸스에게 우호적인 인물

1. 바누스(Bannus): 광야에 거주하며 육체적 순결을 위해 자주 목욕. 요세푸스는 그에게 3년이나 가르침을 받음.
2. 요아자르(Joazar): 제사장으로 요세푸스와 함께 갈릴리에 파견되어 폭도들을 설득.
3. 유다(Judas): 제사장으로 요세푸스와 함께 갈릴리에 파견되어 폭도들을 설득.
4. 실라스(Silas): 요세푸스가 임명한 디베랴의 지도자.
5. 예수(Jesus): 가말라(Gamalas)의 아들로 요세푸스의 친구.

6. 야고보(James): 요세푸스의 경호원으로 가바랴에서 갈릴리로 가는 길목을 차단하여 기스칼라의 요한이 예루살렘으로 보내는 편지를 막음.
7. 예레미야(Jeremiah): 요세푸스의 친구로 예루살렘의 길목을 차단하여 기스칼라의 요한이 예루살렘으로 보내는 편지를 막음.
8. 에바브로디도(Epaphroditus): 요세푸스에게 역사를 쓰도록 권면한 사람. 요세푸스는 그에게 『유대고대사』, 『자서전』, 『아피온 반박문』을 헌정함.

요세푸스의 반대자

1. 율리우스 카펠루스(Julius Capellus): 디베랴에서 폭도들을 이끌었던 한 당파의 지도자.
2. 유스투스(Justus): 피스투스(Pistus)의 아들로, 디베랴에서 열성적인 반란을 일으켰던 한 당파의 지도자. 요세푸스에게 적대적이었고, 그도 유대-로마 전쟁에 관한 책을 썼다.
3. 피스투스(Pistus): 디베랴 반란의 지도자 유스투스의 아버지.
4. 기스칼라(Gischals)의 요한(John): 레위의 아들로, 기스칼라의 지도자로 요세푸스에게 적대적이었음.
5. 빌립(Philip): 야키무스(Jacimus)의 아들로 가말라(Gamala)의 지도자.
6. 예수(Jesus): 사피아스(Sapphias)의 아들로 디베랴에서 빈민층과 어부들로 구성된 폭도들을 이끌었던 인물로 디베랴에 있는 궁전에 불을 지름.
7. 예수(Jesus): 톨레마이스(Ptolemais)의 국경지대에 있는 강도의 우두머리.
8. 예수(Jesus): 갈릴리 출신으로 600명의 부하들을 거느리고 있으며, 요세푸스를 갈릴리의 군대장관으로부터 해임시키고자 노력함. - 아마 톨레마이스 접경 지역의 도둑떼 두목과 동일인물.
9. 아이부티우스(Aebutius): 로마의 십부장으로 요타파타에 있는 요세푸스를 공격함.
10. 시몬(Simon): 기스칼라 요한의 형제. 요세푸스를 갈릴리의 군대장관에서 파면시키고자 예루살렘으로 감.
11. 시몬(Simon): 저명한 가말리엘(Gamaliel)의 아들로, 요세푸스를 갈릴리

의 군대장관에서 파면시키고자 노력함.
12. 시몬(Simon): 대제사장의 후손으로, 요세푸스를 파면시키기 위해 대제사장 아나누스 2세가 갈릴리로 보낸 인물 중 한 사람.
13. 요나단(Jonathan): 시센나(Sisenna)의 아들로, 요한의 형제 시몬과 함께 요세푸스를 갈릴리의 군대장관에서 파면시키고자 예루살렘으로 감.
14. 요나단(Jonathan): 바리새인으로 요세푸스를 파면시키기 위해 대제사장 아나누스 2세가 갈릴리로 보낸 인물 중 한 사람.
15. 아나니아스(Ananias): 요세푸스를 파면시키기 위해 대제사장 아나누스 2세가 갈릴리로 보낸 인물 중 한 사람.
16. 요자르(Jozar): 제사장 가문의 출신인 바리새인으로, 요세푸스를 파면시키기 위해 대제사장 아나누스 2세가 갈릴리로 보낸 인물 중 한 사람.
17. 술라(Sulla): 요세푸스와 율리아스 근처에서 접전을 벌인, 아그립바 2세의 최고 사령관.
18. 요나단(Jonathan): 구레네에서 2,000명의 토착민들과 합세하여 폭동을 일으킨 자.

그 밖의 인물
1. 프톨레마이오스(Ptolemy): 아그립바 2세 행정장관으로, 그의 아내가 다바리타에서 강도를 만나 약탈당함.

1. 핵심 내용

요세푸스는 로마의 황제 가이우스 칼리귤라가 즉위하던 해에 태어났다(A. D. 37년). 그의 부계 혈통은 명망 있는 제사장 가문이고, 모계 혈통은 하스몬 왕가의 후손이다. 그는 어려서부터 공부를 잘했고, 16세에서 19세까지는 광야에 나가서 정결을 위해 찬물로 밤이나 낮이나 자주 목욕하는 바누스의 제자가 되었다. 26세에는 친분 있는 제사장들을 구출하기 위해서 로마를 방문했고, 여기서 네로의 아내 포파이아와 친분을 쌓았다.

유대가 로마에 첫 반란을 일으켰을 때 수리아의 총독 케스티우스 군대가 유대에 패한 것이, 유대가 로마와 전면전을 하는 계기가 되었다. 요세푸스는 예루살렘으로부터 갈릴리를 다스리는 통치자로 파견되었다. 그당시 세포리스는 로마와의 우호 관계로 반란을 생각하지 않았다. 디베랴는 세 개의 당파로 나누어졌는데, 유스투스가 이끄는 세력이 반란에 적극적으로 가담했다. 또한, 기스칼라에서는 레위의 아들 요한을 중심으로 반란 세력들이 뭉쳤다. 요세푸스는 이런 상황을 예루살렘에 알린 다음, 디베랴로 가서 헤롯 안티파스가 궁궐 내에 만든 우상을 파괴한다. 이 과정에서 폭도들에 의해 궁궐이 불탄다.

다바리타 마을에서는 청년들이 아그립바 2세의 행정장관인 톨레미의 아내가 지나가는 것을 보고 습격하여, 많은 양의 은과 500냥 정도의 금 그리고 의복들을 약탈했다. 노새 4마리가 실어 나른 분량인데, 이것을 요세푸스에게 가지고 왔다. 청년들은 이것을 나누어 갖기를 원했으나, 요세푸스가 톨레미에게 돌려주려고 잘 보관하라고 했다. 그러자 그들은 요세푸스가 로마에 갈릴리를 팔아먹으려고 한다고 악소문을 퍼뜨렸다. 이로 인해 요세푸스는 곤경에 처했고, 갈릴리의 성벽을 재건하는데 돈을 사용하겠다고 약속하면서 위기에서 벗어났다.

디베랴에서는 유스투스가, 기스칼라에서는 요한이 요세푸스를 제일 힘들게 했다. 특히 기스칼라의 요한은 당시 예루살렘에 영향력이 있는 가말리엘의 아들 시몬에게 사람을 보내어, 갈릴리에서의 요세푸스 지도력을 무력화하고자 했다. 시몬은 대제사장 아나누스 2세와 그의 동료들을 매수하여, 4명의 새로운 지도자를 갈릴리에 파견하고, 요세푸스를 체포하도록 명령한다. 이런 사실을 알게된 요세푸스의 아버지는 아들이 보고 싶다고 편지를 보낸다. 그러자 요세푸스는 갈릴리를 떠나려고 생각했는데, 그날 밤에 로마와 싸우는 것이 그가 해야 할 일이라는 것을 꿈꾸고, 또한 갈릴리의 많은 사람이 그가 떠나는 것을 눈물로 막았기에 그들과 함께하기로 한다.

2. 나의 출생과 교육[1]

나는 가이우스 칼리굴라가 황제가 된 해에 태어났다(AD 37년). 부계 혈통은 제사장 24반차 중에서도 첫 번째 반차에 속하는 명문 제사장 가문이었고, 모계 혈통은 하스몬 왕가의 후손이었다. 부친 마티아스는 예루살렘에서 존경받는 유명인사로, 곧은 성품으로 인해 많은 사람으로부터 존경받았다.

나는 공부를 잘했고 기억력과 이해력이 좋았다. 14세에는 학문을 사랑한다고 칭찬을 받았으며, 16세에는 우리나라에 있는 세 개의 종파, 곧 바리새파, 사두개파, 에세네파를 체험해 볼 것을 결심하고 이들 종파에서 요구하는 훈련 과정을 마쳤다. 하지만 나는 거기에 만족하지 않고 자원하여, 광야에 거주하면서 나무로 만든 옷을 입고 야생의 것들만 먹었으며 육체적 정결을 위하여 밤이나 낮이나 자주 찬물로 목욕하는 바누스의 제자가 되어, 3년간 훈련을 받았다.[2] 19세에는 헬라인들이 스토아 학파라고 부르는 것과 유사점이 많은 바리새파의 율법을 따르기 시작했다.

26세에는 유대 총독 벨릭스가 사소한 일로 네로 황제에게 고소한, 친분 있는 제사장들을 구출하기 위해 로마로 갔다(AD 62년).[3] 항해 중에 배가 난파되어 600명의 사람 중에서 나와 80여 명만 겨우 구출되었다.[4] 로마에 도착해서 유대인 출신으로 네로의 총애를 받는 연극배우를 알게 되었고, 그를 통해서 네로의 아내 포파이아를 소개받았다. 나는 그녀에게 제사장들이 석방되도록 간청했으며, 예루살렘으로 귀환할 때에는 그녀로부터 많은 선물을 받았다.

---

1 요세푸스의 자서전적인 진술이기에 본 장에서 '1인칭 관점'에서 서술한다.
2 세례 요한이 광야에서 죄사함의 물 세례를 준 것과 쿰란 공동체에서 물로 정결의식을 실행한 것과는 종교사적 측면에서 '물'이라는 공통분모가 있다.
3 로마의 방문은 후에 요세푸스가 로마로 전향하는데 영향을 주었을 것이다.
4 이 이야기는 행 27-28장에서 바울이 로마로 향해하는 동안 배가 난파되어 고생한 이야기와 흡사하다.

3. 유대-로마 전쟁의 시작

반란의 움직임이 일어나자 나는 선동자들의 마음을 돌려놓으려고 애를 썼다. 그들에게 로마의 군사력과 재력이 우리보다 훨씬 뛰어남을 상기시켰다.[5] 하지만 이미 안토니아 요새가 반란자들의 수중에 들어갔기 때문에, 이런 말을 계속하면 매국노라 의심을 받고 처형당할까 두려워 더 이상 말하지 않았다. 왜냐하면, 유대 총독 게시우스 플로루스와 수리아의 총독 케스티우스 갈루스가 많은 군사를 이끌고 와서 유대인들과 전쟁을 했지만 대패하고 말았다. 결국, 이것은 나라 전체를 큰 불행으로 몰아넣는 계기가 되었다. 이 승리로 인해 반란자들은 로마 제국까지도 정복할 수 있다고 생각했다.

우리가 전쟁을 일으키게 된 다른 원인은 수리아의 주변 도시에 사는 유대인들이 아무런 이유도 없이 살해당했다는 것이다. 이들은 로마 제국에 반란을 시도해 본 적도 없고 또한 수리아를 향해서 악한 감정도 갖지 않았다. 특히 스키토폴리스(Scythopolis)에서는 만 명 이상의 유대인들이 살해당했다. 다메섹에 사는 유대인들도 같은 불행을 겪었다. 단지 내가 여기서 말하고 싶은 것은 로마와의 전쟁은 자발적인 것이 아니라, 어쩔 수 없이 휘말렸다는 것이다.

4. 요세푸스의 임무와 갈릴리의 상황

로마군이 전쟁에서 패하자 예루살렘의 지도자들은 반란군에 점령당하지 않을까 두려워했다. 그들은 갈릴리 전역이 로마에 반기를 든 것이 아니라, 일부 지역이 반란에 가담했다는 것을 알고, 나와 제사장 요아자르

---

5 자서전 서두부터 요세푸스는 로마에 대해 우호적으로 말한다. 이에 대해서는 두 가지 이유가 있다. 하나는 자서전을 쓰고 있는 시점이 황제 베시파시안 가문의 도움을 받고 있으며 로마의 시민이기 때문이며, 다른 하나는 그의 적수인 유스투스가 요세푸스의 갈릴리 행적을 의심하는 글을 썼기에 이를 변호해야 했다.

그리고 유다를 갈릴리로 파견했다. 우리의 임무는 불만 세력들이 무기를 내려놓게 하는 것이었다. 이러한 임무를 띠고 갈릴리로 들어갔을 때 세포리스(Sepphoris) 주민들은 로마와 우호 관계를 맺고 있을 뿐만 아니라 수리아 총독 케스티우스와 동맹을 맺었다는 이유로 약탈을 당할 위기에 처해 있었다. 나는 갈릴리 군중들을 설득하여 세포리스 주민들을 두려움에서 해방해 주었다.

한편, 디베랴(Tiberias) 주민들은 전쟁 준비를 하고 있었다. 이 도시에는 세 개의 당파가 있었다.

첫 번째 당파는 명망 있는 사람들로 구성됐으며 율리우스 카펠루스가 우두머리였다.

두 번째 당파는 대부분이 비천한 사람들로 구성되었으며, 그들은 전쟁할 각오가 되어 있었다.

세 번째 당파의 우두머리는 피스투스의 아들인 유스투스로 겉으로는 전쟁에 대해서는 회의적인 것 같았으나, 실상은 정권의 교체가 자신에게 권력을 가져다줄 것을 기대하면서 반란에 대해 큰 열의를 갖고 군중들을 선동했다.

결국, 그는 디베랴 시민들에게 반강제적으로 무기를 들게 한 다음, 디베랴 국경에 위치한 가다라와 힙포스 마을을 불살랐다.

기스칼라(Gischals)에서는 레위의 아들 요한이 로마에 대해 봉기를 일으키려는 시민들을 자제시키려고 노력했다. 그러나 기스칼라에 인접한 두루 사람들과 함께 인근 가다라, 가바라 그리고 소가네 사람들이 병력을 이끌고 와서 기스칼라를 점령한 다음 완전히 파괴하고 돌아갔다. 그러자 요한은 너무나 격분해서 모든 부하들 무장시켜 그들과 전쟁을 했고, 기스칼라를 전보다 더 훌륭하게 재건하고 요새화했다. 그러나 야키무스의 아들 빌립이 지도자로 있는 가말라는 로마에 계속 충성하기로 결의했다.

5. 디베랴 지도자들과의 모임

나는 이러한 상황을 산헤드린 공의회에 알리고 그들로부터 적절한 조치를 기다렸다. 함께 온 두 명의 동료들은 제사장으로서 받는 십일조로 큰 부를 축적할 수 있기에 자기 근무지로 돌아가고자 했다. 그러나 공적인 사건들을 함께 해결하자는 나의 제안을 받아들여, 우리는 디베랴로 가서 유스투스를 포함해 그 지역의 유력인사들을 만났다.

우리는 그들에게 헤롯 안티파스가 지은 건물 안에, 율법이 금하고 있는 동물 형상을 파괴하기 위해서 이곳에 왔다고 말했다. 그들은 처음에는 우리의 요구를 허락하지 않았으나 나중에는 동조했다. 그러나 빈민층과 어부들의 폭동을 주도하던 사피아스의 아들 예수가 궁전 지붕에 번쩍이는 금을 보고 많은 재물을 얻을 수 있다고 생각해서 궁전에 불을 지르고, 우리의 허락도 없이 수많은 가구를 약탈해 갔다. 이 소식을 듣고 나는 디베랴 시내로 내려가서 왕궁의 기물들을 최대한 보호했으며, 약탈해간 물건들을 돌려받았다. 여기에는 고린도 산 청동으로 만든 촛대와 왕실의 탁자들과 주조되지 않은 다량의 은이 포함되었다.

여기서 나와 동료들은 요한의 의도를 파악하기 위해 기스칼라로 갔다. 우리는 그가 반란을 일으키고 권력을 장악할 마음이 있다는 것을 알고 있었다. 그는 상부 갈릴리에 보관 중인 왕의 곡식을 관리할 권한과 기스칼라의 성벽을 건설하는데 드는 비용을 자신의 마음대로 사용할 수 있게 해 달라고 요구했다. 하지만 나는 그의 의중을 알고 있었기에 거절했다. 그러자 그는 다른 교활한 계획을 꾸몄다. 그는 가이사랴 빌립보의 주민들이 종교적 목적으로 사용할 기름이 부족하므로, 그것을 자기에게 제공해 달라고 요청했다.

만약 가이사랴 빌립보에 다량의 순결한 기름을 보내지 않으면, 그들은 헬라인에게서 나온 기름을 사용할 수밖에 없어 율법을 어기게 된다는 것이다. 그의 이런 의도는 종교적 열심에서 나온 것이 아니라, 순전히 경제적 이득을 얻기 위한 것이다. 왜냐하면, 가이사랴 빌립보에서 두 파인트

(pint)의[6] 기름이 1드라크마인데 비해, 기스칼라에서는 80파인트에 4드라크마이기 때문이다. 나는 이것을 허락하지 않으면 군중들에게 돌에 맞을 것 같아서 할 수 없이 허락했다. 이로 인해 그는 엄청난 돈을 벌게 되었다.

6. 갈릴리의 평화를 지키려는 나의 노력

나는 동료들을 예루살렘으로 되돌려 보낸 다음 무기들을 정비하고 도시들을 요새화하는데 전력을 다했다. 그리고 강도들 가운데에서 가장 완악한 자들을 불러 모았지만, 그들을 무장해제 시키기에는 역부족이었다. 그래서 나는 군중들에게는 그들에게 약탈당하는 것보다는 자발적으로 돈을 바치는 것이 좋다고 설득했다. 그리고 강도들에게는 초청을 받거나 돈을 받지 못하는 경우를 제외하고는 마을 안으로 절대 들어가지 못하게 했다. 그리고 로마에 대항하거나 인근 부락을 약탈하지 못하도록 엄중히 경고했다. 왜냐하면, 나의 첫 번째 관심사는 갈릴리의 평화를 유지하는 것이기 때문이다.

수많은 갈릴리 사람들이 나를 친절하게 대할 뿐 아니라 충성했다. 이러한 것을 보고 기스칼라의 요한은 나를 시기했다. 그는 자신의 건강을 되찾기 위해 디베랴의 열탕에 목욕할 수 있게 해 달라고 요청했다. 그의 의중을 모르고 이를 허락했는데, 그는 디베랴에 오자마자 사람들에게 나에 대한 충성심을 버리고 자기에게 충성하라고 선동했다.

그러자 유스투스와 그의 아버지 피스투스는 요한에게 충성할 것을 맹세했다. 내가 디베랴의 총독으로 임명한 실라스는 이 소식과 함께 조금이라도 지체하면 디베랴가 위험해 처할 것이라고 전갈을 보냈다. 나는 200명의 병사를 대동하고 밤새 디베랴로 갔다. 그리고 높은 강단에 올라가서 군중들에게 섣불리 반란을 일으키지 말라고 호소했다. 내가 이런 연설

---

6 1파인트는 대략 0.5 내지 0.6 리터이다.

을 하고 있었을 때 부하 중 한 사람이 내려오라고 소리쳤다. 왜냐하면, 요한이 가장 믿을 만한 병사를 골라서 나를 살해하라는 지령을 내렸다는 것이다. 나는 호위병들의 도움을 받아 군중들 틈을 빠져나와 호숫가로 가서 배를 타고 타리케아이로 갔다.

한편, 타리케아이의 주민들은 디베랴 사람들이 그렇게 배신했다는 소식을 듣고 굉장히 격분했다. 그들은 나에게 디베랴를 징벌하는데 사령관이 되어 달라고 요청했고, 갈릴리 전역에 소식을 전하여 전투대열에 참여할 것을 권유했다. 각처에서 무장한 갈릴리 사람들이 모여들었으나, 나는 그들의 제안에 동의하지 않았다.

왜냐하면, 이 일이 내란으로 번질 위험성이 있고, 또한 이런 상황을 로마인들이 기다리고 있었기 때문이다. 요한은 자신의 음모가 실패로 끝나고, 생명의 위협을 느끼자 병사들과 함께 디베랴에서 기스칼라로 돌아갔다. 그리고 일어난 일은 자신의 승낙 없이 발생한 것이기 때문에 자신에게 혐의를 두지 말라는 편지를 보냈다. 나는 갈릴리 사람들을 설득시키고 난 다음 세포리스로 갔다.

그러나 세포리스 주민들은 로마에 계속된 충성을 보내기로 했기에 내가 오는 것을 두려워했다. 그래서 그들은 톨레마이스(Ptolemais)의[7] 국경지대에 있는 강도의 우두머리인 예수에게 사람을 보내어 부하 800명과 함께 나와 싸운다면 많은 돈을 주겠다고 제안했다. 예수는 이들의 제안을 받아들여 우리를 공격하러 왔다. 하지만 그의 부하 한 사람이 내게 와서 그가 계획한 음모를 모두 말해 주었기에 그를 붙잡을 수 있었다. 나는 그에게 충성을 약속받고 돌려보냈다. 그리고 세포리스 주민들에게 이런 식으로 나에게 계속 반역을 하면 대가를 치를 것이라고 엄중히 경고했다.

이때 아그립바 2세의 휘하에 있던 두 명의 고관이 말과 무기와 돈을 가지고 드라고닛 지방으로부터 나에게 왔다. 유대인들은 그들에게 우리와 함께 살려면 할례를 받아야 한다고 강요했다. 그러나 나는 그들에게 강제

---

[7] 성경의 지명은 '악고'이다.

적으로 할례받는 것을 허락하지 않았다. 그리고 누구도 자기가 원하는 대로 하나님을 섬겨야지 절대로 강요해서는 안 된다고 말했다.

7. 로마군과의 첫 만남

아그립바 2세는 가말라(Gamala)를 점령하기 위해 군대를 보냈으나, 그 요새를 점령하기에는 불충분했다. 그래서 그들은 들판에서 진을 치고 성을 공격했다. 그러나 대평원을 담당하고 있던 십부장 아이부티우스는 내가 그로부터 60펄롱 떨어져 있다는 소식을 듣고 100명의 기병대와 200명의 보병대를 데리고 나에게로 왔다(- 요타파타). 그는 우리를 평지로 끌어내리려고 애를 썼으나, 나는 적의 기병대가 우세하다는 것을 알고 우리가 있는 곳에서 싸우기로 했다.

한동안 아이부티우스와 그의 부하들은 우리를 용감히 공격했으나 아무런 성공도 거두지 못하고 퇴각했다. 나는 무장한 2,000명의 병사를 이끌고 그를 뒤쫓았다. 그리고 그로부터 20펄롱이 떨어진 베사라(Besara)에 도착해서 진을 치고, 거기에 있는 곡식을 실어 날랐다. 이 곡식은 버니게 왕비의 소유이며, 베사라는 인근 마을의 곡식 집산지였다. 이 일을 마치고 나는 아이부티우스에게 선전 포고를 했다. 그들은 우리 병사의 사기와 용기를 보고 겁에 질려 전쟁을 포기했으므로, 나는 진로를 다른 곳으로 바꾸었다.

8. 다바리타에서의 강도 사건과 그 여파

아그립바 2세 행정장관인 프톨레마이오스의 아내가 기마병들의 호위를 받으며 대평원을 가로질러 여행을 하다가 다바리타의 젊은이에게 습격을 당했다. 그들은 부인을 납치하고, 그녀로부터 많은 양의 은과 500냥 정도의 금 그리고 다른 물품들과 의복들을 약탈해서 4마리의 노새에 싣고 타리케아이에 있는 나에게로 왔다. 나는 이 약탈품들을 잘 보관했다가 프톨레마이오스에게 돌려주려고 마음을 먹었다. 왜냐하면, 그는 우리의 동포이고, 율법에서는 적들로부터 도둑질하는 것을 금하기 때문이다. 그래서 나는 그들에게 약탈품을 팔아서 예루살렘의 성벽을 재건하는 데 충당하도록 잘 보관하도록 했다.

그러나 그들은 약탈품을 나누기를 원했으나 얻지 못하자 격분하여, 디베랴 인근 마을로 돌아다니면서 내가 로마에게 나라를 팔아먹으려 하고 있으며, 예루살렘 성벽을 재건하려고 노략물을 보관한다는 것은 속임수에 불과하다고 말했다. 나는 그들의 이런 의혹들을 제거하기 위해 유력인사들을 불러서 약탈품들을 왕에게 돌려주라고 명령했다. 그리고 이 명령을 누구에게도 발설하면 죽음을 면치 못할 것이라고 엄중히 경고했다.

내가 로마에 갈릴리를 팔아먹을 것이라는 악소문이 갈릴리 전역으로 퍼져나갔다. 그러자 타리케아이 주민들도 배신자를 처단하자고 한목소리를 냈다. 이런 일을 뒤에서 선동하는 자는 사피아스의 아들 예수였다. 그는 디베랴의 지도자로서 사악한 인물이었고 성격상 소동을 일으키기를 좋아하는 사람이었다.

예수가 나를 비난하는 연설을 마치자 군중들은 환호성을 울렸다. 그리고 그는 무장 병사를 데리고 나를 죽이려고 머무는 숙소로 왔다. 그때 나는 곤히 잠자고 있었는데 호위병이 깨워서 사태의 심각성을 파악하고, 검은색 옷을 입고 목에 칼을 걸고 적들을 만나지 않을 것으로 생각하는 길을 따라 경기장으로 갔다. 나는 그곳에 있는 군중들 가운데 뛰어들어 땅바닥에 넙죽 엎드리고 눈물을 흘렸다.

나는 될 수 있으면 그들에게 불쌍하게 보이려고 했다. 그리고 그들에게 약탈한 돈으로 타리케아이의 성벽뿐만 아니라 디베랴를 포함하여 원하는 도시는 어디라도 성벽을 건설해 주겠다고 약속했다. 그러자 그들은 각자 고향으로 돌아갔다. 이렇게 해서 나는 절망 가운데서도 희망을 잃지 않음으로 위험에서 벗어날 수 있었으며, 친구들과 더불어 20명의 무장 병사들을 거느리고 집으로 돌아왔다.

그러나 소요의 선동자들은 자신들의 행위로 인해 처벌당할 것을 두려워하여 600명의 병사를 데리고 내 집에 다시 찾아와 불을 지르려고 했다. 나는 도망치는 것이 비겁하다고 생각하고 용감하게 맞섰다. 그래서 약탈한 돈을 가져가라고 몇 사람 들어오라고 말했다. 그중에 가장 용감한 한 사람이 들어왔을 때, 그의 팔을 자르고 잘린 팔을 목에 걸게 한 다음 밖으로 쫓아 보냈다.

그러자 그들은 많은 병사가 집 안에 있는 줄 알고 도망쳤다. 또한, 앞서 언급한 드라고닛으로부터 나에게 온 두 명의 고관들이 로마의 패배를 불가능하게 하는 마술사이기에 죽어야 한다는 소동이 일어났다. 나는 타리케아이가 그들에게 더 이상 피난처가 되지 않으리라고 생각하고 배에 태워 탈출시켰다. 나중에 아그립바 2세는 그들의 죄를 용서해 주었다.

한편, 디베랴 사람들은 아그립바 2세에게 자신들의 지역을 보호할 수 있는 군대를 보내달라고 편지를 보냈다. 내가 디베랴에 왔을 때 주민들은 타리케아이의 성벽 공사가 끝난 것을 듣고 나의 약속대로 자신들의 성벽을 지어 달라고 요구했다.

나는 그들의 요구에 동의했다. 그러나 내가 3일 후에 디베랴에서 30펄롱 떨어진 타리케아이로 갔을 때, 디베랴 주민들은 그날 디베랴에서 멀지 않은 곳에 로마의 기병 부대가 행진하는 것을 보고 왕이 보낸 군대로 착각했다. 그래서 그들은 왕을 소리 높여 찬양하고, 나에 대해서는 욕설을 퍼부었다. 디베랴가 변절했다는 것을 그 도시에서 도망쳐 나온 사람이 나에게 알려주었다.

다음 날이 안식일이어서 병사들은 이미 집으로 돌아갔고, 나에게는 친구 몇 명과 7명의 호위병만 있었다. 나는 기지를 발휘했다. 타리케아이에서 각 가문의 우두머리들을 호출하여 각자의 배를 띄우게 한 다음 디베랴로 향했다. 디베랴 주민들은 왕으로부터 어떤 부대도 도착하지 않았는데, 거대한 호수에 배들이 붐비는 것을 보고 놀랐다. 그들은 배에 군사들이 많이 있을 것으로 생각하고 마음을 바꾸어, 무기를 버리고 아내와 아이들을 데리고 나에게 마중을 나왔다. 내가 주동자 10명을 보낸다면 용서해 주겠다고 약속하자, 그들은 주동자를 내게 보내왔다. 나는 그들을 배에 태워 타리케아이로 보내어 투옥했다.

디베랴 주민들은 내가 타리케아이로 돌아 온 후에 피 한 방울도 흘리지 않고 그들의 오만함을 꺾어 버린 것에 감탄했다. 그 죄인 중에는 유스투스와 그의 아버지 피스투스도 포함되었다. 나는 그들과 저녁 식사를 하면서 로마군대는 천하무적이라는 것을 알고 있다고 담담히 말했다. 그리고 나만큼 신중한 지도자를 찾는 것이 쉬운 일이 아니기에, 나의 명령을 부담스럽게 여기지 말고 때를 기다리라고 충고했다. 그리고 다음 날 그들을 석방했다.

9. 기스칼라 요한의 음모와 예루살렘에서 사절단을 파견

레위의 아들 요한은 나의 성공에 불만을 품고 모든 수단을 동원해서 나를 제거하려고 했다. 그는 자신의 고향인 기스칼라를 요새화 한 다음, 그의 형제 시몬과 시센나의 아들 요나단을 100명의 병사와 함께, 예루살렘 출신인 가말리엘[8]의 아들 시몬에게 보냈다. 그리고 나의 갈릴리 통치권을 박탈하고, 그 자리에 자신을 임명해달라고 요청했다. 시몬은 예루살렘의 매우 유명한 가문의 태생으로, 율법에서는 타의 추종을 불허하는 권위자였으며 바리새인이었다. 그는 요한과는 오랜 친구 사이였고, 당시에 나와

---

8 행 5:34; 22:3에 등장하는 바울의 스승

는 불편한 사이였다.

시몬은 요한의 요청을 받아들여 대제사장 아나누스 2세와 가말라의 아들 예수와 다른 제사장들에게 나를 쫓아내도록 압력을 가했다. 그는 나에게서 갈릴리 통치권을 박탈하는 것이 갈릴리 사람들에게 이로울 것이라고 주장했다. 그리고 내가 그들의 계략을 눈치채고 군사를 이끌고 예루살렘으로 진격해 오기 전에 서둘러야 한다고 말했다. 그러나 대제사장 아나누스 2세는 지도자로서의 나의 자질과 능력으로 볼 때 정당한 이유도 없이 쫓아내는 것은 어리석은 일이라고 했다.

그러자 시몬은 요한의 형제를 불러서, 대제사장 아나누스 2세와 그의 친구들의 마음을 바꾸기 위해서는 선물을 보내야 한다고 했다. 결국, 이 뇌물 공세로 아나누스 2세와 그의 친구들은 갈릴리로부터 나를 쫓아내는 데 동의했다. 그리고 여러 사회 계층에서 대표단을 보내기로 했다. 이들 중 두 사람은 서민 출신이며 바리새인으로 요나단과 아나니아스이고, 세 번째 사람은 제사장 가문의 출신이며 바리새인인 요자르이고, 네 번째 사람은 가장 젊고 대제사장의 후손인 시몬이었다.

그리고 이들은 갈릴리에 도착해서 갈릴리 사람들에게 나를 좋아하는 이유를 묻고, 그들이 내가 예루살렘 태생이기에 좋아한다면, 네 사람 모두 예루살렘 태생이라고 대답하라고 했다. 내가 율법에 대해 해박한 지식을 지녔기 때문이라면, 그들도 율법에 대해 결코, 무지하지 않으며, 내가 제사장이기 때문에 존경한다면 그들 중에도 두 사람은 제사장이라고 대답하라고 했다.

그들은 요나단과 그의 동료들에게 이렇게 교육하고 은 40,000드라크마를 주었다. 그리고 600명의 부하를 거느리고 있는 예수라는 갈릴리 사람이 현재 예루살렘에 있다는 소식을 듣고, 그에게 3개월 치의 봉급을 미리 지급하고 대표단의 명령에 따르도록 지시했다.

또한, 그들은 300명의 예루살렘 시민들에게도 대표단을 따르도록 요구하면서 돈을 주었다. 이렇게 보충할 병력이 준비되자 요나단과 그의 일행들은 요한의 형제와 100명의 병사와 함께 갈릴리로 왔다. 그리고 내가 자발적으로 무기를 내려놓으면 생포해서 예루살렘으로 보내고, 저항하면 주저 말고 죽이라고 명령했다. 그리고 기스칼라의 요한에게도 나를 공격할 준비를 하라고 편지를 보냈으며, 세포리스, 가바라, 그리고 디베랴에도 요한에게 원군을 보내도록 명령을 내렸다.

10. 요세푸스의 꿈과 갈릴리인들의 지지

이렇게 결정된 사항을 나의 절친한 친구인 가말라의 아들 예수가 나의 부친께 알렸다. 그러자 부친께서는 당신이 죽기 전에 아들을 한번 보고 싶다고 내려오라고 편지를 보냈다. 나는 친구들에게 이 사실을 알리고 3일간 고향에 다녀오겠다고 말했다. 그러자 그들은 자기들을 버리지 말라고 눈물로 호소했다. 그리고 이 이야기를 듣고 일부 갈릴리 사람들이 나의 이야기를 갈릴리 전역에 알렸다. 그러자 수많은 갈릴리 사람들이 내가 있는 대평원 아소키스(Asochis)에 몰려 왔다. 그날 밤에 나는 아주 놀라운 꿈을 꾸었다. 어떤 사람이 내 곁에 서서 말했다.

> 그대여! 더 이상 슬퍼하지 마시오. 모든 두려움을 쫓아 버리시오. 그대가 지금 슬퍼하고 있는 일들이, 그대를 더 위대하게 해 줄 뿐만 아니라 범사에 복되게 할 것이오. 현재의 시련들뿐 아니라 다른 많은 역경 가운데서도 그대에게 행운이 따를 것이니, 그대 자신을 괴롭히지 마시오. 그대가 기억해야만 하는 것은 로마인들과 장차 싸워야 한다는 것이오.

이 꿈을 꾸고 나서 나는 평원으로 내려가 보기로 마음을 먹었다. 내가 그곳에 나타나자 아내와 아이들을 포함한 모든 갈릴리 사람들은 얼굴을 땅에 대고 눈물을 흘리며 자신들을 버리지 말라고 호소했다. 그들을 보니 측은한 마음이 들어 위험을 감수하고 맞서는 것이 옳다는 생각이 들었다. 그래서 나는 그들과 함께하기로 결의하고, 그들 중 5,000명은 양식을 지참하여 무기를 들고 함께 싸우자고 명령을 내렸고 나머지 사람들은 고향으로 돌려보냈다. 그리고 이들과 더불어서 나와 전부터 함께한 3,000명의 보병대와 80명의 기병을 이끌고, 톨레마이스(Ptolemais) 지경에 위치한 카볼로(Chabolo)라는 마을에 군대를 집결하고 로마군과 맞서 싸울 준비를 했다.

II. 위기의 극복과 자서전을 쓰게 된 동기(AD 66-100?년)

11. 핵심 내용

예루살렘에서 파견된 4명의 사절단은 요세푸스를 체포하려고 간교한 편지를 보낸다. 기스칼라의 요한이 요세푸스를 괴롭히기에 이 문제를 해결하고자 하니 적은 병사와 함께 그들에게 오라는 것이다. 요세푸스는 이 편지를 전달한 병사를 돈과 술로 매수한 다음, 사절단에게는 로마군과 대치하고 있어 갈 수 없으니 오히려 그들이 자신에게 오라고 편지를 보낸다.

이것을 시발점으로써 사절단과 요세푸스는 계속 편지를 주고받았다. 그들은 요세푸스를 체포하려고 여러 번 시도하지만, 갈릴리 사람들의 도움으로 그들의 계획은 무산된다. 그러자 그들은 기스칼라의 요한과 함께 새로운 음모를 꾸민다. 곧 요한이 갈릴리 전역으로 편지를 보내면 적어도 두 명은 요세푸스에 반대할 것이고, 그 내용을 예루살렘으로 보내려는 것이다.

그러나 요세푸스의 군사들에 의해서 이런 내용을 예루살렘에 전달하려는 자가 체포되어 그들의 계획이 다시 무산된다. 그러자 요세푸스는 갈릴리 유력인사 100여 명을 예루살렘으로 보내, 그들로부터 4명의 사절단을 철수하고 자신의 통치권을 계속해서 유지하는 편지를 받아오게 한다.

요세푸스가 의도한 편지가 갈릴리에 도착하자, 사절단은 자신들이 직접 예루살렘에 가서 갈릴리의 상황을 설명하는 것이 좋다고 판단한다. 그래서 두 명이 돌아가지만, 그들은 요세푸스의 병사들에 의해 체포된다.

그리고 남아 있는 한 명은 공동으로 갈릴리를 통치하자는 제안을 하여 체포된다. 사절단이 디베랴를 중심으로 해서 활동했기에, 요세푸스는 군사를 이끌고 디베랴를 점령한다. 결국, 요세푸스는 예루살렘에서 파견된 4명의 사절단을 돌려보내는 데 성공한다.

그리고 이어서 요세푸스는 자신이 이 자서전을 쓰게 된 동기에 관해서 설명한다. 디베랴를 이끌었던 유스투스는 체포되어 베스파시안으로부터 사형 명령을 받았지만, 아그립바 왕의 여동생 버니게의 요청으로 목숨은 건진다. 그도 유대-로마의 전쟁에 관한 책을 썼는데, 그 책에서 갈릴리에서의 요세푸스의 행적과 또한 요세푸스가 쓴 유대전쟁사의 내용을 비난한다. 이에 요세푸스는 자기변호가 필요하기에 이 자서전을 쓰게 된다.

베스파시안이 AD 67년 갈릴리에 도착해서 요세푸스와 전쟁을 하지만, 요세푸스는 요타파타에서 체포된다. 체포된 상황에서 베스파시안의 도움으로 그는 가이사랴에서 결혼했으나, 전선에 투입되는 바람에 더 이상 함께 살지 못했다. 그리고 티투스를 도와 예루살렘을 함락하는 데 성공한다.

전쟁이 끝나자 베스파시안, 티투스 그리고 도미티안은 요세푸스를 적극 후원했고 그리고 그를 비난하는 모든 음모를 철저히 막아 주어, 그의 신변을 보장해 준다. 끝으로 요세푸스는 이 책을 자신을 후원하고 있는 에바브로디도에게 헌정한다.[9]

12. 예루살렘 사절단의 음모

한편, 예루살렘에서 파견된 요나단과 그의 동료들은 나를 함정에 빠뜨리려고 편지를 보내왔다.

---

[9] 누가가 누가-행전을 "데오빌로"(눅 1:3; 행 1:1)에게 헌정하는 그 이유를 파악하는 데 도움을 준다

예루살렘의 권위자들은 기스칼라의 요한이 당신에게 빈번한 계략을 사용한다는 소문을 들으시고, 우리에게 그를 책망하고 당신에게 복종시키라고 명령하셨습니다. 이 공동의 관심사를 논의하고자 하오니 서둘러 우리에게 오시기 바랍니다. 많은 군인에게 편의를 제공할 수 없으니 부하들 몇 사람만 대동하고 오십시오.

내가 갈릴리의 유력인사들과 저녁 식사를 하고 있었을 때 한 병사가 이 편지를 전달했다. 그는 나에게 어떤 경의도 표하지 않았고, 빨리 답장을 써 달라고 재촉했다. 나는 저녁 식사를 같이하자고 제의했으나 그는 거절했다. 얼마의 시간이 흐른 다음 모두 돌려보내고 네 명의 친구만 남게 했다.

그리고 시중드는 자에게 술을 더 준비하라고 하고, 이 틈을 이용해서 편지를 훑어보고 다시 밀봉했다. 그리고 그 병사에게 20드라크마를 주라고 했다. 그는 그 돈을 받고 매우 고마워했다. 그가 돈을 받고 좋아하는 모습을 보고, 그를 돈으로 매수할 수 있을 것이라 확신한 후에, 술 한 잔 마실 때마다 1드라크마를 주기로 했다. 그는 많은 돈을 얻기 위해 과음을 했고, 술에 취하자 내가 묻지도 않는 그들의 계략에 대해서 모두 알려 주었다.

나는 그들에게 카볼로에 로마군이 쳐들어오려고 하니 그들이 나에게 와 주었으면 감사하다고 답장을 보냈다. 이렇게 편지를 쓰고 갈릴리에서 명망 있는 30명을 선발해서 함께 보냈다. 그리고 그들 각 사람에게 병사 한 명씩을 붙여 호위하게 했고, 예루살렘 사절단과는 밀담을 나누지 못하게 했다.

그들은 첫 번째 시도가 좌절되자 3일 안에 호위 병사 없이 가바롯(Gabaroth)까지 와서 요한에 대한 규탄을 듣게 해 달라는 다른 편지를 보내왔다. 그들은 이 편지를 쓰고 내가 보냈던 사람들과 헤어진 후 갈릴리 최대의 도시인 야파(Japha)로 갔다. 거기서 갈릴리 군중들은 훌륭한 사령관을 시기하지 말고 떠나라고 모욕적인 언사로 말하자, 그들은 아무런 대꾸도 못 하고 발길을 돌렸다. 세포리스, 아소키스에서도 그들은 같은 소리를 들었다.

그들이 가바랴에 도착했을 때 3,000명의 병사를 이끄는 요한이 그들을 영접했다. 그들이 나를 공격할 것을 알고 내 진영에 가장 신임하는 친구 한 사람을 남기고 3,000명의 강력한 병사들을 데리고 요타파타(Jotapata)로 갔다. 그리고 내가 그들에게 진정 나가기를 원한다면 갈릴리에 240개나 되는 도시와 마을이 있음을 기억해 줄 것과, 요한의 고향인 기스칼라와 그와 동맹을 맺은 가바랴를 제외하고, 어느 곳에서도 만날 수 있다고 편지를 보냈다.

나의 편지에 예루살렘의 사절단들은 답장을 보내지 않고, 요한을 불러 회의를 했다. 요한은 모든 갈릴리 도시와 마을에 편지를 보내면 한두 명은 나에게 반대할 것이고, 이들을 예루살렘으로 보내면 예루살렘 시민들은 내가 갈릴리 사람들로부터 배척을 받는 줄 알기에 자신들을 지지할 것이라고 말했다. 이런 그들의 계획을 한 병사가 나에게 알려주었다.

나는 가장 신임하는 야고보에게 200명의 병사를 주며 가바랴에서 갈릴리로 가는 길목을 지키고 있다가 편지를 지닌 자를 잡아 오라고 했다. 또한, 친구 예레미야에게 600명의 병사를 주어 갈릴리 변경에서 예루살렘으로 가는 길목을 감시하고 있다가 그곳에서도 편지를 가진 자를 체포하라고 했다.

나는 갈릴리 사람들에게 각자 무기들과 3일간의 식량을 준비하고 다음날 가바롯 마을로 모이라고 했다. 그리고 부대를 4개 대대로 나눈 다음, 가장 신임할 수 있는 병사로 나를 호위하게 했다. 다음날 제5시경에 가바롯 마을에 도착했고, 갈릴리 군중들은 나를 은인이요 갈릴리의 구세주라고 환호했다.

나는 그들에게 어떤 사람도 공격하지 말며 또한 그들의 손을 약탈로 더럽히지도 말고, 평지에서 야영하면서 준비한 식량으로 만족하라고 했다. 그리고 유혈사태 없이 이 문제를 해결하고 싶은 것이 내 소망이라고 했다. 바로 그날 요나단이 편지와 함께 파견한 군사가 체포되었다. 그들은 나의 명령에 따라 그 자리에서 감금되었고 편지는 나에게 전달되었는데, 편지의 내용은 중상모략과 거짓말로 가득했다.

요나단은 내가 쳐들어온다는 소식을 듣고 요한과 함께 큰 성이나 다른 바 없는 예수의 집으로 후퇴했다. 그리고 복병을 숨기고 모든 문을 걸어 잠그고 한 문만 열어 놓았다. 그 문을 통해서 나만 들어오게 한 다음 나를 체포하려고 한 것이다. 내가 이미 그들의 계략을 알고 있어서, 군대의 행진이 끝났을 때 나는 그들과 반대편에 거처를 정하고 잠이 든 체했다.

　요나단과 그의 일행들은 내가 실제로 잠이 들었다고 생각하고 평지로 내려왔다. 그들이 나타나자 갈릴리 사람들이 소리를 지르며 마을을 소란 속에 넣으려 한다고 요나단의 일행을 꾸짖었다. 이런 소리를 듣고 그들이 떠나려고 할 때, 내가 나타나자 갈릴리 사람들은 환호했다.

　요나단과 그의 친구들은 목숨을 잃을까 봐 도망갈 궁리를 했으나, 나는 그들에게 연설하는 동안 얌전히 서 있게 했다. 그리고 그들이 나에게 보낸 편지를 보이면서 요한과 나 사이를 중재시키려는 것이 거짓이라고 말했다. 또한, 요나단이 예루살렘으로 보낸 두 통의 편지를 군중들에게 읽어 주었다. 갈릴리 사람들은 이 편지의 내용을 듣고 요나단과 그 일행을 죽이려고 했다. 하지만 나는 그들에게 갈릴리에서의 나의 통치력에 대해 사실대로 적은 보고서를 예루살렘으로 전해 준다면 용서하기로 하고, 풀어주었다. 나는 그들이 이 약속을 이행하지 않을 것을 알고도 그렇게 한 것이었다.

　이 일 후에 나는 예루살렘으로 떠날 나이가 지긋한 갈릴리의 유력인사 100명을 뽑았다. 그리고 그들에게 예루살렘에서 온 사절단들이 갈릴리를 떠나도록 예루살렘의 회의에서 불평하라고 말했다. 그리고 내가 계속해서 갈릴리를 통치할 수 있는 명령서를 받아오라고 했다. 그들에게 500명의 호위병을 딸려 보냈고, 사마리아에 있는 친구에게도 편지를 보내어 그들을 안전하게 지나갈 수 있도록 요청했다. 지금 사마리아는 로마가 지배하고 있었고, 황급한 여행을 위해서는 사마리아의 길이 절대적으로 필요했기 때문이다. 그들은 3일 만에 예루살렘에 도착했다.

13. 디베랴에서 계속되는 음모

사절단들은 나를 제거하려는 계획이 좌절되자 요한을 기스칼라로 돌려보내고, 그들은 자신들에게 우호적인 디베랴로 갔다. 그곳에서 그들은 여러 번 모임을 하고, 그때마다 나를 비방했다. 한 번은 갈릴리 변방의 사람들에게 도움을 청해서 네 통의 편지를 쓰게 했다. 그 내용은 로마의 기병과 보병 부대가 자신들의 마을을 파괴한다는 것이다. 이 소식을 들은 디베랴 주민들은 사실인 줄 알고 동족을 구하러 가야 한다고 하면서 나를 비난했다.

나는 이미 행동할 준비가 되어 있다고 대답하고, 네 곳에서 로마 부대가 공격한다고 적혀 있으니, 군대를 다섯으로 나누고 요나단과 그의 동료들을 각 부대의 사령관으로 배치하자고 제안했다. 나 혼자서 네 지역을 지휘하기는 불가능하다고 말했다. 주민들이 나의 제안을 열렬히 환호하자, 그들은 당혹해했다.

그러자 사절단 중에 아나니아스가 이튿날 백성들에게 금식을 선포하고 무장을 하지 않고 같은 시간 같은 장소에서 다시 집회를 하자고 말했다. 그는 신앙심에서 말한 것이 아니라 무방비 상태로 있을 때 나와 내 친구들을 체포하기 위해서였다. 이 제안을 거절하면 경멸적인 사람으로 취급될까 봐 우리는 어쩔 수 없이 그 제안을 따랐다. 한편, 그들은 요한에게 가능한 한 많은 병사를 이끌고 와서 나를 체포하라고 편지를 보냈다. 다음날 나는 가슴을 보호할 갑옷을 입고 눈에 띄지 않게 허리에 칼을 차고, 그리고 가장 용맹한 두 명의 호위병에게 단도를 숨기고 나를 따르도록 했다.

디베랴의 지도자인 예수는 문 앞에 서서 오직 나와 두 친구만 들어오게 했다. 그리고 요한이 올 때까지 시간을 벌기 위해서 나에게 여러 질문을 했다. 예수는 갈릴리 왕궁의 화재 당시에 상당한 양의 주조되지 않은 순금을 금화 20개로 바꾸어서 무엇을 했는지 물었다. 내가 예루살렘으로 파견된 사절단의 여행 경비로 주었다고 말하자, 그는 공금을 잘못 사용했다고 비난했다. 이 말을 들은 주민들은 요나단의 적의를 알고 격분했다. 잘못하면 싸움으로 번질 것을 알았기에, 내가 금화 20개를 지급하겠다고 말했다.

내가 요나단과 그의 일행을 침묵시키자, 예수는 군중들의 변화된 분위기를 알아차리고 의회원만 남기고 군중들에게는 모두 떠나가라고 했다. 그때 한 사람이 예수에게 다가와 요한의 군대가 도착했다고 속삭였다. 그러자 요나단은 큰 소리로 "금화 20개로 요세푸스가 죽어야 한다고 생각하지 않으나, 요세푸스는 자신을 전제군주로 생각하고 갈릴리 사람들에게 거짓말을 하여, 자신의 위치를 확고히 하려는 것에 대해서는 죽어 마땅하다고 생각한다"라고 말하면서 나를 죽이려고 달려들었다.

그러자 나의 측근들이 칼을 뽑아들고 요나단과 그의 동료들에게 폭력에는 폭력으로 대항하겠다고 말했다. 그 때 군중들은 돌을 집어 요나단에게 던지기 시작했으며, 적들의 손이 미치지 못하도록 나를 보호하여 밖으로 나가게 해 주었다.

나는 요한의 부대가 가까이 다가와 있는 것을 알고, 호수로 가는 좁은 길로 가서 배를 타고 타리케아이로 갔다. 나는 즉시 갈릴리의 주요 인사들을 소집하여 요나단과 디베랴의 의원들이 서약을 위반하고 나를 죽이려고 했다고 말했다. 그러자 그들은 분개하여 요나단과 그의 일행들 그리고 요한을 몰살시키도록 허락해 달라고 요청했으나, 나는 예루살렘으로 보낸 사절단이 돌아올 때까지 자제해 달라고 요청했다. 왜냐하면, 예루살렘의 도움 없이, 어떤 조치도 취하는 것은 옳지 않았기 때문이다.

14. 예루살렘 사절단의 귀환

며칠 지나자 예루살렘에 파견했던 사절단이 돌아왔다. 그들은 사람들의 승낙도 없이 나를 갈릴리에서 추방하기 위해 사절단을 파견했기에, 예루살렘 주민들이 대제사장 아나누스 2세와 가말리엘의 아들 시몬에 대해서 격분하고 그들의 집에 불을 지르려 했다고 말했다. 그리고 편지를 가지고 왔는데 나를 갈릴리 사령관으로 임명하고 요나단과 그의 동료들은 즉시 고향으로 돌아오라는 내용이었다. 나는 이 편지를 갈릴리 사람들에게 읽어 준 다음, 요나단과 그의 일행에게 보내고 그들이 무슨 음모를 계획하고 있는지 알아오도록 했다.

이 편지를 받고 그들은 당혹해 했으며, 요한과 디베랴의 의원들을 소집해서 회의를 열었다. 그리고 요나단과 아나니아스를 예루살렘으로 보내서 갈릴리에서 나의 잘못을 말하면, 군중들이 쉽게 마음이 변할 것이라고 했다. 두 명은 디베랴에 남아 있기로 결정했다. 그리고 디베랴의 의원들은 안전을 위한 대비책으로 도시를 요새화하고 주민들에게 전투 준비를 명령했다.

요나단과 아나니아스가 다바리타라는 마을에 도착했을 때, 나의 감시병들에게 사로잡혀 옥에 갇히게 되었다. 나는 모른 척하고 이틀 동안 명령을 내리지 않았다. 그리고 디베랴에 편지를 보내 무기를 버리고 사절단들을 고향으로 보내라고 충고했다. 그들은 요나단 일행이 예루살렘에 도착한 줄 알고 욕설의 편지를 보내었다. 나는 10,000명의 군사를 선발해서 3개 부대로 나누고 매복시켰다. 그리고 1,000명의 병사를 디베랴에서 4펄롱 떨어진 언덕 위에 배치하고 신호를 받는 즉시 내려오라고 했다.

그리고 나는 시몬과 요자르를 사로잡기 위해 갈릴리 통치권을 나누어 갖자고 제안했다. 시몬은 나이가 젊고 또한 자신에게 어떤 이익이 떨어지지 않을까 하는 기대하고 나에게 왔다. 요자르는 나의 계획에 의심을 품고 오지 않았다. 나는 시몬을 안으로 유인하여 체포한 다음 디베랴를 공격했다. 전투에서 우리가 승리하자 디베랴 사람들은 무기를 버리고 아내와 자식들과 함께 나와서 자비를 베풀어 달라고 간청했다.

다음 날, 나는 10,000명의 병사를 이끌고 디베랴로 들어가서 반란 주동자를 체포하고 요타파타에 감금시켰다. 그리고 요나단과 아나니아스를 석방하고 필요한 물품을 제공하고 시몬과 요자르와 함께 500명의 병사의 호위 아래 예루살렘으로 돌려보냈다.

15. 자서전을 쓰게 된 동기

유스투스는 유대전쟁사를 기록하면서 충실한 연구를 통해 역사를 기록했다는 평판을 얻으려고 나를 중상모략했을 뿐만 아니라 자신의 고향에 대해서도 진실하게 서술하지 않았다. 따라서 나는 그의 잘못된 주장에 대해 변론하지 않을 수 없어서 지금까지 내가 침묵하고 있었던 사건들에 대해서 언급하고자 한 것이다.

유스투스가 내 앞에 있다면 나는 이렇게 말할 것이다.

역사가 중에서 가장 똑똑하다고 자처하는 유스투스여! 내가 예루살렘의 시민집회에서 사령관으로 선출되기 전에, 당신의 고향 디베랴가 반기를 든 것이 나와 갈릴리 주민의 책임이라고 하는데, 당신이 디베랴의 주민들의 병력을 끌어모아 수리아의 데가볼리의 마을과 실제로 교전을 벌인 것은 어찌 된 영문인가?

당신이 그 마을을 불태우라고 명령했잖소. 베스파시안의 전쟁 일지를 보면 데가볼리의 주민들이 베스파시안에게 와서 당신을 죄인으로 처벌해야 한다는 주장이 많이 적혀 있소. 그리고 베스파시안이 당신을 죽이라고 명령을 했는데, 아그립바 왕이 이를 실행할 때 그의 여동생 버니게가 간청했기에 사형에서 종신형으로 감형되었소. 그리고 그 이후 당신의 정치 운영 방식이 디베랴가 로마에 반기를 들게 만들었소. 나는 이에 대한 증거를 지금 당장이라도 제시할 수 있소.

유스투스여!

갈릴리 최대의 도시는 세포리스와 당신의 고향인 디베랴요. 그때 세포리스는 로마에게 복종하기로 결의하고 그 도시에서 나를 배척했으며, 그 도시의 시민 어느 누구도 유대인들을 도와주는 것을 금했소. 반면 당신의 고향인 디베랴는 게네사렛의 호수가에 위치하고 있으며 힙포스로부터는 30펄롱, 가다랴로부터는 60펄롱 그리고 왕의 관할구역인 스키토폴리스에서는 120펄롱 떨어져 있으며 주변에는 유대인 마을이 없었소. 따라서 당신의 고향은 원한다면 로마와 친밀한 관계를 쉽게 유지할 수도 있었으나, 당신은 하지 않았소. 당신은 디베랴 사람들에게 무기를 들게 했는데, 그 도시의 반란이 오히려 나에게 책임이 있다고 말하고 있소. 반역의 주모자는 내가 아니라 당신들의 호전성이었소. 내가 얼마나 자주 당신들을 내 손아귀에 넣고도 한 명도 죽이지 않았는데, 내가 요타파타에서 로마군에 포위되었을 때에 당신들은 혈투를 벌여 시민 185명을 살해했소. 그것은 왕이나 로마의 호의를 얻기 위해서가 아니라 당신들의 사악함 때문에 싸우다가 나온 결과였소.

유스투스여!

당신은 요타파타의 전투에 참여하지도 않고 그리고 티투스의 전쟁일지에도 정통하지 않으면서도 당신의 역사책이 다른 모든 역사책보다 더 뛰어나다고 확신하고 있소.

왜 당신은 완벽하게 헬라어 문화에 정통한 아그립바 왕과 그의 가족들뿐만 아니라 전쟁을 지휘한 베스파시안과 티투스의 살아생전에 그 책들을 출간하지 않았소?

나는 지금 역사를 서술하고 있는 일에 대해 어떤 염려도 하지 않소. 나는 아그립바 왕과 그의 친척들과 같이 전쟁에 관여한 사람들과 그리고 여러 다른 사람들에게 나의 역사책을 보여 주었소. 티투스 황제는 나의 저서에서 유대 전쟁에 대한 올바른 지식을 얻을 수 있다고 보시고 자신의 서명을 첨부시켜 책들을 출판하라는 명령을 내렸소. 또한, 아그립바 왕은 62통의 편지를 써서 내가 진실만을 기록한 것이라는 것을 입증했소. 그중 일부 소개한다면 다음과 같소.

'아그립바 왕이 친애하는 요세푸스에게 안부를 전하오. 나는 매우 큰 기쁨으로 이 책을 정독했소. 내가 보기에 당신은 그 주제를 다루는 데 있어 어느 누구보다도 정확하고 주의 깊은 관심으로 이 역사서들을 서술하는 것 같소. 나에게 나머지 책들을 보내시오. 그럼 안녕히!'

16. 기스칼라와 세포리스가 요세푸스의 수중에 들어오다

디베랴 사건이 진정되고 나서 갈릴리인들은 만장일치로 요한을 처벌해야 한다고 주장했다. 나는 유혈사태 없이 진압하길 원했기에, '뉘우치면 용서해 주겠다'하고 20일간 유예 기간을 주었다. 그리고 그들이 무기를 버리지 않으면 모두 불살라 버리고 재산을 몰수하겠다고 했다. 그러자 그들은 요한을 버리고 나에게 항복했고, 그 수가 4,000명이나 되었다.

세포리스 주민들은 성벽이 튼튼한 것에 대해 자만심을 갖고 수리아 총독 케스티우스 갈루스에게 자신들의 도시를 인수해 주든지 아니면 수비대를 파견해 주도록 요청했다. 갈루스는 약속을 했으나 그 시기에 대해서 말하지 않았다. 나는 이 틈에 세포리스로 진격했다. 갈릴리 사람들은 약탈하기 좋은 기회를 놓치기 싫고 또한 세포리스 사람들에 대한 증오심 때문에 그 도시를 황폐시켜 못 쓰게 만들었다. 나는 이 광경에 너무나 고통스러워 중지 명령은 내렸으나, 그들은 세포리스에 대한 증오심이 강해서 내 명령도 따르지 않았다. 그래서 로마의 큰 부대가 이 도시의 다른 쪽을 공격하고 있다고 헛소문을 내고 겨우 진정시켰다.

디베랴인들도 갈릴리 사람들에게 약탈 될 수도 있었던 상황에서 간신히 벗어났다. 디베랴의 고위층 의원들은 아그립바 왕에게 이곳으로 와서 자신들의 도시를 인계받으라고 편지를 써서 보냈다. 이에 왕은 방문하겠다고 답장을 적어서 그의 하인에게 주면서 디베랴인들에게 전하라고 했다.

나의 부하들이 그를 체포하여 그 편지를 나에게 가져왔다. 이 소식을 들은 갈릴리 군중들은 나에게 그 도시를 세포리스처럼 몰살시키게 해달라고 요청했다. 하지만 나는 누가 이런 일을 꾸몄는지 확실히 밝혀질 때까지 참으라고 했고, 그리고 그 책임자가 밝혀지면 마음대로 하라고 말하면서 군중들을 달랬다.

17. 유스투스가 아그립바 왕에게 전향하다

이때 유스투스는 나 모르게 왕에게 도망쳤다. 그 이유에 대해서 설명해야겠다. 로마와 유대 전쟁이 발발하자 디베랴인들은 왕에게 충성하고 로마에 반기를 들지 않기로 했다. 그러나 유스투스는 디베랴인들에게 싸울 것을 호소했다. 그것은 혁명에 대한 개인적인 열망도 있었고 갈릴리 전 지역의 통치권을 획득하고 싶었기 때문이다. 이런 기대를 품은 그는 실망하고 말았다.

왜냐하면, 갈릴리 사람들은 이 전쟁 속에서 유스투스가 그들에게 가져다준 불행에 대해 분개하고 있었으며, 이것으로 디베랴에 대한 갈릴리 사람들의 감정이 더욱 나빠졌기 때문이다. 그리고 나는 그의 비열함 때문에 그를 거의 죽이려고 했지만, 그런 일이 실제로 일어날 것이 두려워 그를 안전하게 살게 해야겠다는 열망으로 그를 왕에게 보내려고 교섭을 했다.

18. AD 67년 봄에 베스파시안이 갈릴리에 도착

세포리스인들은 케티우스 갈루스에게 즉시 와서 자신들의 도시를 도와달라고 요청했다. 그리고 밤에 기병대와 보병대로 구성된 거대 부대를 맞이했다. 이것 때문에 인근 지역이 로마군대로부터 괴로움을 당하자 나는 세포리스로부터 20펄롱 떨어진 마을에 참호를 짓게 하고 밤에 그들을 공격했다. 많은 병사가 긴 사다리를 이용해서 성벽을 습격해서 이 커다란 도시의 한편을 차지할 수 있었다. 그러나 우리는 이 지역의 무지로 인해 물러날 수밖에 없었다. 이 결과로 우리는 평원에서 접전을 벌였고 완강하게 저항했으나 패하고 말았다.

이 시기에 아그립바 왕의 최고 사령관인 술라가 기병대와 보병 부대를 데리고 도착했다. 그는 율리아스(Julias)에서 5펄롱 떨어진 곳에 진영을 치고 갈릴리로부터 오는 군사 물자를 받지 못하게 했다. 나는 이 소식을 들고 예레미아 군대장관에게 2,000명의 병사를 급파하여 요단강을 가로질러 율리아스에서 1펄롱 떨어진 곳에 진을 치게 했다. 그리고 내가 강력한 3,000명의 군사를 거느리고 합류할 때까지 사소한 접전이 있었다.

나는 진영에서 얼마 떨어지지 않은 계곡에 병사들을 잠복시킨 후에 일부 부대에게는 왕의 근위부대를 유인하고자 후퇴하라고 명령했다. 나의 작전에 말려 술라의 부대는 참패하고 말았다. 하지만 그날 나의 말이 늪에 빠져 손목의 뼈가 부스러지지 않았다면 완전한 승리를 거둘 수 있었으나, 병사들이 나의 불운의 소식을 듣고 추격하는 것을 멈추었다. 나는 고열이 있었고, 의사의 충고에 따라 타리케아이로 후송되었다. 술라는 나의 사고 소식을 듣고 새벽에 우리에게 싸움을 걸어왔다. 이 싸움에서 우리는 6명의 병사를 잃었다. 그들은 타리케아이의 원군이 율리아스에 도착했다는 소식을 듣고 두려워서 퇴각했다.

오래지 않아 베스파시안이 아그립바 왕을 동반하고 두로에 도착했다. 그러자 두로인들은 아그립바 왕의 총사령관인 빌립이 왕명하에 예루살렘의 로마군대와 왕궁을 적에게 팔아먹었다고 주장하면서 아그립바 왕에게 비난을 퍼부었다. 베스파시안은 그 소리를 듣고 두로인들을 질책하고, 동시에 빌립을 로마로 보내 네로 앞에서 그의 행위를 스스로 책임지게 하자고 건의했다.

빌립은 로마로 급송되었으나, 로마의 혼란으로 인해 네로가 곤경에 처해 있었기에 그냥 돌아왔다. 베스파시안이 톨레마이스에 도착하자 수리아의 데가볼리의 유력인사들은 디베랴의 유스투스가 그들의 마을을 불태웠다고 항의하며, 유스투스를 아그립바 왕에게 넘겨주어 사형시켜 달라고 요구했다. 그러나 이미 언급했듯이 왕은 그를 투옥시켰고, 이를 베스파시안에게는 숨겼다.

베스파시안의 군대가 갈릴리에 이르기까지 줄곧 이 부대는 내륙 쪽으로 갔고, 나는 그들을 가까이 쫓아갔다. 그와 가리스(Garis)에서 첫 접전을 한 것, 요타파타에서 생포당해 투옥된 일 그리고 차후에 석방된 모든 이야기는 유대전쟁사에 상세히 밝혔다. 그렇지만 내가 일찍이 출판했던 전쟁사에 기록하지 않은 내 생애의 특별한 이야기를 여기에 첨부하고자 한다.

19. 전쟁 후

요타파타의 공격이 끝난 후 나는 로마군에 잡혔고, 계속된 감시하에서 그들의 시중을 받았다. 왜냐하면, 베스파시안이 나에게 예의를 갖춰 대접할 것을 지시했기 때문이었다. 그리고 나는 그의 명령에 따라 가이사랴에서 토착민이며 포로로 잡혀 있는 처녀 중의 한 여자와 결혼했으나 오래 살지는 못했다. 내가 석방되어 베스파시안을 수행하여 알렉산드리아(Alexandria)로 떠나야 했기 때문에 헤어져야 했다. 나는 다시 결혼했다. 그리고 알렉산드리아로부터 티투스와 함께 포위된 예루살렘으로 파병되었다.

그곳에서 나는 여러 번 위험한 고비를 넘겼다. 그중 하나는 유대인들이 나를 잡아 그들의 복수심을 만족하게 하려고 나를 따라다녔고, 다른 하나는 로마인들 쪽에서도 그들의 모든 패배가 나의 배반 때문이라며 패배의 모든 화살을 나에게 돌렸다. 그러나 티투스는 전쟁의 운수는 변한다는 것을 알고 있었기 때문에 나에게 대항하려는 병사들을 침묵으로 제압했다. 마침내 예루살렘이 점령되자, 티투스는 나에게 예루살렘에서 갖고자 하는 것은 무엇이든지 가질 수 있다고 허락했다.

그래서 나는 티투스에게 나의 동족을 자유롭게 해 달라고 간청했으며, 또한 그의 호의에 힘입어 거룩한 책들을 받을 수가 있었다. 그 후에 나의 형제와 50명의 친구 그리고 내 모든 친구와 안면이 있는 190명을 석방했다. 나는 그들의 석방에 어떤 속전도 받지 않았다. 그리고 내가 티투스의 명령에 따라 1,000명의 기병대를 이끌고 드고아라는 마을이 참호를 건설하기에 알맞은 장소인지 알아보고 오는 길에 수많은 죄수가 십자가에 달린 것을 보았다. 그들 중에 세 명이 나와 안면 있는 사람들이었다. 나는 즉시 그 세 명을 끌어내려 소생시키라고 했는데, 두 명은 치료 도중 죽었고 한 명은 살아남았다.

20. 로마 시민권을 얻음

티투스는 유대의 반란을 진압한 후에 내가 차지하고 있는 예루살렘의 땅들이 로마 수비대의 진영이 될 것이기에 별로 이득이 되지 않으리라고 생각하고, 평원이 있는 다른 땅을 분배해 주었다. 그리고 그는 로마로 돌아갈 때 나를 그의 배에 함께 승선하도록 했으며 극진히 대접해 주었다. 그리고 그가 황제가 되기 전에 거주했던 집에 숙소를 마련해 주었으며, 또한 시민권을 주었고 죽을 때까지 그의 호의는 변함이 없었다.

나의 이런 특권은 사람들의 시기심을 자극했고, 이로 인해 나는 위험에 처하게 되었다. 요나단이라 불리는 유대인은 구레네에서 2,000명의 토착민과 합세하여 폭동을 일으켰는데, 실패하자 내가 무기와 지원금을 공급해 주었다고 주장했다. 이것은 허위로 드러났으며 베스파시안은 그를 사형에 처했다. 그 이후에도 많은 사람이 나를 중상모략했으나 하나님의 섭리 때문에 모든 위험에서 벗어날 수 있었다. 그리고 베스파시안은 유대의 많은 토지를 나에게 하사해 주었다.

이 시기에 나는 부인과 이혼을 했다. 그녀는 나에게 세 명의 자식을 낳아 주었으나, 두 명은 죽고 힐카누스 3세라고 이름 붙인 아들만 살아 있었다. 그녀와 이혼한 이유는 그녀의 행실이 나를 심히 불쾌하게 했기 때문이다. 이후에 나는 그레데(Crete)에 살았고 유대인 태생의 여인과 재혼했다. 그녀의 부모님은 그 지방에서 탁월한 성품을 소유한 저명한 인물이었다. 그녀에게서 나는 두 아들을 얻었는데 첫째는 유스투스이고, 둘째는 시모니데스로, 아그립바라는 이름을 붙여주었다.

한편, 황제의 나에 관한 호의는 끊임없이 계속되었다. 베스파시안이 작고한 후 티투스는 그의 아버지만큼 나를 존중해 주었으며, 나에 대한 확고한 신뢰로 나에 대한 어떠한 모함들도 믿지 않았다. 티투스의 뒤를 이은 도미티안도 나에게 호의를 베풀어 주었다. 그는 나를 고발한 유대인들을 처벌하고 나를 고발한 아들의 가정교사와 환관과 종들에게도 같은 처벌을 했다.

또한, 도미티안은 내가 가지고 있는 유대 땅의 조세도 면제시켜 주었다. 도미티안의 아내 도미티아도 나에게 호의를 베풀었다. 이상이 내 생애에 관한 이야기들이다. 사람 중에서 가장 뛰어난 에바브로디도 당신에게 우리 민족의 고대사를 저술한 이 책을 바칩니다.

21. 마무리 정리

(1) 앞서 언급된 내용에서 성서 해석에 도움이 되는 것이 무엇인지 살펴봅시다.

(2) 마태복음 1:1-17 그리고 누가복음 3:23-38을 읽고, 어떤 차이점이 있는지 논의해 봅시다.

(3) 자신의 혈통과 그리고 어린시절(고등학교 3학년까지)에 어떻게 성장했는지 생각해 봅시다. 그리고 그중에서 가장 큰 깨달음은 무엇인지 생각해 봅시다.

(4) 요세푸스는 갈릴리를 지키는 유대의 장군이었습니다. 하지만 그는 로마에 투항했습니다.
이러한 그의 행동에 대해서 어떻게 평가해야 할까요?

제12장

아피온 반박문

I. 유대 고대사를 부정하려는 자들에 대한 반론

주요 사건
1. 모세의 출애굽: 요세푸스는 모세의 출애굽을 애굽의 제15왕조인 힉소스 시대로 봄.
2. 아피온과 필로의 대립: 알렉산드리아에서 헬라인과 유대인들이 서로 대립하자, 아피온은 헬라인을 대표하고, 필로는 유대인들을 대표해서 가이우스(AD 37-41년) 황제 앞에서 서로 논쟁을 벌임.

유대의 인물들
1. 모세(Moses): 출애굽 할 때 이스라엘 민족을 이끌었던 지도자로, 그들에

게 하나님의 율법을 가르침. 그중 십계명이 대표적이다.
2. 솔로몬(Solomon, BC 971-931년): 유대 통일왕국의 3대 왕으로 다윗의 아들이며, 예루살렘 성전을 건축.
    * 히람(Hiram, BC 986-935년): 두로의 왕으로, 솔로몬이 성전을 짓는 데 도움.
3. 에제키아스(Eezechias): 유대인 대제사장으로 라구스의 아들 프톨레마이오스와 함께 애굽으로 감.
4. 모솔라무스(Mosollamus): 유대의 병사로, 점쟁이의 새를 쏘아 죽임.
5. 아그립바 2세(Agrippa II, AD 27-100년?): 아그립바 1세의 아들로 유대-로마 전쟁 당시 로마군을 지원한 갈릴리 북부 지역의 왕. 요세푸스의 기록을 인정함.

헬라의 역사가와 철학자들

1. 카드무스(Cadumus, BC 2000년 시대의 사람): 밀레도 사람으로 최초의 헬라 역사가 중 한 사람.
2. 호머(Homer, BC 800[?]-750년): 헬라의 시인으로 서사시 『일리아스』와 『오디세이아』를 저작.
3. 솔론(Solon): BC 7세기 아테네의 정치가로, 빚 때문에 노예가 된 시민들을 해방함.
4. 피타고라스(Pythagoras, BC 580-500년): 헬라의 철학자 및 수학자. 만물의 근원이 '수(數)'라고 생각.
5. 탈레스(Thales, BC 624-546년): 헬라의 철학자로, 만물의 근원을 '물(水)'이라고 생각.
6. 헤로도투스(Herodotus, BC 484-425년?): 헬라의 역사가로, 페르시아 전쟁사를 다룬 『역사』(*Historiae*)를 저작.
7. 아낙사고라스(Anaxagoras): BC 5세기경 활동했던 고대 헬라의 철학자로, 하나님의 본질에 대한 생각은 모세와 유사함.
8. 헤르미푸스(Hermippus): BC 5세기경 헬라의 역사가로 피타고라스에

관해서 책을 씀.
9. 아리스토텔레스(Aristoteles, BC 386-322년): 헬라의 철학자 플라톤의 제자. 스승과 함께 서양 철학에 지대한 영향을 끼친 인물.
10. 클레아르쿠스(Clearchus): 아리스토텔레스의 제자로 유대인에 대해 언급함.
11. 아브데라의 헤카타이우스(Hecateus of Abdera, BC 330년경 활동): 알렉산더 왕 시대에 살았던 인물로, 유대 전반에 대해 기록.
12. 히에로니무스(Hieronymus): 알렉산더 대왕의 후계자들에 대한 역사를 기록했지만, 유대인들에 대해서는 침묵함.
13. 아폴로니오스 몰론(Apollonius Molon): 모세와 유대의 율법에 대해서 비난한 자.

헬라의 왕들

1. 안티고누스(Antigonus, BC 381-301년): 알렉산더 휘하의 장군으로 수리아의 왕이 됨. 한쪽 눈을 가졌다고 함.
2. 셀레우코스 1세 니카토르(Seleukos I, BC 312-281년): 알렉산더 대왕의 후계자 중 한 사람으로, 바벨론 지역을 중심으로 왕국을 건설.
3. 프톨레마이오스(Ptolemy, BC 305-BC 285년): 라구스의 아들로 알렉산더 대왕 이후 애굽지역을 취하여 프톨레마이오스 왕가를 건설.
4. 안티오코스 4세 에피파네스(Antiochus IV Epiphanes, BC 175-164년): 안티오코스 3세의 아들로, 그의 억압정책으로 마카비 혁명이 일어남.

애굽의 인물들

1. 투티메우스(Tutimaeus): 애굽의 제13왕조의 왕으로 힉소스(Hycsos) 침입자들에 의해 정복됨.
2. 살리티스(Salitis): 애굽의 제15왕조(BC 1650-1550년)인 힉소스 시대의 첫 번째 왕.
3. 아메노피스(Amenophis, BC 1450-1425년): 파피아스(Paapis)의 아들로 신

을 보기 위해 가공의 아메노피스 왕에게 문둥병자를 없애라고 충고함.
4. 아메노피스(Amenophis): 마네토가 만들어낸 가공의 인물.
5. 오사르시프(Osarsiph): 헬리오폴리스(Heliopolis) 출신의 제사장. 마네토에 따르면 그는 애굽에 있는 문둥병자들의 지도자로 예루살렘에 가서는 모세(Moses)라고 이름을 바꿈.
6. 오르(Or): 애굽의 제18대 왕조의 9번째 왕.
7. 보코리스(Bocchoris): BC 8세기 애굽의 제24대 왕조의 왕으로, 리시마쿠스에 의하면 출애굽 당시의 왕.
8. 마네토(Manetho, BC 280년경 사람): 유대인들을 비방한 애굽의 역사가로 『애굽의 역사』(*Egyptian History*)를 기록.
9. 리시마쿠스(Lysimachus): BC 2세기에 활동했던 알렉산드리아의 저술가로, 출애굽에 대해 잘못된 정보를 보도함.
10. 아피온(Apion, AD 30-40년경에 활동): 알렉산드리아의 반유대인을 대표하는 자로, 가이우스 칼리큘라 황제 때에 알렉산드리아의 유대인을 대표하는 필로와 맞서서 논쟁을 벌인 인물이다. 박학다식하며, 호머의 해설자로 알려져 있다.

바벨론의 인물

1. 느부갓네살(Nabuchchodonosor, BC 604-562년): 바벨론의 왕으로 BC 587년에 남유대를 멸망시킴.
2. 베로수스(Berosus, BC 290년경 활동): 갈대아 태생으로 헬라어로 바벨론의 역사 3권을 저술.

바사의 인물

1. 고레스(Cyrus II, BC 559-530년 바사 통치): 유대인들에게 바벨론 포로에서 귀환할 것과 성전 재건을 허락.
2. 아닥사스다(Artaxerxes, BC 486-465년): 에스더와 결혼한 페르시아의 왕.

로마의 인물들

1. 리키니우스 크라수스(Licinius Crassus, BC 115 -53년): 제1차 삼두정치를 이끌었던 인물 중 한 사람.
2. 폼페이우스(Pompeius, BC 106-48년): 로마의 제1차 삼두정치를 이끌었던 인물 중 한 사람으로 예루살렘을 멸망시킴.
3. 베스파시안(Vespasian, AD 69-79년): 유대-로마 전쟁을 이끌었던 장군으로, 후에 로마의 9대 황제가 됨.
4. 티투스/티투스 케사르(Titus, AD 79-81년): 베스파시안의 아들로, 로마의 10대 황제.
5. 에바브로디도(Epaphroditus): 요세푸스에게 역사를 쓰도록 권면한 사람. 요세푸스는 그에게 『유대고대사』, 『자서전』, 『아피온 반박문』을 헌정함.

그 밖의 인물

1. 아나카르시스(Anacharsis): 스구디아의 전설적인 인물로, 헬라 관습에 익숙하다고하여 처형당함.

1. 핵심 내용

요세푸스는 성경을 토대로 『유대고대사』를 저술한다. 그런데 헬라 문화에 사로잡힌 자들은 그의 저술에 문제를 제기하여 유대의 역사가 그리 오래되지 않았다고 생각한다. 이에 대해서 요세푸스는 크게 다섯 가지 방향에서 반론을 제시한다.

첫째, 고대사를 연구하는 데 있어서 헬라 역사가들의 자료가 기준이 될 수가 없다. 왜냐하면, 헬라인보다 애굽인과 갈대아인들 그리고 베니게인들이 인류의 가장 오랜 전통을 보존하고 기록했기 때문이다(여기에는 유대인도 포함된다). 그리고 헬라의 역사가들은 사실보다는 서술하는 문장에 치중하기에, 보도에 있어서 정확하지 못하다. 그러나 유대인들은 제사장을 통하여 정확한 기록을 남기는 데 노력한다. 22권의 성경과 대제사장의 족보 그리고 자신이 전쟁에 직접 참여하여 기록한 『유대전쟁사』가 그 표본이다.

둘째, 애굽인들과 베니게인들 중에서 헬라어로 유대의 고대사를 언급한 자료들을 통해 고대성을 입증한다.

셋째, 헬라의 유명 철학자나 역사가 중에서 유대에 대해 기록한 자료들을 통해 고대성을 입증한다. 여기에는 우리에게 익숙한 피타고라스, 헤로도투스, 아리스토텔레스 등등의 인물들이 등장한다.

넷째, 역사가 중에서 유대 역사를 알고 있지만, 그들이 유대 역사를 보도하지 않는 이유를 말한다. 그것은 유대에 대한 반감을 품기 때문이다.

끝으로는 유대의 역사를 보도하지만, 성경의 내용과 달리 보도하는 것들에 대해 반론을 제시한다. 특히 출애굽에 대한 악의적인 보도를 수정한다. 유대 고대사를 입증하는 데 많은 자료가 사용되었지만, 두드러진 자료는 애굽 사람이지만 헬라어로 『애굽의 역사』를 기록한 마네토의 기록이다. 그의 자료는 두 방향에서 중요하게 사용된다. 하나는 유대의 고대사를 입증하는 데 중요한 자료가 되었고, 다른 하나는 출애굽에 대해 성경이 말하지 않는 것을 보도하기에, 이에 대한 반박의 자료로 사용된다.

2. 저술 동기와 고대사 연구에 있어 헬라 역사가들이 적합하지 않은 이유

에바브로디도 각하여!

나는 헬라어로 『유대고대사』를 기록하면서, 우리 유대 민족이 5,000년이나 되는 오랜 역사를 지닌 독창적인 민족임을 유대 성경을 토대로 작성했습니다. 그러나 우리 유대 민족에 대해 악의를 지닌 많은 사람은 우리가 오랜 역사와 문화적 전통을 지녔다는 것을 믿으려 하지 않습니다. 그래서 그들의 무지를 바로 잡고 우리 유대 민족의 고대성을 분명히 알릴 필요가 있어야 한다고 생각합니다. 이를 위해 고대사 연구에 있어 진실성과 해박한 지식으로 헬라인들에게 최고라고 인정받는 자들을 증인으로 내세우려고 합니다. 또한, 헬라 역사가들이 우리 민족에 대해 언급하지 않은 이유를 나름대로 살펴볼까 합니다.

고대사를 연구하는 데 있어 헬라인들에게만 의존하는 것은 올바르지 못한 것 같습니다. 왜냐하면, 인류의 가장 오랜 전통을 보존하고 기록으로 남긴 것은 헬라인들이 아니라 애굽인들과 갈대아인(the Chaldeans)들 그리고 베니게인(the Phoenicians - 페니키아 사람들)들이기 때문입니다. 이 점을 헬라인들도 인정합니다(그 가운데에 유대인들도 있다는 사실을 빠뜨렸습니다). 이 민족들은 자기들의 역사를 신성하게 여기고 가장 지혜로운 자가 공적으로 기록을 남겼습니다.

그러나 헬라인들은 자신들이 거주하는 지역이 수천 번 파괴되어 과거의 기록들이 완전히 소실되었습니다. 그들은 항상 새로운 삶의 방식을 시작하기에 바빴습니다. 더구나 그들이 헬라 문자를 쓰기 시작한 것도 근래의 일입니다. 일부에서는 헬라의 문자 기원을 베니게인들로부터 배웠다고 주장하지만, 이것을 입증할 만한 것은 아무것도 없습니다.

헬라인들에게 있어 호머의 시보다 더 오래된 것은 없습니다. 그러나 호머는 자신의 시를 문자로 남기지 않았으며, 그의 시는 노래로 전해지다가 후에 문자로 기록된 것입니다. 역사적 내용을 문자로 기록한 밀레도의 카드무스와 그 외의 여러 사람은 페르시아인들이 그리스로 원정 오기 직전에 살았던 사람들입니다.

또한, 천상적인 일과 신적인 것을 생각하며 철학을 처음 소개한 피타고라스와 탈레스도 애굽인들과 갈대아인들로부터 배워왔다고 솔직히 인정합니다. 따라서 헬라인들만 고대문화를 지닌 유일한 민족이며 고대사를 정확하게 기술한 민족이라고 말하는 것은 타당하지 않습니다.

헬라인들도 계보에 대해서 서로 다른 주장을 합니다. 그리고 후대의 역사가들은 헤로도투스가 저술한 역사적인 것들이 거짓이라고 말합니다. 이렇게 헬라 역사가들 사이에서 서로 큰 의견의 차이를 보이는 것입니다.

첫째, 헬라인들은 처음부터 공적인 기록을 보존하는 데 주의를 기울이

지 않았기 때문입니다. 따라서 후대의 역사가들이 실수할 수밖에 없고, 더 나아가 거짓말을 하게 되었던 것입니다.

둘째, 그들은 역사를 기술하는 데 진리에 대한 관심보다는 문체에 더 관심을 두었기 때문입니다.

3. 역사적 기록에 심혈을 기울여온 유대 민족

애굽인들과 바벨론인들은 태고부터 기록을 남기는 데 관심을 기울여왔습니다. 이에 못지않게 유대 민족도 역사를 기록하는 일에 심혈을 기울여 왔습니다. 제사장 중에서 가장 뛰어난 자가 기록하는 일을 담당했습니다. 그리고 제사장들은 같은 종족의 여성들과 결혼하게 하며 혈통의 순수성을 유지했습니다. 그래서 결혼할 때에는 공문서 보관소로부터 아내의 족보를 얻어 자세히 살펴보았습니다.

특히 전쟁 포로로 잡혀간 적이 있는 여인들은 이방인들과의 관계를 염려한 나머지 그들의 이름을 족보에 올리지 않았습니다. 무엇보다 족보의 관리가 엄정히 이루어졌습니다. 이에 대한 확실한 증거는 유대 민족이 2,000년 동안이나 아버지에서 아들로 이어져 온 대제사장의 명단입니다.

유대인들은 헬라인들처럼 서로 모순되고 상충하는 책을 소유하고 있지 않습니다. 단지 22권의 책이 있는데, 모두 거룩한 책으로 간주하고 있습니다. 이 중에서도 5권은 모세가 기록한 것으로 거기에는 인류의 기원과 모세의 죽음까지 기록된 것으로, 약 3,000년의 역사적 내용이 담겨 있습니다.[1] 그리고 모세가 죽은 후로부터 페르시아의 왕 아닥사스다의 통치까지의 역사는 13권에[2] 기록해 놓았습니다. 그리고 나머지 4권의[3] 책에는

---

1 앞서 요세푸스는 유대의 역사가 5,000년이나 된다고 말한다. 이러한 기준은 요세푸스가 살고 있는 1세기 말의 시점이다. 이를 통해서 모세를 통한 출애굽의 연대를 추정해 보면 대략 BC 2,000년이다. 앞의 대제사장 명단이 2,000년 동안 지속했다는 서술도 이를 뒷받침한다.
2 여호수아, 사사기-룻기, 사무엘상하, 열왕기상하, 역대기상하, 에스라-느헤미야, 에스더, 욥기, 이사야, 예레미야-예레미야 애가, 에스겔, 소선지서 그리고 다니엘서로 추정.
3 시편, 아가, 잠언, 전도서로 추정.

하나님께 대한 찬양과 인간 생활의 행위들에 대한 교훈들이 들어있습니다. 우리 민족은 이 책의 내용 중에서 어느 한 글자라도 변조한 일이 없으며, 온갖 고난 속에서도 목숨을 바쳐가면서 이 책을 보존해 왔습니다.

이에 반해 헬라인들은 자신들의 모든 기록이 훼손된다 하더라도 그것을 지키기 위해 어떠한 고난도 감수하지 않았습니다. 왜냐하면, 그들은 자신들의 취향에 맞게 책을 저술했을 뿐만 아니라 현장을 목격하지 않고도 저술하기 때문입니다.

예를 들어, 유대와 로마의 전쟁에 대해서도 이 전쟁에 전혀 참여하지 않고 책을 쓴 사람들이 있습니다. 이들의 책과 달리 제가 저술한 유대-로마 전쟁사는 모든 면에서 사실을 기록했습니다. 그것이 가능한 이유는 제가 유대 갈릴리의 장군으로, 또한 포로가 된 다음에는 자유의 몸으로 티투스의 수행원으로 이 전쟁에 참여했기 때문에 모르는 일이 하나도 없습니다.

제가 저술한 책의 내용이 모두 사실이라는 것을 입증하기 위해 베스파시안과 티투스 황제를 증인으로 삼았고 그들에게 먼저 저의 저술을 헌정했습니다. 그리고 이 전쟁에 참여한 로마인들과 아그립바 2세에게도 헌정했습니다. 이들 모두는 나의 잘못을 두둔하거나 침묵할 사람들이 결코 아닙니다.

4. 유대 고대사를 언급한 애굽인들과 베니게인들의 기록

헬라 역사가들이 유대 민족의 고대사에 대해 기록하지 않았기 때문에, 유대 민족의 기원이 오래되지 않았다고 주장하는 사람도 있습니다. 하지만 유대 민족의 고대사를 언급한 많은 글이 있습니다. 유대의 고대성을 입증해 줄 중요한 증인으로 애굽인들과 베니게인들의 글들을 인용할까 합니다.

왜냐하면, 그들이야말로 우리 민족에게 최대의 악의를 가지고 있는 자들이기에, 그들의 증거를 거짓으로 생각할 사람들이 없습니다. 먼저 애굽

태생으로『애굽의 역사』(Egyptian History)를 헬라어로 옮긴 마네토의 기록을 살펴보겠습니다.

> 애굽의 왕 가운데 투티메우스라는 왕이 있었다. 자세한 내막은 모르나 그의 통치 기간 중에 신께서 애굽을 저버린 일이 발생했다. 그래서 동방으로부터 미개한 출신들이 쳐들어와 애굽을 손쉽게 장악했다. 그들은 애굽의 지도자들을 굴복시키고 도시들과 신전들을 파괴했다. 그들은 한 사람을 왕으로 세웠는데 그 이름은 살리티스였다. 그리고 그의 후손들은 애굽을 통치했고 이 왕국을 힉소스(Hycsos), 곧 왕-목자(King-Shepherds)라고 불렀다. 힉소소는 합성어로 첫음절인 '힉'(HYC)은 거룩한 방언으로 '왕'이란 뜻이며, '소스'(SOS)는 일반 방언으로 '목자'를 뜻한다. 그런데 다른 사본에는 '힉소스'란 단어가 '왕들'을 뜻하는 것이 아니라, 힉(HYC)이 '포로된 목자들'(captive shepherds)을 의미한다고 말한다. 왜냐하면 애굽에서 기음으로 시작되는 학(HAC) 뿐만 아니라 힉(HYC)은 '포로'를 뜻하기 때문이다.
>
> 왕들(Kings) 또는 목자들(Shepherds)이라고 불리기도 했던 그 후손들은 애굽을 511년간 다스렸다. 그 후에 애굽의 다른 지역의 왕들이 이들에게 반기를 들어 오랫동안 전쟁이 지속되었다. 그 결과 목자들은 한 성에 갇히고 말았다. 하지만 그 성이 요새화되어 무력으로 진압하지 못하자, 서로 타협하여 목자들은 애굽을 떠나 어디든지 갈 수 있게 되었다. 목자들은 240,000명에 달하는 백성들과 재산을 가지고 광야를 지나 수리아로 향했다. 그러나 당시 아시아를 지배하고 있던 앗수르인들을 두려워하여 유대 땅에 머무르기로 결정하고, 그곳에 도시를 건설하고 예루살렘이라고 불렀다.

위의 기록은 사실입니다. 왜냐하면, 우리 조상들은 아주 먼 옛날 양 치는 일에 종사했기 때문입니다. 우리 조상들은 양을 치며 유랑생활을 했기에 목자라 불렸습니다. 또한, 그들이 애굽의 포로였던 것도 근거가 없는

그림 36. 미켈란젤로(Michelangelo), "십계명을 들고 있는 모세," 1545 작품

것은 아닙니다. 왜냐하면, 우리 조상 중 요셉은 애굽 왕에게 포로라고 자신을 밝혔기 때문입니다. 후에 요셉은 왕의 허락을 받아 형제들을 애굽으로 불러들였습니다. 마네토의 기록은 두 가지 중요한 사실을 말하고 있습니다.

첫째, 유대 민족은 다른 나라에서 애굽으로 왔다는 것입니다.

둘째, 애굽에서 탈출 사건은 시간상으로 트로이 전쟁보다 무려 1,000년을 앞선다는 것입니다.[4]

베니게인들의 공적인 기록을 통해서도 유대의 고대성을 입증할 수 있습니다. 그들의 기록에 따르면 예루살렘 성전은 두로인들이 카르타고(Carthage)를 건설하기 143년 8개월 전에 솔로몬 왕에 의해 건축되었습니다. 두로의 왕 히람은 솔로몬 왕과 친구 사이로, 성전 건축에 필요한 가장 좋은 목재를 솔로몬에게 보냈고, 솔로몬은 이에 대한 보답으로 많은 선물뿐만 아니라 가불(Chabulon)이라 불리는 갈릴리의 한 지역을 주었습니다.[5]

또한, 갈대아 태생으로 헬라인들에게 널리 알려진 베로수스(Berosus)의 기록을 통해서도 유대의 고대성을 입증할 수 있습니다. 그는 갈대아 민족

---

[4] 요세푸스가 트로이 전쟁이 일어난 시기를 언제로 생각했는지 모르지만, 오늘날의 고고학적 연구에 따르면 대략 BC 13세기에 일어난 것으로 추정한다. 요세푸스의 진술에 따르면 출애굽 사건은 트로이 전쟁보다 1,000년이 앞선 것으로 대략 BC 23세기에 일어난 것이다. 앞선 요세푸스의 진술에 의하면 대략 BC 2,000년에 일어났다. 그러나 학자들은 대략 BC 15-13세기에 일어난 것으로 추정한다.

[5] 참고, 왕상 5:1-18; 9:10-14.

의 고대 기록을 근거로 홍수 때문에 인류가 멸망한 것을 보도하는데, 이것은 모세의 기록과 일치합니다. 또한, 그는 노아가 탔던 방주에 관해서도 설명하면서, 그 배가 아르메니아(Armenian) 산맥의 최고봉에 다다랐다고 말합니다. 그리고 그는 느부갓네살이 예루살렘 성전을 불태우고 유대민족을 바벨론으로 이송시킨 것과 또한 페르시아의 왕 고레스가 등극하기 전까지 예루살렘은 70년 동안 황폐했다고 기록하고 있습니다.[6] 이러한 설명은 유대의 문헌에 나타난 내용과 일치합니다.

5. 유대 고대사를 언급한 헬라인들의 기록

한편, 야만인들의 기록을 믿지 않고 오직 헬라인들의 기록만을 신빙성 있는 것으로 간주하는 사람들을 위하여 헬라 역사가들의 기록을 제시하려고 합니다. 피타고라스는 유대인들의 교리를 알고 있었을 뿐만 아니라 그 교리를 추종하고 경배했습니다. 이점은 헤르미푸스가 피타고라스에 대해 언급한 부분에 잘 나타나 있습니다.

> 피타고라스는 동료 하나가 세상을 떠나게 되자 그의 영혼이 밤낮으로 자신과 대화를 나눌 수 있게 될 것이라고 확신했다. 그리고 그 영혼은 나귀가 쓰러진 곳을 지나가지 말 것, 갈증을 일으키는 물을 마시지 말 것과 비난받을 일 하지 말 것을 그에게 권면했다.

그리고 헤르미푸스는 유대의 율법인 고르반(Corban)에 대해서도 언급했습니다. 이 고르반 맹세는 다른 나라에서는 찾아볼 수 없고 오직 유대인에게만 있는 것으로, 히브리어로 '하나님께 바친 물건'이란 뜻입니다.

헤로도투스는 "팔레스틴의 수리아인들이 할례를 행하고 있다"라고

---

[6] 참고, 대하 36:17-23.

그림 37. 헤로도투스

말합니다. 이것으로 보아 그도 유대 민족을 알고 있는 듯합니다. 왜냐하면, 유대인을 제외하고 팔레스틴에서 할례를 행하는 자들이 없기 때문입니다. 그리고 아리스토텔레스의 제자 클레아르쿠스(Clearchus)는 스승이 한 유대인과 대화한 것을 말하면서, 다음과 같이 보도합니다.

그 사람은 유대인 태생으로 켈레수리아(Celesyria)로부터 왔네. 이 유대인들은 인도의 철학자들에게서 나온 자들로서 인도인들은 그들을 칼라미(Calami)라고 부르고 있지만, 수리아인들은 유대이(Judoei)라고 부르고 있네. 그들을 '유대이'라고 부르는 것은 그들이 거주하는 유대(Judea)라는 지명에서 유래한 것이라네.

이를 통해서 아리스토텔레스도 유대 민족을 알고 있었다고 말할 수 있습니다. 철학자요 활동가인 아브데라의 헤카타이우스는 알렉산더 왕과 후에는 라구스의 아들 프톨레마이오스와 동시대에 살았던 인물로 유대 전반에 대해 기록하고 있습니다.

프톨로미는 가사 전투가 끝난 이후 수리아의 여러 지역을 점령했다. 그런데 많은 사람이 그의 겸손함과 좋은 인간성에 관한 소문을 듣고 그를 따라 애굽으로 갔으며 그가 하는 일들을 도와주려 했다. 여기에는 유대 대제사장인 에제키아스도 있었다. 그는 대략 66세의 나이로 백성 중에서 상당히 존경을 받는 인물이었다. 그는 매우 현명했고 말에 설득력이 있었으며 누구보다도 일을 처리하는 데 유능했다. 그가 말하기를 '유대의 제사장들은 땅의 소산으로 십일조를 거둬들이고, 공공업무를 주관하며, 제사장의 총수는 약 1,500명이다'라고 말했다. 유대인들은 율법을 매우 존중히 여긴다. 그래서 율법을 범하는 것보다 차라리 고통당하기를 원한다. 페르시아의 왕들과 총독들에게 모진 핍박을 당했음에도 불구하고 그들은 자기들이 옳다고 생각하는 바를 단념한 적이 없었다. 유대인들이 거주하는 땅은 약 3백만 아루래(arourae)이며, 아주 비옥한 땅으로 여러 과일이 많이 생산된다. 유대에는 견고한 지역들과 마을들이 많이 있다. 인구가 대략 120,000명이 거주하며 둘레가 약 50펄롱 되는 예루살렘이 가장 견고한 도시이다. 이 도시 중앙에는 한 석벽이 있는데, 그 안에는 정으로 쪼지 않은 흰 돌로 만든 사각형의 제단이 있다. 그 제단에는 2달란트나 되는 금 촛대가 있는데, 불이 항상 켜져 있다. 제사장들은 밤이나 낮이나 정결 의식을 행하며, 성전 안에 있는 동안 포도주를 절대로 마시지 않았다.

그리고 헤카타이우스는 모솔라무스라는 유대 병사의 일화에 대해서 보도합니다.

그는 대단한 용기와 건장한 신체를 가진 사람으로 헬라인이나 야만인을 막론하고 최고의 궁사였다. 그들이 행진하는데, 새를 가지고 점을 치는 점쟁이가 가로막고, 새가 가르치는 방향으로 행진해야 한다고 말했다. 그러자 그는 활로 새를 쏘아 죽였다. 이에 점쟁이와 사람들이 그를 저주하자, 그는 자기 앞일도 내다보지도 못한 새가 어떻게 행진할 방향을 말해 줄 수 있는지 되물었다.

어떤 역사가들은 유대 민족에 대해서 전혀 언급하지 않는데, 그것은 아는 바가 없어서가 아니라 시기해서 그렇습니다. 히에로니무스라는 사람이 바로 그런 사람입니다. 그는 수리아의 통치자가 된 안티고누스와 유대 국경 가까운 곳에 살았습니다. 그럼에도 불구하고 악의를 품었기에 그는 유대 민족에 대해서 한마디도 언급하지 않았습니다.

6. 유대 고대사를 폄하하는 헬라 역사가들

몇몇 헬라 역사가들은 우리 유대 민족에 대해서 중상모략합니다. 그들은 유대 민족이 다른 나라에서 애굽으로 왔다는 사실을 인정하지 않을 뿐만 아니라, 또한 출애굽 과정에 대해서도 정확하게 설명하지 않습니다. 그들이 우리 민족을 증오하는 첫 번째 이유는, 우리 조상들이 애굽을 통치했기 때문입니다.[7] 두 번째는 종교적으로 유대의 종교와 애굽의 종교가 차이가 나기 때문입니다. 유대의 신(神) 개념은 짐승을 믿는 애굽의 신개념과는 현저한 차이가 있고, 하나님께 제사 드리는 방식도 아주 우월하기 때문입니다.

유대 고대사를 중상모략하는 대표적인 인물은 앞서 유대 민족의 고대성을 입증할 때에 증인으로 채택한 마네토입니다. 그는 문둥병과 기타 질병에 걸린 애굽인들이 버림받아 유대인들과 함께 있다가 애굽을 떠났다는 터무니없는 이야기를 합니다. 이같은 거짓말을 정당화하기 위해 그는 아메노피스라는 가공의 왕을 등장시킵니다.

> 아메노피스 왕은 선왕 오르처럼 신들을 만나 보기를 몹시 원했다. 그래서 그는 신적 본성을 공유한 것처럼 보이는 파피아스의 아들 아메노피스(아메노피스 왕과 동명이인)에게 그의 소원을 말했다. 그러자 파피아스의 아들은 아메노피스 왕에게 애굽 전역에서 문둥병자와 그 밖의 다른 불결한 사람들을 완전히 제거하면 신들을 볼 수 있다고 대답했다. 이에 아메노피스 왕은 그의 충고를 기꺼이 받아들여 몸에 결함이 있는 자들을 애굽 밖으로 추방하기 위해 한 곳으로 소집했다. 그 수가 약 80,000명에 달했고, 이들은 나일강 동쪽에 있는 채석장으로 보내졌다. 그런데 학식 있는 제사장의 일부가 문둥병에 걸려 있었다. 파피아스의 아들 아메노피스는 이 제사장들에게 손을 대는 날이면 신들이 왕은 물론 자신에게

---

[7] 힉소스 시대에 요셉이 애굽을 통치한 것을 의미한다.

까지 진노할 것을 알고 두려워했다. 그리고 그는 한 민족이 이 불쌍한 병자들을 구하러 올 것과 또한 그들이 애굽을 정복하여 13년간 다스릴 것도 알았다. 그러나 그는 이 사실을 왕에게 도저히 알릴 수 없었고, 결국 이같은 사실을 글로 남기고 자살했다. 채석장으로 압송된 자들은 오랫동안 비참한 생활을 했다. 그들은 목자들에 의해 폐허가 되어버린 도시를 자신들의 거주 지역으로 해달라고 아메노피스 왕에게 요청했다. 왕은 그들의 요구를 들어주었다. 한편, 그들은 이 도시가 반역을 일으키기에 적합하다는 것을 알고 헬리오폴리스(Heliopolis) 출신의 제사장 오사르시프를 지도자로 추대하고 그의 말에 절대적으로 복종하겠다고 맹세했다. 이에 오사르시프는 법을 제정했다.

첫째, 애굽의 신들을 섬기지 말 것.

둘째, 애굽인들이 숭배하는 성스러운 동물들을 피하지 말고 모조리 죽일 것.

셋째, 동맹하지 않은 자들과는 절대로 연합하지 말 것.

이런 법을 제정하고 나서 그는 도시 외곽에 성벽을 쌓고 아메노피스 왕과 전투 준비를 했다. 그리고 애굽 땅에서 예루살렘으로 쫓겨난 목자들에게 사신을 보내 부당하게 학대받는 자기들의 실정을 알리고 애굽인과의 전쟁에 도움을 요청했다. 이에 목자들은 200,000명의 대군을 거느리고 애굽으로 와서 그들을 도왔다. 한편, 아메노피스 왕은 반란의 소식을 듣고 파피아스의 아들 아메노피스가 한 예언이 생각나서 몹시 당황했다. 그는 애굽인들을 소집하고 백성의 지도자들과 의논한 후에, 용감한 병사 300,000명을 소집하여 싸우러 갔다. 그러나 그는 막상 전투에 나가서 싸움하지 않았다. 자칫하면 신들에게 대항하는 일이 될지 모른다는 우려에서 그는 멤피스로 돌아왔다. 그리고 전군을 이끌고 에디오피아로 향했다. 당시 에디오피아 왕은 그에게 갚아야 할 의무가 있었기에 그를 따뜻하게 맞이해 주었다. 에디오피아는 식량이 넉넉했기에 많은 애굽 병사들을 보살필 수가 있었다. 반면 예루살렘 주민들은 병에 걸린 불결한 애굽인들과 합세한 후 애굽인들을 매우 잔인하게 학대했다. 그 광경을 본 사람들은 그들의 잔혹함에 혀를 내둘렀다. 전하는 바에 따르면 예루살렘 주민들의 정치 체제와 법을 제정한 제사장은 헬리오폴리스 태생으로, 그의 이름은 헬리오폴리스의 신 오시리스의 이름을 딴 오사르시프였다. 그가 예루살렘 주민들에게 들어간 후에는 개명하여 모세라 했다. 예언대로 13년이 지나자 아메노피스 왕은 에디오피아로부터 대군을 거느리고 와서, 목자들과 불결한 자들을 수리아 변경으로 내쫓았다."

이런 마네토의 모든 이야기는 유대 민족에 대해 악의를 품고 날조한 것입니다. 유대인들과 애굽인들은 섞이지도 않았습니다. 그리고 많은 문둥병자와 기타 병자들이 채석장에서 그렇게 오랫동안 있었다면 그들 대부분은 죽었을 것입니다. 그리고 모세는 문둥병에 걸리지 않았을 뿐만 아니라, 그의 이름은 '물에서 건짐을 받은 자'라는 뜻입니다. 더 날조된 된 것이 리시마쿠스의 이야기입니다. 그는 다음과 같이 말합니다.

"유대 민족은 문둥병자와 기타 질병에 걸린 병자로 구성되었는데, 애굽 왕 보코리스 시대에 신전으로 피신하여 그곳에서 구걸하며 생계를 유지했다. 이같은 병에 걸린 환자들의 수가 워낙 많았기 때문에 애굽에 기근이 생겼다. 이에 보코리스 왕은 기근을 해결할 신탁을 받아 오게 했다. 이에 신은 불결한 자들을 신전에서 쫓아내 사막으로 보내어 신전을 정결케 하면 문제가 해결될 것이라고 답했다. 그러자 왕은 불결한 자들을 한 곳으로 집결시켜 사막으로 추방했다. 사막에 내팽개쳐진 자들은 함께 모여 앞날을 숙고했다. 그들은 밤에는 불을 켜고 보초를 섰고, 저녁에는 금식하며 신에게 도움을 간구했다. 그런데 다음날 모세라는 사람이 나타나서, 거주하기에 적합한 곳까지 여행을 떠나자고 제의했다. 그리고 모세는 누구에게도 친절과 호의를 베풀지 말고 항상 악한 짓만 할 것을 명령하며, 또한 여행 도중에 만나는 모든 신전과 제단들을 파괴하라고 지시했다. 그들은 이 제안을 만장일치로 받아들였고, 사막을 가로질러 한 지역에 도착했다. 마침내 그들은 유대(Judea)라는 땅에 도착하여 도시를 건설하고 그곳에 거주했다. 그리고 신전들을 약탈한 것을 기념하여 도시 이름을 히에로실라(Hierosyla)라고 불렀다."

이런 리시마쿠스의 모든 진술은 거짓입니다. 그리고 유대 고대사에 대해 악의적으로 날조한 자들에 대해서 저자는 도저히 참을 수가 없습니다. 하지만 1권의 분량이 상당히 많아졌기에, 제2권에서 더 상세히 설명하겠습니다.

II. 유대의 율법을 비난하는 자들에 대한 반론

7. 핵심 내용

애굽의 북부 지방에서 태어난 아피온은 그의 저서에서 출애굽의 과정과, 알렉산드리아에 살고 있는 유대인 그리고 율법과 성전의 여러 의식에 대해 비난을 합니다. 그리고 아폴로니오스 몰론과 리시마쿠스와 일부의 사람들은 모세에 대해 비난하고 유대인들도 율법을 준수한 나머지 창의성이 없다고 비난합니다. 이에 대해서 요세푸스는 조목조목 반박합니다. 더 나아가서 헬라의 신(神) 개념이 음탕하며 그들의 처벌 규정이 너무 약하다고 비난합니다. 이를 통해서 유대 민족의 율법이 최고의 법이며, 이를 지키기 위해 유대인들은 목숨까지도 아끼지 않는다고 말합니다.

8. 아피온의 견해에 대한 반론

에바브로디도 각하여! 나는 이제부터 우리 유대 민족을 악평한 문법학자 아피온(Apion)의 견해에 대해 반론을 제기하려고 합니다. 사실 그의 글들은 수준 이하여서 반론을 제기할 필요가 있는지 솔직히 의문이 듭니다.

첫째, 그는 앞서 살펴본 자들과 비슷하게 우리 조상들의 출애굽 과정에 대해 거짓말을 하고 있습니다.

둘째, 알렉산드리아에 거주하는 유대인들을 비난하고 있습니다.

셋째, 우리의 율법과 성전의 의식들에 대해 잘 몰라 크게 혼동하고 있습니다.

1) 출애굽에 대한 반론

아피온은 그의 저서 『애굽의 역사』 제3권에서 "모세가 헬리오폴리스 태생인 것을 고대 애굽인들로부터 들었다"라고 말합니다. 문법학자인 그는 호머가 태어난 곳과 그리고 불과 얼마 전의 피타고라스의 출생지도 모르면서, 이들보다 훨씬 앞서서 살았던 모세의 이야기를 하면서 마치 고대인을 들먹거려 자신의 이야기가 신빙성 있는 것처럼 가장합니다.

또한, 그는 출애굽의 연대가 제7회 올림피아드가 열리던 첫해,[8] 곧 카르타고를 베니게인들이 건설한 바로 그해에 일어났다고 정확히 보도합니다. 그러나 베니게인들이 남긴 기록에 의하면, 히람 왕은 카르타고 건설보다 150년 이전에 살았던 사람으로, 이 히람 왕은 예루살렘 성전을 건축한 솔로몬 왕의 친구입니다. 솔로몬은 출애굽한 지 612년째 되는 해에 성전을 건축했습니다.[9]

아피온은 애굽에서 쫓겨난 유대인이 리시마쿠스의 주장과 동일하게 110,000명이라고 말하며, 안식일의 명칭이 생기게 된 유래에 대해 다음과 같이 말합니다.

---

8 제1회 올림피아드는 BC 776년 고대 그리스의 도시 국가인 엘리스에서 처음으로 열렸다고 전해진다. 이것을 기준으로 하면 제7회 올림피아드는 BC 752년에 개최되었다.

9 왕상 6:1에 의하면 솔로몬은 "이스라엘 자손이 애굽 땅에서 나온 지 480년"에 성전을 건축하기 시작했다고 한다. BC 966년에 해당한다.

그림 38. 코시모 로셀리(Cosimo Rosselli), "홍해를 지나는 모세," 1482 작품

유대인들은 6일 동안의 여정이 끝나자 사타구니에 종양이 생겼다. 그들은 유대 땅에 무사히 도착한 제7일에 모두 쉬었다. 그들은 당시 애굽의 언어를 사용하고 있었는데, 7일째 되는 날을 안식일(sabbaton)이라고 불렀다. 왜냐하면, 애굽인들은 사타구니에 생긴 종양을 사보(sabbo)라고 불렀기 때문이다.

110,000명이나 되는 사람들이 모두 종양이 걸렸다는 것과 이렇게 병든 자들이 6일 동안 그토록 넓은 광야를 행군할 수 있었다는 것은 말이 되지 않습니다. 그리고 아피온은 다른 곳에서 말하고 있습니다.

모세는 애굽과 아라비아 사이에 있는 시내산에 올라가 40일 동안 자취를 감추었다가, 다시 산에서 내려와 유대인들에게 율법을 주었다.

그렇다면 유대 민족이 광야에서 40일 동안 머물렀다는 것인데, 이것은 그가 앞에서 6일 만에 광야를 지나 유대에 도착했다는 진술과 서로 맞지 않습니다. 또한, 그는 안식일이라는 단어를 잘못 이해하고 있습니다. '사보'라는 단어와 '사바트'라는 단어는 서로 다른 뜻을 갖고 있습니다. 히브리 말로 사바트(sabbaton)는 "모든 일로부터 쉰다"라는 뜻입니다. 그러나 사보(sabbo)라는 단어는 그가 말한 것처럼 애굽어로 "사타구니에 생긴 종양"을 뜻합니다.

2) 알렉산드리아 유대인들의 비난에 대한 반론

아피온은 우리 민족의 조상들이 애굽의 원주민들이었다고 거짓 주장을 하고 있는데, 이 점 또한 그렇게 놀랄만한 일이 아닙니다. 왜냐하면, 그는 애굽의 오아시스(Oasis)[10] 출신이면서도 알렉산드리아 출신이라고 속이고 있기 때문입니다. 그는 알렉산드리아에 살고 있는 유대인들을 알렉산드리아인이라고 부르는 것에 대해 못마땅하게 생각합니다. 이것은 그가 무식하다는 증거입니다. 왜냐하면, 식민지 건설을 위해 소집된 사람들이라면 설사 국적이 다르더라도 누구나 그 도시의 이름을 부여받기 때문입니다. 안디옥에 거주하는 유대인들을 '안디옥 사람들'이라고 불렀는데, 이것은 안디옥을 창건한 셀레우코스 1세가 유대인들에게 시민권을 부여했기 때문입니다.

한편, 아피온은 유대인들이 알렉산드리아 시민이라면 어떤 이유로 알렉산드리아 사람들과 동일한 신을 섬기지 않느냐고 비난합니다. 하지만 애굽인들도 같은 종족이면서 종교 문제로 서로 끊임없이 싸움합니다. 같은 애굽인들끼리도 이렇게 종교에 대해 엄청난 차이를 보이는데, 원래부터 고유한 율법을 지닌 유대 민족이 알렉산드리아에 들어와서 그들의 율법을 지키는 것은 결코 놀랄만한 일이 아닙니다. 그리고 아피온은 우리 유대인들이 폭동과 난동을 일으키는 선동자라고 비난을 합니다. 그러나 폭동의 주동자들은 아피온과 같이 알렉산드리아에 살고 있는 애굽인들입니다. 왜냐하면, 알렉산드리아를 헬라인이나 마게도니야인들이 다스렸을 때에는 유대인들을 비난하는 소동이 일어나지 않았습니다.

---

10 애굽의 북부 더베(Thebes)의 서부 지역에 위치

그 당시 유대 민족은 고유한 의식들을 지킬 자유가 있었습니다. 그러나 알렉산드리아에 상당수의 애굽인들이 들어오게 되면서부터 도시는 혼란하게 되었고, 소요가 상습적으로 일어났습니다.

또한, 아피온은 유대인들이 황제의 동상을 세우지 않는다고 비난합니다. 그러나 이것은 유대인들이 로마법을 어겼다고 비난하기보다는, 로마인들의 아량과 겸손을 칭찬하는 것이 마땅합니다. 왜냐하면, 로마인들은 강요나 억압에 의해 존경받는 것을 좋아하지 않기 때문입니다. 그리고 모세는 우리가 로마의 권력자들에게 경의를 표하지 못하도록 한 것이 아니라, 하나님의 형상이나 생물의 형상을 만들지 못하도록 했습니다. 우리 유대 민족은 로마의 황제들이나 로마의 국민에게 존경심을 나타냅니다. 그래서 황제를 위해 하나님께 매일 제사를 드리고 있습니다.

3) 성전 의식에 대한 반론

아피온은 우리 유대인들이 성전 안에다 나귀의 머리를 갖다 놓고 그것을 경배한다고 말합니다. 이 사실은 안티오코스 4세 에피파네스가 성전을 침입했을 때에 밝혀졌으며, 나귀 머리는 금으로 만든 것으로 매우 값비싼 것이었다고 말합니다. 그러나 그러한 물건이 설사 성전에 있다고 할지라도 애굽인들은 우리를 비난할 자격이 없습니다.

왜냐하면, 나귀는 애굽인들이 신으로 섬기는 고양이나 염소 또는 다른 동물들보다 더 천박한 동물이 아니기 때문입니다. 그리고 폼페이우스, 리키니우스 크라수스, 최근에는 티투스가 예루살렘 성전을 점령했지만, 경건과 관계된 것 이외는 아무런 물건을 발견하지 못했습니다. 나귀 머리와 같은 것은 성전에 없습니다.

그리고 아피온은 우리 유대인들이 헬라인들을 붙잡아 일 년 동안 살을 찌운 다음 제물로 바치고, 또한 그 살을 먹으면서 헬라인들과 절대 상종하지 않겠다고 맹세한다고 합니다. 그리고 나서 희생당한 자의 시체의 나머지 부분들은 웅덩이에 버린다고 말합니다.

그런데 많은 나라의 사람들이 유대에 찾아와 우리와 함께 유숙하는데, 왜 헬라인들만 대적합니까?

그리고 그의 주장대로 수십만이나 되는 유대인들이 어떻게 한 사람의 육체를 먹을 수가 있습니까?

예루살렘 성전의 구조와 특성을 아는 사람들은 성전이 결코 더럽혀질 수 없다는 사실을 잘 알고 있습니다. 성전에는 4개의 뜰이 있습니다.

첫 번째 뜰은 누구나 들어가며, 심지어 외국인도 들어갈 수 있습니다. 그러나 월경 중인 여자들은 들어갈 수 없습니다.

두 번째 뜰은 정결한 유대인을 포함해서 부녀자들도 들어갈 수 있습니다.

세 번째 뜰은 정결하고 순수한 유대 남자들만 들어갑니다.

네 번째 뜰은 제사장들만 들어가는 곳이며, 지성소는 오직 대제사장만 들어갈 수 있습니다.

제사장들이 성전에 들어가는 시간은 정해져 있습니다. 직무를 감당하는 제사장들은 성전 문이 열리는 아침에 들어가 상 번제를 드리고, 정오에 들어가 문이 닫힐 때까지 머물러 있습니다. 성전 안으로는 제사와 관계된 그릇들 이외의 물건들은 함부로 가지고 다니지 못합니다. 그리고 성전 안에는 분향단, 전설병 상, 향로, 그리고 촛대 외에는 아무것도 없습니다. 제사장들은 4개의 반차가 나누어져 있고, 각 반차에는 5,000명의 제사장이 있습니다. 그들은 일정한 날만 순번제로 직무를 수행합니다. 제사의 직무의 날을 마치면 다른 제사장들이 뒤를 이어 제사의 직무를 감당하는데, 정오에 모여 열쇠를 인수인계합니다.

아피온은 유대 민족은 항상 다른 민족의 지배를 받아왔기에 의로운 법도 없었으며 또한 올바른 방법으로 하나님을 섬기지 않는다고 말합니다.

그런데 수세대를 걸쳐 내려오면서 정권을 계속 유지할 만큼 운이 좋은 민족이 얼마나 되겠습니까?

바사인들이 애굽의 여러 도시 신전들을 파괴하는데, 아피온은 이런 자기 민족의 불행에 대해서는 전혀 언급하지 않고 있습니다. 우리 유대 민족도 다윗과 솔로몬 왕이 통치했을 때에 많은 민족을 정복했습니다. 또한, 폼페이우스에게 정복당할 때까지 120년 동안은 주변의 나라들을 지배했습니다. 아피온은 유대인들 가운데는 뛰어난 기술자나 발명가가 없다고 비난을 하지만, 『유대고대사』를 읽어 보면 칭찬받을 사람들이 아주 많이 있습니다.

또한, 아피온은 우리 유대 민족이 가축을 제물로 삼으며, 돼지고기를 먹지 않으며 또한 할례를 한다고 비난합니다. 그러나 가축을 희생제물로 드리는 것은 유대인뿐만 아니라 다른 여러 민족들한테도 보편화된 것입니다. 헬라인이나 마게도냐인들도 신들에게 수많은 황소를 제물로 바칩니다.

그리고 우리 민족이 동물을 잡아 제사를 드린다 해도 그가 염려한 것처럼 동물이 멸종당하지 않습니다. 애굽인들의 방식을 따라 동물들을 신으로 간주하면, 오히려 사람들이 살아남지 못하고 동물들이 번성해서 이 세상은 동물들로 가득할 것입니다. 그리고 할례의 기원은 유대가 아니라, 역사가 헤로도투스의 말처럼 바로 애굽 사람들입니다.

9. 아폴로니오스 몰론과 리시마쿠스 그리고 몇몇 사람들의 견해에 대한 반론

아폴로니오스 몰론과 리시마쿠스 그리고 몇몇 사람들은 모세와 유대의 율법에 대해 비난을 합니다. 그들이 이렇게 비난하는 것은 무지에서 비롯한 것이 아니라, 오히려 우리 민족에 대해 악한 감정을 가졌기 때문입니다. 나는 능력이 닿는 대로 그들의 비난에 대해 답하고자 유대의 통치 제도와 세부적인 여러 항목을 상세하게 설명하고자 합니다. 사실 우리 민족이 지닌 율법은 경건을 증진하고 상호 교제의 친밀성을 깊게 하며, 인간에 대한 사랑, 정의감, 노동의 고귀함을 강조하며 죽음도 두려워하지 않게 합니다.

1) 모세의 위대한 업적

율법 수여자가 탁월한가는 다음과 같은 점을 고려해야 합니다.

첫째, 그가 백성들의 삶에 얼마나 적절한 율법을 제공했는가?

둘째, 백성들로 하여금 율법에 대해 얼마나 호감을 갖고 율법을 지키도록 설득했는가?

셋째, 백성들에게 고난의 상황 속에서도 율법을 변경하지 않고 지키도록 만들었는가?

이런 점에 있어서 우리의 율법 수여자인 모세는 가장 뛰어난 자입니다. 헬라인들이 존경하는 솔론(Solon)이나 그 밖의 율법 수여자들과 비교해보면, 모세는 아주 오래 전의 사람입니다. 그래서 고대 헬라인들은 율법이란 말을 들어보지 못했습니다. 이것은 호머의 시 가운데서도 율법이라는 단어가 단 한 번도 사용되지 않은 것을 보면 알 수 있습니다. 무엇보다 모세의 가장 뛰어난 업적은 우리 선조들을 절망적인 상황 속에서 애굽을 떠나 가나안 땅으로 안전하게 인도한 것입니다. 모세는 뛰어난 장군이었고, 백성들을 따듯하게 보살폈습니다. 그는 결코 권력을 남용하지 않았습니다.

인류가 지닌 관습과 율법들은 여러 차이점이 있지만 대략 군주정치(monarchy), 과두정치(oligarchy) 그리고 공화정치(republican form)를 옹호하는 법률로 구분할 수 있습니다. 그러나 우리에게 율법을 전해 준 모세는 이러한 정치 형태가 아니라 신정정치(Theocracy) 형태에 관심을 두었습니다.

신정정치란 모든 권위와 권력을 하나님께 돌리는 것입니다. 하나님은 모든 선의 창조주이시며 또한 고난에 처해있는 자들의 기도를 들어주십니다. 하나님은 사람들의 행위나 마음을 모두 감찰하십니다. 그리고 하나님은 피조물이 아니시며 영원히 변함이 없으시며 인간이 사용하는 모든 미의 개념을 초월하신 유일한 분이십니다.

이러한 신(神) 개념은 피타고라스, 아낙사고라스, 플라톤 그리고 스토아 철학자들에게도 찾아 볼 수 있습니다. 그러나 이들은 많은 사람이 다른 신 개념을 가지고 있는 것을 알고, 단지 일부에게만 자신들의 신 개념을 가르쳤습니다. 하지만 모세는 사람들을 설득시켜서 자신과 동일한 신 개념을 수용하도록 했습니다. 또한, 그들의 후손들에게도 같은 신 개념을 마음에 확실히 새기도록 했습니다. 그리고 모세가 성공할 수 있었던 것은 그가 제시한 율법이 다른 어떤 율법보다 훨씬 더 유용했기 때문입니다. 모세는 종교를 단지 도덕의 일부로 간주하지 않고, 오히려 도덕적 덕목들, 즉 정의, 용기, 절제 그리고 구성원들의 상호 협력을 종교의 일부로 규정했습니다.

학문이나 도덕적 훈련의 모든 구조는 둘로 나눌 수 있습니다. 하나는 언어로 가르치는 방법이며, 다른 하나는 실제 생활로 보여주는 것입니다. 율법을 전해 준 다른 나라의 사람들은 대개 자신들이 좋아하는 방법을 택하여 둘 중에 하나만을 강조했습니다. 그래서 라케다이모니아인들(the Lacedemonians - 스파르타인)이나 그레데인들은 실천만을 강조했습니다. 반면 아데인들과 헬라인들은 지킬 수 없는 법들을 만들고, 실천의 문제에 대해서 소홀히 했습니다.

그러나 모세는 이 두 가지의 교육방식을 아주 신중하게 결합시켰습니다. 그는 언어적 교육이 없이 실천적인 삶만을 가르치지 않으며, 반대로 실천적인 훈련이 없이 율법을 언어적으로만 배우게 하지 않았습니다. 모세는 백성들에게 아주 어릴 적부터 심지어 음식과 집안의 사생활에 관한 사소한 사항일지라도 자기 기분 내키는 대로 결정하지 못하게 했습니다. 그래서 그는 먹어도 되는 음식과 삼가야 할 음식 그리고 직업의식과 안식일 규정들에 대해서 자세하게 기록했습니다. 이러한 규칙들을 유대인들은 아주 어렸을 때부터 배우기 때문에, 율법을 위반하는 사람들은 아주 극소수입니다.

2) 유대인이 창의성이 부족하다는 견해에 대한 반론

몇몇 비평가들은 우리를 시기한 나머지 유대인들은 기술이나 문학 분야에서 창의성이 있는 자가 없다고 비난합니다. 세속적인 눈으로 바라보면 조상 대대로 물려받은 것들을 변화시키는 것을 옳게 여길 뿐만 아니라, 또한 전통적인 것들을 어기는 자들을 능력 있다고 말할 수 있습니다. 그러나 우리 유대인들은 율법에 어긋나는 어떤 제안이나 활동도 수용하지 않습니다. 율법을 지키는 것이 유일한 지혜요 최고의 덕입니다. 율법은 하나님의 뜻에 따라 만들어진 것이기 때문에 그것을 감히 바꿀 수 있는 사람은 아무도 없습니다.

우주의 주관자이신 하나님은 제사장들이 모든 주요 정사를 책임지게 하셨습니다. 그러기에 이런 체제보다 더 좋고, 더 훌륭한 것은 없습니다. 이방인들은 축제 때에 불과 2-3일 정도 자신들의 절기를 지키면서 거룩한 예식이라고 부르지만, 우리 유대인들은 전 생애를 통하여 절기들을 준수합니다.

3) 첫 번째 계명과 성전 규례에 대한 설명

우리가 받은 첫 번째 계명은 하나님에 관한 것입니다. 하나님은 모든 것에 완전하시며 복되시며 자족하시며 모든 존재에게 필요한 것을 공급해 주시는 분이십니다. 하나님은 만물의 처음이자 중간이며 마지막이십니다. 그리고 그가 행하시는 모든 일에 있어 은혜를 베푸시는데 뛰어나시며 그 어떤 존재보다도 현명하십니다. 그러나 그분의 형체와 위대함에 대해서는 분명히 밝혀져 있지 않습니다.

이 세상에서 아무리 값비싼 것일지라도 하나님의 형상과 위대함을 표현하기에는 부족합니다. 또한, 어떤 예술로도 하나님에 대해 올바르게 표현할 수 없습니다. 우리는 하나님을 볼 수도 없고 알 수도 없습니다. 그래서 하나님의 모습을 형상화하려고 하는 것은 경건하지 못한 일입니다.

하나님을 섬기기 위해서는 성전만 필요합니다. 이 성전은 만인에게 열려져 있는데, 그 이유는 하나님이 만인의 하나님이시기 때문입니다. 제사장들은 하나님께 제사 드리는 임무를 담당했는데, 그중에서 가장 연장자가 제사장들을 지도합니다. 대제사장의 주된 임무는 제사장들과 함께 하나님께 제물을 바치며 율법이 온전히 지켜지는가를 감찰하며, 분쟁을 해결하며 죄에 혐의가 있는 자를 처벌합니다.

하나님께 제사를 드릴 때에 과음이나 과식을 해서는 안 되고, 맑은 정신으로 드려야 합니다. 그리고 제사를 드릴 유대인들은 먼저 모든 백성의 평안을 간구하고, 그 다음에 자신을 위해 기도해야 합니다. 왜냐하면, 자신의 개인적인 특권보다 공공의 복리를 앞세우는 자가 하나님께 합당한 자이기 때문입니다.

4) 기타 여러 율법에 대한 설명[11]

유대의 율법은 한 남편과 그의 아내가 자연적으로 결합하는 성관계 이외의 어떠한 다른 것들을 인정하지 않습니다. 결혼의 목적은 자녀를 출산하는 것입니다. 그래서 남자끼리의 동성연애를 매우 증오하며, 이에 해당하는 자는 사형에 처합니다. 결혼할 때에 남자는 여자에게 지참금을 요구하거나, 폭력과 사기와 같은 방법은 허용되지 않으며, 친족 중에서 합당한 자를 아내로 선택하게 합니다. 다른 사람의 아내와 동침하는 것은 사악한 일이기에, 이런 일을 행하는 자는 사형에 처해집니다.

율법은 우리가 어린아이가 태어났을 때 축하연을 벌이거나 그 때문에 과음하는 것을 허용하지 않습니다. 그리고 부모는 어렸을 때부터 아이들을 율법으로 양육해야 합니다. 그래야 어른이 되어서도 율법을 몰라 죄를 지었다고 핑계를 대지 못합니다. 율법은 장례비용이 지나치게 사치스러울 정도로 많은 돈이 드는 것과 또한 거창한 기념비를 세우는 것을 금합니다. 장례는 가장 가까운 친척들이 치르며, 장례가 진행될 때에 그 곁을 지나가는 사람은 장례 행렬에 참석하여 애곡하도록 명하고 있습니다.

율법은 부모님을 하나님 다음으로 공경할 것을 가르치고 있습니다. 그래서 부모의 은혜에 의무를 다하지 않으면 돌로 칠 것을 명하고 있습니다. 그리고 친구 사이에 적대 감정이 있을지라도 비밀을 폭로해서는

---
[11] 레 20-21장 참조.

안 됩니다. 율법은 이방인들과 우호적으로 지내라고 명령하고 있으며, 특히 유대인들과 동일한 방식으로 삶을 살아가기를 원하는 자들을 기꺼이 포용하라고 말합니다.

또한, 적군에게도 온유하게 대하며, 전사자들 몸에서 노획하는 것을 금지하고 있습니다. 그리고 포로들을 함부로 대하지 못하도록 하며, 특별히 여자들이 욕을 당하지 않도록 세심히 배려합니다. 야생짐승들도 함부로 다루어서는 안 됩니다. 짐승이 먹을 것을 찾기 위해 집으로 들어올 때 결코 죽여서는 안 되며, 짐승의 어미를 새끼와 함께 죽여서도 안 됩니다.

5) 율법을 위반할 경우에 따르는 형벌

부모님이나 하나님께 불경한 죄를 짓는 자들은 사형에 처하는 형벌을 받습니다. 노예들을 냉혹하게 다루지 못하도록 법으로 금지하고 있고, 물건을 거래할 때에 무게를 속이거나 또는 다른 사람의 물건을 훔칠 경우에는 매우 과중한 형벌을 받습니다. 그렇다고 율법을 엄격히 지키며 살아가는 자들에게 은이나 금으로 보상해 주지는 않습니다. 그런 자들에게는 자신의 양심이 스스로 상급이 되며, 또한 하나님께서 주실 약속들을 굳게 믿는 것입니다.

라케다이모니아인은 율법을 잘 지켜왔다고 자랑을 하지만, 우리 유대인들이 2,000년 이상 변함없이 율법을 지켜온 것과는 전혀 비교되지 않습니다. 자유와 번영을 누릴 때 그들은 법을 잘 지켰을지는 모르나, 고난에 처하면 법을 지키지 않습니다. 그러나 우리 유대인들은 여러 나라로부터 침공을 당하여 곤욕을 당했음에도 불구하고, 율법을 어긴 적이 없습니다. 그리고 게으름이나 혹은 생계 문제로 율법을 소홀히 한 적이 결코 없습니다.

우리나라를 정복한 자들이 때로는 우리를 아주 처참한 방법으로 처형한 적이 있습니다. 그러나 이것은 그들이 우리 민족을 증오해서가 아니라, 온갖 고통과 죽음 속에서도 우리 민족이 율법을 지키는 것을 자신들의 눈으로 확인해 보고 싶었기 때문입니다.

10. 헬라 종교에 대한 비판

1) 헬라의 신들이 정욕적인 것에 대한 비판

이미 많은 사람이 헬라의 신개념을 비난했습니다. 헬라인들은 많은 신을 믿고 있으며, 그들이 마음만 먹으면 얼마든지 신들의 숫자를 늘릴 수가 있습니다. 신들은 여러 인척 관계를 맺고 있으며 그들 사이에서 태어나기도 합니다. 그들은 신들을 각종 동물을 구분하듯이 거주 장소와 생활 방식의 차이에 따라 구분합니다. 그래서 어떤 신은 지하에,[12] 어떤 신은 바다에 거주하며,[13] 가장 오래된 신은 지옥(hell)에 결박되어 있습니다.[14]

그리고 하늘에 거주하는 신들 가운데 하나를 뽑아 전체를 다스리는 신으로 임명하고, 그 신의 이름을 부신(父神)이라고 합니다. 그러나 그의 행위를 보면 마치 폭군이나 독재자와 같습니다. 그런데 이 부신의 머리로부터 그의 아내와 형제가 태어났고,[15] 이들이 공모하여 이 부신을 붙잡아 가두었는데, 이것은 부신이 이전에 자신의 아버지를 잡아 가둬 놓은 것과 똑같은 과정을 겪은 것입니다.

또한, 어떤 신은 장사를 담당하고, 어떤 신은 대장장이이며, 어떤 여신은 직물을 짜며, 어떤 신은 무사로서 인간들과 전투를 하며, 어떤 신은 악기를 연주합니다. 신들끼리는 서로 싸우기도 하며, 사람들과 전쟁하다가 상처도 입습니다. 그러나 무엇보다도 가장 놀라운 점은 대부분 신이 끝없는 정욕과 애욕에 사로잡혀 있다는 것입니다. 그래서 그 신 중에서 최고령이면서 또한 우두머리인 신도 아내와 침실에 들어가 격렬하게 정욕을 불태웁니다.

이렇게 헬라인들이 어리석은 신개념을 가지게 된 것은 무엇보다도 율법 전수자들이 하나님의 참된 본질을 제대로 이해하지 못했기 때문입니

---

12 하데스.
13 포세이돈.
14 타이탄 신들.
15 참고, 이들의 이름은 제우스, 헤라, 포세이돈, 팔라스 아덴이다.

그림 39. 안니발레 카라치(Annibale Carracci), "헤라와 제우스," 1608년경 작품

다. 또한, 그들이 조금이나마 이해하고 있는 신개념들을 백성들에게 설명해 주지 않았기 때문입니다. 그리고 올바른 신 이해를 기초로 한 정치 체제를 구성하지도 않았고, 그리고 이러한 것들을 사소한 것으로 생각하여 시인들이나 몇몇 연설가들에게 맡겼기 때문입니다. 그래서 시인들이 자기 생각을 마음대로 표현했고, 또한 연설가들은 백성들을 이용해서 정치적인 법령을 채택하는 데 관심을 두었습니다. 헬라의 화가나 조각가들도 이러한 모순에 큰 영향을 미치고 있는데 이들은 신들의 형상을 적당하게 고안해 내었습니다.

플라톤은 모든 시민에게 "율법을 정확하게 배워야 한다"라고 명령했습니다. 또한, 그는 국민은 이방인들과 함부로 몸을 섞어서는 안 되며 국가는 순결하게 보존되어야 하며, 또한 율법을 지키는 자들로만 이루어져야 한다고 주장했습니다. 그런데도 아폴로니오스 몰론은 이런 점들을 생각하지 않고 그저 유대인들을 비판합니다. 그는 우리 유대인들이 하나님에 대해 다른 개념을 지닌 사람들을 전혀 수용하지 않으며 또한 생활 양식이 다른 사람과 전혀 교제하지 않는다고 비난합니다.

그러나 이러한 생활방식은 유대인들만 가지고 있는 독특한 것이라기보다는, 모든 이방인에게도 공통된 것입니다. 라케다이몬니아인들도 외국인들을 끊임없이 추방했으며, 또한 그들은 백성들을 자유롭게 외국을 여행하지 못하게 실제로 규제했습니다. 그리고 외국인들에게는 시민권을 주지 않았을 뿐만 아니라 그들과 함께 머무르지도 못하게 했습니다.

이러한 행동은 아덴인들도 마찬가지였습니다. 그들은 신들의 율법에 위배되는 사람들을 가차 없이 처단했습니다. 소크라테스는 백성들을 배반한 것도 아니며 그렇다고 해서 성전에 신성모독을 저지르지도 않았습니다. 그런데도 그를 죽였던 것은, 그가 아덴의 율법과는 다른 새로운 맹세를 했으며 또한 진담이었던지 농담이었던지 어떤 악마가 자기에게 나타나 어떤 일을 하지 말라고 수차례에 걸쳐 명령했다고 시인했기 때문입니다.

이러한 이유로 소크라테스는 독약을 마셔 자살하라는 사형선고를 받았습니다. 아낙사고라스는 아덴 사람들이 신으로 숭배하는 태양을 단지 불덩이라고 말했기에 사형선고를 당했습니다. 이런 점에서는 스구아인들(Scythians)도 예외는 아닙니다. 그들은 헬라인들이 그토록 존경하는 아나카르시스가 귀향했을 때에, 그가 너무 헬라의 관습에 익숙해져서 돌아왔다는 이유로 살해했습니다.

2) 처벌 규정이 약한 헬라의 율법

대부분의 율법 제정자들은 처벌 규정을 너무 약하게 만들어서 범죄자들이 빠져나갈 수 있는 통로들을 만들어 놓았습니다. 예를 들어 간음죄를 저지른 사람들에게 불과 몇 푼의 벌금을 내라고 한다든지, 또는 처녀의 순결을 범한 사람에게는 그 처녀와 결혼하라는 식으로 처벌 규정을 만들었습니다.

그래서 대부분의 이방 국가에서는 인간이 율법을 범하고도 어떻게 하면 처벌을 받지 않을 것인지에 대해 학문적으로 연구하고 있습니다. 그러나 우리 유대에서는 그러한 것들을 전혀 허락하지 않습니다. 설사 우리 유대인들은 재산을 잃거나 성읍들을 빼앗기는 한이 있을지라도 율법만큼은 지키려고 노력합니다.

유대의 율법은 오랫동안 이방인들의 존경과 모방의 대상이 되어왔습니다. 사실상 초창기 헬라의 철학자들을 보면 겉으로는 자기 나라의 율법을 따르는 것처럼 보이지만 실제로 그들의 생활과 철학적 사상을 보면 우리 유대의 율법을 따르고 있습니다. 우리 민족은 7일째 되는 날 안식일로 정하고 있는데, 헬라인이나 야만인들도 이 규정을 따르고 있습니다. 그뿐 아니라 금식이나 등불을 켜는 규정, 또는 음식에 대한 많은 규제에 대해서도 유대의 관습을 따르고 있습니다.

유대의 율법이 존경받을 만한 이유는 그 자체에 생명력이 있기 때문입니다. 그러기에 우리 민족을 비난하는 자들에게는 두 가지 선택만 있습니다. 곧 유대의 율법을 따르는 모든 인류를 정죄하든지, 아니면 우리에 대한 악한 감정을 내버리든지 하는 것입니다.

11. 결론

이제 나는 이 책을 저술하고자 했던 의도를 충분히 다 말씀드렸기 때문에 이 책을 마무리하려고 합니다. 우리 유대 민족이 매우 짧은 기원을 지닌 민족이라는 비난자들의 견해에 대해서 나는 이미 우리 민족의 고대성을 충분히 설명했습니다. 더욱이 유대인이 애굽인으로부터 파생되었다는 일부 비난자들의 주장에 대해서도 결코 아니라는 점을 말했습니다.

또한, 유대인들이 몸에 병이 있어 애굽에서 쫓겨난 것이 아니라, 자발적으로 건강한 상태에서 출애굽했다는 것을 설명했습니다. 그리고 유대인들을 비방하는 자들은 모세가 사악한 인물이라고 터무니없이 비난하지『유대고대사』만, 하나님께서 모세의 미덕을 칭찬하셨을 뿐만 아니라 또한 그의 선한 성품에 대해서 설명했습니다. 또한, 유대의 율법이 그 본질상 이 세상에서 가장 참된 경건을 가르치는 율법임을 설명했습니다. 그리고 유대 율법이 범죄자들을 엄격하게 처벌하는 조항들에 대해서도 살펴보았습니다.

모든 율법의 창시자는 모세이며 유대인은 다른 어느 민족보다 그 율법을 충실히 지켰습니다. 그래서 모세와 우리 유대 민족에 대해 거짓과 중상모략을 일삼는 아피온과 아폴로니오스 몰론의 일당들 그리고 그 밖의 유대 민족의 대적들 주장은 허위라는 것이 만천하에 드러났습니다. 어쨌든 저자는 이 책을 진리를 사랑하는 에바브로디도 각하와 유대 민족에 관심을 두고 있는 사랑하는 독자들에게 헌정하고 싶습니다.

12. 마무리 정리

(1) 앞서 언급된 내용이 성서 해석에 도움이 되는 것이 무엇이 있는지 살펴봅시다.

(2) 에스라 4:11-24을 읽고, 유대의 입장에서 반박해 봅시다.

(3) 제2차 세계 대전 유대인 학살과 세계 곳곳에서 일어나는 인종 학살에 대해서 기독교인들은 어떤 자세를 가져야 하나요?

(4) 현재 이스라엘과 팔레스타인의 정치적 상황을 해결할 방안은 무엇이 있나요?

(5) 우리 민족의 특이성에 대해 논의해 봅시다.